ソナタ形式の修辞学

古典派の音楽形式論

マーク・エヴァン・ボンズ＝著
Mark Evan Bonds
土田英三郎＝訳
Eizaburo Tsuchida

Wordless Rhetoric

Musical Form and the Metaphor of the Oration

音楽之友社

WORDLESS RHETORIC: Musical Form and the Metaphor of the Oration
by Mark Evan Bonds

Published by arrangement with Harvard University Press, Massachusetts
through Tuttle-Mori Agency, Inc., Tokyo

ドロシアに

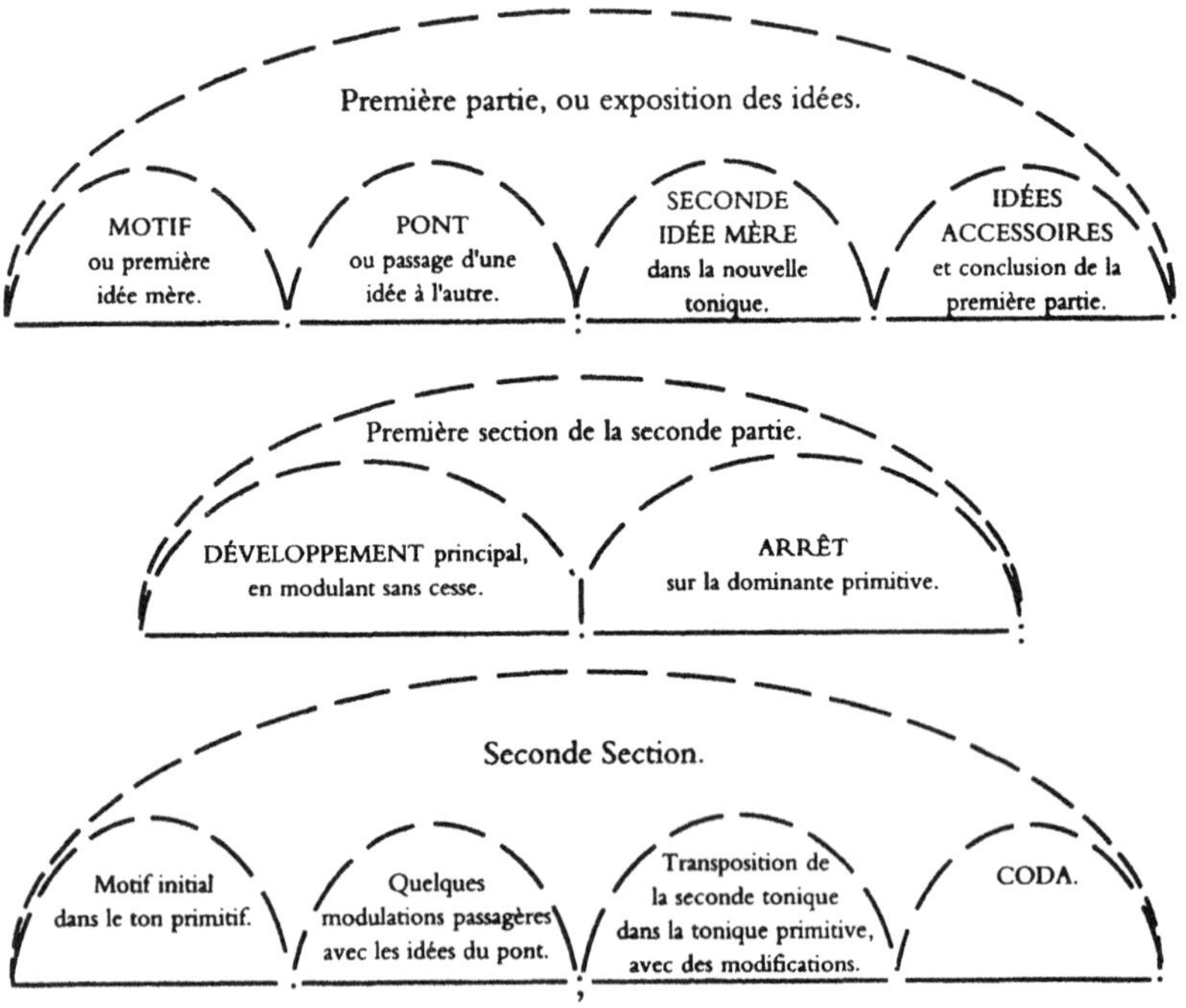
Première partie, ou exposition des idées.
MOTIF
ou première
idée mère.
PONT
ou passage d'une
idée à l'autre.
SECONDE
IDÉE MÈRE
dans la nouvelle
tonique.
IDÉES
ACCESSOIRES
et conclusion de la
première partie.
Première section de la seconde partie.
DÉVELOPPEMENT principal,
en modulant sans cesse.
ARRÊT
sur la dominante primitive.
Seconde Section.
Motif initial
dans le ton primitif.
Quelques
modulations passagères
avec les idées du pont.
Transposition de
la seconde tonique
dans la tonique primitive,
avec des modifications.
CODA.

A. レイシャの「二部分大クープ」（232 ページの図 3.1 を参照）

日本語版への緒言

マーク・エヴァン・ボンズ

本書が最初に刊行されてから二十五年以上もたっているのに、いまだに関心をもたれていることを知って、とてもうれしく思いますし、本書を日本語に訳していただいた土田英三郎教授には感謝しております。さらに、私の原文にはない新しい情報を補足するという土田氏の決断も、大いに支持するところであります。というのも、十八〜初期十九世紀における音楽と修辞学との関係については、ここ二十年のあいだに研究がかなり進展しているからです。

修辞学（対象や考え、あるいは情緒を聴き手にとって説得力のあるものにする技術）はこの時期のあらゆる芸術に枠組みを提供しており、音楽との対応関係はとりわけ密接なものでした。弁論と同じように、音楽作品は音を通してその効果を高め、時間を通して進みます。楽想が導入され、労作され、強化される順序は、弁論の構造と明確に対応していました。十八〜初期十九世紀の作曲家たちや理論家たちはこのことを認識し、この考え方について詳細に説明し、音楽の諸形式と雄弁術の諸形式との対応関係を主張したのです。

これらの対応関係は、当時の作曲家がどのように創作したかということのみならず、彼らの聴き手たちがどのようにその音楽を聴いていたかについても、私たちに多くを語ってくれます。修辞学の術との関連で考えることによって、器楽の最もふつうの形式的構造（ソナタ形式やロンド、主題と変奏といったもの）は、それ自身のために存在する慣習としてではなく、むしろ聴き手が作品の想念《アイディア》の道筋をよりよくたどることのできる手段として、立ち現れてきます。今日の聴き手として、私たちはこうした見方から、まだまだ多くのものを得ることができるのです。

謝　辞

本書は多くの人々、とりわけルーイス・ロックウッド、ラインホルト・ブリンクマン、クリストフ・ヴォルフ、キャサリン・バージェロン、ジョン・ダヴェーリオ、イレイン・シスマンとの議論に多大の恩恵をこうむっている。ジェイムズ・ウェブスターは、初期の草稿に対して有益な論評を加えて下さったばかりでなく、親切にもハイドンの《告別》交響曲に関する近刊書〔一九九一年刊行〕の原稿を読ませて下さった。ヴィンセント・パネッタは本書にたくさん含まれるフランス語からの翻訳を閲読して下さった。

ハーヴァード大学のイーダ・クーン・ローブ音楽図書館のスタッフにもお礼を申し上げたい。とりわけジョン・ハワードとニム・クックは本書で引用されている原典史料の多くを提供して下さった。ボストン大学音楽図書館のホリー・モコヴァックとディック・シーモアも、必要な文献を調達するのに力を貸して下さった。デューク大学のJ・サミュエル・ハモンドはいくつかのきわめて珍しい史料のコピーを提供して下さった。

マッシモ・オッシに格別の感謝を。彼はイタリア語の論考からの翻訳を閲読して下さったばかりではなく、ほとんどすべての譜例を準備して下さった。私に何杯ものコーヒーを淹れてくれたのも彼である。

最後に、ボストン大学の同僚ジェレミー・ヤドキンの助力には感謝してもしきれない。彼が本書の初期の草稿に注意深く眼を通して下さったおかげで、言葉遣いから全体の構成に至るまで、本書の内容と形式に計り知れない改善の手が加えられることになったのである。

目次

凡　例

・本書は以下の文献の全訳である。

Mark Evan Bonds, *Wordless Rhetoric: Musical Form and the Metaphor of the Oration* (Cambridge, Massachusetts: Harvard University Press, 1991). (Studies in the History of Music, 4, eds. Lewis Lockwood and Christoph Wolff) ISBN 0-674-95602-8

原書のタイトルは逐語訳すれば『言葉のない修辞学：音楽形式と弁論のメタファー』となる。

・原書には歴史的文献からの引用が多数あり、そのすべてが英訳されている。その原文の多くが巻末に掲載されているが、本訳書では割愛した。

・これらの引用の訳出に際しては、ほとんどすべて原出典にあたり、その文脈を確認しながら、原文から直接邦訳した。もちろん著者の英訳も参考にしたが、訳者の解釈と異なる場合には、本書の論旨と矛盾しない限り、断りなく訳者の解釈を優先させた。すでに邦訳があるものについては文献表に情報を示したが、訳語の統一をはかるため、注にあげた数例を除いて、訳文はすべて本訳者による。

・原書にはまとまった文献表がないが、この種の本では不可欠と思われるので、著者の了解を得て、訳者が作成した文献表を付した。文献の書式は原書の注の英語式表記に合わせた。この文献表には、原書の刊行以後に発表され、訳注や後書きでふれた文献も含まれている。

・『　』内は書名、定期刊行物名、《　》内は音楽作品名、［　］内は引用文中の著者による補足、または一般に訳注。

序　章　音楽形式とメタファー

「形式 form」は美学で最も広く用いられる言葉の一つである。それはまた、最も曖昧な言葉の一つでもある。最もふつうに用いられている意味のうちの二つは、実際、真っ向から対立している。「形式」は一般に、ある作品が多数の他の作品と共有している特徴をさす言葉として使われる。他方、特定の作品に固有の構造として理解されることもしばしばである。

この違いは容易には調停することができない。なぜなら、形式と内容の関係に対する二つの根本的に異なる見方を反映しているからである。形式を多数の互いに無関係の作品によって共有される構造的パターンとして捉える考え方は、作品の形式がその内容と区別できるという前提に立っている。他方、形式を個々の作品特有の形とする考え方は、そのような区別をいっさい排除する。

これらの姿勢はどちらも正当であり、いずれも分析において重要な役割をはたしている。実際のところ、たいていの批評家は、「外的」形式と「内的」形式、あるいは「諸形式 forms」と「形式」、さらには「形式」と「構造」といった用語の区別をすることで、「形式」の意味論的パラドックスの問題に対処している。そうした区別は有効ではある。しかし、英語ばかりではなく、ドイツ語、フランス語、その他の言語においても、根幹となる同じ語がそのようなさまざまに異なった考えに適用できる、という根底にあるパラドックスを解決するものではない。「形式」の意味論的パラドックスは、今日ではもはや存在しない概念的統一性の言語上の名残りである。音楽理論と音楽美学において、「内的」形式と「外的」形式の区別は比較的近年の現象であって、ようやく十八世紀末頃から十九世紀初頭の数十年間になって出てきたものである。それは音楽思想における三つの重要な発展と一致しており、後の章で論じられるように、それらと直接に関係しているのである。その第一は、抽象的な概念としての形式そのものの出現だった。十八世紀を通じて、今日慣習的な楽章規模の形式（ソナタ形式、ロンドなど）として考えられているものの説明は、ほとんど例外なく、旋律とか和声、リズム、ジャンルのような問題に関する、より広範な議論の中で、あるいは統一性、多様性、一貫性といった美学的な概念の記述の中で、提示されていた。「形式」が作曲教育の手引書の中で確立された見出しとなったのは、もっと後のことである。重要なのは、形式という言葉そのものは、音楽に関する十八世紀の著述においては散発的に登場するだけで、十九世紀の第２三半期になるまでは、それ自体で広く受け入れられたカテゴリーとはならなかったということである。

二番目の発展は、最初のものと密接に関連しているが、すでに一世代あるいはそれ以上にわたって用いられてきた共通の構造的慣習について、ますます詳細に記述されるようになったことである。例えばソナタ形式は、遅くとも一七六〇年代から器楽において突出した役割をはたしていた。そしてこの構造的慣習を記述する試みは続く数十年間に散見されるものの、そうした説明がともかくもかなり詳細になってきたのは、ようやく一七九〇年代に入ってからである。

こうした変化の三番目は、これも十八世紀末頃に生じたものだが、作品の独特で「内的」な形式がその慣習的で「外的」な形式よりも美的にまさっていると、ますます信じられるようになってきたことである。特定の形式がより詳細に記述されるようになるにつれて、これらの慣習的な構造の美的な重要性は常に、当の作品の固有の性質よりも低いと考えられるようになったのである。

これらの変化を最もわかりやすく例示しているのが、理論家で作曲家のハインリヒ・クリストフ・コッホ（一七四九～一八一六）の著述である。彼の『作曲入門試論』（一七八二、八七、九三）〔以下『試論』〕は古典派で最も広範で詳細な作曲論であるが[1]、本書第二章で詳細に検討するある重要な一節を除けば、独立したカテゴリーとしての形式の扱いはまだ全く控えめである。コッホは「形式」という言葉をくり返し用いており、著書の索引に見出しを掲げてさえいるのだが、どこでもあえて明確かつ簡潔に定義してはいない。続く『音楽事典』（一八〇二）でも、言葉は何度も使用されているが、独立した項目も定義もない。しかし、わずか五年後に、コッホは同じ音楽事典の簡約版で「形式」の項目を設けるようになった。(2)

『試論』の第二巻と第三巻でコッホは、今日ソナタ形式と呼ばれ、古典派で最も重要な楽章規模の構造的慣習について、最初の詳細な説明を行っている。しかし彼の時代に典型的なこととして、これら二つの説明は音楽形式それ自体の議論の中ではなく、旋律に関する詳細な言説の中に登場するのである。第二巻での説明は「モドゥラツィオーン Modulation」［現代では転調のことであるが、当時まではそればかりではなく広く音進行 Tonführung ないし旋律法の意味もあった］という、より特定された見出しのもとでなされ、第三巻ではさまざまなジャンル（交響曲、協奏曲など）に関する記述の中で出てくる。第三巻でコッホはまた、音楽における「内的」形式と「外的」形式のカテゴリー上の区別を行っているが、これはそうした区別の最初期の試みの一つである。しかし、彼はそれらの美的価値や重要性をはっきりと差異化することまではしていない。

十九世紀のうちに、ますます多くの理論家が、大規模な形式的慣習の性質と形式一般のより抽象的な概念の双方について、いっそう具体的に記述するようになった。ところがほとんど例外なく、同じ書き手が、まさにその詳細に記述した構造を軽視し、「真」の形式は、ある作品が他の諸作品と共有する特徴よりも、その作品に固有の特質にあるとした。二つの形式概念は、このようにますます異なった美的価値を与えられるようになったのである。こうした見解は、アードルフ・ベルンハルト・マルクスの画期的な『作曲論 Die Lehre von der musikalischen

(1)　Heinrich Christoph Koch, *Versuch einer Anleitung zur Composition*, 3 vols. (Leipzig: A. F. Böhme, 1782-1793; rpt. Hildesheim: Olms, 1969). なお、本書を通じて「古典派」という語は便宜的におよそ一七七〇年から一八二〇年にわたる時期をさすものとする。

(2)　Koch, *Musikalisches Lexikon*, 2 vols. (Frankfurt/Main: A. Hermann d.j., 1802; rpt. Hildesheim: Olms, 1964); idem, *Kurzgefasstes Handwörterbuch der Musik* (Leipzig: J. F. Hartknoch, 1807; rpt. Hildesheim: Olms, 1981).

Komposition』（一八三七〜四七）に典型的に見られるのであるが、それは大多数の近代的な形式観の基盤となっている。今日、特定の形式的ステレオタイプの存在は、ときにしぶしぶながら、それもかなりの留保つきで一般に認められてはいる。しかし、ある作品の芸術的な真価は作品の「内的」な特質にあると見なされている。すなわち、何であれ作品がたまたま示しているステレオタイプな形式のあらゆる現れから作品を分け隔てているところの、その作品に固有の特徴にである。

第一章で論じられるように、どちらの形式概念も分析にとっては必要である。しかし、どちらも不充分である。したがって、これらの全く異なる観点を調停することこそが課題となる。このパラドックスに何か本来的に誤りがあるということではない。実際、この場合、形式に対するこれら非常に異なる考え方のあいだの緊張関係は、形式というものがあまりにも広くまた捉えがたい概念であって、何にせよ一つのアプローチの仕方では説明できないものだ、ということを思い起こさせる。とはいえ、この形式のパラドックスをしごくあっさりと受け入れてしまうのは危険である。とりわけ、「内的」形式と「外的」形式という概念的二分法に先行する時代のレパートリーを分析する場合にはそうである。

この二分法の出現は、慣習的な諸形式の変化というよりも、形式そのものの性質に対する基本的な態度の変化に起因している。もちろん十八世紀にも十九世紀にも単一の一枚岩的な音楽形式観というものはなかったし、今日はもっとそうである。形式という言葉はとても広く包括的なので、特定の音楽作品について語ったことのあるほとんどすべての著述家は、形式の問題を扱ったということができる。しかし、かつては形式のある種の基本的な前提というものが存在したのであり、それが十八世紀後期から十九世紀中葉のあいだに変化したのである。この変化しつつあった前提は、形式を記述するために使われたメタファーの変遷をたどることによって、最もよく理解することができる。

そもそも十八世紀の著述家たちが大規模な楽章形式についてかなり限られた程度にしか語っていない一方で、彼らは一般に修辞学の比喩や語彙に頼る傾向があった。音楽と修辞学の対応関係は古くから認められていたが、音楽がいかなる言葉のテクストからも独立した、それ自体で成立する言語として記述されるようになったのは、ようやく十八世紀になってからのことである。そして、この言語としての音楽という概念的メタファーの中で、十八世紀の広範にわたる理論家や美学者たちは、個々の器楽作品を一種の言葉のない弁論 **oration** として捉え、その目的は聴き手を感動させることであるとした。この弁論の構造の背後にある原理も同様に、伝統的な言葉の修辞学の形式的慣習の背後にある原理と、基本的にある程度対応するものと考えられた。

一八〇〇年以降、著述家たちは次第に弁論のメタファーを放棄するようになり、代わって音楽作品を有機体 **organism** として、音楽形式を個々の部分と全体の有機的な関係として、記述することを好むようになる。音楽作品は今や生そのものの力を吹き込まれたのである。十八世紀のメタファーは演奏される作品の時間的性質を強調し、形式を主として聴き手の観点から見ていたが、十九、二十世紀に好まれたメタファーは観点がもっと空間的で、作品とその構成単位を同時的に統合された全体として見る。有機体の比喩は芸術作品とその創作者の双方の自律性を強調する。聴き手は事実上、利害関係をもった第三者となるのである。

このメタファーの変化は、一般的には音楽、特殊には音楽形式の双方の概念が、根本的に変化したことを反映している。今日、私たちはある特定の作品の形式を作品そのものの観点から（それゆえ間接的に作曲者の観点から）考える傾向にあるが、十八世紀の理論家や美学者たちは一貫して聴き手の観点から形式の問題に取り組んでいた。その聴衆への志向性、その使用語彙、その思考カテゴリーにおいて、形式に対するこの昔の考え方は本質的に修辞学的だった。コッホは彼の世代で最も洞察力のある理論家だったが、一八〇二年の『音楽事典』では楽章規模の形式をほとんど修辞学と同一視せんばかりで、以前の『試論』ですでにあった傾向をはっきりとさせている。音楽形式に関する彼の修辞学的概念は、第二章と第三章で論じるように、恣意的なものでもなければ孤立した考えでもなかった。それどころか、ヨーロッパ大陸を横断して広がっていたある長い伝統の一部だったのである。この伝統は、ドイツではヨーハン・マッテゾン、ヤーコプ・アードルング、ヨーハン・フィーリプ・キルンベルガー、カール・ルートヴィヒ・ユンカー、ヨーハン・ニーコラウス・フォルケル、ゲオルク・ヨーゼフ・フォーグラー、フランスではジェローム＝ジョゼフ・ド・モミニ、アレクサンドル・エティエンヌ・ショロン、アントワーヌ・レイシャ［レイハ］(2a)、イタリアではフランチェスコ・ガレアッツィという、錚錚たる顔ぶれを含んでいた。

この伝統は年代的にも地理的にも広がりをもっている。にもかかわらず、コッホが次のように考察したのは正しかった。「音楽修辞学について多くの材料が、音楽に関する著述や芸術全般にさかれた記述のあちこちに散見されるが、しかしそれらを学問的に秩序づけ、そしてその際に残る隙間を埋めることに、人間精神はまだ成功していない」(3)。問題のかなりの部分は修辞学の性質にあるように思われる。修辞学は修辞学で、「形式」そのものよりもいっそう広範囲の考え方を包含するからである。

「修辞学」の語は近年、非常に広く――しばしば見境ないまでに――用いられているので、初めに音楽形式の修辞学的概念が何を含まないかを、はっきりさせておくのがよいであろう。マッテゾンは楽章の形式と弁論の構造（序論 exordium，叙述 narratio，提議 propositio，確証 confirmatio，論駁 confutatio，結論 peroratio など）を対応させているが、このよく知られながらも広く誤解されている試みと音楽形式の修辞学的概念とは、そのまま同一視してはならない。この試みについては第二章でいくぶん詳しく扱うこととして、さしあたりは、マッテゾンが輪郭を示した関係は形式の修辞学的概念のほんの一端にすぎない、と述べておけば充分であろう。さらに、形式の修辞学的概念は「フィグール Figur」［音楽的文彩］(3a)の用法には関係しない。それが連続的に配置されれば大規模なまとまりを作り出すことがあるにしてもである。

「修辞学」はアリストテレスが定義したようなはるかに広い意味で理解されなければならない。すなわち、「どんな問題でもそのそれぞれについて可能な説得の方法を見つけ出す能力」(4)である。この定義によれば、修辞学は規則や表現法の特定の集合体ではなくて、ある現代の著者が書いているように、「言説における情報提供と説得の原理的根拠」[5]なのである。この意味で、形式は作品の内容を聴き手に理解させる方法である。慣習的なパターンは、聴き手に参照点と予測可能性を与えることで、作品によって必然的に異なる内容を提示しやすくするのである。

こうした広い観点から見ると、弁論としての音楽作品というメタファーは、第二章で論じるように、内的、生成的な力を外的な慣習と調停させる手段を提供する。このメタファーは、ソナタ形式のような特定のシェーマの場合、「大規模な主題的事象に対する楽章の和声的輪郭」といった二分法に代わる概念的な枠組みを与える。これはさらに、ここで問題となっている時代を通じて普及していたあらゆる形式に適用できる概念的な基盤を与える。これにはファンタジアとかカプリッチョのような問題性をはらんだ「非形式」さえも含まれる。そして第四章で論じられるように、このメタファーはまた、自律的な芸術としての器楽というロマン主義的な考え方の重要な先触れをも提供しているのである。

音楽形式と修辞学の対応関係の多くは近年認められつつある。しかし、あまりにもしばしば、研究者たちはそのようなアナロジーを「単なる」メタファーの例として、音楽的現象の「非音楽的」な説明として、退けてきた[6]。しかし、こうした理由から音楽形式の修辞学的メタファーを却下してしまうのは、メタファーそのものの性質を誤解することである。メタファーは必然的に制限を受ける。というのも、諸々の言葉や対象のあいだの特徴が完全に一

(2a) [出身地のボヘミアの発音ではアントニーン・レイハ、ボンやウィーンでベートーヴェンと交友のあった時期なら、日本で一般に親しまれているドイツ語読みのアントーン・ライヒャだが、本書では後半生を送り重要な理論書を著したフランスでの呼称に統一する。]

(3) Koch, *Musikalisches Lexikon*, "Rhetorik."

(3a) [figura（羅）、figure（英）。ここでは音楽史で馴染みのあるドイツ語 Figur の読みを採用。修辞学では弁論における言葉のあやを扱う術のことであるが、マッテゾンらの音楽創作プロセスの説明では第三段階のデコラツィオ（装飾）に属し、アイディアの入念な仕上げと装飾を行うための音楽上の様々な表現手段のことである。]

(4) Aristotle, *The "Art" of Rhetoric*, I.II.2., trans. John Henry Freese (Cambridge, Mass.: Harvard University Press, 1947); アリストテレス『弁論術』、戸塚七郎訳、岩波文庫、一九九二、三一ページ。

(5) Donald C. Bryant, *Rhetorical Dimensions in Criticism* (Baton Rouge: Louisiana State University Press, 1973), p. 14.

致してしまうと、それこそ同一のものであるにすぎなくなるからである。さらに、修辞学から引き出された比喩的表現を、もっと「音楽的」な用語よりも正当でないとする理由はない。古典古代以来、音楽について書いた人々は実際、語彙を豊かにするために、たびたびメタファーに頼ってきた。これらの言葉のメタファー的起源を理解することは、そのままでは意味が曖昧な一節を理解しようとする際に、きっと役立つに違いない(7)。そして文芸——とりわけ文法と修辞学——は長い間、音楽用語の重要な源泉であった。つい忘れてしまいがちだが、いかに多くの「音楽」用語が文法や修辞学から引き出されていることだろう。「主題 theme」、「楽節 period」、「楽句 phrase」はもちろん、「作曲 composition」すらそうである。これらの言葉は十八世紀の著述家にとって「死んだ」メタファーではなかった。理論家たちはくり返し、文学と音楽の双方にわたって、テーマ、フレーズ、ピリオドなどの類似した機能について論じたものである。

このように、「音楽的」説明と「非音楽的」説明の区別を強く言い張るのは、道理にかなっていないし有益でもない。メタファーは、単にある言葉を別の言葉に置き換えること以上のものである。メタファーはもっと広い思考のプロセスを反映しているのであって、そのプロセスは当の個々の言葉を超えて、しばしばイメージと機能の広範なネットワークを張りめぐらせる。私たちが何か概念を記述するのに使う言語は、必然的に私たちがそれを理解する方法を形作る。そしてメタファーは、既存の言葉の意味を拡張したり変えたりするための、最も重要な手段の一つとなっている。実際ある種のメタファーは、非常に深く私たちの知覚パターンに染み込んでいるので、元のメタファーと関連する観念の広いネットワークを理解するのを、積極的に促進する認知手段として機能している(8)。ジョージ・ラコフとマーク・ジョンソンが指摘しているように、あるメタファーは私たちの世界観を形作るほどに浸透している。それもしばしばほとんど無意識のうちにである。ラコフとジョンソンは「議論 argument」の概念的メタファーとして「戦争 war」を例にあげ、このメタファーに結びついている一連の関連イメージを列挙している。それらすべてがいっしょになって、私たちが議論を考えたり導いたりするやり方を形作るのである。私たちは論争に勝つこと winning a dispute を願って、自らの立場 position を守りながら defending、戦略 strategy をたてることによって、相手の立場を攻撃する attack。「議論が踊りと見なされ、参加者が演じ手と見なされ、バランスのとれた美的に楽しいやり方で演じることが目的である」ような文化なら、「議論を違ったように眺め、違ったように経験し、違ったように遂行し、それについて違ったように語る」だろう(9)。

音楽形式の修辞学的メタファーと有機体的メタファーはいずれも、それぞれが支配的だった時代において、認知手段として作用するに充分なほど普及し、説得力があった。それだけにいっそう、観点のこの変化を認識することは重要である。なぜなら、形式に関する十八〜初期十九世紀の記述において支配的だった修辞学的（時間的）メタファーを歴史的に解釈する際に、十九世紀中葉から流布した有機体の（空間的）メタファーから必要以上に強い影

---

(6) 例えば以下を参照。Fred Ritzel, *Die Entwicklung der "Sonatenform" im musiktheoretischen Schrifttum des 18. und 19. Jahrhunderts* (Wiesbaden: Breitkopf & Härtel, 1968); John Neubauer, *The Emancipation of Music from Language: Departure from Mimesis in Eighteenth-Century Aesthetics* (New Haven: Yale University Press, 1986). リッツェルはフォルケルによる言語とのアナロジーを形式に関する論拠の「弱点」とみなし、彼の見解を「例外」としている（pp. 127, 106）。修辞学そのものは「音楽とは無縁の基準」であり（p. 20）、マッテゾンの「干からびた修辞学理論」は十八世紀の残りの期間にはほとんど影響を及ぼさなかったという（p. 47）。ニューバウアーによれば、フォルケルはソナタ形式楽章の「展開部を説明するのに音楽修辞学という時代遅れの言語」に「執着」した（p. 34）。ニューバウアーは音楽修辞学が十七、十八世紀の「いくつかの重要な音楽」にとって「準拠すべき規定《コード》」であることを認めている一方で、「現代の私たちの観点から見ると、この理論的な取組みの推進は誤ったものと判定」しなければならないとしている（p. 40）。

(7) 例えば、初期中世のポリフォニーに関する同時代の記述で使われた文法や修辞学に由来する音楽用語について、ジェレミー・ヤドキンの啓発的な解説を参照。Jeremy Yudkin, "The *Copula* According to Johannes de Garlandia," *Musica disciplina*, 34 (1980), 67-84; idem, "The Anonymous of St. Emmeram and Anonymous IV on the *Copula*," *MQ*, 70 (1984), 1-22.

(8) Max Black, "More on Metaphor," in *Metaphor and Thought*, ed. Andrew Ortony (Cambridge: Cambridge University Press, 1979), p. 39. 以下も参照。George Lakoff and Mark Johnson, *Metaphors We Live By* (Chicago: University of Chicago Press, 1980); Earl R. MacCormac, *A Cognitive Theory of Metaphor* (Cambridge, Mass.: M.I.T. Press, 1985); Eva Feder Kittay, *Metaphor: Its Cognitive Force and Linguistic Structure* (Oxford: Clarendon Press, 1987).

(9) Lakoff and Johnson, *Metaphors We Live By*, p. 5.

響を受けないようにしなければならないからである。

それゆえ、音楽理論や美学の著述を取り扱う際に、その特定のテクストの中である修辞学的メタファーがどれほど適切であるかないかという問いをもって臨むのは、よく言っても危険なやり方である。[10] そのようなアプローチだと、メタファーは「メタファーが覆い隠している本来の文字通りの意味に行き着く」ために、「何かできるだけ速く取り除かれるべきもの」と見なされる。[11] 私たちは、メタファーがどんな「文字通り」の意味を表すかを問うことにとどまるのではなく、問いを広げて、メタファーがいかなる概念作用を暗示するかまでを含めて考えなければならない。[12] メタファーは洞察を促す。そして楽章規模の形式に関する十八～初期十九世紀の記述における弁論としての音楽作品というメタファーは、何か言語上の「やむを得ない次善の策《フォート・ド・ミエ》」以上のものである。新しい言葉が必要だったという事実はそれ自体意味深長である。修辞学の用語が中心的な役割をもち、そんなに広く受け入れられていたということは、形式の問題に対する当時の姿勢の背後にいくつかの基本的な前提があったことの現れである。修辞学は一八〇〇年以前の音楽形式に適用された唯一のメタファーではけっしてないが、一世紀以上にもわたって支配的なメタファーであったことは明らかである。

古典派の形式を修辞学の比喩から解釈することに対するよくある反論のもう一つは、この方法がバロック的な思考の時代遅れな名残りにすぎないという考え方である。ところが実際は、大規模な楽章形式という観念に特定してこのイメージが広く受け入れられるようになるのは、ようやく十八世紀後半になってからなのである。古典派における音楽修辞学はあまり注目されてこなかったが、少ないながらもいくつかの研究は、この領域のやや特殊な要素、すなわち音楽＝修辞学的フィグールの問題に焦点を合わせる傾向にある。[13] フィグールや「トピック」が古典派時代でもかなり存続していたことは疑いの余地はないし、重要な習慣ではあるものの、修辞学的技芸としての音楽というより広い考え方の中では、ほんの一面をなすにすぎない。

古典派時代の修辞学的形式概念は、聴き手の役割を強調するということにおいて、多くの面ですこぶる現代的であるように思われる。というのも、近年の文学批評における読者志向の理論と類似した分析方法を伴っているからである。第五章で概略を示すが、最近の形式理論には、楽章規模の形式の分析において、聴き手と聴き手が構造的事象に対してもつ期待に中心的な役割を与えているものがある。方法の類似性は、そうした形式理論に歴史的根拠

---

(10) 例えば以下の文献のように。Nancy K. Baker, "Heinrich Koch and the Theory of Melody," *JMT*, 20 (1976), 3; Günter Wagner, "Anmerkungen zur Formtheorie Heinrich Christoph Kochs," *AfMw*, 41 (1984), 86-112. こうした傾向に対する一つの注目すべき例外は次の文献に見られる。Nicole Schwindt-Gross, *Drama und Diskurs: Zur Beziehung zwischen Satztechnik und motivischem Prozess am Beispiel der durchbrochenen Arbeit in den Streichquartetten Mozarts und Haydns* (Laaber: Laaber-Verlag, 1989). この研究に気づくのが遅すぎたので、本書に適切に生かすことはできなかった。

(11) Jerry L. Morgan, "Observations on the Pragmatics of Metaphor," in *Metaphor and Thought*, ed. Ortony, p. 147.

(12) 以下を参照。Samuel R. Levin, *Metaphoric Worlds: Conceptions of a Romantic Nature* (New Haven: Yale University Press, 1988), p. ix; Mark Turner, *Death Is the Mother of Beauty: Mind, Metaphor, Criticism* (Chicago: University of Chicago Press, 1987), pp. 16-21.

(13) 例えば以下を参照：Leonard Ratner, *Classic Music: Expression, Form, and Style* (New York: Schirmer, 1980); Gernot Gruber, "Musikalische Rhetorik und barocke Bildlichkeit in Kompositionen des jungen Haydn," in *Der junge Haydn*, ed. Vera Schwarz (Graz: Akademische Druck- und Verlagsanstalt, 1972), pp. 168-191; Wye Jamison Allanbrook, *Rhythmic Gesture in Mozart* (Chicago: University of Chicago Press, 1983). ［二十世紀初頭に始まった音楽修辞学の研究では、後期ルネサンスからバロック時代の修辞学的言説の発掘、特に音楽フィグール論 Figurenlehre の再構築が行われ、二十世紀後半には当時の作品のフィグール的観点からの分析、古楽演奏家によるフィグール論的解釈が広く普及した。今日でこそ音楽修辞学に関する邦語文献は多数あるが、この研究分野について最初に日本に紹介したのは以下の論文である。服部幸三「フィグーレンレーレについて」、『美学』（一九六一）。一方、古楽演奏では「音による弁論としての音楽」というマッテゾン流のスローガンが当たり前のようになり、その姿勢はときにかなり大胆な演奏解釈を生み出したり、古典派以降の音楽の解釈にも広げられた。その後、研究面では、古典派以降の音楽に関しては、一九八〇年以降にラトナーによって本格的に始められた一種の音楽意味論が重要である。これは今日、音楽における「トピック論」という名のもとに広く流行している。特定の時代や文化圏において共有された音楽的語彙と意味との対応関係という点では音楽修辞学と同様だが、その本来の文脈から取り出され他の文脈に用いられた音楽様式やジャンルのことであり、様式やジャンルの引用という視点を特徴とする（例えばメヌエットなどの舞曲、行進曲、パストラーレ、軍楽、狩の音楽、フーガといったジャンル、テンペスト（嵐）、亡霊 ombra の恐怖、ブッファ的・セーリア的などの性格、それに以上に特有の様式、あるいは対位法という書法そのもの）。近年では音楽記号学的な方法も応用されている。概略は以下を参照。Nicholas McKay, "On Topics Today," *Zeitschrift der Gesellschaft für Musiktheorie*, 4/1-2 (2007), 159-183; Danuta Mirka, ed., *The Oxford Handbook of Topic Theory* (Oxford: Oxford University Press, 2014).］

を提供する。他の分野でも特に文学批評の研究者は、以前から、大規模な形式的慣習に修辞学の視点から取り組むことが分析の上で有用であることに気づいていた。とりわけ近年におけるジャンル理論の再解釈は、構造的ステレオタイプの分析に新しい展望を開いた。ジャンルは今や、カテゴリーよりも慣習、「分類棚《ピジョンホール》」よりも「分類されるもの《ビジョン》」と見なされる。[14] この区別は決定的である。ジャンルとそれに関連する諸形式の分類は、それ自体が目的となると、つまらないモデルになってしまう。しかし、慣習として見ると、ジャンルは「文学的なコミュニケーションを可能にする諸慣習の基盤」として確立され、「属的な認識のプロセス」が「読書プロセスにとって基本的」なものとなる。[15] ジャンルはもはや「分類学的な種類」としてではなく、「読者が作品のさまざまな要素に機能を割り当てるのを助ける規範と期待の集まり」と見なされる。「『真』のジャンルとは、読書のプロセスを説明するのに要求されるカテゴリーないし規範の集合である。[16]」

こうした考え方は音楽形式にも適用することができる。カテゴリーと見なされ（そして軽く見られるか拒否されれ）すぎてきた特定の慣習は、プロット原型《アーキタイプ》の音楽版として、いっそう有益な視点から研究することができる。ステレオタイプな形式のそれぞれの現れは、形式認識のプロセスが聴取という行為にとって本質的となるような枠組みを提供するのである。

本書の眼目は、おおよそ一七三〇年から一八五〇年の時期にわたって、音楽形式の概念の変化を跡づけることにある。この変化は、形式の説明における中心的なメタファーとしての修辞学の盛衰に反映されている。理論家でいえば、ヨーハン・マッテゾン（一六八一～一七六四）からアードルフ・ベルンハルト・マルクス（一七九五～一八六六）まで——すなわち、十八世紀初期における音楽形式を説明しようとする最初期のややためらいがちな試みから、十九世紀中葉における特定の形式的慣習の体系的な「成文化」に至るまでの時期である。全体を通して力点がおかれているのは、特に器楽に適用可能な概念の発展についてである。声楽作品の歌詞は形式分析の基本的かつ明確な出発点を提供する。実際、声楽の器楽に対する美学的な優位性は十八世紀の比較的遅い時期まで続くが、このことは抽象的なカテゴリーとしての形式に関する熱心な理論的説明が、ようやく十八世紀の末近くになって出現するようになった理由を説明している。主として声楽に関心をもっていたそれ以前の理論家たちは、作品の構造はかなりの程度その歌詞——ふつうは曲によって変わる——によって決定されると考えることができたのも当然だった。しかし、十八世紀を通じて器楽の重要性が高まったことによって、新たに形式のより抽象的な原理への関心が生じた。一七九九年にある匿名の評者は、モーツァルトの四つの交響曲について、作曲家はその天分を器楽において最も発揮することができる、とまで宣言することができた。なぜなら、そこで「彼はひとえに音の言語にのみ制約されているからである。彼の楽想は、詩によって支えられることなしに、それ自身においてそれ自身の明確さをもっている。[17]」これは「純粋」な音楽形式を説明しようとするこの時代の努力の現れである。そしてそうした形式こそが、筆者の本書における主たる関心事である。声楽形式と器楽形式は明らかに重要な結びつきをもっており、その関係は真剣な考察にあたいする。しかし、歌詞の問題はさまざまな問題を提起し、歌詞の要求や束縛からは独立した、より抽象的な意味での形式の概念をはるかに超えてしまう。同様に、舞踊音楽や標題音楽も音楽外的な構造契機を含んでいる。そういうわけで、これらのジャンルもまた本研究の対象外にある。

音楽形式に関する議論はどれも、もしあまりに一般的であるなら抽象的にすぎるし、あまりにも特殊なら適用範囲が限られてしまうという危険がある。本書を通じて筆者は、主に一つの大規模なステレオタイプ——ソナタ形式——に焦点を合わせることによって、また特定のソナタ形式楽章の分析を十八世紀後期と十九世紀初期における音

(14) Alastair Fowler, *Kinds of Literature: An Introduction to the Theory of Genres and Modes* (Cambridge, Mass.: Harvard University Press, 1982), p. 37.
(15) Ibid., pp. 36, 259.
(16) Jonathan Culler, *The Pursuit of Signs: Semiotics, Literature, Deconstruction* (Ithaca, N. Y.: Cornell University Press, 1981), p. 123.
(17) Anonymous, review of *Quatre Simphonies pour l'Orchestre* by Wolfgang Amadeus Mozart, *AMZ*, 1 (1799), col. 494.

楽形式への幅広い理解と統合することによって、これらの両極端を避けようと思う。ソナタ形式を音楽形式の概念のパラダイムとして使うからといって、ロンドやメヌエット、主題と変奏、フーガなど他の構造的慣習がそれほど考慮にあたいしない、というわけではない。実際、近年の古典派ソナタ形式に関する理論で最も重大な欠点は、これら他の構造的ステレオタイプにも適用できる形式の概念的基盤が欠けていることなのである。[17a] しかし、ソナタ形式は明らかにこの時代のあらゆる器楽形式の中でも最も重要である。ソナタ形式は、交響曲、ソナタ、弦楽四重奏曲などの大多数の第一楽章や、多くの緩徐楽章、それにフィナーレで登場する。そして多くの点で、ソナタ形式はこの時代のさまざまな慣習的構造の中で最も微妙で複雑なものでもある。

十八世紀と初期十九世紀の理論的概念を再解釈するにあたり、筆者は音楽のレパートリーそのものから教育的な論考、さらには音楽や芸術一般の美学的体系に至るまで、できるだけ広い範囲から当時の原典史料を参照するように努めた。これらの史料の本来の役割は明らかにさまざまだった。音楽レパートリーは作曲家によって表明されたままの、それ自身の非言語的な形式説明を含んでいるし、言葉で表明された形式理論を評価するための基準と存在理由《レーゾン・デートル》の双方を提供する。筆者が引用した教育的論考は、単純な指導書から、音楽のより技法的な側面の最も高度な議論にまで及ぶ。これらの論考で、要求度のより高いものと美学的議論に向けられたものとのあいだは、必ずしも区別しやすいというわけではない。ただ、美学的な論考は概して、意欲的な作曲家よりも、音楽の哲学に関心をもった一般的な読者に向けられている。多くの場合、これらの著述は美学全体の広い文脈の中で音楽を論じている。しかし、私たちの目的にとって重要なのは、形式の修辞学的概念はこれらのすべての著述カテゴリーに、広い範囲の読者に向けられた史料に、見られるということである。

こうした多様な史料を概観するにあたって、筆者は特定の一人の著者や作曲家の著書・作品を体系的に論評しようとはしなかった。筆者の目的はそうではなくて、個々の書き手を超えるばかりではなく、理論、教育、美学の属的なカテゴリーをも超越した、広い思考の系統をつきとめることである。例えば第二章におけるフォルケルの音楽修辞学の概念に関する論議では、他の多くの書き手と共通する要素に焦点を当てているのであり、フォルケル特有の多くの魅力的な見解について詳細に取り扱うことは意図的に避けている。一つのカテゴリーの史料に集中することは、近年ジョン・ニューバウアーが十八世紀の美学者を概観した著作のように、とてもやりがいがあるものとなり得るが、ニューバウアー自身が認めているように、そのようなアプローチにも限界がある。(18) 美学者は、とりわけ訓練を受けた音楽家でない場合、その目的や方法が当然ながらより具体的である作曲家や教育者とは全く違った観点から、自らの主題に取り組むことが多い。さらに、一般的な美学者には、あらゆる芸術に共通の要素を強調する傾向がある。しかし、そうしたアプローチは、どの領域にせよもっと技法論的な傾向の文献では、必ずしも明らかではない。よく議論される模倣《ミメーシス》の問題が好例である。シャルル・バトゥーが当時影響力のあった『同一の原理に還元された諸芸術（芸術論）』（一七四六）で論じているように、自然の模倣は音楽を含むあらゆる芸術に共通の一要素である。(18a) ところが、この考え方は美学者たちによって熱心に取りあげられた一方で、もっと技法的な面に関心が向けられた作曲の手引書にはほとんど登場しないのである。音楽を他の諸芸術と結びつけようとするより広い試みの一部ではあっても、模倣の概念は結局、作曲のより機械的《メカニカル》な側面にはほとんど影響を及ぼさなかったように見える。同様に、音楽と絵画、音楽と建築といった比較も、音楽的技術の専門語彙に言い換えられているとしても、当時にあってはまれである。それに対して修辞学は、一般的には音楽技芸を、特殊には形式概念を説明する際に、美学者、理論家、教育者らが等しく使用したイメージなのである。

これらの言語史料にもそれなりの限界がないわけではない。特定の大規模形式を説明する場合でも、理論が実践に遅れをとるのはよくあることだ。ここで検討する時代にあって、どの作品や書き手にせよ、それらが及ぼした相

(17a) ［本書の二年後にはイレイン・シスマンの『ハイドンと古典派の変奏曲』という秀逸な変奏形式論が刊行され、状況は少しずつ変わりつつある（第二章注147を参照）。］

(18) Neubauer, *Emancipation*, pp. 4-5.

対的な影響というファクターを考量するのはとりわけ難しい。地理的な要素の評価も同様である。オーストリア＝ボヘミア地域は、作曲家の多さにもかかわらず、音楽理論や美学の点では驚くほど貢献が少ない[19]。しかしながら、本書で引用したフランスや北ドイツの史料がヴィーン古典派の音楽を解釈するための手助けとしては無効である、ということにはならない。修辞学への言及は南ドイツやオーストリア＝ボヘミア、イタリアの史料では比較的少ないのだが、それでも広く散在しているので、この問題に関して基本的な南北の境界線というものはないことをうかがわせる。さらに一七九〇年頃からは、フランス、北ドイツ、イタリアの著述家がこぞって、ハイドンの音楽を当時の器楽作品の手本として、たえず引き合いに出すようになるのである。

十八世紀から初期十九世紀の何人かの著述家たちは、形式の概念を探究するにあたって、非常にはっきりと自説を表明していたことがわかる。筆者は特に十八世紀のヨーハン・マッテゾン、ヨーハン・ニーコラウス・フォルケル、ハインリヒ・クリストフ・コッホ、十九世紀のジェローム・ジョゼフ・ド・モミニ、アントワーヌ・レイシャ、アードルフ・ベルンハルト・マルクスといった著述家の著作を重要視しているが、同時に、彼らの考えがそれぞれの世代をどれほど代表しているかを示そうと努めた。

ソナタ形式あるいは形式一般に関する近年のかなりの数の、しかも増えつつある著述について、筆者は概観を試みようとはしなかった。くり返すが、筆者の目的は基礎的な方法論と基本的な取り組み方をつきとめることにある。第一章でレナード・ラトナーとチャールズ・ローゼンという二人の人物の著作に焦点をあてているけれども、それは彼らが今日最も明確な見解を提示しており、影響力のある書き手に数えられることを自ら証明してきたからである。

音楽における「形式」は捉えどころのない論題である。その理由は、一つには、それが何らかの形で事実上すべての音楽要素に関係する偏在的な力であることが、しごく容易にわかってしまうからである。形式は様式とかジャンルとかいった同様に幅広い他のさまざまな概念と不可分に結びついているが、ここでは形式以外の概念についても充分に扱う余裕はない。さらに、今一度強調しておかなければならないのは、形式は何にせよ一つの「解答」ですまされる問題ではないということである。さまざまな方法論が有効かつ必要でもある。ある特定の時代の特定の観点を解明するうちに、筆者はここでは扱わなかった多くの有効な別解答にも気づくことになった。しかしまた、修辞学という分野に由来する比喩を使うことは、古典派時代の音楽形式概念に関する近年の学問的な議論においては、あまり関心が払われてこなかった。十八～初期十九世紀にとってそれが重要であったことを再び主張することによって、現代の私たちがよく知ったつもりになっているレパートリーを再考する上での修辞学の意義について、新たに議論を喚起できればと思う。

(18a) ［ミメーシス論は言うまでもなく古代ギリシア以来の伝統であるが、芸術の本質規定としてのアリストテレス的な意味での模倣は、一七世紀フランスの古典主義の流れをくむジャン＝バティスト・デュボス師の『詩と絵画についての批判的省察（詩画論）』（一七一九）等で自然の模倣として論じられ、バトゥーによってさらに展開されている。バトゥーの美学は、ヨーハン・クリストフ・ゴッチェート［ゴットシェート］による『芸術論』の抄訳（一七五四）や、ヨーハン・アードルフ・シュレーゲル［初期ロマン主義のシュレーゲル兄弟の父］による全訳（一七五九、第三版一七七〇）等を通して、ドイツ語圏でも普及するようになった。しかし、バトゥー／ゴッチェートの模倣美学はもっと新しい世代の批評家、とりわけドイツ系スイスのヨーハン・ヤーコプ・ボドマーやヨーハン・ヤーコプ・ブライティンガーとの論争で批判され、その批判はやはりスイス出身の美学者ヨーハン・ゲオルク・ズルツァー（一七二〇～七九）に受け継がれた。ズルツァーは『芸術総論』（初版一七七一～七四）における「模倣」の項目で、自然の模倣に由来すると思われるのは絵画だけであって、雄弁術や文学、音楽、舞踊は生き生きとした感情 Empfindungen の豊かさ、それらを表現しようとする欲求、そこで自他を楽しませることから生まれるとして、模倣ではない感情表現を重要視している。Johann Georg Sulzer, *Allgemeine Theorie der schönen Künste*, 2nd ed., 4 vols. (Leipzig: Weidmann, 1792-1794; rpt. Hildesheim: Olms, 1967), "Nachahmung." また、ズルツァーの事典項目にはジャン＝ジャック・ルソーからの影響も散見されるので、フランスの新世代の啓蒙思想を受容していたことがうかがわれる。］

(19) 以下を参照。Carl Dahlhaus, "Romantische Musikästhetik und Wiener Klassik," *AfMw*, 29 (1972), 167-181.

第一章　音楽形式のパラドックス

音楽形式を定義するということは必然的に、一つの言葉が同じ正当性をもって、二つの根本的に異なる概念に適用することができる、というパラドックスに注目を促すことになる。すなわち、多くの互いに無関係の作品が共通にもつ特徴の集合体としての形式と、個々の作品を独特のものにしている要素としての形式である。このパラドックスに内在する緊張関係は有益である。というのも、どんな単一の音楽形式観もそれだけでは充分ではないことを、それは思い起こさせるからである。

同時に私たちは、性急にこのパラドックスを受け入れてはならない。このパラドックスは十八世紀後期から十九世紀初期という比較的近年になって出現したのだが、その背後にひそむ衝動をまずは考慮しなければならない。さらに、ソナタ形式のようなある一つの形式的ステレオタイプを定義するプロセスは、それ自体パラドックスをはらんでいるということも忘れてはならない。あらゆるソナタ形式楽章に共通の特徴を抽出し特定するということは、ほかならぬその形式の本質を、さらに言えば形式そのものの本質を、見誤るという危険をおかすことになるからである。

形式の生成論と規範論

音楽形式の概念は互いに根本的に異なる二つの基本的な観点を含んでいる。一方で、「形式」はしばしば、多くの作品が共有するさまざまな構造的要素を指すのに使われる。実際の分析の面から言えば、形式へのこのアプローチは最小共通項を探すもので、個々の作品をソナタ形式やロンド、ＡＢＡなどのステレオタイプなパターンと比較しながら考察する。便宜的に、形式のこうした見方を「規範論的 conformational」と呼ぶことにしよう[0]。特定の作品を抽象的、理想的な型に照らして比較することに基づいているからである。

これと対照的な観点は、形式を特定の作品に固有の形《シェイプ》と見るものである。この見方は最初のものと違って、本質的に「生成論的 generative」である。個々の作品がいかに内側から成長するか、作品のさまざまな要素がいかに調和して一貫した全体を形成するかを、考察するからである。最も極端な場合、形式の生成論的な考え方は、特定の作品の形式と内容を本質的に区別しないことになる。

一つの言葉が二つのこのように全く異なる見方に適用されるという事実は、両者の歴史的に密接な関係を反映している。けれども、この用語上のパラドックスはまた、パターンとしての形式と生成的なプロセスの所産としての形式との間で維持すべき本当の区別そのものを、曖昧なものにしてしまう。いずれのアプローチも妥当ではあるが、いずれも音楽分析には充分ではない。ステレオタイプなパターンを探すことは、一般に認められた規範からの逸脱

(0)　［「conformation」は日本語にしにくいが、「con 共に－ form 形作る」という語源から「規則や慣習に従う、一致する」というニュアンスを含んでいる。著者に直接問い合わせたところ、以下のような補足説明をいただいた。「音楽形式に関する論説でこの言葉を使ったのは、知る限り私が初めてです。これは実は馬の交配・繁殖《ブリーディング》からきているのです！　たいそうな馬の飼育家である妻から教えてもらいました。馬を品評するとき、『良い』あるいは『悪い』コンフォーメーションということを言います。つまり想定される理想的なタイプとどれほど近いかということです。理想的な馬はたくさんの固有の特徴をもっていますが、それらと実際の馬がもつ特徴が比べられます。前者に近ければ近いほど、コンフォーメーションは良くなります。音楽の場合、もちろんこれは質の良し悪しの問題ではありません。形式（例えばソナタ形式）への教科書的アプローチは、当の楽章が形式の（想定上の）『標準』（第一主題、推移部、第二主題、展開部など）にどれくらい従っているかを考量します。そういうわけで、あなたがあげた中では『モデルに一致する einem Muster entsprechen』が、この語を考える上で最良のものと思います。／思うに重要な点は、『コンフォーメーショナル』は作曲家よりも聴き手の視点を暗に含んでいるということです。つまり、聴き手が目の前にある曲と想像上の『理想的タイプ』とを心の中で評価し比較することです。私がこの文脈で思いついたときにそうしたように、従来の音楽用語のらち外で考えるのがよいでしょう。」そういうわけで、いわゆる「モデル理論」と相通ずる面もあるが、文脈を異にするので、造語として「規範論」とした。］

に注目させるのに役立つが、これらの逸脱を説明することはできない。同時に、作品をもっぱら「内側から」分析しても、多くの全く無関係の作品のあいだに存在する著しい構造的な類似性を説明することはできない。

音楽形式をめぐる最近の議論で問題となってきたのは、両極端のいずれに与するかということではなくて――たいていの著述家はいずれの観点にも少なくともなにがしかの利点があることを認めている――、両者が調停できないということである。現在までの妥協点は、これら二つの見方の調停というよりも、パラドクシカルな共存を暗黙のうちに、そしてほとんど決着がつかないままに受け入れるということだった。

近年、形式の規範論的アプローチは特定の作品の分析において価値があるかどうか疑わしいという考えが広まってきたために、これら二つの観点を調停させようとする気運は衰えつつあった。生成論的なアプローチの基本的な妥当性についてはけっして深刻な疑義が唱えられなかった一方で、規範論的分析はこの四〇年のあいだ［一九九一年の時点で］、ますます辛辣な批判にさらされてきた。個々の作品をプロトタイプ的な規範と比較するという考え自体が、広く蔑視されているのである。カール・ダールハウスが指摘しているように、問題は、多数の作品から抽象的な形式タイプを引き出すことの妥当性よりも、これらの形式シェーマを適用することによって、結局は明らかに二義的な重要性しかない契機に目を向けさせる結果になる、という事実にある。[1]

その結果、ここ数十年の風潮として、ステレオタイプな規範の存在そのものを控えめに扱うか、すっかり退けてしまうということになった。よい例が「ソナタ形式」として知られる構造的な慣習である。言葉そのものは一世紀以上にわたって頻用されてきたが、今や十八世紀の音楽に適用されるときには、得てして厳しい留保つきで、曖昧なままにされている。ウィリアム・S・ニューマンは彼の「ソナタ理念の歴史」三巻の中で一貫して「ソナタ形式」に引用符を付け、はっきりと形式の生成論的な考え方に与している。[2] ジョーゼフ・カーマンが適切に指摘しているように、「ソナタ様式」とか「ソナタ原理」が「近年では好まれる言い方」になってきている。[3]

このテーマに関する最近の研究書にチャールズ・ローゼンの『ソナタ諸形式』がある。同書は複数形を用いることで問題を巧みに回避している。[4] ローゼンは単数形では形式の中心的な定義を与えておらず、代わりに「メヌエット・ソナタ形式」とか「アリア・ソナタ形式」「緩徐楽章ソナタ形式」といった、もっと小さなカテゴリーを扱うことを好んでいる。ローゼンによれば、私たちは「『ソナタ形式』なるものが十八世紀後期に存在し、作曲家たちはそれが何であるかを知っていた」と思い込まされてきたが、「私たちが事態について知っていることで、何かそのような存在を想定させるものはいっさいない。形式への感覚は、メヌエットの場合でさえ、はるかに流動的だったのである。[5]」

ソナタ形式は、ローゼンの見方によれば、「メヌエットやダ・カーポ・アリア、フランス風序曲のような確定した形式ではなくて、フーガのように一つの書法であり、パターンというよりも、つりあい、方向性、テクスチュアへの感覚である。」ローゼンの形式に対する本質的に生成論的な見方は、彼を次のような結論に導いた。ソナタ形式は事実上、「巨大な旋律であり、拡張された古典派的なフレーズ」である。[6]

分析への規範論的なアプローチに対するこうした蔑視は、特定の諸形式の体系的な分類と同じくらい古くからある。十九世紀中葉から理論家たちは、作品分析で大規模な慣習を（ABA、ロンド、ソナタ形式などとして）確認することは解剖実習も同然であると、さっそく言うようになった。その作品の「内なる魂」ではなくて「外面的な肉体」を扱うプロセスというわけである。[7] 二十世紀初頭になると、ドナルド・フランシス・トーヴィーが、彼がソ

(1) Carl Dahlhaus, "Zur Theorie der musikalischen Form," *AfMw*, 34 (1977), 20.［この論文は以下のもっと長い論文を改訂したものである。Dahlhaus, "Some Models of Unity in Musical Form," *JMT*, 19 (1975), 2-30.］

(2) William S. Newman, *The Sonata in the Classic Era*, 3rd ed. (New York: Norton, 1983), p. 115.

(3) Joseph Kerman, review of *Sonata Forms* by Charles Rosen, *New York Review of Books*, 23 (October 1980), p. 51.

(4) Charles Rosen, *Sonata Forms* (New York: Norton, 1980; rev. ed. 1988).

(5) Rosen, *The Classical Style: Haydn, Mozart, Beethoven* (New York: Norton, 1971), p. 52.

(6) Ibid., pp. 30, 87.

ナタ形式の「ゼリー型」理論と呼ぶものを執拗に批判した。そしてハインリヒ・シェンカーは、全く異なる理由からではあるが、表面的な規範に基づく伝統的な形式説明をあざ笑った。[8] 外面的な慣習に対するこの断固たる反感は、今や大規模形式に関するたいていの議論で標準的なものとなっている。例えばジェイムズ・ウェブスターは『ニュー・グローヴ音楽事典』で、のっけから次のように強調している。「ソナタ形式は……作曲家がそこに内容を注ぎ込んだ鋳型ではない。個々の楽章は一小節ずつ、フレーズごとに成長する。[9]」ユージーン・K・ウルフは『ニュー・ハーヴァード音楽辞典』で同様にこう書いている。「ソナタ形式は、融通がきかない規範的な鋳型としてではなく、転調、主題プロセス、その他多数の要素の柔軟で想像力にとむ交差点として、最もよく理解することができる。[10]」

こうした見解に同意することは簡単である。形式の「ゼリー型」という考えは、作品の表層の奥深くに到達しようとする分析にとっては明らかに適切ではない。それに対して、形式への生成論的アプローチは分析上の有用性をたえず証明してきたので、どこでも弁護を必要としない。

しかしながら、特定の諸形式のア・プリオリな分類は、個々の作品の分析において依然として欠かすことができないのである。ステレオタイプなパターンの考えがいかに軽視されようとも、もし私たちが何曲もの音楽作品を理解したいと思うのなら、それはまだ形式の幅広い理論的概念の内に統合されていなければならない。

いくつかの例をあげることが、この点を説明するのに役立つだろう。ベートーヴェンは弦楽四重奏曲ヘ長調作品五九の一［《ラズモフスキー》弦楽四重奏曲第一番］の第一楽章［譜例1.1 a］で、ソナタ形式の提示部の標準的なくり返しを避けている。当時（一八〇六年）としては比較的珍しいことではあるが、このやり方自体はけっして前例がないわけではなく、分析の上で何か格別の洞察力を提供するわけでもない。ほかならぬこの戦略を意味深いものにしているのは、作曲家がこの出来事――あるいは実際には起こらなかった出来事と言ってよいかもしれない――を楽章の全体構造に組み入れている、その方法である。

展開部の冒頭（第一〇三小節以降）は鍵となるパッセージである［譜例1.1 b］。ベートーヴェンは楽章冒頭数小節の正確なくり返しで始める。フレージングや強弱法といった細部に至るまで同じである。ようやく第一〇七小節で八分音符の対が反復され変ト音に到達すると、私たちは今や実は展開部にいるのだということに気づく。第一〇三～一〇六小節は事実上、提示部冒頭の擬似反復となる。

自筆総譜は特にこのパッセージにおいて示唆に富んでいる。[11] ベートーヴェンのこのオリジナル手稿譜には大きな変更の跡がたくさんあるが、楽章の前半（提示部）をくり返すことを意図した指示はどこにもない。それどころか、作曲者は総譜の冒頭にはっきりとこう付け加えている。「第一部分は一度だけ **La prima parte solamente una volta**」。まるでコピスト［写譜職人］に「提示部に反復記号がないのは間違いではない」と言っているかのようである。そして作曲者は楽章の後半の大部分（つまるところ展開部と再現部に相当、最終稿の第一一二～三四二小節）をくり返すかどうか悩んだのに［一時反復記号が書かれていた］、前半に関しては抹消された反復記号の跡はないのである。

そういうわけで、第一〇三～一〇六小節の擬似的提示部反復は、ベートーヴェンの楽章全体規模の構想にとって核心をなしていたように思われる。前進する勢いと主題のフレーズ交差《エリジオン》[11a]という特徴をもつ楽章において、作曲者は提示部の最後で慣習的な属音上のカデンツを効果的に避けている。その代わりに、彼は展開部の開始を、そうでな

---

(7) 以下を参照。Carl Dahlhaus, "Gefühlsästhetik und musikalische Formenlehre," *DVjs*, 41 (1967), 505-516.

(8) 例えば以下を参照。Heinrich Schenker, "Vom Organischen der Sonatenform," *Das Meisterwerk in der Musik*, 2 (1926), 45-46; idem, *Der freie Satz*, 2 vols. (Vienna: Universal, 1935), I, 211-212; Stephen Hinton, "Natürliche Übergänge: Heinrich Schenkers Begriff von der Sonatenform," *Musiktheorie*, 5 (1990), 101-116. トーヴィーについては以下を参照。Joseph Kerman, "Theories of Late Eighteenth-Century Music," in *Studies in Eighteenth-Century British Art and Aesthetics*, ed. Ralph Cohen (Berkeley and Los Angeles: University of California Press, 1985), pp. 217-244.

(9) James Webster, "Sonata Form," *New Grove*.

(10) Eugene K. Wolf, "Sonata Form," *The New Harvard Dictionary of Music* (Cambridge, Mass.: Harvard University Press, 1986).

(11) 自筆総譜（プロイセン文化財団ベルリン国立図書館所蔵）はアラン・タイソンが序文を付したファクシミリ版で見ることができる（London: Scolar Press, 1980）。［現在では同図書館のディジタル・サイトで閲覧可能である。］

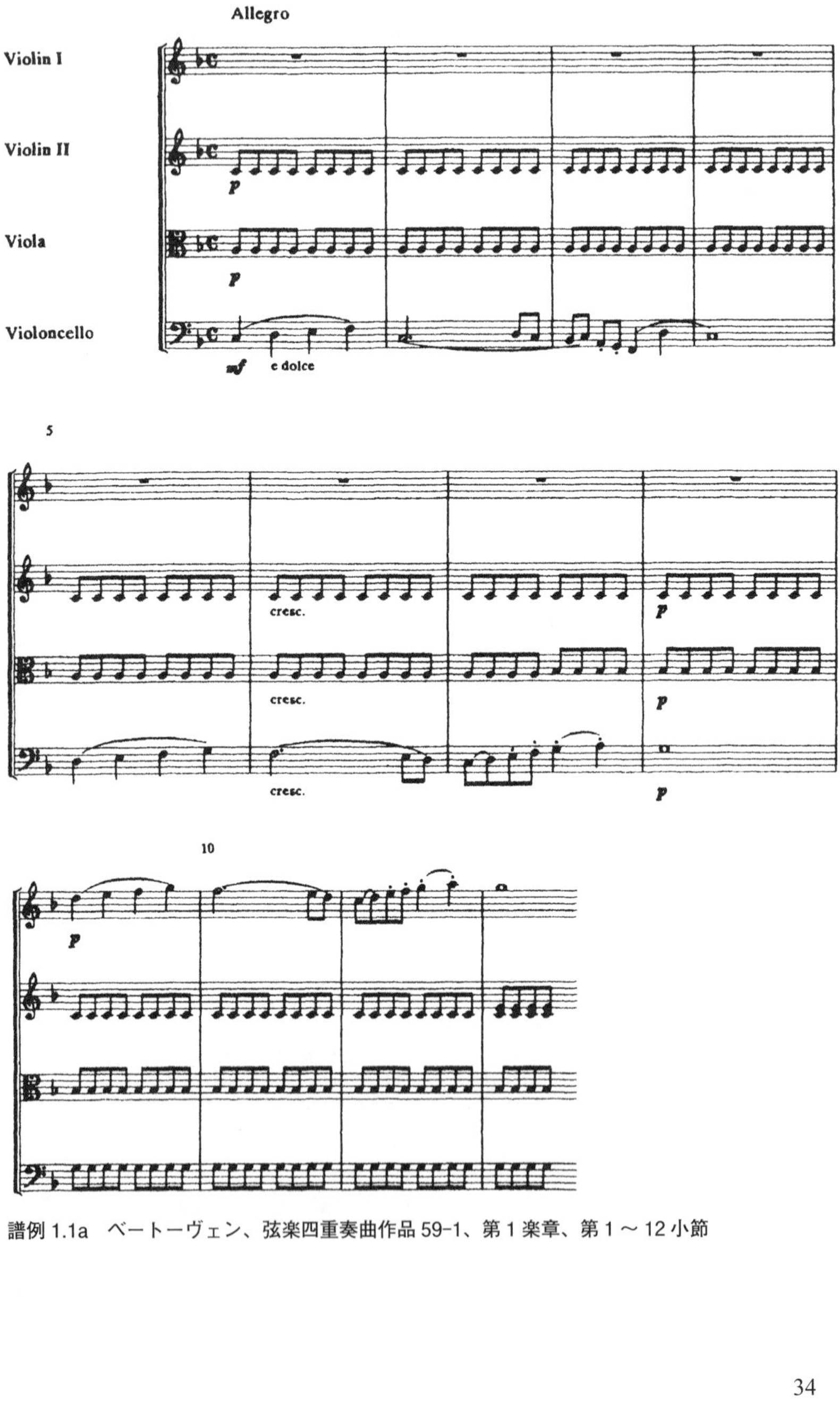

譜例 1.1a　ベートーヴェン、弦楽四重奏曲作品 59-1、第 1 楽章、第 1 ～ 12 小節

譜例 1.1b　ベートーヴェン、弦楽四重奏曲作品 59-1、第 1 楽章、第 97 ～ 112 小節

いもの（すなわち提示部の反復）にかなり強く注意を促すことによって、巧みに分節《アーティキュレイト》している。言い換えれば、ベートーヴェンは提示部と展開部の継ぎ目を融合させると同時に、非常にはっきりと展開部の始まりに気づかせることに成功しているのである。（注目すべきは、大規模なフレーズ交差と分節を同時に生じさせるこの同じ技法が、第二四二～二四五小節の展開部と再現部の継ぎ目でも見られるということである。そこでは第一九～二二小節のカデンツ風の音形が、第二五四小節で「真」の再現部――楽章冒頭に一致する――が始まる前に、主調で再現されている。）

　ここでこの手法を非常に効果的なものにしているのは、作曲者による聴き手の期待の操作である。ベートーヴェンは聴き手がソナタ形式の慣習を知っていることを当てにしていた。この操作のまぎれもない経済性は際だっている。再び自筆総譜に眼を向

譜例 1.2　ベートーヴェン、弦楽四重奏曲作品 59-1、第１楽章、自筆総譜から展開部冒頭

けてみると、この擬似提示部反復を分節する方法そのものをめぐって、ベートーヴェンが考えを変えたことがわかる。彼の元の考えでは、最終稿のような楽章の最初の四小節だけではなく、六小節をくり返すようになっていた。第五～六小節に相当する二小節を削除することによって、より経済的に提示部反復の錯覚を生み出すことができると作曲者が気づいたのは、もっと後のことだった。より効率的ということに加えて、最終結果はいっそう効果的でもある。最終稿では第一〇八小節で不協和の「展開部的」な変ト音がさらに強調されるからである。第一〇七小節で主題から逸脱するにもかかわらず、展開部がすでに始まっているのだということをはっきりと知らせるのは、この変ト音に達したときである。最終稿でベートーヴェンは、変ト音の音域的孤立を強調することによって、この到達と出発の同時的感覚をさらにいっそう強めている。第五～六小節の（削除された）くり返しはすでにその上の本位ト音に至っており、後の変ト音を行き過ぎている。この削除によって、ベートーヴェンは音域的な冗長さを回避し、文字通りにも比喩的にも出発の契機を高めているのである。

　完成された状態では、このパッセージはもちろんさまざまに解釈することができる。しかし第一〇六～一〇八小節の出来事を、抽象的でア・プリオリなパターン――提示部から展開部への進行を含む――としてのソナタ形式概念と何とか折り合いをつけようとしない分析では、満足のゆくものを想像することは難しい。

　大規模形式の慣習にはっきりと注意を促している作曲家の、もっと以前の同様の例として、ハイドンの擬似再現の手法があげられる。これは彼が一七六〇年代後期から一七七〇年代初期にかけて、特に熱心に取り組んだものである。[12] 交響曲第四一番ハ長調（一七七〇年以前、おそらく一七六六～一七六九年頃に作曲）[13] の第一楽章は、古典派

(11a)［エリジオン elision は文法では単語における音脱落、特に母音字省略のことだが、ここではフレーズ間のエリジオン、つまり前のフレーズの終わりが同時に次のフレーズの始まりである手法をさす。音楽理論用語ではフーゴ・リーマンの「交差 Verschränkung」にあたる。］

(12) この手法に関するより詳細な議論は筆者の博士論文を参照。Mark Evan Bonds, "Haydn's False Recapitulations and the Perception of Sonata Form in the Eighteenth Century" (Ph.D. diss., Harvard University, 1988).

時代を通じてごくふつうだった伝統的な二部分の枠組み（第一～七九小節：第八〇～二〇二小節）の中で、提示部（第一～七九小節）、展開部（第八〇～一三二小節）、再現部（第一三三～二〇二小節）という標準的な要素を含んでいる。提示部は主調から属調へと進むが、その際、二つ目の和声的に安定した領域であるト長調への到達をはっきりとさせるために、新しい対比的な主題（第五八小節以降）を伴っている。一方、展開部は直ちに極度の不安定感を導入する。その始まりは、この作品でそれまでに聴かれたものとは全く関係のない、完全な減七和音を際だたせる（第八〇～八二小節）。続いてハイドンは、前に提示部で聴かれた主題の断片を操作する（第八三～九六小節）。確固としたバス・ラインを欠くこととも相まって、これらの手順は第八〇～九六小節のパッセージに、きわめて不安定で展開部的な性質を与えている。

ハイドンは第九七小節で冒頭主題を主調で再導入することによって、この不安定性を瞬時に消し去る。回帰の瞬間における拡大されたオーケスト

譜例 1.3a　ハイドン、交響曲第 41 番、第１楽章、第１～ 10 小節

譜例 1.3b　ハイドン、交響曲第 41 番、第 1 楽章、第 80 ～ 110 小節

レーションは、これまでに聴かれた主題のフル・ヴァージョン（第一九小節以降）と一致するので、結局は擬似再現とわかるものの、ここでは本物の再現であると思わせる一助となっている。ベートーヴェンの四重奏曲と同様に、ほんの少しの素材（どちらの場合もわずか四小節）だけで、聴き手に構造的分節感を起こさせる。楽章の一つの主要区分が終わり次が始まるという印象が、素材の注目すべき経済性によって引き起こされているのである。

第一〇〇小節のフェルマータは、展開部がまだ終わっていないことを初めてほのめかす。第一〇一小節で後続フレーズが再開されて、そのような束の間の疑念を一時的に払拭するものの、第一〇四小節における減七の和音が、さまざまな調をめぐる長い模続進行的パッセージの始まりを告げる。明らかに展開部はまだ続いているのである。主調は第一三三小節になるまで戻らないが、今度はこの戻りは決定的である。この真の再現部の分節は、同時に冒頭主題がその本来のオーケストレーションで戻ることによって強調されている。

ベートーヴェンの四重奏曲とハイドンの交響曲のこうした解釈は、いずれもとりわけ過激というわけではない。ただ、それぞれの分析は、もはや時代遅れとなったソナタ形式の概念に立脚しており、当の作品において標準的なパターンを使うことに中心的役割を認める立場である。言い換えれば、これらの分析は、今日ソナタ形式として知られる概念的構築物が、少なくとも相当数の十八世紀作曲家の心中に、そしておそらくは少なくとも相当数の聴き手の心中にも、実際に存在していたのだという前提に基づいている。この観点からすると、これら二つの楽章は、ソナタ形式楽章における二つの決定的な繋ぎ目について、一種の言葉のない注釈を提供している。すなわちベートーヴェンの四重奏曲における提示部と展開部の分節、ハイドンの交響曲における展開部と再現部の分節である。ほかならぬこれらの例において、ベートーヴェンもハイドンも、とりわけ大規模な第一楽章の構造的慣習に関しては、当時の聴衆の期待を当てにしていたということは疑いがない。

これらの分析は、形式の新しい正説《オーソドクシー》の背後にある理論的前提を再考する必要があることを示唆している。生成論的なアプローチはたいていの場合、ステレオタイプなパターンの再発を内的な力の所産として説明しようとする。

例えばローゼンは、「抽象的な諸形式は……『規則』を破ることによってその効果を発揮するのではない」、そして「驚きの要素は……個々の作品の外側にある想像上の音楽的規範からの逸脱に依存しているのではない」と主張している。「作品の運動性、展開、劇的な成り行き、こういったものすべては素材の中に潜在的に見いだすことができ、素材はそのみなぎる力を解放させられることもあるので、音楽は……文字通り内側から駆り立てられる」のである[14]。

しかし、私たちは「個々の作品の外側にある音楽的規範」に照らすことなしに、ベートーヴェンやハイドンのこれらパッセージを適切に扱うことはできない。しかも、いかなる意味でこれらの事象が冒頭素材の中に「潜在」しているのかは、少しも明らかではないのである。「それ自身の期待をかき立て、失望させ、最後に期待を満足させるのは……作品そのものである」[15]という前提に基づく分析アプローチは、ある程度までは有効であるが、ここでも他の多くの同様の例でも、それだけではどうしても充分ではない。

しかし同時に、前記の二つの分析をそれぞれの路線にしたがって拡張させたところで、どちらも楽章全体を少しでも満足がゆくように説明することにはならない。規範論的なアプローチはこれら特定のパッセージを説明するのに不可欠ではあるが、このアプローチもそれだけでは成り立ち得ない。もっと生成論的な性格の分析方法論と統合されなければならないのである。ベートーヴェンの作品五九の一の場合、比較的少数の主題的、和声的、リズム的動機がいかに操作され、それらが最終的にいかに一貫した全体へと拡張されるかを、テクスチュア、音域、強弱法

(13) 一七六六〜一七六九年頃という推定年代は以下による。James Webster, *Haydn's "Farewell" Symphony and the Idea of Classical Style: Through-Composition and Cyclic Integration in His Instrumental Music* (Cambridge: Cambridge University Press, 1991). 一七七〇年という下限年代は作品のある筆写譜への記入を根拠としている。以下の文献のゲオルク・フェーダーによる作品表を参照。Jens Peter Larsen, work-list by Georg Feder, *The New Grove Haydn* (New York: Norton, 1983), p. 147.

(14) Rosen, *The Classical Style*, pp. 296, 120.

(15) Ibid., p. 296.

の戦略的活用とともにたどる必要がある。

一つだけ例をあげるなら、冒頭主題の最初の四小節は予想される通り主和音のまわりを巡っているが、ただし根音位置ではなく第二転回形（四六の和音）としてである。この初めの不安定感は楽章のその後にとって重要な含みをもっている。というのも、楽章全体で非常に特徴的な前へ前へと進もうとする力において、それが中心的な要素を提供しているからである。この不安定感はまた、冒頭主題が初めて主調で根音位置の和声づけで登場するのがようやくコーダの冒頭、第三四八小節になってからで、楽章全体の五分の四をかなり過ぎているという注目すべき事実に、説得力のある根拠を与えている。この遅延は、再現部がようやくその道を紡いだ後になって起こる出来事のクライマックス的な性格を、さらに高めているのである。同様の生成的な仕掛けはハイドンの交響曲でも至るところでたどることができる。

生成論的分析は、こうした路線にそって論を張ることで大きな効果をあげながら、慣習的な構造は小規模な出来事の幅広い現れであると主張してきた。二十世紀初頭にヘルマン・クレッチュマーは「形式主義の崇拝」をこきおろし、大規模形式の理解を基本的な動機や主題の把握ということに還元している。クレッチュマーにとって「四〇〇小節の意味をたどるという仕事」は、楽章全体を「四ないし八小節」に、「主題や楽節」に還元するのと同じことだった。[16] 同様にエルンスト・クルトは「内的」形式の分析を唱えたが、[17] その後多くの著述家がソナタ形式の分析でこの道をたどってきた。例えばウィリアム・S・ニューマンは、外的な慣習の問題から「様式的ないし生成的な特徴」へ重点を移動させることを主張している。[18]「ソナタ理念の歴史」三部作を準備するにあたり、ニューマンは「音楽形式を生成的なプロセスとして――すなわちその主要楽想に内在する諸傾向の構造的帰結として――捉えようとする努力は、形式分析へのもっと柔軟なアプローチをもたらすように思えた」と書いている。[19] もっと近年になってヤン・ラルーは、「複数的、記述的アプローチ」では古典派の諸形式の発展について「私たちの理解をはっきりさせる役には立たない」、「私たちは分類学的な調査ではなくて、根本的、生成的な原理に依らなければならない」と主張している。[20] そしてレナード・ラトナーは十八世紀の論考、とりわけヨーゼフ・リーペルとハインリヒ・クリストフ・コッホの著作を確認することによって、生成論的なアプローチを歴史的に正当化した。当時のこれらの論考は、小規模な構成体を大規模なそれに拡張することを唱えているからである。[21]

これらの生成論的な形式観は、程度はさまざまではあるが、いずれも有機体としての音楽作品という概念的メタファーをよりどころとしている。実際、有機的形式という近代の物語は、まさに本書で対象としている時代にまでさかのぼることができる。ゲーテ、初期のドイツ・ロマン主義者たち、それにコールリッジは皆、この理念の初期の発展に重要な役割をはたしたのである。[22] 二十世紀の初頭までには、シェンカーやエベニーザー・プラウトといった全く相異なる理論家ですら、あらゆる芸術作品は有機体として最終的には胚芽的な単位にまで還元することができる、という哲学的信念を共有することができた。プラウトの言い方によると、「あらゆる音楽は有機的な成長であり、……二部形式や三部形式は、オークがドングリから生長するのと同じ自然な発展プロセスによって、最も単

---

(16) Hermann Kretzschmar, "Anregungen zur Förderung musikalischer Hermeneutik," *Jahrbuch der Musikbibliothek Peters für 1902*, 64.

(17) 例えば以下を参照。Ernst Kurth, *Bruckner*, 2 vols. (Berlin: Max Hesse, 1925) のとりわけ第一巻第二部「形式デュナーミク Die Formdynamik」。

(18) Newman, *The Sonata in the Classic Era*, p. 119. 以下も参照。Newman, "Musical Form as a Generative Process," *Journal of Aesthetics and Art Criticism*, 12 (1954), 301-309.

(19) Newman, *The Sonata in the Baroque Era*, 3rd ed. (New York: Norton, 1972), p. 5.

(20) Jan LaRue, review of *Sonata Forms* by Charles Rosen, *JAMS*, 34 (1981), 560.

(21) Ratner, "Eighteenth-Century Theories of Musical Period Structure," *MQ*, 42 (1956), 439-454. ラトナーの論文は十八世紀理論における楽節論 periodicity について、その後の多くの解釈に道を開いた。以下を参照。Baker, "Koch and the Theory of Melody"; idem, "From *Teil* to *Tonstück*: The Significance of the *Versuch einer Anleitung zur Composition* by Heinrich Christoph Koch" (Ph.D. diss., Yale University, 1978); Elaine Sisman, "Small and Expanded Forms: Koch's Model and Haydn's Music," *MQ*, 68 (1982), 444-475; Wolfgang Budday, *Grundlagen musikalischer Formen der Wiener Klassik* (Kassel: Bärenreiter, 1983); Hermann Forschner, *Instrumentalmusik Joseph Haydns aus der Sicht Heinrich Christoph Kochs* (Munich: Emil Katzbichler, 1984).

(22) 形式の有機体的概念の歴史的起源については第三章で詳しく扱う。

純な動機から展開される。」[23] シェンカーもまた、動機の単位よりもむしろ「ウアザッツ Ursatz」の観点からではあるが、音楽を成長のプロセスとして見た。[24] それ以来、もっと近年の著述家たち、とりわけニューマン、ラルー、ウルフ、ローゼンは、音楽の成長プロセスと、旋律やフレーズ構成、和声リズム、テクスチュアといった生成的要素がもつ決定的な役割について、私たちの理解に計り知れないほど貢献してきた。これらの要素の（ラルーのお気に入りの言葉を使えば）「調和的構成 concinnity」が、ソナタ形式の構築、さらに言えばあらゆる形式の構築に、重要な貢献をはたしているのである。

しかしながら実際には、小規模な単位と大規模な形式との間隙を、完全に納得のできる方法で橋わたしするのは難しい。たいていの生成論派の分析者は小規模な単位に集中することを選び、主として単一の四小節フレーズからもっと大きい十六ないし三十二小節の単位のあいだの事象に、焦点を当ててきた。[25] コッホはこの分野における十八世紀の理論家の中で最も雄弁で鋭敏であるが、その彼でさえ、形式を扱うのに二つの全く異なったアプローチに頼らざるを得なかった。フレーズのレヴェルと、楽章全体のレヴェルである。コッホの作曲教授の方法は、小さなフレーズを拡張し結合してますます大きな単位にしてゆくというものだが、これは彼の時代に典型的なやり方である。コッホの生成論的な構成概念によれば、最小レヴェルの単位（楽節 Satz）は最終的にはソナタ形式やロンド、主題と変奏といった多くの形式の一部となることができる。[26] 反復、延長、フレーズ内休止点といった技法を通して、小さな四小節の単位はさまざまな大規模構造へと拡張することができる。この点で、彼は大規模形式の性質を、楽想の冒頭の単位に適用される拡張の技法と同一視しているのである。

しかし、コッホや他の理論家たちがこのやり方で記述した最も大規模な形式ステレオタイプがメヌエットであることは、すこぶる示唆的である。メヌエットは実際、十八世紀の理論家に好まれた教育手段だった。というのもメヌエットは、かなり単純で規則的なメートリク単位からなる、比較的すっきりとした構成であることが多いからである。そういうわけで、メヌエットは楽章規模の全体を構築する際の初歩を説明するのにうってつけだった。[27] コッホは小さな単位（楽節 Satz）と大きな単位（楽段 Periode）との関係を詳しく説明し多数の譜例をあげているが、メヌエットよりも大きく美学的にもっと野心的な楽章で複合的ペリオーデの結びつきを説明する段になると、彼の方法論は著しく変わってしまう。これらの大きな構成ははるかに大まかで記述的な方法で説明されており、それも規範論的な傾向の形式理論にかなりそっているのである。

　小規模構造から大規模構造に視点を移動することに伴う、生成論から規範論へのこうした方法論上の変化は、けっしてコッホに特有のものではない[28]。これは初期の理論家も後の理論家も、成長の原理だけでは大規模な構造的慣

---

(23) Ebenezer Prout, *Applied Forms: A Sequel to 'Musical Form'*, 2nd ed. (London: Augener, 1896), p. 1. 特にことわりがない場合、強調はどれも原文のまま。［プラウトの植物の成長の比喩については第三章の注25を参照。］二十世紀の分析における有機体論の優勢については以下を参照。Joseph Kerman, "The State of Academic Music Criticism," in *On Criticizing Music: Five Philosophical Perspectives*, ed. Kingsley Price (Baltimore: Johns Hopkins University Press, 1981), pp. 38-54.

(24) しかしながら、ウィリアム・A・パスティルが指摘しているように、シェンカーは彼の経歴の初期には全く異なる見方をしていた。以下を参照。William A. Pastille, "Heinrich Schenker, Anti-Organicist," *19th-Century Music*, 8 (1984), 29-36.

(25) アンソニー・ニューカムは、今日の分析がもっぱら小規模単位にばかりこだわっていることに対してはっきりと疑念を表明した、数少ない書き手の一人である。Anthony Newcomb, "Those Images That Yet Fresh Images Beget," *Journal of Musicology*, 2 (1983), 227-245. ニューカムの論はヴァーグナーの楽劇を扱ったものだが、その核心的な部分は古典派のソナタ形式の問題にも適用することができる。小規模形式の問題を好んで扱うのは何も音楽学者だけではない。シーモア・チャットマンによれば、「個々の著者の形式と文体に関する記述で最高のものは……もっぱら文よりも小さな単位に基づいている。」チャットマンは続けて、「大規模な構造をそれ自体で特徴付ける言葉へと導き、……さらにこれらの言葉を著者の文体のより微小な単位の様相と統合することへと導く」ような文体論を要請している。Seymour Chatman, "On Defining 'Form'," *New Literary History*, 2 (1971), 225.

(26) この点については、「コッホによる音楽の階層構造」を説明したイレイン・シスマンの図がとてもわかりやすい。Elaine Sisman, "Small and Expanded Forms," p. 445.

(27) 例えば以下を参照。Johann Mattheson, *Der vollkommene Capellmeister* (Hamburg: Herold, 1739), pp. 224-225; Joseph Riepel, *Anfangsgründe zur musikalischen Setzkunst: De rhythmopoeïa, oder von der Tactordnung* (Augsburg: J. J. Lotter, 1752), p. 1; Koch, *Versuch*, III, 129-130. 本書の七八ページも参照。

(28) 以下の一二三～一二四、一三一～一三三、一八二ページを参照。

習を適切に説明できないと気づいていたことを物語っている。コッホらは実際、レナード・B・マイヤーが近年「階層的一様性の誤謬 fallacy of hierarchic uniformity」と呼んだ事態を認識していた。すなわち「ある階層レヴェルを秩序付け分節するのと同じ力とプロセスが、あらゆる階層を構造化する際にも同様に作用し、有効であり、機能するという、暗黙の、そしてふつうは無意識の思い込み」のことである。ソナタ形式楽章は、いかなる複雑な音楽構造と同様、組織のさまざまなレヴェルを通して一貫した階層システムである。しかし、マイヤーが指摘するように、「ある階層レヴェルの組織を支配する原理ないし『法則』が、他のレヴェルと必ず同じであると考えるのは、重大な誤りである。(29)」ウルフは、「階層的システムは個々の構成要素の相対的な自律性と同時に、これら構成要素のより大きな全体への統合を暗に示している」と主張する。しかしその彼ですら、コッホに倣って、十八世紀中葉の音楽における動機、下位楽句《サブフレーズ》、楽句、楽節、二重楽節の連鎖を説明するのに一つの方法論を使いつつも、これらの単位から構成されるさまざまな種類の標準的な楽章規模のパターンを記述する段となると、全く異なるアプローチを採っている。(30) 十八世紀中葉のフレーズ構造や形式に関するウルフの解釈は最良のものの一つで、彼がもともとヤン・ラルーによって考案された規範論的な傾向の図に依拠しているという事実も、彼の論法の力を少しも弱めるものではない。実際、まさにラルーの図が広く有効と認められたという事実は、それ自体、規範論的な観点の価値を証明するものである。しかし、分析に対する生成論的アプローチと規範論的アプローチの本質的な違いを認識することは重要である。前者は事実上あらゆる形式に共通の成長《グロウス》のプロセスを重視し、後者は成長のさまざまな所産のあいだの幅広い構造的相違を強調する。

生成論的アプローチは、それだけだと最終的に大規模形式の問題をはぐらかしてしまう。「成長」は形式を理解するのに不可欠の概念であるが、作品の形式と内容の区別を曖昧にしてしまいがちである。どの時点で楽章の基本楽想は終わり、その成長が始まるのか。たしかにロンド、メヌエット、変奏セット等々の冒頭主題には、一般的な性格と構造の点でまぎれもない違いがある。ところが、ソナタ形式楽章であるハイドンの交響曲第九〇番フィナーレの冒頭主題をロンドの始まりとして、あるいは交響曲第四一番第一楽章の冒頭主題（譜例1.3 a［三八ページ］参照）をメヌエットの基礎として想像するのは、少しも難しいことではない。それでは、どこで成長は終わり、形式が始まるのだろうか。もし成長が完成された楽章にのみ帰するのなら、形式と内容は実際、互いに区別することはできない。言い換えれば、もし形式を「音高、リズム、強弱法、音色のすべてによって規定される音楽作品の形《シェイプ》」[31]として定義することを選ぶなら、形式は偏在することになり、事実上すっかり姿を消してしまう。

ローゼンの解決法は、一連のさまざまな構造をソナタ形式の変種として扱うというものであるが、これら多数のステレオタイプな構造のあいだの共通性を見抜くのに役立つ視点を与えてくれる。しかしこのアプローチには、コッホらがすでに認めていたように、限界もある。この一つの特定のモデルを多くの異なる古典派諸形式に通底する原理として使うことは、ヤン・ラルーが言うように、「三輪車を自動車と呼ぶようなものである。どちらの乗物も車輪をもつというだけで。[32]」そして、「形式」はローゼンができれば避けたい言葉である一方、彼自身の分析は常に、器楽の楽章内で推移する一連の出来事の原型的なパターンと思われるものについて、読者（そして聴き手）が知っていることを当てにしている。[33]さらにやっかいなのは、ローゼンのアプローチは、「ソナタ様式」の枠外にある他の諸形式、例えばファンタジア、主題と変奏、フーガといったものにも適用可能な理論的基盤を提供しないということである。

(29) Leonard B. Meyer, *Music, the Arts, and Ideas: Patterns and Predictions in Twentieth-Century Culture* (Chicago: University of Chicago Press, 1967), pp. 96, 258.

(30) Wolf, *The Symphonies of Johann Stamitz: A Study in the Formation of the Classic Style* (Utrecht: Bohn, Scheltema & Holkema, 1981), chs. 8 and 9.

(31) Anonymous, "Form," *The New Harvard Dictionary of Music* (Cambridge, Mass.: Harvard University Press, 1986). 強調は筆者。引用部分は二つの定義の最初のものである。もう一つの定義は、「比較的多数の作品によってさまざまな程度に共有される一般的な特徴のゆるやかな集まり」。

(32) LaRue, review of *Sonata Forms*, p. 560.

(33) Ibid., p. 559.

実際の分析においては、形式の純粋に生成論的な観点でも、作曲家は新しい作品ごとにソナタ形式を何度も「発見」し、形式はいわば当の作品の胚芽的な単位から新たに期せずして発生する、という注目すべき現象を説明するのに、とりわけ困難をかかえたままでいる。ふつうは楽章の中ほどに（特に一八〇〇年以前にはしばしば終わりにも）反復記号があることも、形式への厳密に生成論的なアプローチの説得力をさらに弱めている。[34]そして、ソナタ形式の幾千もの現れ方がまがりなりにも歴史的に一致する――何百という作曲家が互いに無関係ながら同じ解決に到達する――などとはおそらく誰も言わないにしても、作曲家たちがどれほど形式的慣習の文脈内で仕事をしたか、公然と認めるような分析はほとんどないのである。様式と内容がよく書かれた楽章の構造的現れ方を決定すること、形式への生成論的アプローチが小規模形式と大規模形式のあいだに存在する関係を明らかにするのに不可欠であることは、疑いようがない。しかし、ソナタ形式は少なくともある程度、作曲家が利用することのできるア・プリオリなシェーマだった、ということを否定するのははばかげているだろう。例えば近年ホレス・シェーファーのスケッチ研究が確認したところによると、ハイドンは日常的に楽章規模の構成体における既成の骨組みの枠内で仕事をしており、創作プロセスの比較的早い段階で、大規模な分節の勘所（展開部の始まりや再現の瞬間を含む）を設計していた。[35]ハイドンにとって、ソナタ形式は事実上、出発点であり、柔軟であるにもかかわらず鋳型であった。

再度強調しておくが、近年の分析における問題は両極端のいずれかに与してしまうということではない。たいていの著者は生成論的な手法と規範論的な手法の両方を、さまざまな割合で用いている。しかし、生成論的アプローチと規範論的アプローチを納得のゆくやり方で調停することのできる形式の理論的基盤がないということが、混乱をきたしているのである。今や「形式」という語そのものがますます使われなくなり、「ソナタ様式」とか「ソナタ原理」が「より優遇される語」になったということが、現状をよく物語っている。

そこで求められるのは、慣習的なパターンを説明することができ、同時にこれらのパターンの枠組みの中に存在する計り知れない多様性を正当化するような、形式の一般的な理論である。問題の核心は事実上、慣習的なものを個別的なものと、ステレオタイプなものを個性的なものと、いかに調停させるかである。ソナタ形式のような構造的慣習の十全な理論は、内的（個性的）方法と外的（慣習的）方法の両者を、一貫した一揃いのパラメータを使用しながら、説明できるものでなければならない。多くの作品が同じ一般的な輪郭に従うことができ、なおかつ性格と内容が全く異なり得るのはどうしてか。十八、十九世紀の非常に多くの作曲家が、ごく少数のステレオタイプな構成体に、かくもどっぷりと依存したのはなぜか。そもそも「内的」な形式と「外的」な形式の概念は相互にどのように関係しているのか。

これらの問題に簡単な答えはない。しかし、これらの問題に対して当の十八世紀がどのように取り組んだかを検討することから得られるものは大きい。第二章で論じるように、十八世紀の大部分と十九世紀の初頭を通じて、形式に対するこれら二つのアプローチを調停したのは、修辞学の概念的メタファーだった。

しかし、この時代の理論文献を検討する前に、今日の私たちが形式のパラドックスを受け入れていることが、どの程度、十八世紀と十九世紀初期の理論的史料——すなわち「内的」形式と「外的」形式の二分法が成立するより前の時代の史料——の読み方を左右しているかを、まずは見直さなければならない。古典派時代と現代とを結びつける連続性は欺きの元である。というのも、ハイドン、モーツァルト、ベートーヴェンの音楽は、今日に至るまでコンサート・ホールで途切れない演奏伝統を培ってきた最初の音楽に数えられる一方で、私たちはようやく近年になって、楽器の性質、演奏技術、テンポの基準、演奏現場——要するに音楽のほかならぬサウンドと知覚——がどれほど大きく変化してしまったのかを知るようになったのだから。音楽形式の理論的前提も爾来変化をこうむったが、そのことはどの点から見ても同じくらいに重要である。ところが、十八世紀の史料を解釈しようとする近年の

(34) 以下を参照。Michael Broyles, "Organic Form and the Binary Repeat," *MQ*, 66 (1980), 339-360.

(35) Hollace Schafer, "'A Wisely Ordered *Phantasie*': Joseph Haydn's Creative Process from the Sketches and Drafts for Instrumental Music," 2 vols. (Ph.D. diss., Brandeis University, 1987), esp. I, pp. 145-162, 212-214.

試みで最も広く受け入れられているものでも、十九世紀の形式概念に驚くほど大きく影響されてきたのである。ひとえに古典派の形式に対する今日的姿勢の基盤を見直すことによってのみ、私たちはハイドン、モーツァルト、ベートーヴェンの時代を私たちの時代と隔てている理論的思考の不連続性を、認識し始めることができる。ソナタ形式は古典派時代の最も重要な構造的慣習であるが、これらの変化について有効な説明を与えてくれるものである。

ソナタ形式と定義の限界

定義はメタファーと同様、私たちの概念理解を反映すると同時に形成する。「形式」や「ソナタ形式」のような問題性をはらんだ概念の場合、これらの言葉を定義することは、これらが多く発現するところの音楽作品を理解するのに重要な役割をはたすことは明らかである。

十八世紀にはソナタ形式の正式な定義はなかったので、学者たちが形式の本質的特徴――すなわち形式のすべての現れに共通する特徴――をつきとめるのに相当な注意を向けてきたのも、もっともなことだった。実際、こうして形式を定義する要素を追究することは、アリストテレス自身がほかならぬ「形相 eidos」そのものの概念を「各々の事物の本質」と定義したことを反映している。(36) この論法でゆくと、特定の要素における可変性は、その要素が形式の定義で何らかの役割をはたすのを自動的に妨げることになる。したがって、提示部における対比主題の存在は、後の十九世紀の説明では基本的な要素であるが、古典派のソナタ形式の本質的な特徴としては正当にも却下されてきた。対比主題はしばしば存在する一方、十八世紀の形式の現れ方においては一般的というにはほど遠く、それゆえ形式を定義する要素と見なすことはできないのである。

古典派のソナタ形式の現れ方の多くに共通しているのは、基本的な和声的輪郭である。すなわち、主調からごく近親の副次調（ふつうは楽章が長調なら属調、短調なら平行調）へ行き、次いで和声的に不安定な領域に入り、主調への回帰が続く、というものである。この構成の中で、主題的楽想の数、性格、配置は大きく変化し得る。この和声的枠組みが他の諸形式（例えばメヌエットの冒頭部分や変奏曲の各変奏）の中に埋め込まれることはある一方で、古典派のソナタ形式を他の慣習的な構造から区別するのは、独立した全体としてのこの特定の輪郭なのである。

解釈はさまざまであるにしても、古典派ソナタ形式に関する近年の事実上すべての説明は、大規模な調的構造がこの形式の構造を規定するのに最重要の役割をはたしているという点で一致している。[37] レナード・ラトナーによるソナタ形式のシェーマは広く受け入れられたが、簡潔にこの構造の性質を要約している。[38]

∥: Ⅰ（または i）→ Ⅴ（またはⅢ）:∥: X → Ⅰ :∥

長調　主調 → 属調　不安定 → 主調

短調　主調 → 平行調　（非主調）

しかし、本質的な特徴を特定し際だたせることによって、定義は概念の理解を歪めてしまうこともあり得る。ソ

---

(36) Aristotle, *Metaphysics*, trans. Hugh Tredennick (Cambridge, Mass.: Harvard University Press, 1933), 1032b1; アリストテレス『形而上学』上、出隆訳、岩波文庫、一九五九、二四九ページ。

(37) 例えば以下を参照。Newman, *The Sonata in the Baroque Era*; idem, *The Sonata in the Classic Era*; Jens Peter Larsen, "Sonatenform-Probleme," in *Festschrift Friedrich Blume zum 70. Geburtstag*, eds. Anna Amalie Abert and Wilhelm Pfannkuch (Kassel: Bärenreiter, 1963), pp. 221-230; Ritzel, *Die Entwicklung der "Sonatenform"*; Rosen, *The Classical Style*, pp. 99-100; Webster, "Sonata Form," *New Grove*; Wolf, "Sonata Form," *New Harvard Dictionary of Music*.［後にも言及されるように、十八世紀の記述を根拠に初めてソナタ形式をこのように再定義したのはラトナーである。Ratner, "Harmonic Aspects of Classic Form," *JAMS*, 2 (1949), 159-168. 彼の言い方では、ソナタ形式は「調域形式 key-area form」となる（p.166）。ラルセンは実際のハイドンの音楽の分析を通して十九世紀的なソナタ形式概念に疑問を呈している。リッツェルは最も広範囲に古典派の文献を扱った研究の一つ。訳者の拙稿もラトナー以降の研究傾向を反映したもので、ソナタ形式の基本パラメータを調構造とするにとどまっている。土田英三郎「〈主要形式〉について――〈ソナタ形式〉概念の成立をめぐって」、『音楽学』第二七巻一号（一九八一）。］

(38) Ratner, *Classic Music*, p. 218. ラトナーのシェーマについては以下で詳細に扱う。

ナタ形式の場合、事実上、形式を定義する要素を探究することが、十八世紀の形式概念の正確な再構築を妨げてきた。ソナタ形式を定義する必要があることは明らかである。しかし、この目的を追究する過程で心に留めておかなければならないのは、定義はその性質上、役割に限界があるということである。ソナタ形式のあらゆる現れ方に共通の要素をつきとめても、きわめて重要ではあるがたまたま形式定義的でない特徴を考慮に入れるのに、そのことが適切な枠組みを提供するわけではないのである。

ソナタ形式が和声的な構成物か主題的な構成物かをめぐる議論は、定義の限界を証明している。今日のたいていの研究者は、その答えは十八世紀の形式理論と十九世紀の形式理論のどちらに言及しているかによって大きく左右される、と認めるだろう。十九世紀の大部分と二十世紀のかなり後まで、著述家たちは一般にソナタ形式を主題的な構成物と見なしていた。例えばカール・チェルニーは一八四〇年頃の記述で、この形式を以下のように紹介している。

第一楽章は二つの部 parts からなり、最初の部はふつうくり返される。

第一部は以下のような構成である。

一　主要主題 principal subject。

二　その継続、あるいは敷衍 amplification。同時に最も近い関係調への転調。

三　この新しい調による中間主題 middle subject。

四　この中間主題の新たな継続。

五　最後の旋律。その後、第一部はこうして新しい調で終わり、〔以上と〕同じものの反復が任意で続く。

第一楽章の第二部は主要主題、あるいは中間主題、あるいは新しい楽想 idea の展開 development で始まり、いくつかの調を経過し、再び本来の調に戻る。続いて主要主題とその敷衍がくるが、ふつうは短縮された形でである。そして以下のように進行するmodulating。すなわち、中間主題が〔第一部と〕同様に余すところなく再登場するが、ただし本来の調でである。その後、第一部で中間主題に続いていたすべてのものがここで本来の調でくり返され、かくして終結となる。(39)

これらの「教科書」的記述――そう呼ぶのは、こうした記述が作曲に関する多数の教育的手引で激増したからである――は、冒頭の「男性的」主題と後続の「女性的」主題のあいだの広範にわたる旋律的対比の原理を、ことのほか強調する。チェルニーは続けてかなり詳細に、楽章冒頭の主題素材と提示部の「中間」ないし「第二」主題との対比について論じる。

> 続いて中間主題がくるが、これは新しい楽想からなっていなければならない。良い中間主題は冒頭よりもはるかに着想が難しい。なぜなら第一に、それは新しくて、先行するすべてのものよりも美しく楽しい旋律をもっていなければならないからである。第二に、それは前のものとは非常に異なっていなければならないと同時に、その性格に応じて、先行するすべての楽想、転調、パッセージの目的ないし結果のように見えるほど、それらとよく適合しなければならないからである。……

(39) Carl Czerny, *School of Practical Composition*, trans. John Bishop, 3 vols. (London: Robert Cocks, ca. 1848), I, p. 33. この『実践的作曲法教程』（作品六〇〇）の錯綜とした出版史については以下を参照。William S. Newman, "About Carl Czerny's Op. 600 and the 'First' Description of 'Sonata Form'," *JAMS*, 20 (1967), 513-515. この著作が早くも一八四〇年には完全にあるいはほぼ書き上げられていたことを示す証拠はあるが、元のドイツ語稿は一部も残っていないようである。チェルニーによるもっと早い時期のソナタ形式の説明（一八三二年頃）が、彼がドイツ語に翻訳したレイシャの著作への「翻訳者による付記」にある。Anton Reicha, *Vollständiges Lehrbuch der musikalischen Composition*, trans. Carl Czerny, 4 vols. (Vienna: Anton Diabelli, ca. 1832), I, pp. 316-330. 以下を参照。Peter Cahn, "Carl Czernys erste Beschreibung der Sonatenform (1832)," *Musiktheorie*, 1 (1986), 277-279.

> 美しく良い楽想を思いついたなら、第一部の構成は何ら難しくないことがわかる。というのも、私たちは常に決まった形式で進まなければならないからである。もしこの秩序が避けられたり勝手に変えられたりすると、作品はもはや通常のソナタではなくなってしまうだろうから。[40]

チェルニーの記述と、アードルフ・ベルンハルト・マルクス（一八四五）やヨーハン・クリスティアン・ローベ（一八五〇）ら後続の書き手によるもっと巧妙な説明は、楽章内における主題の対比が重要な構造的役割をもつ当時の作曲の実際を反映している。十九世紀のうちに和声語法がますます半音階的になるにつれて、伝統的な属調と主調の両極性は、ソナタ形式楽章の構造においてその中心的な役割を失いつつあった。作曲家たちは提示部と再現部の両方で、もっと多くの異なった調へ転調させるようになった。こうして、十九世紀のソナタ形式の概念は、提示部における対比的な「第二主題」の存在を強調したのである。

主題的対比を強調するこのようなソナタ形式観は、二十世紀に入ってもかなり続いた。ときにトーヴィーやシェンカーのような書き手が異議を唱えたが、彼らは前述のように、主題的内容にのみ基づいた、あるいはそうでなくとも主として主題的内容に立脚した記述の不適切さを、初めて指摘した論者に数えられる。とりわけトーヴィーは、楽章の大規模な和声的輪郭の構造的機能に、最大限の重要性を認めている。しかしながら、レナード・ラトナーが萌芽的な論文で、トーヴィーの見解を支える歴史的な文書資料《ドキュメンテーション》の考証を提示したのは、ようやく一九四九年になってからであった。[41] ラトナーは多数の古典派時代の作曲論を引用しながら、十八世紀の理論家たちは十九世紀の理論家とは対照的に、ソナタ形式を根本的に和声的な設計と考えていたということを、説得力をもって主張することができた。

程度はさまざまであるが、リーペル（一七五五）、ポルトマン（一七八九）、コッホ（一七八七、一七九三）、ガレアッツィ（一七九六）、コルマン（一七九九）、それにジェルヴァゾーニ（一八〇〇）は実際に、この構造を和声的に安定した領域と不安定な領域の対比という観点から論じている。(42) コルマンの「たいていのソナタや交響曲、協奏曲」で見られる「転調プラン」は、十八世紀のソナタ形式に関する当時の典型的な説明としてしばしば引用される。

各部分 section は二つの下位部分 subsection に分けられる。全体で四つの下位部分をなす。
最初の下位部分は主調から出発して、長調ではその五度、短調では三度へ向かわなければならない。そして主和音あるいは五度和音で終わるが、後者がいっそう好ましい。二番目の下位部分は第一の種類の労作 elaboration を含み、三番目の下位部分よりも自然な転調からなる。主調の五度か三度にのみ限られるが、前述の長調で五度、短調で三度以外のいずれかの調へ正式に逸脱しないのであれば、いくつかの近親調に、あるいは無関係の調にさえふれることもある。第三の下位部分、すなわち第二部分の始まりは二番目の種類の労作を含み、五度（あるいは三度）以外で導入されるあらゆる調や旋法への逸脱からなる。曲が許容するか要求する突然の転調、あるいは異名同音的変化のための場である。第四の下位部分は主調への回帰を含み、三番目の種類の労作を伴うが、これは最初の下位部分の労作と同様のものである。(43)

(40) Czerny, *School of Practical Composition*, I, p. 35.

(41) Ratner, "Harmonic Aspects of Classic Form," *JAMS*, 2 (1949), 159-168. ラトナーの同じタイトルの博士論文ではこれらの問題に関するより詳細な検証がなされている。 Idem, "Harmonic Aspects of Classic Form" (Ph.D. diss., University of California, 1947).

(42) Joseph Riepel, *Anfangsgründe zur musikalischen Setzkunst: Grundregeln zur Tonordnung insgemein* (Ulm: C. U. Wagner, 1755); Johann Gottlieb Portmann, *Leichtes Lehrbuch der Harmonie, Composition und des Generalbasses* (Darmstadt: J. J. Will, 1789); Koch, *Versuch*, II & III (1787, 1793); Francesco Galeazzi, *Elementi teorico-pratici di musica*, II (Rome: M. Puccinelli, 1796); August F. C. Kollmann, *An Essay on Practical Musical Composition* (London: Author, 1799); Carlo Gervasoni, *La scuola della musica*, 2 vols. (Piacenza: Nicolò Orcesi, 1800; rpt. Bologna: Forni, n.d.). これらさまざまな記述については以下でもっと詳しく扱う。

(43) Kollmann, *An Essay on Practical Musical Composition*, p. 5.

このような説明を基に、多くの研究者がラトナーに従って、十八世紀のソナタ形式を和声的輪郭として見てきた。主題に関わる慣習はあまりにも多様なので、形式の定義には含められないのである。ラトナーのシェーマⅠ－Ⅴ∶∶Ｘ－Ⅰはまた、ソナタ形式を、楽章のおおよそ中ほどで反復記号によって分けられる、本質的に二部分の構造と見なしている点で、十八世紀の考え方を反映している。十九世紀の最初の数十年間から、この反復記号はますますふつうではなくなり――ベートーヴェンのピアノ・ソナタは全体として見ると実践におけるこの変化の好例である[44]――、五十年のうちに、ほとんどの理論家は、この形式を今や提示部、展開部、再現部として知られる各部分からなる、本質的に三部分の構造として見なすようになった。[44a]楽章の真ん中の複縦線は、もし書かれているとしても、以前の慣習の単なる名残とされた。

過去四十年［今なら六十数年］以上にもわたって健全にも拒否されてきたのは、まさに古典派のソナタ形式に関するこの主題重視、三部分形式という見方なのである。今日、主題的対比を著しく強調する十九世紀中葉の概念が古典派時代の音楽に適用された場合、それは正当にも時代錯誤と見なされる。[45]とりわけハイドンの「単一主題的」ソナタ形式の構成は、主題的対比に基づく分析を受けつけない。そうした楽章の多くは、提示部の属調部分の開始で本質的には冒頭主題であるものをくり返す。例えば交響曲第一〇四番ニ長調では、提示部でちょうど十九世紀の聴き手なら実質的に異なる対比的主題を期待したであろう瞬間に、冒頭楽想が再度出現する。主題的対比は実際、非常に多くの十八世紀の楽章に存在する。そして例えばガレアッツィはこの技法についていくぶん詳しく記述している。[46]しかしこの種の対比は、後の十九世紀的なソナタ形式の説明でなら担うことになった中心的な重要性を、与えられることはなかったのである。

二十世紀中葉以来、古典派ソナタ形式の「教科書」的概念は、何よりも和声的構造に立脚した、もっと自由で柔軟な概念に道を譲るようになってきた。したがって、十八世紀のソナタ形式に関する近年の議論は、この枠組みの中での手続きの多様性と、作曲家に開かれた選択の多様性を強調してきた。主題的事象は、ラトナーのメタファーを使えば、和声的輪郭の基本的な「下部構造」に重なり合う可変的な「上部構造」を構成する。形式を規定するのは楽章の和声的な形《シェイプ》であって、楽章の主題的要素ではない(47)。

以上の要約は簡単すぎて表面的であるかもしれないが、少なくとも一般にソナタ形式理論の歴史的発展と考えられていることの大まかな輪郭は示している。すなわち、十八世紀における本質的に二部分の和声的構成物、代わって十九世紀における本質的に三部分の主題的構成物、さらに代わって二十世紀中葉における古典派音楽のための二部分の和声的モデルの再発見、ということである。

こうしたソナタ形式理論史の見方には、多くの点で推奨すべきところがある。というのも、実際に十九世紀の書き手は、十八世紀の理論家よりもはるかに主題的対比の原理に重点をおいているからである。しかしもっと深いレヴェルで見ると、この見方は形式に関する十八世紀と十九世紀の理論の違いを強調しすぎる。そのため、それはい

---

(44) この変化を概観している文献として以下を参照。Broyles, "Organic Form."

(44a) [十九世紀楽式論でソナタ形式が二部形式あるいは三部形式のいずれとして定義されたかの問題については、本章注55のモイヤーの博士論文が概観している。]

(45) 十八世紀の理論文献のわずかながらもいくつかの箇所で、対比的な「第二主題」が十八世紀音楽における形式の一要素として記述されていると言われてきたが、ジェーン・R・スティーヴンズはそうした文献のある一節に関する伝統的な解釈に対して、説得力のある疑問を呈している。Jane R. Stevens, "Georg Joseph Vogler and the 'Second Theme' in Sonata Form: Some 18th-Century Perceptions of Musical Contrast," *Journal of Musicology*, 2 (1983), 278-304. [主題対比を指摘した最初期の例として二十世紀前半からしばしば引用されてきたのは、一七七九年のゲオルク・ヨーゼフ・フォーグラー『マンハイム音楽塾通信』である。Georg Joseph Vogler, *Betrachtungen der Mannheimer Tonschule*, II (Speyer: Bossler, 1779; rpt. Hildesheim: Olms, 1974), p. 62.]

(46) Galeazzi, *Elementi*, II, p. 256. その他のそれほどずばりではない言及については以下を参照。Charles Burney, *A General History of Music*, ed. Frank Mercer, 2 vols. (New York: Harcourt, Brace, n.d.; orig. pub. 1776-89), II, p. 866; Johann Friedrich Daube, *Anleitung zur Erfindung der Melodie und ihrer Fortsetzung*, 2 vols. (Vienna: C. G. Täubel, 1797-1798), II, p. 38. [チャールズ・バーニーの有名な『音楽通史』の初版は日本では音楽取調掛(東京藝術大学の前々身、一八七九〜八七)が購入している。]

(47) Ratner, *Classic Music*, p. 221.

くつもの問題を投げかけているのである。

一　この見方は、ソナタ形式の説明に関して、十八世紀と十九世紀のあいだには根本的で比較的急速な変化があったことを示唆しているが、それは当時の史料には反映されていない。

二　最小共通項（大規模な和声）を求めるあまり、十八世紀におけるソナタ形式の説明で実際に著しく目立っている他の諸要素［特に主題的要素］の重要性を見えなくさせる傾向にある。

三　教育的な論考からの証言に少なからず立脚しているが、そうした史料は、その歴然たる教育的機能を考慮に入れずしては、適切に解釈することができない。

四　ソナタ形式以外の構成体、例えばロンド、フーガ、主題と変奏などにも適用できる、より広い形式概念のための基盤を提供できていない。

五　「内的」形式と「外的」形式の美学的二分法を押しつけているが、これは十八世紀の説明にはないものである。

これらの論点について順番に検討してゆこう。

一　ソナタ形式の説明に関して、十八世紀と十九世紀のあいだには根本的で比較的急速な変化があったということについて。十九世紀のうちに主題的対比が次第に強調されるようになったとはいえ、ソナタ形式の説明は一七九〇年代（コッホ、ガレアッツィ、コルマン、ジェルヴァゾーニ）と一八四〇年代（チェルニーとマルクス）のあいだで、実際に根本的な意味で変わったわけではない。どちらの世代の理論家も、一貫して楽章の主題的楽想を楽章の和声的輪郭と関連させて、あるいはその逆の関係で記述している。「第一」主題と「第二」主題という後の弁証法的な対比は、伝統的な調的進行の輪郭を補いこそすれ、それに取って代わるわけではない。チェルニーとマルクスは、まさにコッホやコルマンと同じように、ソナタ形式を和声的パターンとして記述している。主調から近親調だが対比的な副次調へ（提示部）、そこから相対的に不安定なペリオーデへ（展開部）、そして主調への決定的な回帰（再現部）というように。十九世紀中葉の理論家にとって、対比的な「第二」主題の存在は、それだけではソナタ形式楽章ということにはならない。「教科書」的な基準に照らしてでさえ、もし当の楽章がソナタ形式の典型と見なされるべきならば、提示部の後の事のなりゆきは、既定の和声的輪郭に従わねばならない。実際、ある書き手によって、楽章の形式がその和声的輪郭とはっきり同一視されるようになったのは、ようやく一八二七年のことである[48]。そしてマルクスがハイドンの「単一主題的」楽章の一つを「古いタイプのソナタ形式」とするとき、重要なのは、マルクスはこの楽章が対比的な「第二」主題をもたないという事実にもかかわらず、この楽章をその大規模な和声的構造のゆえにソナタ形式の現れと見なしたということである[49]。

この点で、ソナタ形式の和声的説明（十八世紀）と主題的説明（十九世紀）の二分法は誤りである。この二分法は、古典派のソナタ形式をその最小共通項に基づいて定義しようとする近年の努力によって大いに促進されてきた。十八世紀のレパートリーの形式を規定する本質的要素を突き止めようとするあまり、研究者たちは十八世紀と十九世紀の書き手の違いを誇張し、より深いレヴェルにおける思考の連続性を軽視する傾向にあったのである。

(48) Heinrich Birnbach, "Über die verschiedene Form grösserer Instrumentaltonstücke aller Art und deren Bearbeitung," *BAMZ*, 4 (1827), 269. 以下の二二三～二二四ページを参照。

(49) Adolf Bernhard Marx, *Die Lehre von der musikalischen Komposition*, 4 vols. (Leipzig: Breitkopf & Härtel, 1837-1847), III, pp. 563-567.

純粋に機能的な観点からすると、事実上ソナタ形式に関する批判的《クリティカル》な思考の歴史でもっとも重要な区切りは、ようやく過去四十年［六十数年］のことである。根本的な変化はコッホとマルクスのあいだではなくて、コッホ、チェルニー、マルクスの時代と、トーヴィー、ラトナー、ニューマンの時代のあいだに起こった。ソナタ形式の批判的な説明は、作曲と教育の文脈から、より分析的で歴史的な性質の文脈へと移った。これらの歴史的志向をもった説明は、十八世紀と十九世紀双方の形式観とは単に内容において異なるばかりではなく、もっと重要なのは種類が異なることである。「教科書的」という公然と軽蔑的な言い方を、十九世紀中葉のマルクスやチェルニー以降の著述家に限定するのは、コッホとマルクスのあいだに一定の不連続性を想定することになるが、歴史的に誤解を招きやすい。というのも、十八世紀から十九世紀にかけて教育学上の直系の血筋があったことを、ぼやかしてしまうからである。そもそもソナタ形式に関する最初の議論は、作曲家を志す人間に向けて書かれた論考で登場する。リーペルの論考は弟子と学者の対話形式で書かれている。コッホは一貫して「作曲の初心者」に語りかけている。ガレアッツィとコルマンは頻繁に「生徒」としての読者に言及している。機能の見地からすれば、コッホのソナタ形式の記述は、マルクスと全く同じくらい「教科書的」伝統の中にある。

　同様に正確でないのは、後のマルクスやローベが形式を「規範化」し形式に特定の名前を付けたという理由で、コッホやコルマンといった初期の理論家と区別してしまうことである。[50] 規範主義 prescriptivism という非難は、若干の弁明込みでチェルニーに向けることができるかもしれない。彼は形式を教えるのに堅苦しい姿勢で臨んでいるからである。しかし、年代的に同じだからといって、彼と同時代の人間にも非難の矛先を広げるのは、歴史的に不正確というものであろう。とりわけマルクスは、ソナタ形式に関する自身の記述が発見的方法における規範 heuristic norm にすぎないこと、この規範には例外がたくさんあることを強調するのに、大変な骨を折っているほどである。実際、マルクスの形式観はときとして著しく有機体論的である。「芸術作品の数と同じだけ多くの形式がある。」「内容と形式は不可分に一つのものである。[51]」マルクスは音楽形式を百科全書的に法典化した人物として

(50) 誰が最初に「ソナタ形式」という言葉を単一の楽章の構造を記述するために使用したかをめぐって、多大な――ことによると過大な――注意が払われてきた。従来、マルクスの『ベルリン総合音楽新聞 Berliner Allgemeine musikalische Zeitung』第五巻（一八二八）の目次がこの語の最初の用例として引き合いに出されてきた［ハインリヒ・ビルンバッハのある論考の表記が巻全体の目次では「短調のソナタ形式 Sonatenform in moll」となっているが、本文では別のタイトルである（Birnbach, "Ueber die Form des ersten Tonstücks einer Sonate, Symphonie, eines Quartetts, Quintetts u. s. w. in der weichen Tonart," *BAMZ*, 5 (1828), 105-108, 113-117)］。しかし実はマルクスはすでに一八二四年に、同誌第一巻の回顧的な論文でこの語を使用していた。A. B. Marx, "I. Andeutung des Standpunktes der Zeitung (Als Epilog.)," *BAMZ*, 1 (1824), 444-448. 彼によれば、ハイドンやモーツァルトの歴史的な時代の特徴は「いっそう拡張された楽想と、旋律のより豊かな連続である。すなわちソナタ形式とロンド形式が優勢となった die Sonaten- u. Rondoform wurde herrschend。――最初の名称［ソナタ形式］はこういうことである。旋律の二つの連続部分が結びつき（最初の部分が主調、第二部分が属調――あるいは最初が主短調、二番目が平行長調）、これらがふつう間奏部分 Zwischensatz の後でくり返されるが、その際に第二部分も主調に、あるいは短調の場合には［同主］長調に移調される。交響曲や四重奏曲、ソナタのほとんどあらゆる楽章がこうである」(ibid., 445)。

［同誌第一巻を本文検索してみると、「Sonaten-Form」という語がもっと前の号の作品評（ベートーヴェンのピアノ・ソナタ作品一〇九の第二楽章）に登場していることがわかる。Anonymous [N. G.], review of Beethoven's Piano Sonata, Op. 109, *BAMZ*, 1, 5 (4 February 1824), 37.『国際音楽記事総覧および記事索引』RIPM [Répertoire international de la presse musicale] の遡及索引「Retrospective Index to Music Periodicals」に現時点（二〇一六年）で登録されている音楽雑誌記事を一八二〇年代以前で検索すると、論考タイトル中の「Sonatenform」の初出はやはり同誌の第二巻、一八二五年六月二九日号における作品評である（フェルディナント・オルランディによる《ソプラノ三声のためのヴォカリッツォ》）。ただし、三楽章の作品で「ソナタ形式による三声のソルフェッジョ」となっているので、特定の楽章の形式としてのソナタ形式のことではなく、多楽章ソナタ Sonatenzyklus, sonata cycle の構成をさす語として使われている。Anonymous [K.], review of *Vokalizzo per tre voci di soprano* by Ferdinand Orlandi "... Eine dreistimmige Solgeggie in Sonatenform ...," *BAMZ*, 2 (1825), 206.

ついでながら、音楽の形式論ないし楽式論 Formenlehre, Formlehre の語もすでに同誌に散見される。本章注48にあげられたビルンバッハの論考は、同誌第四巻（一八二七）の目次では「長調のソナタ第一楽章の形式論 Formlehre eines ersten Sonatensatzes im Durgeschlecht」となっている。第五巻（一八二八）のやはりビルンバッハの論考「ソナタ等の形式論に寄せて」では正式のタイトルに使われている。Birnbach, "Zu der Formenlehre einer Sonate u. s. w.," *BAMZ*, 5 (1828), 423.

つまり、Sonatenform や Formenlehre などの語は、一八二〇年代の中頃に、ベルリンの音楽理論サークルのあいだで、音楽的術語としてはいまだ定着しないままに、随時使われ始めていたことがわかる。

たびたび名前が登場するH・ビルンバッハ（一七九三～一八七九）はブレスラウ生まれの音楽家で、一八二〇年代初期にベルリンにやって来て、指揮者、ピアニスト、作曲家、音楽理論家として活躍した。一八三三年にピアノと音楽理論のための教育機関を設立している。弟子にはオットー・ニコライやジークフリート・デーンらがいる。彼の論考は抽象的・観念的な議論には向かわず、実作品の分析的観察に基づいた音楽家らしい特徴を示している。］

広く一般に考えられており、実際に彼による以前のレパートリーの分析は著しく目的論的な偏向《バイアス》を帯びている[52]。しかし、彼の有名なソナタ形式の「法典化」の直後に、記述したばかりの規範に対する多くの例外について、いっそう長い（しかしたびたび見落とされてきた）議論が続いているのである[53]。この忘れられた一節の冒頭は、厳格な規範主義者というマルクスへの不当な評価を一掃するに充分であろう。ソナタ形式の「標準」ヴァージョンを概説した後、マルクスはこの広範な問題をもっと注意深く見ようと一歩後退する。

ソナタ形式のより詳しい検討

前節では、できるだけストレートな方法でこの形式を理解するための手ほどきを提供することが大事であった。この形式の重要性は、もっと先へ進めば進むほど、ますます明らかになるだろう。しかし、この速いペースだと、完全に満足のゆく理解を得ることはできなかった。もっとも、学習者を最短距離で再び陶冶と創作の道に導くことよりも、余すところなく理解することの方にもっとこだわってしまっていたら、真の芸術の教えの基本原則に反することになっていただろう（この点において、芸術の教えは純粋にあるいはとりわけて学問的な教えとは本質的に異なる）。それゆえ、さまざまな方面に適用可能な単一のモデルにもっぱらこだわることにしたのである。

今や問題をより詳しく検討し、そして同時に大家の作品から証明することに、私たちの眼を向けなければならない。先に暫定的に検討した原則が他者の作品の経験にも結びつけられることによって、理解と行動力が同等に、互いに引き離されることなく熟するのである。前者［理解］は抽象的な、芸術家にとって死んだも同然の知識に変ずることはなく、後者［行動力］は単なる経験的な模倣（常に一面性とマンネリズムに陥る危険がある）に堕することもない[54]。

マルクスは彼の『作曲論』第三巻の補遺（五六八〜五七〇ページ）で、ソナタ形式の基本パターン（基本形式Grundform）の教育的な性質を再度強調している。ここでも他の箇所でも、マルクスは教育的なモティヴェーションによる法典化が誤用されてしまう潜在的な危険に鋭くも気づいており、彼自身がしばしばそのように告発されているところの空虚な図式《シェーマ》化を、はっきりと否定するのである。(55)

(51) Marx, *Lehre*, II, p. 5, and III, p. 568. マルクスの理論における有機体論については以下を参照。Kurt-Erich Eicke, *Der Streit zwischen Adolph Bernhard Marx und Gottfried Wilhelm Fink um die Kompositionslehre* (Regensburg: Gustav Bosse, 1966), pp. 56-65; Lotte Thaler, *Organische Form in der Musiktheorie des 19. und beginnenden 20. Jahrhunderts* (Munich: Emil Katzbichler, 1984); Gudrun Henneberg, *Idee und Begriff des musikalischen Kunstwerks im Spiegel des deutschsprachigen Schriftums der ersten Hälfte des 19. Jahrhunderts* (Tutzing: Hans Schneider, 1983).

(52) ラトナーの主張によれば、マルクスのアプローチは前の世代、とりわけハイドンとモーツァルトの音楽を視野に入れていることで本質的に回顧的である。Ratner, "Theories of Form: Some Changing Perspectives," in *Haydn Studies: Proceedings of the International Haydn Conference, Washington, D.C., 1975*, eds. Jens Peter Larsen, Howard Serwer, and James Webster (New York: Norton, 1981), p. 347. しかし、マルクスは形式教育が立脚しているレパートリーの幅を広げた一方で、彼が自ら認めた基準はベートーヴェンの音楽であり、彼の基本的な目標は形式を歴史的に解明するというよりも、それを教えることであり続けた。

(53) Marx, *Lehre*, III, "Die Sonatenform," pp. 212-246; "Nähere Erörterung der Sonatenform," pp. 247-291.

(54) Ibid., III, 247.

(55) マルクスの理論的著作は、ビルギット・モイヤーの研究よりももっと共感を込めた、徹底的な再評価が必要である。Birgitte Moyer, "Concepts of Musical Form in the Nineteenth Century, with Special Reference to A. B. Marx and Sonata Form" (Ph.D. diss., Stanford, 1969).［モイヤーのこの論文はやや表面的ではあるが、十九世紀のドイツにおける楽式論の展開の全体像を概観するには便利な文献である。］部分的に再考しているものとしては以下を参照。Dahlhaus, "Gefühlsästhetik und musikalische Formenlehre"; idem, "Ästhetische Prämissen der 'Sonatenform' bei Adolf Bernhard Marx," *AfMw*, 41 (1984), 73-85; Ian Bent, *Analysis* (New York: Norton, 1987); idem, "Analytical Thinking in the First Half of the Nineteenth Century," in *Modern Musical Scholarship*, ed. Edward Olleson (Stocksfield, Northumberland: Oriel Press, 1978), pp. 151-166; Scott Burnham, "Aesthetics, Theory, and History in the Works of A. B. Marx" (Ph.D. diss., Brandeis University, 1988).［その後、マルクスとその形式論に関しては、特にスコット・バーナムが優れた仕事を行っている。Scott Burnham, "The Role of Sonata Form in A. B. Marx's Theory of Form," *JMT*, 33/2 (1989), 241-247; idem, *Beethoven Hero* (Princeton: Princeton University Press, 1995); idem, "A. B. Marx and the Gendering of Sonata Form," in *Music Theory in the Age of Romanticism*, ed. Ian Bent (Cambridge: Cambridge University Press, 1996), pp. 163-186; idem, ed. and trans. *Musical Form in the Age of Beethoven. Selected Writings on Theory and Method. A. B. Marx* (Cambridge: Cambridge University Press, 1997).］

おそらくマルクスの著述におけるいっそう詳細な記述が、彼の議論を質的に変えていると言うことはできるだろう。たしかにマルクスの説明は先人の誰よりも徹底的であるが、しかし彼の論じ方は、ビルンバッハやレイシャを通じてコッホへ、さらにはある程度リーペルにまでもさかのぼることのできる考えの、論理的な継続かつ拡張となっている。ソナタ形式の図式化はすでに十八世紀の末までには充分に始まっており、十九世紀へと続いた。作曲の初心者[55a]にとって規範的と見なされるレパートリーはやはり時代とともに変わり、同時代の様式発展と歩調をそろえているが、これらの本質的に教育的な説明の機能は変化しなかったのである。

このようにソナタ形式に関する十八世紀の和声的見方と十九世紀の主題的見方のあいだの二分法と言われるものは、古典派のソナタ形式をめぐる近年の議論の条件をゆがめてしまう傾向にあった。主に十九世紀の明らかに時代錯誤的なモデルに対する反動として、近年の音楽学は古典派のソナタ形式が十八世紀的ではないところのものを強調しがちであった。事実上、十八世紀理論の読み方の焦点を決定してきたのは、ほとんど十九世紀的な考え方に対する私たち二十世紀の反応である。

二　十八世紀におけるソナタ形式の説明で実際に著しく目立っている和声以外の諸要素の重要性をどう扱うか。ラトナーその他の人々は、古典派のソナタ形式における主題的対比が神話にすぎないことを（正当にも）暴露する過程で、十八世紀と十九世紀の形式理論の差異を誇張してきた。近年におけるソナタ形式の説明のほとんどすべては、主題的素材の役割についての議論を、主として提示部に焦点を当てて進めてきた。バシア・チャーギンは「主題的機能の特定化」は「古典派ソナタ形式の基本的な特徴」であると雄弁に論じているが、その彼女でさえ、形式に関する唯一だがしごく重要なこの論文で、ほぼ完全に提示部に議論を集中させている[56]。ここでもまた、研究者たちが十八世紀のレパートリーと理論を解釈する方法を形作ってきたのは、十九世紀的関心の焦点——最初に提示部内で示される対比——なのである。

提示部を超えたソナタ形式の他の要素に眼を向けてみるならば、十八世紀の理論家たち自身が、楽章規模の形式の構築における主題的素材の役割について、もっと広い視野をもっていたことが明らかになる。例えば再現の瞬間は、ほとんど常に主題的素材と調性の両方の観点から記述されている。ガレアッツィによれば、

［展開部相当部分の］転調が作品の主調からどんなに遠くとも、再現 **Ripresa**、すなわち第一部分の最初の動機 **Motivo** がもともと書かれていた固有の自然な調で、とても自然かつ規則通りに訪れるまで、少しずつ［主調に］接近しなければならない。もし曲が長ければ、前述のように真の動機が主調でもう一度取りあげられるが、もし作品が長すぎるようになるのを望まないのであれば、代わりに同じ基本の調に移調された性格的パッセージ **Passo Caratteristico**［筆者注：後に「第二主題」として知られるようになるもののガレアッツィによる用語］を再現するだけで充分であろう。(57)

カルロ・ジェルヴァゾーニは一八〇〇年の『音楽の流派』で、主調と冒頭主題の同時回帰はソナタの第一楽章では当然のことと考えていたようである。彼はこの事象について話のついでに二回ふれているが、その語調から強く感じられるのは、彼が読者はこの現象をよく知っていると想定していることである。(58) ヨーハン・ゴットリープ・ポ

(55a)［著者は「意欲的な作曲家 aspiring composer」という言い方をしているが、十八世紀の文献からの引用で「かけ出しの angehend」作曲家をおおむねそのように訳しているので、ここでもその意味であろうと判断した。］

(56) Bathia Churgin, "Francesco Galeazzi's Description (1796) of Sonata Form," *JAMS*, 21 (1968), 182.［この論文はガレアッツィが主題対比と第二主題に相当する現象を記述していることを初めて指摘した。ガレアッツィの重要部分のイタリア語原文と英文の対訳を含む。本章注46を参照。］

(57) Galeazzi, *Elementi*, II, pp. 258-259. 英訳は Churgin, "Francesco Galeazzi's Description," 195-196.

(58) Gervasoni, *La scuola della musica*, I, pp. 467-468.

ルトマンは、ゆくゆくはソナタ形式楽章の提示部と展開部と呼ばれることになる部分では主題的楽想について特にふれてはいないが、再現部の冒頭での冒頭主題と主調の同時回帰については同様に言及している。

後半で私はあからさまに逸脱をなすことによって転調を始める……これ〔長調の属調〕は私を主調のニ長調に連れ戻すが、その調で私は〔冒頭〕主題 **Thema** をくり返し、すでに副次調で……提示されていた旋律楽想や言い回しと共に再度聴かせ、その調にとどまって終結させる。[59]

文脈から、ここでいう「主題 **das Thema**」はただの主題ではなく、楽章の冒頭楽想、すなわち主要主題 **Hauptsatz** であることは明らかである。[60]

コッホも『試論』のさまざまな箇所で、この結節点について和声的内容と主題的内容の双方の観点から論じている。「第三ペリオーデ」すなわち再現部は「ふつうは……再び冒頭楽節でそれも主調で始まる。[61]」この「最初のアレグロの最後のペリオーデは、とりわけ主調での音進行に費やされており、最もふつうには再び主題で始まるが、しかしまたときに他の主要旋律部分 **melodischer Haupttheil** によってこの調で始まることもある。[62]」コッホはまたこうも記している。第三ペリオーデは「主調で、それもふつうは主題と共に再び始まる。主題が再現された後、最初のペリオーデ〔提示部〕の前半にあったいくつかの旋律的部分 **melodischer Theil** が別の結びつきで……もたらされる。[63]」

前に引用したコルマンの「転調プラン」でさえ、楽章の主題的構成要素に関する相当量の材料を含んでいる〔本書五五ページ〕。コルマンは『実践的作曲論』の「かなりの増補と改善を含む」第二版（一八一二）で、初版で使っていた「労作」という語を、新しい概念「提議 **proposition**」と並記することでわかりやすくしている。「労作」されるべき「提議」とは、コッホだったら主要主題 **Hauptsatz** と呼んだであろうものと同義である。それは「曲の最初の下位部分」を構成し、その機能は「曲の調、旋法、性格を確定し、聴き手に印象づけること」にある。

二番目の下位部分は最初の提議を最も近い観点からいわば敷衍 enlarge するために始まる。これは私が第一の種類の労作と呼ぶものである。……第三の下位部分、すなわち第二部分の最初の部分は、多かれ少なかれ離れたあらゆる観点から最初の提議を敷衍するが、この観点は曲の性質からくるものであり、また賢明な作曲家の想像力が示唆するものである。それゆえこれは、他の近親調や遠隔調への本当の逸脱が最もふつうに行われる場であり、私が第二の種類の労作と呼ぶものを含む。……第四の下位部分は最初の提議を再開する resume が、ただし第二の下位部分とは正反対の方法で最も近い観点からそれを敷衍する。これは私が第三の種類の労作と呼ぶものである。(64)

「最初の提議」の「再開」は、再現の瞬間における楽章の冒頭主題の回帰を、コルマンなりに説明したものであ

(59) Portmann, *Leichtes Lehrbuch*, p. 50.

(60) ズルツァーの『芸術総論』の「Hauptsatz」の項目も参照。「Hauptsatz は一般に Thema と呼ばれる。」Johann Georg Sulzer, *Allgemeine Theorie der schönen Künste*, 2nd ed., 4 vols. (Leipzig: Weidmann, 1792-1794; rpt. Hildesheim: Olms, 1967). 以下も参照。Koch, *Musikalisches Lexikon*, "Hauptsatz"; Johann Joachim Quantz, *Versuch einer Anweisung, die Flöte traversiere zu spielen* (Berlin: J. F. Voss, 1752), p. 115. このポルトマンの説明への解釈をとりわけはっきりと裏付ける事例が、ハイドンの弦楽四重奏曲作品五四の第一番の自筆総譜にある。第一楽章の第一二六小節で属七和音になる箇所で、下三声が支える第一ヴァイオリンの声部に、作曲者は単に「T[h]ema」と記しているのである。このパッセージに関するルイス・ロックウッドの所見を参照。Christoph Wolff, ed., *The String Quartets of Haydn, Mozart, and Beethoven: Studies of the Autograph Manuscripts* (Cambridge, Mass.: Harvard University Department of Music, 1980), p. 117. Hauptsatz と Thema の関係については以下の一四八～一四九、一五五～一五六ページも参照。

(61) Koch, *Versuch*, II, p. 224.

(62) Ibid., III, p. 311.

(63) Ibid., III, p. 420. [コッホは頻繁に「旋律的部分 melodischer Theil」という言い方を使っている。これは弁論や文章の「文の成分 Redetheil」に対応しているので、「旋律的文肢」などと訳せそうであるが、馴染みがないので直訳にした。本書第二章一二〇～一二一ページにおけるコッホからの引用を参照。]

(64) Kollmann, *An Essay on Practical Musical Composition*, 2nd ed. (London: Author, 1812), p. 3.

る。イアン・ベントが指摘するように、コルマンの形式概念は主題的と和声的の両方の要素を混合したものとなっている。[65]

ラトナーの言い方だと、この再現部の始まりにおける主調での冒頭主題のくり返しは、形式の本質的な要素ではない。実際、前に引用した理論家の誰も、そのような回帰を規範的に指示してはいない。しかし、ジェルヴァゾーニやポルトマン、コルマンは他の選択肢を提示していないし、コッホとガレアッツィはこの手続きが慣習的であることを明記している。形式を定義する立場からすれば、ラトナーが次のように言うのは全く正しい。「再現部の冒頭における主調への力強い回帰は劇的な力をもつが、形式の和声的統一にとっては本質的ではない。……和声的であろうと旋律的であろうと、回帰という考えをもつことは、全体設計への影響なしに可能である。[66]」しかしながら、この形式の主題的慣習を説明しようとする立場から見ると、ラトナーのアプローチは、どの技法が典型的でどれがそうではなかったかについて、ほとんど、あるいは全く判断を示さない。

これらの理論的説明に対するラトナーの解釈は、ある程度詳しく検討する価値がある。というのも、古典派ソナタ形式に関する彼の論じ方は、研究者たちに一世代以上にわたって非常に大きな影響を及ぼしてきたことは間違いないからである。十八世紀の形式に対する十九世紀の時代錯誤的な考えを覆した点で、彼ほど大きな役割をはたした人はいない。しかし、当時の理論家についての彼の読みは、形式をその本質的要素――すなわち大規模な調性組織――に従って定義しようという彼自身のたゆみない努力に、強く染まっているのである。

この和声優位の形式観を支える形跡はたくさんある。しかし、この観点だけではあまりにも限られていることを示唆する当時の有力な証言も存在する。ラトナーは、ソナタ形式楽章における主題的事象に関するガレアッツィの詳細な説明についてはほとんどふれていないばかりではなく、なぜこの著者のソナタ形式の説明が「特に旋律〔楽章全体〕について、そしてその部分 parti〔前半と後半〕、セクション membri〔各部分を構成する下位部分〕、規則について[67]」という見出しのもとで現れるのかを説明していない。また、ラトナーはポルトマンやコルマンの説明についいはある程度長く論じているのに、再現の瞬間における主題の同一性についての彼らの説明は特に扱っていない。同様に彼は、再現の瞬間に何が典型的な習慣となるかについてのコッホの考察に、ほんの限定的な意義しか見ていない。ラトナーは前に引用したコッホの三箇所のうち二つを無視し、二つ目の箇所に関するいちばん最近の議論では、その意味を変えてしまうようなやり方でパラフレーズと翻訳を混ぜてしまっている。コッホの原文は「最初のアレグロの最後のペリオーデは……最もふつうには再び主題で始まるが、しかしまたときに他の主要旋律部分によってこの調［主調］で始まることもある Der letzte Periode unsers ersten Allegro...fängt am gewöhnlichsten wieder mit dem Thema, zuweilen aber auch mit einem andern melodischen Haupttheile in dieser Tonart an」であるが、ラトナーでは、再現部は「冒頭主題か他の重要な旋律的音形で始まる……」となる。[68] この訳では、「am gewöhnlichsten 最もふつうには」と「zuweilen aber auch しかしまたときに」が省略されている。その結果、再現の瞬間に二つのタイプの旋律素材が選択されることになる。（一）冒頭主題か、（二）後続の「重要」と思われる素材である。ラトナーの訳文では、作曲家がどちらを選択するか、その潜在的可能性は多かれ少なかれ同等である。しかし、「zuweilen aber auch」はかなり違った意味である。英語で正しく対応するのは「ときにA、ときにB sometimes A, sometimes B」ではなく、「最もふつうにはA、しかしときにB most commonly A, but occasionally B」である。[69] ラトナーによるこの一節の説明だと、再現部を冒頭主題で始めるのが比較的ふつうであるということが伏せられてしまうのである。

---

(65) Bent, "Analytical Thinking," pp. 152-154.
(66) Ratner, *Classic Music*, p. 229. 強調は原文のまま。
(67) Galeazzi, *Elementi*, II, pt. 5, sec. 2, article 3.
(68) Ratner, *Classic Music*, p. 229. 以前の論文では、ラトナーはこの箇所を原文のドイツ語でのみ引用しているが、「zuweilen aber auch」の「aber」を省略している。Ratner, "Harmonic Aspects of Classic Form" (1949), 162.
(69) ニューマンとベイカーはこの一節をもっと正確に翻訳している。ニューマンは、コッホにとってこの文脈での「主題 Thema」は楽章の冒頭主題をさすということを注意深く特定している。Newman, *Sonata in the Classic Era*, p. 34. 本章注60も参照。

ここで正確な翻訳が大事であることは、この一例を超えた意味をもっている。というのも、ラトナーの解釈は、主題的慣習を犠牲にしてまでも和声的な本質要素を確認しようとする、より一般的な傾向を端的に示しているからである。形式を定義する観点から見ると、ラトナーが〔注68の一節を引用した後で〕「この選択の自由は、再現部がコッホにとって基本的に和声的な事柄《マター》だったことを示している[70]」と指摘しているのはたしかに正しいと言える。しかし、たった今引用したこの一節で、コッホは実際には典型的な習慣を記述しているのであって、ソナタ形式を定義しているわけではない。十八世紀の第３三半期における再現部の大多数は、とりわけ第一楽章では、冒頭主題と主調の同時的くり返しで始まるのである。そして今日ソナタ形式と呼ばれているものの問題を扱った当時の主要な理論家は皆、この重要な結節点について、その調性と主題的内容の双方の観点から記述している。すでにリーペルでさえ、今日再現部と呼ばれている部分の始まりで冒頭主題が回帰することに注意を促しており、そうした回帰を自らの議論を説明する多数の譜例の中に含めているのである[71]。

ラトナーは大規模な構成における主題的要素に一定の意義を認めてはおり、ソナタ形式の主題的解釈を和声的な骨組みに統合しようと試みている。前にふれたメタファーの全体を引用するなら、調性プランは「二相の基盤を確立し、そこに三相の主題的上部構造が重なり合う[72]。」しかし、形式を主題的事象の観点から見ることの意味あいは最終的には軽視される。そうしたアプローチは、「ソナタ形式がその広がりと有機的な統一性を獲得することを可能にした、古典派様式固有の修辞的要素を説明しない」からである。ソナタ形式の和声的、二部形式的解釈はその柔軟性ゆえに「動的」と見なされ、主題的、三部形式的見方は、「主題を同定して位置づける」ことに関わるがゆえに、暗に「静的」と見くびられる[73]。けれども、十八世紀の著述家は、十九世紀の著述家とは焦点がいくぶん異なるとはいえ、実際に主題の同定とそれを位置づけることに関心を示しているのである。もし広範囲に及ぶ主題的対比のキメラを無視するのなら——そしてほかならぬこの神話を打破したことはラトナーのあまたの業績の一つに数えられるのだが——、当時の書き手が実際に主題的要素を形式の議論に組み入れたという事実を、何とかして説明しなければならない。

三　教育的な論考からの証言に少なからず立脚していること。ソナタ形式に関する十八世紀の記述を説明するための和声的骨組みと主題的上部構造という近年のイメージは、和声的要素と主題的要素の双方を融合させているので、ある程度惹かれるものがある。しかし、これは主として、本質的に教育的な機能をもつ説明から引き出されたものであり、したがってどうしても視野が限られている。十八世紀の前も後も、教育と分析は伝統的に手を取りあってきた一方で、これら二つの機能は目的にも方法にも根本的な違いがある。マルクスがいくぶん苦労しながら指摘していたように、いかに概念を教えるかということは、その概念を実際にどのように見るかということとは、しばしば全く異なるのである。分析的アプローチは本質的に記述的である（「円は与えられた点から等距離にあるあらゆる点の軌跡である」）。一方、教育的アプローチは本質的に規範的である（「円を描くには、コンパスの一方の脚を固定し、他方の脚をそれが開始点に戻るまで回転させよ」[74]）。この区別は、十八世紀の史料の読み方に重要な影響を及ぼす。

コッホは『試論』第二巻の前の方で、教育的な観点の限界とそこから必然的に生じる誤解の可能性について、は

(70) Ratner, "Harmonic Aspects" (1949), 162.
(71) Riepel, *Anfangsgründe... Grundregeln zur Tonordnung*, pp. 72-74.［このリーペルの主要著作は日本では南葵音楽文庫（一九一六～一九三二）が早くから所蔵していた。訳者は学生時代に同文庫が一時公開されていた日本近代音楽館で原書を、東京音楽大学図書館でマイクロ・フィルムを閲覧し、その後海外図書館から自身でマイクロ・フィルムを取り寄せたものだが、現在ではファクシミリとウェブのいずれでも見ることができる。］
(72) Ratner, *Classic Music*, p. 221.［注47も参照。］『ニュー・ハーヴァード音楽辞典』における「ソナタ形式」の項目も参照。「ソナタ形式の基盤は二部形式の開かれた転調プランである。」Wolf, "Sonata Form".
(73) Ratner, *Classic Music*, p. 220.
(74) 以下を参照。Herbert A. Simon, "The Architecture of Complexity," *Proceedings of the American Philosophical Society*, 106 (1962), 479.

っきりと記述している。

ここで、……楽曲が芸術の意図を達成するべきであるのなら、いかにして楽曲が創造的な作曲家の心に生じるのかについて、作曲の初心者に示すことを試みたいと思う。

第一部［第一巻］の序論のまさしく冒頭で私はこう約束した。和声と旋律のあいだを区別する線を引き、和声と旋律のいずれが先か、楽曲は旋律と和声のいずれに還元され得るのかというよく知られた論争に、読者がその決着に納得できるような形で答えると。［しかし］楽曲の成立の際に作曲家の心にはまず和声が生じなければならない――どうして何人かの読者が……まるで私がこのように認識させたかったかのように考えることとなったのか、私にはわからない。

……旋律も和声も楽曲の最初の素材 Stoff となることはできない。両者はいずれも、それぞれに先立って前提とされるべきものの性格的な特徴をもっている。それは……調 Tonart……である。この一つの主音 Grundton によって規定されるすべての楽音の値 Größe［高低の度合い］こそが、楽曲の最初の素材、すなわち楽曲全体のあらゆる部分がそれによって形成されるところのものである。もしこの素材、これらの音が、連続して聴かれるようにされると、素材は旋律的に扱われる。一方、もし素材を構成するこれらの音のいくつかが同時に聴かれるように結合されると、素材は和声的に使われる。……

こう見てくると、問題を質料的 materiel な観点から考察するのでは、もはや立ち行くことはできないように思われる。なぜなら、旋律も和声も楽曲の解明 Auflösung の最終段階とはなり得ないからである。両者は一つの同じ素材から生ずる。この素材は単に旋律の場合には和声の場合とは違うように扱われるにすぎない。

ここから明らかなのは、……創造的な作曲家がまずは和声のことを考えるというように認識させようとしむけるのは、私の考えではあり得なかったということである。(75)

コッホの見解は、彼自身が記しているように、音楽において和声と旋律のいずれが優位にあるかという、十八世紀に絶えずくり返された論争を背景にしている。そして彼の反応は、マッテゾンやシャイベ、ミツラーといった以前の著述家によるものとは異なっている。(76) コッホの言い方は、それほど明確ではないが、同時代の作曲教育の反映でもある。当時の多くの理論家と同様に、コッホは自著を和声の議論で始めていた。しかしながら、第一巻（一七八二）と第二巻（一七八七）のあいだの五年間で、作曲プロセスにおける和声の役割についての彼の以前の説明が、誤解して受け取られていたと感じたのである。ふり返ってみて、自身の教育的取り組み——最初に和声の基礎を提示するやり方——と作曲の行為そのものとを区別することが必要だったと気づいた。このように、コッホの説明は前に引用したマルクスを予感させる。すなわち、教育の方法論的制約は、芸術的創造行為、ひいては分析——その大部分は芸術創造の所産ばかりではなく、そのプロセスを理解しようとする試みとして見ることができよう——と混同されるべきではないということである。

十八世紀の教育的論考の少なくともいくつかが、ソナタ形式の議論を楽章の和声的設計をめぐって組み立ててい

---

(75) Koch, *Versuch*, II, pp. 47-50. 以下の英訳を部分的に採用：Ian Bent, "The 'Compositional Process' in Music Theory, 1713-1850," *Music Analysis*, 3 (1984), 29-30. ベントの論文ではこの一節の一部分に関してさらに論評されている。［本書原文では Stoff は「substance 実質」、Auflösung は「reduction 還元」と英訳されているが、ここではもっと素直に訳した。また、コッホはこの引用の第二段落の後で「ここでの問題に決着をつけるためには、二つの観点から考察しなければならない。すなわち質料 materiel と形相 formel の観点である」として、アリストテレス流の対概念を使っている。こうして以下、まず質料（素材）の面から論じられ、それが否定された後で、いよいよ形相（形式）が論点となって、創作の階層的なプロセス（後述）の話題に進むのである。］

(76) Mattheson, *Capellmeister*, pp. 133-134; Johann Adolph Scheibe, *Critischer Musikus*, 2nd ed. (Leipzig: B. C. Breitkopf, 1745), p. 204; Lorenz Mizler, *Neu eröffnete musikalische Bibliothek*, 2 (1743), pt. 1, pp. 64-65. ［十八世紀における「和声か旋律か」の議論は、ラモーが『和声論』（一七二二）以降、特に『音楽理論の新体系』（一七二六）で「旋律的表現の源泉は根底にある和声の進行である」と主張し（第八章）、それを主にドイツの反ラモー派の理論家が旋律の否定として誤解したことから始まり、フランスでは一七五〇年代のブフォン論争を含むルソーとの対立を経て、世紀末まで続いた。コッホは旋律も和声も音楽の原素材 Urstoff der Musik の投影であるとして、この議論が虚しいものであることを示唆している。『音楽事典』の「和声」も参照。Koch, *Musikalisches Lexikon*, "Harmonie," esp. col. 727ff.］

るということは、作曲家や聴き手が形式を本質的に和声的な現象として理解していたということを必ずしも意味しないし、今日の解釈が形式を何よりもまずそうした見地から考察すべきだということにもならない。教育的な観点からすると、和声は長い間、本質的に機械的《メカニカル》なことがらであり、それゆえすこぶる教えやすいものと見なされていた。実際、十八世紀を通じて、ある強力な伝統が、作曲の教授を数字付き低音のリアリゼーションと結びつけていた。この習慣は以下のような重要な論考のタイトルに反映されている。すなわち、ハイニヒェンの『作曲における通奏低音』（ドレースデン、一七二八）、ゾルゲの『作曲法序論、あるいは……通奏低音の手ほどき』（ローベンシュタイン、一七四五〜一七四七）、それにキルンベルガーの『作曲への第一の指針としての通奏低音の諸原則』（ベルリン、一七八一）などである。[77] ヨーハン・ゼバスティアン・バッハは、息子のカール・フィーリプ・エマーヌエルによると、いつも作曲の教授を数字付き低音の基礎から始めたという。[78]

対照的に旋律は、曲によってもっと不定であるばかりではなく、教育的にいっそう説明しにくい。旋律は創造的才能の所産であり、言葉でそんなに簡単には説明できない現象と見なされた。ジャン＝フィリップ・ラモーは十八世紀における最も影響力のある和声論者だが、「旋律は和声に劣らず表出力をもつ」ことを認めていても、旋律を書くのに「規則を与える」ことは「ほとんど不可能である、なぜなら他の何よりもまして旋律では良き趣味が大きな役割をはたすからである」と主張した。[79] このことは、当時、旋律に関する論考は少ないのに対して、そのぶん和声の手引書はふんだんにある、という事実を説明する一助となろう。

ソナタ形式楽章の最小共通項として、大規模な和声構造は、楽章規模の形式に関する教育的な議論にとってこの上なく適切な出発点である。リーペル、ポルトマン、コルマン、ジェルヴァゾーニは皆、作曲の初心者が自ら作曲するのに出発点として役に立つ転調図式を提示している。例えばジェルヴァゾーニは、学習者に対して名声を確立した作曲家の作品を研究するよう促し、「主題の配置」のみならず「転調の進行」に注目すること、これらを「作曲家の最初のソナタを構成する」ための模範として使用して、「そこに全面的に自分で案出した新しい旋律を織り込む」ことを勧めている。(80) 既存の作品の大規模な和声を取っておき、新しい主題を創ってこのパターンにはめ込むという技法は、十八世紀と初期十九世紀の数多くの教師が推奨しているのである。

他方で、抽象的な形式のより特定された教育法である楽式論 Formenlehre の台頭は、カール・ダールハウスが指摘しているように、旋律論 Melodielehre の台頭と密接に関わっていた。(81) 旋律に関する最初の重要な教育的論考であるマッテゾンの『旋律学真髄 Kern melodischer Wissenschaft』（一七三七）は、大規模形式に関する最初期の詳しい説明を提供している。(82) 音楽様式における重要な変化は新しい作曲論 Satzlehre を必要としつつあった。世紀中葉の様式の「バロックよりも」いっそう短いフレーズの旋律は、個々の旋律の構成と、続いてそれらを連結して楽章規模の形式へと組み立てる技に対する、新しいアプローチを要請した。(83) 和声や通奏低音に関する多数の論考とは対照的に、楽章規模の形式の問題に取り組んだのは、その詳しさと成功の度合いはさまざまであるが、何よりも十八世紀の旋律論なのである。(84)

(77) 作曲教育と数字付き低音の密接な関係については以下を参照。Peter Benary, *Die deutsche Kompositionslehre des 18. Jahrhunderts* (Leipzig: Breitkopf & Härtel, 1961), pp. 49-54, 61-68.

(78) 以下を参照。Hans-Joachim Schulze, ed., *Bach-Dokumente III: Dokumente zum Nachwirken Johann Sebastian Bachs, 1750-1800* (Kassel: Bärenreiter, 1972), p. 289.

(79) Rameau, *Traité de l'harmonie* (Paris: Ballard, 1722), p. 142; *Treatise on Harmony*, trans. Philip Gossett (New York: Dover, 1971), p. 155.

(80) Gervasoni, *La scuola della musica*, I, pp. 469-470.

(81) 以下を参照。Dahlhaus, "Zur Theorie der musikalischen Form," 20-37.

(82) この論考におけるマッテゾンの形式論は第二章で詳しく検証する。

(83) 作曲論とは区別される楽式論の出現については以下で論じられている。Arnold Feil, "Satztechnische Fragen in den Kompositionslehren von F. E. Niedt, J. Riepel und H. Chr. Koch" (Ph.D. diss., Heidelberg, 1955).

(84) これら十八世紀の論考の概観については以下を参照。Guido Kähler, "Studien zur Entstehung der Formenlehre in der Musiktheorie des 18. und 19. Jahrhunderts (von W. C. Printz bis A. B. Marx)" (Ph.D. diss., Heidelberg, 1958); George J. Buelow, "The Concept of 'Melodielehre': A Key to Classic Style," *Mozart-Jahrbuch 1978/79*, pp. 182-195.

コッホの『試論』はマッテゾンの『旋律学真髄』よりもおよそ五十年後に書かれたが、十八世紀全体で旋律に関する最も詳しい説明を含んでいる。けっして偶然の一致ではないが、同書はまた、古典派のソナタ形式に関する当時で最も詳細な二つの説明のうちの一つを提供している。形式に関するもう一つの広範な記述はガレアッツィによるものだが、これもやはり旋律に関する議論の中で登場する。[85]旋律を形式的構造と同一視している他の説明については第二章で詳しく扱う。さしあたりは、和声の説明はふつうにあるが、旋律を扱ったものは比較的少ない、ということに注目しておこう。一例としてガレアッツィは、彼以前の誰も作曲における旋律の役割に取り組んではこなかったことに、やや驚きを禁じ得なかったようである。

和声の問題について書いた者は、その成功の度合いはさまざまであるものの、実際とてつもなく多いが、現代の音楽の主要な部分、すなわち旋律を扱った者は、私が知る限り一人もいない。私はこの新しい道を行くことを試みたが、もしこれまで音楽では使われてこなかった新しい言葉を創り出さねばならなかったとしたら、読者には許しを請わねばならない。[86]……

アントワーヌ・レイシャは一八一四年の『旋律論』で同様の心情を吐露している。「音楽の大建築は、同じ大きさで同じくらい重要な二つの支柱、すなわち旋律と和声に依存している。過去数世紀にわたって、和声に関しては多くの論考が出版されたが、旋律に関しては一つとしてないのである。[87]」
もちろん、ガレアッツィもレイシャも旋律の問題に取り組んだ最初の人物ではないが、自分たちが初めてであるという意識は、もっと一般的な現実を反映している。つまり、旋律に関する十八世紀と初期十九世紀の論考は、和声や通奏低音、対位法のための同種の著作に見られる教育的な伝統というものを欠いているということである。[88]旋律論の数が少ないということは、当時におけるさらにもう一つの姿勢をも表している。すなわち、旋律は才能の領域に属するものであって、教育の領分ではないという考えである。

古典派時代を通じて、形式は和声よりも旋律といっそう緊密に結びついていた。これは第二章でもっと詳細に検討する論点である。旋律は、まれな例外を除いては、十八世紀においては教育上の持続的な関心の対象ではなかった。十八世紀のソナタ形式概念を再構築するためには、形式の教授は教えることができるものに基づかざるを得なかったということを、思い起こさなければならない。和声理論と旋律の「教授不可能性」とに深く根ざした教育的伝統に対して、特定の形式についての教育的説明で、前述のような主題的事象への言及があることは重要であり、過小評価するべきではない。

ヨーハン・ニーコラウス・フォルケルは『音楽通史』の序論で、教育と実践、和声と旋律のあいだの本来的に問題をはらんだ関係について、手際よく要約している。

> 和声と旋律は良い音楽的構成においては不可分であり、それはちょうど言語において思考《ゲダンケ》の真実さと表現の正しさがそうであるのと同じである。言語は思考の衣であり、同様に旋律は和声の衣である。この点で和声は音楽の論理と呼ぶことができる。和声は旋律に対して、言語で論理が表現に対するのとほぼ同じ関係にあるからである。……正しく考えることが、考えられたものを正しく表現することができるようになるよりも当然先行しなければならないのと同様、実際に経験も教えてきたように、純粋で正しく淀みのない旋律は、あらかじ

---

(85) 前記六八ページを参照。

(86) Galeazzi, *Elementi*, II, p. xvii.

(87) Reicha, *Traité de mélodie* (Paris: Author, 1814), p. i. ソナタ形式に関する議論の中で、レイシャも主題的事象の重要性に注目しており、それには再現の瞬間における冒頭主題と主調の同時回帰がふつうであるということも含んでいる（p. 48）。

(88) 以下を参照。Lars Ulrich Abraham and Carl Dahlhaus, *Melodielehre* (Cologne: Hans Gerig, 1972), p. 16.

め和声を知らないとあり得ない。教えるのが上手な作曲の教師はもちろん非常に少ないのだが、彼らは皆そう感じてきており、そして経験に基づいて、和声の知識を通じて和声の真実さと正しさに対する感性を充分に研ぎ澄ますまでは、あえて楽想［音楽的思考《ゲダンケ》］の旋律的表現を試みることをしないよう、弟子に助言してきたのである。しかしながら両者［和声と旋律］は互いに分かちがたく結びついていなければならない。それらは相互に解明されるのである。分かちがたく結びついた良い旋律を作るための規則を、和声の性質から取り出すのでなければ誰も提示することができないように——ちょうど言語の教師が、優れた正しい表現の規則を、正しく考える術から引き出すのでなければ提示できないように——、他方でいかなる和声的進行も、それが同時に旋律的でなければ、良いものではあり得ない。旋律的結びつきのない無味乾燥な和声は、言語表現を欠いている論理のようなものである。[89]

言語としての音楽というフォルケルのイメージは、第二章で見るように、歴史的により正確な形式メタファーのための基盤を提供している。対照的に、ラトナーの和声的骨組みと主題的上部構造というイメージは、誤った二分法を設定している。なぜならこのイメージは、十八世紀の理論家たち自身が二つの要素のうちより教えやすいものに大きな重点が置かれていると認めた、当の教育的方法論に基づいているからである。教育的手引は形式の概念を再構築する上で依然として計り知れないほど貴重な史料ではあるが、こうした史料は、より美学的な志向の観点を考慮に入れることもできる、もっと広い文脈の中で解釈しなければならない。実際、たとえマッテゾンやリーペル、コッホが皆、作曲の教授において小規模な舞曲形式（とりわけメヌエット）の使用を強調しているとしても、彼らは結局、そうした形式の美的価値を軽視してしまうのである。[90] 教育的に見て、あらゆる形式が共通にもつ楽節性 periodicity を強調することから始めるのは、理にかなっている。これはリーペルが、メヌエットは交響曲や協奏曲とはその基本楽想の「推敲 Ausführung」において異なるだけである、と主張するときの文脈である。リーペルのアプローチは初心者に自信をもたせるための教育的に健全な努力であり、異なる形式の共通性を強調するものである。すなわち、メヌエットのように楽節構造が規則的な小規模の楽章と、交響曲のアレグロのように楽節構造が不規則な大規模楽章との区別は、結局のところ、もっと後で教えることができる――あるいは、もっとありそうなのは、規範的な作品を注意深く研究することによって学べるのである。

しかし、リーペルのアプローチは、拡大解釈しても理論と分析のためのしっかりとした土台ではないし、少なくとも彼のやり方だけではそうではない。たしかにソナタ形式楽章は、ローゼンの言い方を借りれば「拡張された古典派的なフレーズ」と見ることができるが、他の多くの慣習的な楽章規模のパターンも同じことである。すでに見てきたように、長い楽章の構造にはフレーズの拡張以上のものがあるのは明らかである。

四　より広い形式概念のための基盤を提供できていないこと。たとえ「大規模な古典派の形式」が実際に「その構造において基本的に和声的[91]」であるという前提を受け入れるとしても、この最小共通項によるアプローチだと、どのように他の多くの特定形式を扱うかという問題は未解決のままである。古典派のソナタ形式の基礎がその和声的設計にあるとしたら、ロンドやファンタジア、フーガ、あるいは主題と変奏といった構造的慣習を説明するためには、別の形式パラメータを探さなければならない。和声は実際、ソナタ形式楽章のあいだでは最小共通項である。しかしそうだからといって、和声があらゆる形式の基礎をなすということには必ずしもならない。一つの主題に基

---

(89) Forkel, *Allgemeine Geschichte der Musik*, 2 vols. (Leipzig: Schwickert, 1788-1801; rpt. Graz: Akademische Druck- u. Verlagsanstalt, 1967), I, p. 24.［フォルケルの『音楽通史』初版は日本では音楽取調掛が購入している。］

(90) Mattheson, *Capellmeister*, p. 224; Riepel, *Anfangsgründe...De rhythmopoeïa*, p. 1; Koch, *Versuch*, III, p. 155. 以下も参照。Johann Samuel Petri, *Anleitung zur praktischen Musik*, 2nd ed. (Leipzig: J. G. I. Breitkopf, 1782; rpt. Giebing: Emil Katzbichler, 1969), p. 266.

(91) Leonard Ratner, "Key Definition: A Structural Issue in Beethoven's Music," *JAMS*, 23 (1970), 472.

づく変奏のセットが特定の形式タイプであることは、誰も否定しないだろう。しかし特に楽章全体のレヴェルでは、この慣習を何にせよ意味のある仕方で、和声的な構成物として定義するのは難しいだろう。古典派のソナタ形式を定義しようと努力する中で、研究者たちは非常にしばしば、「形式」という語そのものが何を意味するかを見失ってきたのである。

五　「内的」形式と「外的」形式という時代錯誤的な二分法を押しつけていること。強調しておかねばならないのは、ラトナーの本来のモデルは、けっして古典派のソナタ形式の最小共通項以上のものを表そうとしたわけではない、ということである。彼自身が指摘しているように、それは実際には形式的細部について多くを伝えてくれるほど充分に詳細なものではない[92]。それが問題の核心である。すなわち、和声的図式を分析に適用できる可能性は限られているのである。そうした概略的図式は全体的なプロポーションの輪郭を描くには助けとなるし、そもそも適切な分析であれば、楽章全体を構成するさまざまな部分の比重を無視することはあり得ない。しかし、これらのさまざまな部分の図式化が、このどちらかというと大まかな考察を超えて、もっと局所的なレヴェルで問題を照らし出すことはめったにない。大きな形式的単位を同定することは記述に欠かせない要素であるが、それで細部の重要な問題に取り組もうとしてもうまくゆくものではない。そのため、ソナタ形式の和声的概念はⅠ－Ⅴ∥Ｘ－Ⅰという図式をもって、必然的に大規模形式への規範論的なアプローチをとることになる。図式は対象となる作品との比較の基盤として使われるのである。前述したように、問題は、多数の作品から抽象的な形式タイプを抽出することの妥当性よりも、これらの図式を特定の楽曲に適用しても、何らかの真の洞察を得られることはめったにない、ということにある。分析の観点から見ると、そうしたモデルは発見的方法の装置として役立つにすぎない。ダールハウスのイメージを借りれば、それは「橋」のようなものであって、一般的な形式要素の記述から対象となる作品の個性の記述に「移行することに成功したとたんに、取り払われる」のである[93]。

形式の外的な慣習を退けようとするこの傾向は、何かある特定のパターンの性質にその原因があるというよりも、慣習という考えそのものに対する一般的な態度のせいである。音楽の学問においては長い間、慣習の研究に対する暗黙の蔑視というものがあった。[94] たいていの著述家は、そうしたものよりも、もっと直接的で明白な関心の対象属性である斬新さとか革新性に、焦点を合わせることを好んできた。画一性は非常にしばしば、それと引き比べることのできる不規則性にとってのみ重要な、引き立て役と見なされている。この傾向は徐々に弱まり始めている一方で、[95] 慣習に対する伝統的な偏見は、ある特定の時代の広くふつうに行われていた習慣と折り合いをつけようとする努力を妨げがちであった。二十五年以上［半世紀］も前に、ヤン・ラルーは「ソナタ楽章で生じる統計的に顕著な形式タイプもしくはそのヴァリアントを一箇所で一覧化する」必要性をあげている。「複主題の二部形式的ソナタ形式と完全に差異化されたソナタ形式との中間にある最もふつうの形式は何か。ロンドにおける対比的なエピソードでよく使われる調は何か。[96]」これは今日もなお求められている。

慣習に対する偏見は表立たないほどかすかだが、広く浸透している。ラトナーにとって、「個々の作曲家は一般に受け入れられた馴染みの［筆者注：和声的］骨組みの枠内で作業し、彼独自の個人的メッセージを表現するためにそれを修整することができた。[97]」「独自の個人的メッセージ」は暗に、作品を美的に独特で魅力的にするところのも

(92) Ratner, *Classic Music*, p. 219.
(93) Dahlhaus, "Zur Theorie der musikalischen Form," 21.
(94) 以下を参照。Janet M. Levy, "Covert and Casual Values in Recent Writings about Music," *Journal of Musicology*, 5 (1987), 3-27, esp. 23-27.
(95) 慣習の概念をうまく生かした近年の研究の例には以下のものがある。ベートーヴェンのスケルツォを扱った Tilden Russell, "On 'looking over a ha-ha'," *MQ*, 71 (1985), 27-37; ハイドンの器楽における楽章終結に関するモノグラフ Jürgen Neubacher, *Finis coronat opus: Untersuchungen zur Technik der Schlussgestaltung in der Instrumentalmusik Joseph Haydns* (Tutzing: Hans Schneider, 1986); ヴェルディのアリアを扱った Harold S. Powers, "'La solita forma' and 'The Uses of Convention'," *Acta musicologica*, 59 (1987), 65-90; Anatoly Leikin, "The Dissolution of Sonata Structure in Romantic Piano Music (1820-1850)" (Ph.D. diss., U.C.L.A., 1986); Jeffrey Kallberg, "The Rhetoric of Genre: Chopin's Nocturne in G Minor," *19th-Century Music*, 11 (1988), 238-261.［こうした研究姿勢は二〇〇〇年代に入るまでにはごく当たり前になりつつある。］

のをさす。ダールハウスにとってさえ、十八世紀後期と十九世紀初期における音楽形式は、「一般と特殊のあいだ、調性に基づいた枠組みと個性的な旋律楽想のあいだの弁証法」なのである。(98)

一般と特殊のあいだの美学的区別は、初期の形式説明ではまだ明らかではない。十八世紀後期以来変わったのはソナタ形式の理論だけではない。形式一般の性質と目的に対する私たちの基本的見解も変わったのである。慣習的な諸形式を最小共通項に基づいた図式化可能なモデルとして考えることは、必然として本質的に規範論的な観点へと私たちを導くのであり、それは「内的」形式と「外的」形式の美学的な二分法を永続化させることになる。他方で、ソナタ形式のような大規模構造の慣習を無視するのは、音楽レパートリーの現実を見落とすことである。そこで、これから見てゆくように、弁論としての音楽作品という概念的メタファーが、もう一つの観点を提供する。それは音楽形式のパラドックスに対する十八世紀的アプローチを、より的確に反映するものである。

(96) LaRue, review of *The Sonata in the Classic Era* by William S. Newman, *MQ*, 50 (1964), 405. ラルー自身でさえ、このような調査の必要性に関して自説を覆したように思われる。本書四二〜四三ページを参照。［ラルーはその後、一方で音楽様式分析のマニュアル的な手引を上梓し、他方で十八世紀の交響曲の総合的な目録を編纂することによって、古典派レパートリーの様式研究とジャンルの統計的な研究に大きく貢献した。なお、史料研究と並んで近代音楽学の基礎であってきた様式研究は、時代や地域、作曲家、作品の類型的特徴をできるだけ客観的・実証的に明らかにすることを目標としていたので、何らかの統計的な方法を使うことはある程度必然であった。しかし、音楽分析の目的も方法も、作品のそうしたタイポロジーと、その作品のユニークさ・一回性を解明することとのあいだで揺れ動いてきたのも事実である。一九八〇年代半ばのジョーゼフ・カーマンによる「限界のある実証よりも、もっと批評 criticism を」（Kerman 1985）というスローガンは、客観性の名のもとに音楽作品への美的評価を語ることになかなか踏み切れないでいた伝統的な音楽学に対して再考を迫るもので、英語圏のいわゆる「ニュー・ミュージコロジー」の先駆けとなったばかりではなく、広く音楽学における「大きな物語」からの解放と問題意識や方法論の自由化、それに例えば音楽意味論のポスト・モダン的復興を、より若い世代に促した。慣習と個性の問題も、こうした文脈と軌を一にしている。］

(97) Ratner, *Classic Music*, p. 208.

(98) Carl Dahlhaus, *Klassische und romantische Musikästhetik* (Laaber: Laaber-Verlag, 1988), p. 12.

第二章　修辞学と十八世紀における音楽形式の概念

修辞学は今日一般に、楽章規模の形式の概念と関連づけられる言葉ではない。しかしハインリヒ・クリストフ・コッホは一八〇二年の『音楽事典』で、この二つを密接に結びつけている。

修辞学。これは何人かの音楽教師が作曲術に属する知識に対して名づけたもので、それによって個々の旋律的部分 melodische Theile が特定の目的に従って全体へと結びつけられるものである。文法によって芸術表現の素材的部分は修正される。それに対して修辞学は、一つの芸術作品において遂行すべき目的に従って芸術表現をまとめ上げるための規則を決定するのである。音楽修辞学のための多くの材料が、音芸術に関する著述や芸術一般を扱った著述のそこかしこに散見される。しかし、それらを学問的に秩序だて、その際にまだ見られる隙間を埋めることを、人間の精神はまだうまくできないでいる。それゆえ作曲家はさしあたり、これらの断片を収集し、それらの関連性の欠如を自身の芸術的感性によって埋め合わせることを試みなければならない(1)。

コッホの定義は、修辞学と形式——「個々の旋律的部分が全体へと結びつけられる」方法——のいずれについても、けっして特異で孤立した見解を提示しているのではなく、両者を関連づける長い伝統を証言する多くのものの一つにすぎない。それは大規模形式の幅広い概念的な問題に取り組んでいる十八世紀の事実上すべての主要著述家を含んだ、重要な思考の系統の一部なのである。器楽作品は言葉のない弁論 oration とされ、その形式は和声的ないし主題的な設計というよりも、思考の秩序だった連続と見なされた。これらの音楽的考え《アイディア》〔楽想〕——旋律的、和声的、リズム的要素の混合——は、わかりやすさということのために、限られた数の慣習的なパターンの範囲内で配置される傾向にあった。

形式の修辞学的概念は十九世紀もかなり後まで続いており、またけっして教育的論考だけに限られていたわけではない。それは音楽美学論、それも作曲の初心者ばかりではなく音楽に精通した聴き手に向けられた著述にも及んだ。作品の個々の部分の連続的な配列は、作曲家が聴き手に一連の楽想を効果的に提示し、意図された感情的反応を引き出すことのできる方法として機能すると考えられた。

それにもかかわらず、音楽における修辞学に関する当時の記述は数は多いもののばらばらに散在している、とコッホが指摘したのは正しかった。おそらくフォルケルを除いて、十八世紀で一人の理論家が、この問題を包括的あるいは体系的に扱った例はない。そしてフォルケルですら、彼の広範囲にわたる見解の概略を説明しているにすぎない。それと同時に、楽章規模の形式を扱った数少ない書き手は、この問題については完全に沈黙していた。修辞学への言及は、典型的には他の論題、例えば楽節構造論、作曲プロセス、美学的な「多様における統一」説、旋律の性質、才能と慣習の関係などの文脈でなされている。そういうわけで、以下の説明は年代順でもなければ著者ごとでもなく、形式の修辞学的概念の問題について、十八世紀の著述家自身によって論じられた、いっそう重要な観点のいくつかから取り組むものである。すなわち、当時の美学者が修辞学と芸術一般の関係をどのように見たか、言語と器楽のあいだに認められた対応関係とは何か、音楽の文法と音楽の修辞学の違いとは何か、結びついて全体を構成する「旋律的部分 melodische Theile」とは何か、作曲家によって達成されるべき「目的」の性質とはどういうものか、といった観点である。

(1) Koch, *Musikalisches Lexikon*, "Rhetorik." 〔コッホのこの項目では、後述のフォルケルの『音楽通史』第一巻（一七八八）における音楽修辞学論がかなり引用されている。〕

修辞学と十八世紀美学の実践的傾向

分析に対する生成論的アプローチも規範論的アプローチも、作品そのものに焦点を合わせることに傾きがちである。そのため、いずれも十八世紀における特定の音楽作品の分析の事実上すべてにおいて基本的であった、ある観点を見過ごしている。すなわち聴き手の観点である。M・H・エイブラムズが初期イングランド・ロマン派文学に関する影響力のある研究で指摘しているように、十八世紀のあらゆる芸術において支配的だった批評の傾向として、作品が向けられた受容者に中心的な役割が与えられていたということがある。芸術は、音楽も含めて、ある目的のための手段と見なされていた。その目的とは、観る人に感情的な反応を引き起こすことだった。エイブラムズはこの批評的傾向を「実践的 pragmatic」と呼んでいるが、それというのも芸術は「何かがなされるための手段」と見なされていたからである。エイブラムズが言うように、この見方は古典古代に起源をもっており、「ホラティウスの時代から十八世紀に至るまで、批評の大部分を大いに特徴づけてきたものである。その持続期間、あるいは支持者の多さから判断すると、……この実践的な見方は、広く考えれば、西洋世界の主たる美学的態度であってきた。」[2]

この受け手重視の傾向という点で、実践的な芸術観は、ロマン主義にいっそう特有な後の「表出」理論と区別される。ワーズワースは、しばしば引用される一節で、詩を「力強い感情の自発的な横溢」と見なした。[3] 表出的な傾向にあっては、これらの感情の受け手は、美学的な方程式においてははるかに小さな役割しかはたしていない。

少なくともルネサンス以来、ある程度の自己表出はほとんどの西洋芸術に本来的に備わっている一方で、たいていの芸術家は、想定される受け手を少なくともある程度まで考慮せずにはいられなかった。たとえ、作品を形作る際の一要素としてはそうした受け手を拒否するにしてもである。[4] 実践的傾向と表出的傾向の両極端のあいだに横たわる領域は大部分が灰色である。しかし、これらの概念は、批評的な諸見解を評価し対照的な時代を広く比較するのに有効な参照点を与えてくれる。この点で、聴き手と作曲家のあいだの関係は、一七五〇年と一八五〇年とではっきりと違うのである。(5)

この変化は多くの面に現れている。十九世紀初期に音楽批評と音楽分析が大きく成長したのも、要求度が高まるばかりのレパートリーを聴き手がますます理解しようと望むようになったことに、かなりの程度対応していた。シューマンによるベルリオーズの《幻想交響曲》の批評［『音楽新報』一八三五］は、懐疑的であるかもしれない公衆の

---

(2) Meyer Howard Abrams, *The Mirror and the Lamp: Romantic Theory and the Critical Tradition* (New York: Oxford University Press, 1953), pp. 15, 20-21. いくつかの点で、実践的傾向は実は十八世紀のうちに強まったのである。以下を参照。Gordon McKenzie, *Critical Responsiveness: A Study of the Psychological Current in Later Eighteenth-Century Criticism* (Berkeley and Los Angeles: University of California Press, 1949); P. W. K. Stone, *The Art of Poetry, 1750-1820: Theories of Poetic Composition and Style in the Late Neo-Classic and Early Romantic Periods* (London: Routledge and Kegan Paul, 1967); Klaus Dockhorn, "Die Rhetorik als Quelle des vorromantischen Irrationalismus in der Literatur-und Geistesgeschichte," in Dockhorn, *Macht und Wirkung der Rhetorik* (Bad Homburg: Gehlen, 1968), pp. 46-95.

(3) Abrams, *Mirror and the Lamp*, p. 21.

(4) ウェイン・C・ブースは文学における実践的要素の歴史的連続を、十八世紀を超えて二十世紀までたどっている。Wayne C. Booth, *The Rhetoric of Fiction*, 2nd ed. (Chicago: University of Chicago Press, 1983). 音楽における「自己表出」の起こりについては以下を参照。Hans Heinrich Eggebrecht, "Das Ausdrucks-Prinzip im musikalischen Strum und Drang," *DVjs*, 29 (1955), 323-349; Ludwig Finscher, "Das Originalgenie und die Tradition: Zur Rolle der Tradition in der Entstehungsgeschichte des Wiener klassischen Stils," in *Studien zur Tradition in der Musik: Kurt von Fischer zum 60. Geburtstag*, eds. Hans Heinrich Eggebrecht, Max Lütolf (Munich: Katzbichler, 1973), pp. 165-175.

(5) ベラミー・ホスラーとジョン・ニューバウアーは、妥当にもエイブラムズの考えをむやみに十八世紀の器楽に適用することに反対しているが、この二人の異議は表出的傾向と第三の態度である「模倣的 mimetic」傾向との区別をめぐってのことである。実践的観点と模倣的観点は多くの共通項をもっているが、前者の本質的な要素——聴き手を重要視する傾向——は必ずしも後者に結びつけられるものではない。ホスラー自身が指摘するように、ティーク、ヴァッケンローダー、E・T・A・ホフマンといった初期ロマン主義の音楽著述家たちは皆、音楽が聴き手に及ぼす効果に大いに注目している。問題の核心は、これらの効果が、実践理論におけるようにそれ自体で目的と見なされるか、それとも表出理論におけるように芸術家の創意のほとばしりのいわば副産物とみなされるか、ということである。Bellamy Hosler, *Changing Aesthetic Views of Instrumental Music in 18th-Century Germany* (Ann Arbor: UMI Research Press, 1981), pp. xiv-xix; John Neubauer, *The Emancipation of Music from Language*, pp. 5-7.

ために難しい作品を擁護しわかりやすく説明しているが、十八世紀にはこうした方向性の評論は、《幻想交響曲》そのものと同様に考えられなかっただろう。しかもこの作品の元のタイトル（「ある芸術家の生涯のエピソードEpisode de la vie d'un artiste」）は、作曲者／芸術家自身が焦点となることを告げていたのである。

作曲家の社会的地位もまた、一七五〇年と一八五〇年とでは根本的に変化した。十八世紀の大部分を通じて作曲家は一般に職人と見なされていた。しかし、十九世紀の半ばまでに、最も評価の高い作曲家たちは自立した芸術家として認知され、ときには偶像化されるようになった。印刷されたオペラ台本の標準的な書式が、この変化をとりわけはっきりと反映している。そもそも十八世紀中葉のオペラ作曲家は、たとえ名前をあげられるとしても、ほとんど常に小さな字体で印刷され、それもしばしばタイトルページにですらなかった。一方、十九世紀中葉までには、作曲家の名は議論の余地なくまっ先に記されるようになったのである。

これらの大まかな一般論に対する例外は、当然ながらどちらの世紀にもふんだんにある。それに現実には、実践的態度から表出的態度への移行は非常にゆるやかであった。ハイドンが彼の伝記作者グリージンガーにエステルハーザでの仕事環境について語った有名な言葉は、両方の観点の要素を含んでいる。

> わが侯爵は私の仕事のすべてに満足し、私は喝采を賜りました。私はオーケストラの長として実験を行い、何が感銘をもたらし、何がそれを弱めるかを観察することができました。つまり改善し、付け加え、切り取り、思い切ってやることができたのです。世間からは隔離されていて、まわりの誰も私自身を惑わしたり悩ませたりすることはできませんでした。そういうわけで、私は独創的 original にならざるを得なかったのです。(6)

表出的な観点からハイドンは、しかるべき物質的支援を与えられ思うままに任されたら、どんな作曲家でも「独創的になる」ことができる、とほのめかしている。自立した天才としての芸術家というイメージは十八世紀後半にはますます重要な観念となり、十九世紀中葉までには不可欠のもの《シネ・クア・ノン》となった。[7] ハイドンの発言で同様に注目すべきなのは、聴き手の決定的な役割を公然と認めていることである。「私は……何が感銘をもたらし、何がそれを弱めるかを観察することができました。つまり改善し、付け加え、切り取り、思い切ってやることができたのです。**Ich konnte...beobachten, was den Eindruck hervorbringt und was ihn schwächt, also verbessern, zusetzen, wegschneiden, wagen.**」ハイドンの言い方は意味深長である。後の世代だったらこれらの発言を芸術的自己表出の観点から解釈するかもしれないが、作曲者自身は、当の作品に想定した聴き手の心や精神において何が感銘を「もたらし」「弱める」かに、より関心があったからである。「感銘 **Eindruck**」の概念は実践的観点の中核をなしている。コッホは「感銘」を、「楽曲が演奏されるときに私たちの心に及ぼす影響をさすのに使われる、より一般的な言葉の一つ」と定義している。[8] 別の機会でコッホは、ハイドンと同じ動詞 **hervorbringen**（もたらす）さえ使って、感銘が聴衆に呼び起こされるプロセスを今一度強調している。「この言葉〔Eindruck〕によって、しばしば一般に、楽曲の演奏あるいは聴取が私たちに何らかの影響をもたらした、あるいはこの影響の何らかの余韻を私たちに残した、ということが知られる。[9]」ヴァーノン・ゴットウォールズによる英訳は広く使われているが、それによると「私は……何が効果 **effect** を高め **enhanced**、何がそれを弱めたかを観察することができました」となっている。[10] これだと作品そのものに焦点が向けられてしまい、想定される聴き手に対する作曲者の関心は伝えられずじまいである。言い換えれば、ゴットウォールズ訳の批評的方向性は、実践的というよりも表出的なのである。違いはわずかである。しかし、も

---

(6) Georg August Griesinger, *Biographische Notizen über Joseph Haydn*, ed. Karl-Heinz Köhler (Leipzig: Philipp Reclam, 1975; 1st ed. 1810), p. 28.
(7) 以下を参照。Edward E. Lowinsky, "Musical Genius: Evolution and Origins of a Concept," *MQ*, 50 (1964), 321-340, 476-495.
(8) Koch, *Musikalisches Lexikon*, "Eindruck."
(9) Koch, *Kurzgefasstes Handwörterbuch der Musik*, "Eindruck."
(10) Vernon Gotwals, ed. and trans., *Joseph Haydn: Eighteenth-Century Gentleman and Genius* (Madison: University of Wisconsin Press, 1963), p. 17.

し音楽形式の性質と機能に対する十八世紀的な姿勢を再構築しようとするのなら、この違いは重要である。

実践的傾向がもっと直接に表れているのは、自分の音楽に対するハイドン自身の見解についての別の報告である。グリージンガーによれば、作曲者はキリストの最期の七つの言葉を純粋に器楽として作曲してほしいという委嘱に対して、自分の生涯でも「最も困難な課題の一つ」と考えた。なぜなら、「歌詞を付けずに、自由な想像《ファンタジー》から、七つのアダージョを連続させること、それも聴き手を疲れさせずに、死にゆく救い主によって語られた一つ一つの言葉の意味に含まれていた、あらゆる感情を聴き手に呼び起こすこと」を要求されたからである。[11] この言い方も意味深長である。ハイドンは自分の仕事を、感情そのものを表出することよりも、想定される聴き手にこれらの感情を喚起することと見なしていたからである。もっとくだけた例では、交響曲第九四番《驚愕》緩徐楽章の有名なティンパニの一打がある。これはもしかするとハイドンの実践的な傾向の現れとして最も知られている。作曲者自身によると、「聴衆を何か新しいもので驚かせることが私には大事だった」という。[12] この態度はそれ自体、ある程度は自己表出的である。しかし、もっと根本的な次元では、驚愕の一打は、この仕掛けが聴衆にもたらすであろう効果をハイドンが予想したことによって、発想されたのである。

モーツァルトも聴き手に対して同様の態度を守っていた。一七七八年にパリから父親に宛てた手紙で、若き作曲家は、新しい交響曲（第三一番《パリ》K.二九七／三〇〇a）の初演のために弄した、聴衆の期待を計算に入れた手管について書いている。

さて、いよいよシンフォニーが始まりました。……ちょうど第一楽章アレグロの真ん中に、たぶん受けるにちがいないとわかっていたパッサージュがありました。そこで聴衆はみんな夢中になって――たいへんな拍手喝采でした。――でも、ぼくはそれを書いているとき、どんな効果が生まれるか心得ていたので、最後にもう一度それを出しておきました。――そこでダ・カーポでした。アンダンテも受けましたが、特に最後のアレグロがそうでした。――当地では最後のアレグロはすべて、第一楽章と同様に、全楽器で同時にしかもたいていはユニゾンで始めると聞いていたので、ぼくは二部［パート］のヴァイオリンだけの弱奏《ピアノ》で八小節だけ続けました。――そのあとすぐ強奏《フォルテ》がきます。――すると聴衆は（ぼくの期待した通り）弱奏のところで「シーッ！」――つづいてすぐに強奏――それを聴くのと拍手が鳴るのと同時でした⒀。

ハイドンと同様、モーツァルトは、それほど音楽に通じていない人に訴えかけることができた一方で、同時に音楽通 cognoscenti に対しても新機軸をふんだんに提供していた。しばしば引用されるピアノ協奏曲K.四一三～四一五に関する彼のコメントは、聴衆を魅了すると同時に彼らに挑むこともできるのだという作曲者の信念を、よく表している。

これらの協奏曲はむつかしすぎず、易しすぎず、ちょうどその中間です。――とても輝いていて――耳に快く――自然で、空虚なところがありません。――あちこちに――音楽通だけが満足を得られるようなパッセージュがありますが――それでも――音楽に通じていない人でも、なぜかうれしくならずにはいられないように書かれています⒁。

⑾ Griesinger, *Biographische Notizen*, pp. 32-33.［ハイドンの《十字架上の救い主の最後の七語 Die sieben letzten Worte unseres Erlösers am Kreuze》は一七八五年にスペインのカディスの司教座聖堂参事会から委嘱されたもので、まず管弦楽曲として一七八六～八七年頃に作曲され（Hob. XX/1）、後に弦楽四重奏のために（Hob. III: 50-56）、さらに後にオラトリオ（Hob. XX/2）に編曲された。］

⑿ Ibid., p. 45.

⒀ 一七七八年七月三日、モーツァルトから父親宛の手紙。英訳：Emily Anderson, ed. and trans., *The Letters of Mozart and His Family*, rev. ed. (Ney York: Norton, 1985), p. 558; 邦訳：『モーツァルト書簡全集Ⅳ』、海老沢敏、高橋英郎編訳、白水社、一九九〇、一三三～一三四ページによる。

ベートーヴェンの聴衆に対する態度はもっと判断が難しい。同時代の人々を完全に無視していたという一般的なイメージは、当時の大多数の聴き手が彼の音楽は難しすぎて理解できないと思っていたというのと同じくらい、根拠に乏しい(15)。後期の作品群はもちろん例外である。それらは聴衆に尋常ならざる要求を突きつけるからである。しかし、芸術作品を理解する責任を作曲家よりも聴き手に求めるという、比較的新しい態度が最も明確に表れているのは、これらの後期作品に対する好意的な批評においてである。エルンスト・テーオドール・アマデーウス・ホフマンによる第五交響曲の有名な批評と分析〔『総合音楽新聞』一八一〇〕でもそうだが、今や、自らを啓発し、自らの美的な感性を伸ばし、作曲家とその作品と折り合いをつけるということが、聴衆の義務だと感じられるようになっているのである。

この表出的な、作品志向の観点は、今日のほとんどの分析に美学的な文脈を与えている。それに対して、実践的な傾向は、作品をわかりやすくするという作曲家の責任に重きをおいていたために、分析に対してはとうてい積極的とはいえなかった。実際、特定の作品の分析は、およそ一八〇〇年までというもの、ごくまれだった。これは、実践的な傾向の枠組みが分析に対して不寛容だということではない。私たちはこの枠組みがどのような性質のものだったのか、そしてそれが分析に対する十八世紀的な態度を理解することにどのように関わるかを、再考してみなければならない。

十八世紀に美学的な論議が最もなされたのは、はっきりと聴衆や読者に眼を向けていたということでは、修辞学の観点からだった。聴衆や読者を説得することが修辞学の目的であったように、聴き手を感動させることが音楽の目的であった。修辞学は説得の手段として考えられていたが、音楽も音楽なりにそうだった。ヨーハン・ヨーゼフ・クライン（一七四〇〜一八二三）は『音楽実践教本試論』（一七八三）の中で、十八世紀の理論家たちによってくり返し考察された態度を要約している。「修辞学 Redekunst と詩学 Dichtkunst は音芸術 Tonkunst と非常に密接に関連しているので、音楽を真剣に学ぼうとする者はそれらを知らないでは済まされない。これらの技芸はすべて、一つの共通の究極目的に向かって働きかける。すなわち、私たちの感情を思うままに操り、私たちの情念に特定の方向性を与えるという目的である。[16]」

現代でレトリックといえば、しばしば軽蔑的に使われる言葉である。しかし、七自由学芸の一つとして、その長い伝統は、法律や政治の分野ばかりではなく芸術においても、歴史的に非常に重要であってきた。[17] 修辞学は久しく詩学と強く結びついてきたので、両者は幾世紀ものあいだ実質的には不可分だった。[18] そのため、修辞学が十八世紀中葉に成立した美学の概念と密接に結びつくことになったのも、しごく当然のことだった。ヨーハン・ゲオルク・ズルツァーは、影響力があり広く引用された芸術百科事典（初版は一七七一〜一七七四）の中で、芸術一般における修辞学的な雄弁術の中心的な役割について指摘している。

雄弁術 **Beredsamkeit**。本書［『芸術総論』］全体であまねく基礎におかれている諸芸術の一般的な概念によれば、諸芸術は作品を通して、人間の心情に持続的で精神力を高めるような感銘を与える。この条件を、最も広い意味での雄弁術が満たすことができるように思われる。雄弁術はもしかすると、本来外的な感覚の刺激を直接の

(14) 一七八二年十二月二十八日、モーツァルトから父親宛の手紙。Ibid., p. 833; 邦訳：『モーツァルト書簡全集V』、海老沢敏、高橋英郎編訳、白水社、一九九五、三一三ページによる。

(15) 後者の見方については以下を参照。Robin Wallace, *Beethoven's Critics: Aesthetic Dilemmas and Resolutions During the Composer's Lifetime* (Cambridge: Cambridge University Press, 1986).

(16) Johann Joseph Klein, *Versuch eines Lehrbuchs der praktischen Musik* (Gera: C. F. Bekmann, 1783), p. 15.

(17) 修辞学の歴史と広くさまざまな領域におけるその影響についての最良かつ最新の概説は以下のものである。Brian Vickers, *In Defence of Rhetoric* (Oxford: Oxford University Press, 1988).［もはや古典となったが、以下の大著も忘れてはならないだろう。Ernst Robert Curtius, *Europäische Literatur und lateinisches Mittelalter* (Bern: Francke, 1948; 11/1993).］

(18) 以下を参照。Brian Vickers, "Rhetoric and Poetics," in *The Cambridge History of Renaissance Philosophy*, ed. Charles B. Schmitt (Cambridge: Cambridge University Press, 1988), pp. 715-745.

目的とする芸術のように、深く心に分け入る生き生きとした感銘を与えることはないかもしれない。しかしその代わりに雄弁術は、より感覚的な芸術の全くらち外にある、ありとあらゆる種類の明確なイメージを喚起することができる。ゆえにこの術は、その真の性質、その原因と結果、そのさまざまな応用、そしてそれがこうむるさまざまな外的変化に関して、注意深く考察するのにとりわけあたいするのである。[19]

ズルツァーの見解は当時における典型的なものである。十八世紀の指導的な美学者は、一貫して修辞学を詩学と同一視していたからである。[20] 例えばアレクサンダー・ゴットリープ・バウムガルテンは「美学的な説得」の重要性を強調したし、ゲオルク・フリードリヒ・マイアーは「この広い意味での修辞学は議論の余地なく美学の一部分である」とした。[21] 美学に関するマイアーの論考の大部分は実際、ほとんど修辞学に関する論考のように読める。マイアーによれば、あらゆる美学的対象は、さまざまな程度において、「序論 Eingang, exordium, introitus」、「主要な考えの提議 Vortrag der Hauptvorstellung, thesis, thema, propositio per eminentiam」、「論述 Abhandlung, tractatio」、「結論 Beschluss, conclusio, peroratio」という基本的な輪郭を示す。これらは「考えをあらゆる美学的な推敲 Ausführungen において配列する一般法則」である。[22] 美学と修辞学／詩学との本当の違いは、それぞれの応用の特異性にあるだけである。「美学的な推敲には散文的、詩文的、演劇的、叙事詩的などさまざまな種類があるので、これらの法則が個々に応用される際に、さまざまに補足されたり制約されたりすることは否定できない。しかしながら、これらを研究することは修辞学と詩学に属する。[23]」

修辞学の術はまずは古典古代に成文化されたが、十八世紀のドイツにおいて特に精力的に再興された。とりわけヨーハン・クリストフ・ゴッチェート［ゴットシェート］の著述は大きな影響を及ぼし、多くの模倣者を生んだ。[24] 修辞学に関する彼の最重要著作である『修辞学詳細 Ausführliche Redekunst』（初版一七三六）は、この世紀のうちに何度も版を重ねた。すでに一七五四年にゴッチェートは、もっと控えめな『雄弁術の予備練習』の冒頭を、すでに多くの著述がある分野の主題についてもう一冊を上梓することに弁解しながら、始めざるを得ないと感じていた。[25]

修辞学への関心は北ドイツに限られていたわけではなく、また学者だけのものでもなかった。レーオポルト・モーツァルトは彼の『ヴァイオリン奏法試論』（一七五六）を準備する際に、ゴッチェートの『ドイツ語弁論術 Deutsche Sprachkunst』（一七四八）を使用していたし、結局は『批判的詩学の試み Versuch einer critischen Dichtkunst』（一七三〇、第四版一七五一）や『修辞学詳細』を含むこの人物の主要著書を出版社に求めている。[26] さらにゴッチェートの著作一般は、ドイツ語圏の南地域で広く流布していたことが知られている。[27]

---

(19) Sulzer, *Allgemeine Theorie*, "Beredsamkeit."

(20) 以下を参照。Wolfgang Bender, "Rhetorische Tradition und Ästhetik im 18. Jahrhundert," *Zeitschrift für deutsche Philologie*, 99 (1980), 481-506; Uwe Möller, *Rhetorische Überlieferung und Dichtungstheorie im frühen 18. Jahrhundert: Studien zu Gottsched, Breitinger und G. Fr. Meier* (Munich: W. Fink, 1983); Gerd Ueding and Bernd Steinbrink, *Grundriss der Rhetorik: Geschichte, Technik, Methode* (Stuttgart: J. B. Metzler, 1986), p. 138（「十八世紀にとってはまだ……修辞学と詩学の一体性は有効である。」）; Robert S. Leventhal, "Semiotic Interpretation and Rhetoric in the German Enlightenment, 1740-1760," *DVjs*, 60 (1986), 223-248.

(21) Alexander Gottlieb Baumgarten, *Aesthetica*, 2 vols. (Frankfurt/Oder: I. C. Kleyb, 1750-1758; rpt. Hildesheim: Olms, 1970), II, pp. 569-624; Georg Friedrich Meier, *Anfangsgründe aller schönen Wissenschaften*, 3 vols. (Halle: C. H. Hemmerde, 1748-1750; rpt. Hildesheim: Olms, 1976), III, p. 341. 以下も参照。Johann Gotthelf Lindner, *Kurzer Inbegriff der Aesthetik, Redekunst und Dichtkunst*, 2 vols. (Königsberg and Leipzig, 1771; rpt. Frankfurt/Main: Athenäum, 1971).［以下も参照。松尾大「バウムガルテンの『美学』の基本構造の淵源としてのレトリック」、『弁論術から美学へ：美学成立における古典弁論術の影響』、大阪大学、二〇一四、八一～九一ページ。］

(22) Meier, *Anfangsgründe*, III, pp.293-332.

(23) Ibid., III, p. 332.

(24) 以下を参照。Eric A. Blackall, *The Emergence of German as a Literary Language, 1700-1775* (Cambridge: Cambridge University Press, 1959), esp. chs. 4 and 5. ジョン・A・マッカーシーは散文作品、とりわけエッセイにおける修辞学の役割を強調している。John A. McCarthy, *Crossing Boundaries: A Theory and History of Essay Writing in German, 1680-1815* (Philadelphia: University of Pennsylvania Press, 1989). 修辞学への関心の復興は、少し後に英国でも明らかである（ヒュー・ブレア、ジョージ・キャンベル、ジェイムズ・ビーティなど）。以下を参照。James Engell, *Forming the Critical Mind: Dryden to Coleridge* (Cambridge, Mass.: Harvard University Press, 1989), pp. 194-219.

(25) Johann Christoph Gottsched, *Vorübung der Beredsamkeit* (Leipzig: B. C. Breitkopf, 1754), p. i.

とりわけドイツの音楽理論家と美学者のあいだで、この修辞学への関心の復興は、ある古くからの考えを再検討することに新たな勢いを与えた。すなわち、音楽は言語なり、という考えである。

言語としての音楽

修辞学的な術としての音楽という考えは、言語としての音楽というメタファーに基づいている。このイメージは古典古代にまでさかのぼることができるし、中世とルネサンスを通じて一般に流布していた。一方、十六世紀と初期十七世紀において、これは「ムジカ・ポエティカ」（音楽創作術）の概念とともに、新たな重要性を帯びるようになった。作曲家（ムジクス・ポエティクス）はいかに音楽作品を創作できるか、ということをめぐって、ニーコラウス・リステーニウス、ガルス・ドレスラー、ヨーアヒム・ブルマイスター、ヨハンネス・リッピウスといった理論家たちは皆、作曲家は考え《アイディア》を説得力をもって提示するために言語を操る弁論家である、というアナロジーをもち出したのである[28]。

このイメージはメルセンヌやキルヒャーのような理論家の著述において、特に声楽に関して、十七世紀を通じて続いた。しかし、いかなるテクストからも独立した、それ自体の言語としての音楽という考えが広く受け入れられるようになったのは、ようやく十八世紀の中葉から後期のことだった。いったん確立されると、このメタファーは十九世紀もかなり後まで決まり文句であり続けた[29]。そしてある意味では今日いまだにそうである[30]。

十八世紀を通じて、音楽が実際に言語に相当するのかどうかという議論は、器楽が何らかの意味を表現することができるかという問題をめぐって展開された。声楽が特定の考えを伝えることができるという点には何の疑問もなかった。テクストのおかげで、音楽の意図と意味は明らかにすることができたからである。音は事実上、言葉を増幅しそれを照らし出す役目をはたした。一方、器楽はもっと難しい問題を提起した。いかにして言葉のない音楽は何か特定の意味を表現できるのか？　そもそもいかにして聴き手はそれを理解したらよいのか？　このことに関するゴッチェートの見解は彼の世代を代表するものである。「音楽は、もし言葉に頼るのでなければ、それだけでは魂がなく、理解もできない。音楽が何を言わんとするかがわかるように、言葉はいわば音楽のために語らねばならない。[31]」同様に、フランスの思想家フォントネルによるとされている有名な問い――「ソナタよ、おまえはいったいどうしたいのだ？ Sonate, que me veux-tu?」――は、何十年ものあいだ、大陸中で大きな共感を呼び起こした[32]。

(26) 一七五五年六月九日と八月二十八日、レーオポルト・モーツァルトから彼の出版業者アウクスブルクのヨーハン・ヤーコプ・ロッター宛の手紙を参照。［レーオポルトはアウクスブルク時代にかなり修辞学教育を受けていた。Adolf Layer, *Eine Jugend in Augsburg: Leopold Mozart 1719-1737* (Augsburg: Die Brigg, [1975]).］

(27) 以下を参照。Roswitha Strommer, "Die Rezeption der englischen Literatur im Lebensumkreis und zur Zeit Joseph Haydns," in *Joseph Haydn und die Literatur seiner Zeit*, ed. Herbert Zeman (Eisenstadt: Institut für österreichische Kulturgeschichte, 1976), pp. 125-126.

(28) 以下を参照。Carl Dahlhaus, "Musica poetica und musikalische Poesie," *AfMw*, 23 (1966), 110-124; Claude Palisca, "Ut oratoria musica: The Rhetorical Basis of Musical Mannerism," in *The Meaning of Mannerism*, eds. F. W. Robinson and S. G. Nichols (Hanover, N. H.: University of New England, 1973), pp. 37-65; Benito Rivera, *German Music Theory in the Early 17th Century: The Treatises of Johannes Lippius* (Ann Arbor: UMI Research Press, 1980).

(29) このトポスに関する最も包括的な再検討は以下の教授資格論文に見られる。Fritz Reckow, "'Sprachähnlichkeit' der Musik als terminologisches Problem: Zur Geschichte des Topos Tonsprache" (Habilitationsschrift, Freiburg i.B., 1977). 残念なことにこれは未出版であるが、要約がエッゲブレヒトの『音楽用語辞典』の「音言語」の項目にある。Reckow, "Tonsprache," in *Handwörterbuch der musikalischen Terminologie*, ed. Hans Heinrich Eggebrecht (Wiesbaden: Steiner, 1979). ジョージ・ビューローによる『ニュー・グローヴ音楽事典』の「修辞学」の項目は、この問題に関する有益な入門と精選された文献表を提供している。George Buelow, "Rhetoric and Music", *New Grove*. ブライアン・ヴィッカーズは修辞学史研究家の観点から、この領域における二次文献を概観している。Brian Vickers, "Figures of Rhetoric / Figures of Music?" *Rhetorica*, 2 (1984), 1-44. さまざまな文化における音楽＝修辞学的伝統についての広範な概観は以下を参照。Harold S. Powers, "Language Models and Musical Analysis," *Ethnomusicology*, 24 (1980), 1-60.

(30) 例えば以下のような書名に反映されている。オリヴィエ・メシアン『わが音楽語法 Technique de mon langage musicale』（一九四四）、デリック・クック『音楽の言語 The Language of Music』（一九五九）、ドナルド・ミッチェル『現代音楽の言葉 The Language of Modern Music』（一九六三）など。

(31) Johann Christoph Gottsched, *Auszug aus des Herrn Batteux Schönen Künsten* (Leipzig: B. C. Breitkopf, 1754), p. 207.

他の批評家たちは、器楽はそれ自身の表出的な力をもつとしたが、この特質を、器楽は本質的に声楽の模倣であるという考えに帰していた。モーツァルトと同時代のフランスのラ・セペードは、一七八五年に交響曲について書いた際、こう主張した。

音楽家はこれら三つの楽章をそれぞれ、特にあたかも大アリアを書いていたかのように作曲するだろう。一つまたはもっと多くの声が、多かれ少なかれ生き生きとした情緒を表現しようとするようなアリアをである。作曲家はこれらの声を第一ヴァイオリン、あるいはたやすく聞きわけられるその他の楽器に置き換えるだろう。ときに彼は、心地よい、あるいは悲壮な抑揚を付けることのできる楽器で、人間の声のアクサンを模倣しようとするだろう。(33)

ドイツでも同じ頃、クリスティアン・フリードリヒ・ダーニエル・シューバルトがこの態度を共有し、「あらゆる楽器は声の模様にすぎない」と書いている。(34) そして、ある程度コッホですら、この同じ考えの変種を表明している。器楽協奏曲はアリアの模倣と見なすことができ、交響曲はフル・コーラスに相当する、というのである。(35)
しかしながら、後で見るように、器楽に関するコッホの見解は、この単純なアナロジーをはるかに超えるものである。この世紀を通じて批評家たちは、器楽は実際、少なくとも何らかの種類の意味を伝達することができるということを、ますます認めるようになった。フォントネルの同胞の知識人《フィロゾフ》たちでさえ、意味をもつ器楽という考えにはとりわけ強く反対していたにもかかわらず、結局は不承不承ながら、テクストのない作品でも意味を具現化できることを認めた。その意味はときに曖昧なままであるとしてもである。ダランベールは、器楽は「母音 voyelles を欠く言語」であるという理由から、声楽は器楽よりすぐれていると主張したが、暗黙のうちにそれでも器楽が言語であることを認めている。(36) ディドロも最終的にこう結論付けた。「結局のところ、たとえ楽器では口のようにははっきりと話すことはなくとも、また楽音は演説のように明瞭に考えを表現することはなくとも、やはり楽音は何かを語っているのである。[37]」

作曲家たちは概して、言語としての音楽というイメージをもっとあっさりと受け入れた。マッテゾンは『完全なる楽長』（一七三九）で、音楽作品を「音による弁論 Klang-Rede」と呼んだ。[38] クヴァンツは一七五二年にこう断言した。音楽は「それによって自身の音楽的な考え musikalische Gedanken を聴き手にわからせるところの、人為的な言語以外の何ものでもない。[39]」シャイベ、リーペル、ブランヴィル、フォーグラー、その他の多数の著述家たち

---

(32) 以下を参照。Maria Rika Maniates, "'Sonate, que me veux-tu?': The Enigma of French Musical Aesthetics in the 18th Century," *Current Musicology*, 9 (1969), 117-140.

(33) Bernard Germain, Comte de La Cepède, *La poëtique de la musique*, 2 vols. (Paris: Imprimerie de Monsieur, 1785), II, p. 331.

(34) Christian Friedrich Daniel Schubart, *Ideen zu einer Ästhetik der Tonkunst* (Vienna: J. V. Degen, 1806; rpt. Hildesheim: Olms, 1969), p. 335. この論文集が最初に書かれたのは一七八四〜八五年である。［シューバルトの生没年は一七三九〜九一。］

(35) Koch, *Musikalisches Lexikon*, "Concert," "Sinfonie." ［『音楽事典』の「コンツェルト」の項目によれば、「器楽がそもそも歌の模倣であるように、協奏曲はとりわけ多声の伴奏を伴う独唱曲の模倣である。」「交響曲」の項目によれば、「器楽はそもそも歌曲の模倣にほかならないのだから、交響曲はとりわけ合唱の役割を務める。したがって、合唱と同様に、かなり多くの人の感情の表現を目的としている。」ただし、コッホが『試論』第三巻（pp. 302ff.）や事典の「交響曲」の項目で引用しているズルツァーの事典の「交響曲」（執筆者はJ・A・P・シュルツ）でも、すでに以下のように書かれている。「ソナタが楽器によるカンタータにたとえられるように、交響曲は楽器による合唱にたとえられる。」Sulzer, *Allgemeine Theorie*, "Symphonie."］

(36) Jean Lerond d'Alembert, "Fragment sur la musique en general et sur la notre en particulier" (ca. 1752), in his *Oeuvres et correspondences inédites*, ed. Charles Henry (Paris: Garnier frères, 1887; rpt. Geneva: Slatkine, 1967), pp. 182-184.

(37) Denis Diderot, "Lettre sur les sourds et muets," in his *Oeuvres complètes*, 20 vols., ed. J. Assézat (Paris: Garnier frères, 1875-1877), I, p. 358.

(38) Mattheson, *Capellmeister*, p. 180 and passim. マッテゾンの「音による弁論」の考えについては後に詳しく扱う。［マッテゾンの『完全なる楽長』をはじめとする主要著作の原本は日本では南葵音楽文庫が早くから収蔵している。かつてドイツの音楽学者マックス・フリートレンダー（一八五二〜一九三四）の蔵書だったものである。］

(39) Quantz, *Versuch einer Anweisung*, p. 102.

は、世紀の終わりに至るまで、このメタファーをくり返すことになった[40]。

音楽の機能の点から見ると、十七～十八世紀を通じて多くの器楽が、実際に声楽の代用品としての役割をはたした。リチェルカーレ、カンツォーナ、ソナタ・ダ・キエーザ（教会ソナタ）、合奏協奏曲を含むさまざまなジャンルの広範なレパートリーが、典礼とりわけミサと晩課を構成する諸要素を、ある程度、器楽で代用ないし補足するものとして発展していた。例えば、モーツァルトの「書簡」ソナタは、ミサにおける書簡朗読の代わりに機能したと考えられている[41]。また、ニール・ザスロウが明らかにしているように、ハイドンやモーツァルトの初期の交響曲、特に緩徐楽章で始まるものの多くは、話されるテクストの代わりか補足として、典礼の中でも一役をになった[42]。ハイドンの《十字架上の救い主の最後の七語》のオリジナル・ヴァージョンは器楽であり、各楽章はキリストの最期の言葉への言葉のない「曲付け」で始まるが、これもこの伝統の遅い例である。こうした作品は、その機能のために、さまざまな程度で「修辞学の術の代用[43]」として役だったのである。

ドイツでは、音楽における「語りの原理 redendes Prinzip」は十八世紀中頃の数十年間にとりわけ好まれ、言語としての音楽という認識をさらに強めた[44]。特に器楽の領域で、フォーグラーは舞曲や軍楽と、「語りの音楽、われらが心の女王」との範疇的な区別を行った[45]。器楽は効果的であるためには「語ら」なければならないという考えは、カール・フィーリプ・エマーヌエル・バッハの作品でとりわけ明らかである。ライプツィヒの『総合音楽新聞』で、ある評者［ヨーハン・カール・フリードリヒ・トリースト］は、作曲家の同時代人の多くによって共有された態度を要約しながら、彼のことを「もう一人のクロプシュトック」、ただし「言葉の代わりに音」を使った者、と呼んだ[46]。

エマーヌエル・バッハの器楽における「語り」の性質は、彼のトリオ・ソナタH.五七九（Wq.一六一／一）（一七四九）のようなあからさまに標題音楽的な作品だと、もっと強く感じられる。この作品は「多血質の者と憂鬱質の者の対話」を表現する、二つのヴァイオリンのあいだの言葉のない語らいである。その序文でエマーヌエルが書いているところによれば、彼は「歌う声と言葉を使ってはるかに楽にできることを、可能な限り楽器で表現すること」を試みた[47]。C・P・E・バッハの音楽におけるこれらの修辞学的な傾向は、部分的に彼の父親からの影響に由来する。ヨーハン・ゼバスティアン・バッハの修辞学に関する知識と、彼がその原理を自分の音楽に適用していたことは、よく指摘されてきた[48]。しかしエマーヌエル・バッハの場合、単なる前の世代の名残りにすぎないと見なす必要はない。言語としての音楽に対するエマーヌエル・バッハの基本的な態度は、当時の多感様式 empfindsamer Stil 一般の特徴であり、概して十八世紀後半の多くの作曲家に典型的なものである。他の作曲家たちによる標題的な作品、例

(40) Scheibe, *Critischer Musikus* (1745), pp. 86-87, 91; Riepel, *Anfangsgründe ... Grundregeln zur Tonordnung*, pp. 76-77, 99, 104; Charles-Henri Blainville, *L'esprit de l'art musical* (Geneva: n. p., 1754), p. 86; Georg Joseph Vogler, *Betrachtungen der Mannheimer Tonschule*, I (1778), pp. 286-287, 311; idem, *Zwei und dreissig Präludien für die Orgel und für das Fortepiano. Nebst einer Zergliederung in ästhetischer, rhetorischer und harmonischer Hinsicht* (Munich: Falter, 1806), pp. 37, 47. Reckow, "Sprachähnlichkeit'" にはこのトポスに関するもっと多数の引用がある。

(41) 以下を参照。Stephen Bonta, "The Uses of th Sonata da Chiesa," *JAMS*, 22 (1969), 54-84.

(42) Neal Zaslaw, "Mozart, Haydn, and the *Sinfonia da chiesa*," *Journal of Musicology*, 1 (1982), 95-124.

(43) Wilibald Gurlitt, "Musik und Rhetorik: Hinweise auf ihre geschichtliche Grundlageneinheit," in his *Musikgeschichte und Gegenwart*, ed. Hans Heinrich Eggebrecht, 2 vols. (Wiesbaden: Franz Steiner, 1966), I, p. 64.

(44) Arnold Schering, "Carl Philipp Emanuel Bach und das 'redende Prinzip' in der Musik," *Jahrbuch der Musikbibliothek Peters für 1938*, pp. 13-29. 以下も参照。Helmut Rösing, "Musik als Klangrede. Die französische Nachahmungsästhetik und ihre Auswirkungen bis hin zur musique concrete," *Musicologica Austriaca*, 1 (1977), 108-120.

(45) Vogler, *Betrachtungen*, I, p. 287.

(46) [Johann Karl Friedrich] Triest, "Bemerkungen über die Ausbildung der Tonkunst in Deutschland im achtzehnten Jahrhundert," *AMZ*, 3 (1801), cols. 300-301.

(47) Carl Philipp Emanuel Bach, "Vorbericht" to *Zwey Trio* (Nürnberg, 1751), ed. Klaus Hofmann (Neuhausen- Stuttgart: Hänssler, 1980), p. 8. Wq.一六一／一の一部ファクシミリの現代版。〔この作品についてはズルツァーの事典の「ソナタ」(執筆者はシュルツ)に言及がある。〕

(48) 例えば以下を参照。Johann Abraham Birnbaum's report on Bach, in Scheibe, *Critischer Musikus*, p. 997; Ursula Kirkendale, "The Source of Bach's Musical Offering: The *Institutio oratoria* of Quintilian," *JAMS*, 23 (1980), 99-141; Arno Forchert, "Bach und die Tradition der Rhetorik," in *Alte Musik als ästhetische Gegenwart. Bericht über den internationalen musikwissenschaftlichen Kongress, Stuttgart, 1985*, 2 vols. (Kassel: Bärenreiter, 1987), I, pp. 169-178.

えばオウィディウスの『変身物語』に基づくディッタースドルフの十二の交響曲（一七八一／八二）や、ハイドンの初期交響曲第六～八番《朝》《昼》《晩》の三部作（一七六一）に加えて、器楽の標題音楽的な分析（例えばC・P・E・バッハのあるファンタジアは『ハムレット』の有名なモノローグとして解釈された[49]）や、器楽によるレチタティーヴォ（例えばハイドンの弦楽四重奏曲作品一七／五や交響曲第七番《昼》）がある。ハイドンの晩年の証言とされていることだが、彼の初期の交響曲の一つ——作曲者はもはやどの作品か思い出すことができなかった——は、神と無思慮な罪人との対話を描いたものであるという[50]。そして、分別のある四人のあいだの会話としての弦楽四重奏曲という当時のトポスは、言葉に依存しない言語としての器楽という概念の信憑性をさらに高めている[51]。これらの現象すべては、程度はさまざまであるが、器楽は音楽言語を媒介にして聴き手に「語りかける」ことができる、という基本的な前提に基づいているのである。

　言語としての音楽というメタファーは、音楽は情緒《センチメント》、情念《パッション》の言語であるという見方によってしばしば強化された。器楽は、まさにその性質からして、特定の理性的な考えを表現することはできない。そういうものとして、恐れ、喜び、怒り、悲しみといった一般的な情動《エモーション》のみを表現できる、かなり漠然とした言語であると理解された。しかし、何人かの著述家、とりわけマッテゾン、バトゥー、ルソー、フォルケルは、この曖昧さを器楽にとって不利なことというよりも、潜在的な強みとして捉えた。情念の表現は、より根本的な——そしてより「自然な」——表現の形と見なされたのである。

　ドイツのマッテゾンは、器楽に対する声楽の本来的な優位という伝統的な見方を維持する一方で、音楽の真の力は音そのものにあるのであって、付曲されるテクストにあるのではない、と示唆している。

> 教会で荘重なズュムフォニーを耳にすると、敬虔な身震いにおそわれる。強力な楽器群が加わると、大きな驚きを引き起こす。オルガンが咆哮し轟き始めると、神への畏れが生じる。そしてすべてが喜びに満ちたハレル

ヤで終わるならば、私の心は体内ではずむ。たとえ、距離のせいにしろほかの理由からにしろ、あれやこれやの言葉の意味がわからなくてもである。実際、全然言葉がなかったとしても、楽器と語るような音の助けがあるだけでそうなのである。(52)

(49) この曲やその他の一見標題音楽ではない作品の標題音楽的な解釈については、第四章でもっと詳しく扱う。［古典派時代に標題《プログラム》音楽的作品は一般に「性格的」作品と呼ばれていた。当時の「性格交響曲」の概観と作品目録については以下を参照。Richard Will, *The Characteristic Symphony in the Age of Haydn and Beethoven* (Cambridge: Cambridge University Press, 2002). なお、一八〇〇年にはすでに「標題サンフォニー Simphonies à programmes」という語がパリで使われていた。Anonymous, "Nachrichten. Gegenwärtiger Zustand der Musik in Paris. A. d. Französischen," *AmZ*, 2 (1800), cols. 747-748n; Anonymous, "Musique. Etat actuel de la Musique à Paris," *Journal générale de la litérature de France*, 3 (1800), 190。おそらくそれを受けてだろうか、コッホの『音楽事典』（一八〇二）には早くも「Simphonies à programmes」という項目がある。］

(50) Albert Christoph Dies, *Biographische Nachrichten von Joseph Haydn*, ed. Horst Seeger (Berlin: Henschel, 1962; 1st ed. 1810), p. 131; Griesinger, *Biographische Notizen*, p. 80. ハルトムート・クローネスの考えによれば、問題の楽章は交響曲第七番のレチタティーヴォとアダージョである。Hartmut Krones, "Rhetorik und rhetorische Symbolik in der Musik um 1800," *Musiktheorie*, 3 (1988), 122-123.

(51) このイメージはしばしばゲーテに帰せられるが、実際はもっと古い伝統の一部であり、一七七三年にまでさかのぼることができる。以下を参照。Ludwig Finscher, *Studien zur Geschichte des Streichquartetts* (Kassel: Bärenreiter, 1974), pp. 285-289. ［室内楽における会話的性格についての言及は古くからあり、ズルツァーの「ソナタ」「トリオ」の項目やそれを引用したコッホの『試論』と事典でも強調されているが、弦楽四重奏曲についてはヨーハン・フリードリヒ・ライヒャルトの《音楽さまざま》（さまざまなジャンルの曲集）の序文が最初のようである。Johann Friedrich Reichardt, *Vermischte Musicalien* (Riga: Johann Friedrich Hartknoch, 1773). なお、ゲーテの有名な弦楽四重奏観は、一八二九年十一月九日にベルリンのジング・アカデミーの指揮者カール・フリードリヒ・ツェルターに宛てた手紙にある。「もし私がベルリンにいれば、［カール・］メーザーによる四重奏曲の夕べを聴きのがすことはめったにないでしょう。この種の催しは前々から私にとって、器楽の中でも最もわかりやすいものでした。人は四人の分別のある vernünftig 人たちが互いに気遣いながらやり取りするのを聴き、彼らの会話から何かをつかめると思い、それぞれの楽器の特性を知るに至ると考えるのです。」Johann Wolfgang von Goethe, *Briefwechsel zwischen Goethe und Zelter in den Jahren 1799 bis 1832*, eds. Edith Zehm & Sabine Schäfer, et al. (Munich: C. Hanser, 1998), p. 1275. ツェルターの弟子メンデルスゾーンとツェルター自身がバッハの《マタイ受難曲》を復活上演させた年の手紙である。］

(52) Mattheson, *Capellmeister*, pp. 208-209. ［この時代の Symphonie、Sinfonia はまだ交響曲とは限らず、広義の序曲的な機能の楽曲をさす。同書では教会、室内、オペラの三種があげられており（p. 234）、一七二〇～三〇年代に成立したばかりの交響曲はそのどれにも含まれ得る。］

一方、フランスのバトゥーは、名高く影響力のあった『同一の原理に還元された諸芸術（芸術論）』（一七四六）において、人が考えや感情を表現することのできる三つの手段として、言葉 parole、声音 ton de la voix、身振り geste をあげている。最初のものは最もはっきりとしている。しかし、後二者は多くの点でより強力である。音楽と身振りは「心により近い」ので、個々の国々の慣習的な言語を超越し、その意味で言葉の言語にまさっている。

> 私はまず言葉と言った。その理由はそれがまず第一級に位置し、通常人々はそれに最大の注意を払うからである。しかしながら声音も身振りも多くの点でそれに優っている。これらのほうがより自然な慣用である。言葉が足りないとき、われわれはそれに頼る。またそれは普遍的な通訳であり、世界の涯までもわれわれに従いて来、最も野蛮な国民や動物に対してもわれわれを理解させる。結局、それらは特殊な仕方で感情に捧げられている。言葉はわれわれに知識を与え、われわれを納得させる。それは理性の道具である。それに対し音と身振りは心のそれである。われわれの心を揺り動かし、心をつかみ、説き伏せる。情念を表現する場合でも言葉は、思索による場合のように、感情が結びつけられた観念という手段によるしかない。音と身振りは、回り道することなく直接心に達する。[53]

ルソーは『言語起源論』（一七八一）の中で、旋律の機能は単に情念を模倣すること——十八世紀に支配的だった信念の一つ——ばかりではなく、それ自体で「語る」ことでもある、と主張している。

> 旋律は声の抑揚を模倣することによって、嘆声、苦しみあるいは喜びの叫び、脅威、呻きを表現する。声による情念の表示はすべてその領域に属する。旋律は諸言語のアクサンと、おのおのの語法において魂のある種の動きによって引き起こされる言い回し《トゥール》を模倣する。旋律は単に模倣するだけではない。それは語るのである。

そしてその言語は不明瞭ではあるが、生き生きとして、激しく、情熱的であり、言葉そのものより百倍も活力をもつ。[54]

ルソーの見解は部分的に、音楽と言語は昔の社会においては共通の起源をもっていたという、広く受け入れられた前提に基づいている。当時の著述家は、二つの術が古典ギリシアにおいては事実上区別がつけられなかったということを、飽きることなく読者に思い出させた。しかしながら、ここでのルソー独特の論点は、旋律は不明瞭な叫びを装いながら、明瞭な言語に優越していたということである。そのぶん、旋律は人間性の本質により近く、それゆえよりすぐれているのである。

ヨーハン・ニーコラウス・フォルケルは『音楽通史』第一巻（一七八八）の序文で、感情 Empfindung の言語としての音楽言語と、理念 Idee の［理性的な］言語としての言葉の言語を、同様に区別している。

ここまで述べてきたすべてのことから、読者は今や容易に次のように考えることができるだろう。音楽という言葉でもって感情の普遍的な言語というものを思い浮かべなければならないということ、その範囲は発達した理念言語のそれと同じくらい大きくあり得るし、実際に大きいということである。理念言語においては、可

(53) Charles Batteux, *Les beaux-arts réduits à un même principe* (Paris: Durand, 1746), pp. 253-255; シャルル・バトゥー『芸術論』、山縣熙訳、玉川大学出版部、一九八四年、一九六〜一九七ページより、一部訳文を変更して引用。

(54) Jean-Jacques Rousseau, "Essai sur l'origine des langues," in his *Écrits sur la musique* (Paris: Stock, 1979), p. 229.［『言語起源論』はルソーの没後三年目に出版されているが、書かれたのは一七五五〜六一年である。その頃（一七六一）に出版された彼の小説『新エロイーズ Julie, ou la nouvelle Héloïse』は当時流行のセンチメンタリズム文学の一つであるが、その中で家庭教師サン・プルーが男爵令嬢ジュリーに語る音楽の表現力に関する一節は、のちにズルツァーの事典初版（一七七四）の「音楽」の項目（おそらくキルンベルガーが執筆）に引用されている。Sulzer, *Allgemeine Theorie*, "Musik."］

能なあらゆる考えとそれらの関係のための表現の豊かさ、これらの表現の結びつきにおける正しさと秩序、それにあらゆる表現を、弁論者がそれらと結びつけることのできるさまざまな目的と意図のすべてに応じて、操ったり使用したりできる可能性、これらがそのこの上ない完全さの特徴である。それと同様に、音言語においてもまた、（一）音の結合の豊かさ、（二）その結びつきにおける正しさと秩序、（三）特定の最終目的、これらが真の、良き、本当の音楽の三大特徴である。[55]

再びハイドンであるが、彼の初期の伝記作家の一人が報告している逸話は、当時広く行きわたっていた態度を要約している。ハイドンが最初のイングランド旅行を計画していたとき、彼はすでに六十歳に近づいており、それまでほとんど旅行をしたこともなかった。友人たちから旅行の危険性について警告を受けたが、旅行を思いとどまろうとはしなかった。ディースによれば、年長の作曲家についにこう指摘したのはモーツァルトだった。「あなたは広い世界について何も習ってこられなかったし、話せる言語が少なすぎます。」ハイドンはこう答えたという。「なんの。私の言語は世界中で理解されます[56]。」

逸話の真偽はともかく、まさにその記述の仕方が、音楽は――純粋器楽さえも含めて――言語であるという、古典派時代の広く行きわたった信念を反映している。もちろん「普遍的な言語」としての音楽という神話は、とっくの昔にあばかれているが、器楽がそれ自体で言語であるという認識そのものは、十八世紀における音楽思想の重要な発展の一つである。この言語が本当のところどういう性質のものであるかは継続的な議論の対象だったが（そして今もなおそうであるが）、十八世紀の終わりまでには、器楽のもつ力は慣習的な言葉の言語の能力に匹敵し得るものであり、いくつかの点ではそれを凌駕することさえできるということに、もはや疑問はなくなっていた。

このゆるやかな変化が、形式の修辞学的概念のための基盤を形作った。音楽と言語のあいだにあると認められたもろもろの対応関係は、それらの通常の機能だけに終わることはなく、形式の問題にも及んだからである。

音楽の文法と音楽の修辞学

十八世紀の理論家や美学者たちは、言語としての音楽という概念的メタファーの枠内で、音楽の言語はそれ自身の文法と修辞学をもつと認めていた。音楽を記述するのに用いられる基本用語の多くは、言葉の術と音楽の術のあいだの伝統的に密接に絡み合った結びつきの歴史を反映している。meter（韻律、拍節、拍子）、rhythm（リズム）、cadence（規則的韻律、下げ調子、抑揚、拍子、終止法）、period（ピリオド、総合文、楽段、楽節）、theme（主題）、それに composition（組み立てること、文章構成法、創作、作曲、作品）。これらの語はいずれも、起源は文法か修辞学である。(57)

言葉の言語でも音楽の言語でも、文法は創作の規則を包含するもので、言説を技術的に正しく構成することのできる方法である。一方、修辞学は、けっして正確には成文化できるものではなく、手法の正しさあるいは誤りによって分類することもできない。作品が修辞学的に「正しい」と言えるのは、それが美的に説得力をもつ限りにおいてでしかない。ある弁論が説得力があったかなかったかについて、二人の聴き手のあいだで意見が分かれることは容易にあり得る。修辞学の指針は多数あるにもかかわらず、結局のところ、聴き手こそが真の裁定者である。

したがって、修辞学は少なくとも部分的には美的なカテゴリーである。音楽の文法は、ゴットヒルフ・ザームエール・シュタインバルトが指摘しているように、作品の技術的な正しさを保証するが、作品の美的な価値についてはそうではない。

---

(55) Forkel, *Allgemeine Geschichte*, I, p. 19.
(56) Dies, *Biographische Nachrichten*, pp. 77-78.
(57) 修辞学からの用語の借用についてもっと詳しい議論は以下を参照。Gurlit, "Musik und Rhetorik," p. 65.

しばしば楽曲に関して、耳に不快だったり和声の規則に反しているところが何一つない場合には、それらの楽曲はその書法 Satz において正しい rein、ということが言われる。たとえ、そうした楽曲において、しばしば歌も精神もないことがあってもである。この意味からすると、書法とは、言語における文法以外の何ものでもない。人は文法的には正しく適切に話すことができる。それでいて、私たちの注目にあたいするものは何も言わないということもあり得るのである。[58]

フリードリヒ・ヴィルヘルム・マールプルクも同様に修辞学と文法を区別している。修辞学は作曲の過程における音の実際の「執行 Ausübung」と「構成 Zusammensetzung」を扱うのに対し、文法は「修辞学的音楽の（より機械的な）規則」を説明するのである。[59]

文法の機械的な規則と修辞学のより美的な特質というこの区別は、十八世紀の音楽理論家や美学者の著述を通じてくり返される。それはまた、古典派期の音楽論で、楽章規模の作品を美的に満足のゆく全体の形へといかに構成することができるか、という問題を扱ったものがほとんどない、ということの主な理由の一つでもある。この技芸の他の側面――記譜法、数字付き低音、和声、対位法――であれば、実践が正しいかそうでないかは、はるかに容易に区別することができる。しかし、これらの問題を扱った論考が一連の多かれ少なかれ確立された規則を提示する限り、それらはすべて本質的に音楽の文法なのである。コッホが「音楽修辞学のための多くの材料が、音芸術に関する著述や芸術一般を扱った著述のそこかしこに散見される」と書いたのは全く正しいが、彼が音楽修辞学を体系的に扱ったものがないと指摘したことも、同様に正しい。フォルケルの説明――本章で後に検討する――はこの問題の体系的な扱いにだれよりも近づいているが、概略でしかなく、どうしても詳細に欠ける。

コッホは、音楽の文法が無数の論考の対象であるのに修辞学は充分に注目されていないという、この偏った事態への失望を表明した最初の人物ではなかった。クリスティアン・カルクブレンナーの『音芸術の理論』（一七八九）

へのある匿名の書評は、著者が音楽の修辞学に関する材料をあまり提供せず、楽節論や音形の用法、さまざまな様式の区別といった、「芸術を正しく判断しようとする愛好家ならだれでも知っている」トピックばかり扱っていることを批判している[60]。同様にヨーハン・アーダム・ヒラーは、その数年前にこう書いている。

> 数学的、算術的、体系的な知識はそれ自体いかに価値があろうとも、それについてはあまり仰々しく騒ぎ立てないことが望ましく、あまりそうした面を音楽に、その想定される解明に向けて無理強いしないようにするのがよい。というのも、音を量として考えたり、その関係を線や数で表したり、音程をより糸のように糸玉にもつれ合わせたりすることは、良い旋律や純正な和声を作り出すのに必要とされるものとはほど遠いからである。より望ましいのは、音楽の修辞学的ないし美学的な部分を、有能な人たちが文法的な部分でやってきたように、もっと熱心に取り扱うことであろう[61]。

ステファノ・アルテアーガも、一七八〇年代半ばの『イタリア音楽劇の革新』で同様の不満を述べている。教師たちは生徒に和声と伴奏の基礎を教えればそれで満足している。しかし、アルテアガが指摘するように、それは実は「音楽の文法」にすぎないのであり、文法は「何か真に美しいものを生み出すことよりも、間違いを犯さないよ

---

(58) Gotthilf Samuel Steinbart, *Grundbegriffe zur Philosophie über den Geschmack. Erstes Heft, welches die allgemeine Theorie sämtlicher schönen Künste und die besondere Theorie der Tonkunst enthält* (Züllichau: Waysenhaus- und Frommanische Buchhandlung, 1785), p. 192.

(59) Friedrich Wilhelm Marpurg, *Anfangsgründe der theoretischen Musik* (Leipzig: J. G. I. Breitkopf, 1757), p. 2. 音楽の文法と修辞学に関する同様の区別は、以下の文献のほか、後に引用する他の論考にも見られる。August F. C. Kollmann, *A New Theory of Musical Harmony* (London: Author, 1806), p. i; idem, *An Essay on Practical Musical Composition*, 2nd ed., p. v.

(60) Anonymous, review of Christian Kalkbrenner, *Theorie der Tonkunst* (Berlin: J. J. Hummel, 1789), *Musikalische Real-Zeitung* (9 June 1790), col. 178.

(61) Johann Adam Hiller, preface to Georg Friedrich Lingke's *Kurze Musiklehre* (Leipzig: J. G. I. Breitkopf, 1779), p. vii.

うにすることにかまけている。」そうした方法は学習者に「芸術の修辞学」を教えはしない。(62)

フランスでは早くも一七五四年に、フランソワ・アルノーが音楽の修辞学に関する論文を書くこと、その論文で修辞学が二つの派閥のあいだの共通の基盤となり得ることを示す計画であることを告知している。二つの派閥とは、作曲を本能と習慣のことと見なし、音楽の「文法的な部分」以外のことは語ろうとしない大多数の芸術家と、音楽の「比例関係、結合、神秘、要するにその学術的部分」にしか関心をもたない知識人《フィロソフ》たちである。(63)

しかしアルノーの計画は実現せずに終わり、ダランベールはのちにそのことを残念がって、以下のように指摘している。

> 現在に至るまで、もっぱらこの技芸の技法的な面 méchanique、すなわちその素材的な部分しか書かれてこなかっただけに、また知的と呼び得るもの、趣味や表現に関するものについては、ほとんど何も言われてこなかっただけに、そうした著作はますます必要とされている。音楽を絵画や雄弁術 éloquence、とりわけ詩の雄弁術に近寄せることによって、この問題に多くの光をあてることができるように、私には思われる。(64)

音楽のメカニカルな要素と修辞学的要素のあいだのこうした区別は、私たちを修辞学と形式の結びつきへといっそう近づける。コッホは音楽の「形式的」要素を「音楽作品を着想する erfinden 能力」と関連づけている。あるアイディアが「形式的」であるのは、それが作曲家が実際にいかにして作品を生み出す――形作る、組み立てる――かに関わっている、という意味においてである。このプロセスは、究極的には「着想 inventio, Erfindung」という行為に基づいているが、それは才能の領域に属するのであって、教えることはできない。(65) 一方、音楽の「素材的」要素は「教え学ぶことのできる学問」の領域ということになる。実際にはこの知識の本体は二つの部分に分けられる。すなわち文法と修辞学である。しかし、修辞学に関して入手できる記述は非常に断片的で雑多であるので、修辞学は文法といっしょに扱われることがほとんどである。コッホが認めているように、作曲の才能に依存する側面を特に扱った著作は、「美学に関する著作、あるいは音楽小説『ヒルデガルト・フォン・ホーエンタール』をそれに含めることを望まないのであれば」、事実上存在しない。(66) この観点からすると、修辞学は教授できるものとできないもの、機械的なものと美学的なものとを媒介する要素である。

補助的な役割しかもたないとはいえ、美学のための基盤としての文法の重要性は過小評価するべきではない。文法はあらゆる修辞学的芸術の基礎を提供する。作品は雄弁である前に正しくなければならないからである。言語学的に言えば、文法は形態論《モルフォロジー》（個々の単語の構造）と統辞論《シンタクス》（これらの個々の単語を句や文といったより大きな単位に配列すること）の両方を包含する。統辞法は、個々の思考の単位を区別し相互に関連付ける句読法の実践と密接に結びつく。十八世紀の理論家の考えでは、音楽の文法もこれと同じパターンに従う。音楽文法は個々の音や和音に始まり、それらがつながって小規模な単位を形成し、これらがさらに結合してより大きな規模の単位を構成してゆくのである。

このペリオーデ性 periodicity［文節性、楽節性］の概念——小規模な単位が連結されてより大きな単位を構成してゆくこと——は、言語と音楽の双方において、文法と修辞学のあいだの鍵となる環《キー・リンク》を提供する。ペリオーデ性は最

---

(62) Stefano Arteaga, *Le rivoluzioni del teatro musicale italiano*, II (Bologna: Carlo Trenti, 1785), p. 79.

(63) François Arnaud, "Lettre sur la Musique, à M. le Comte de Caylus" (1754), in Jean Benjamin de Laborde, *Essai sur la musique ancienne et moderne*, 4 vols. (Paris: Onfroy, 1780), III, p. 551.

(64) Jean Lerond d'Alembert, "Fragment sur l'opéra" (undated, probably from the late 1750s), in his *Oeuvres et correspondences inédites*, pp. 157-158.

(65) Koch, *Musikalisches Lexikon*, "Komposition, Setzkunst."「着想 inventio」、「構成 dispositio」、「彫琢 elaboratio」の概念を論じた十八世紀の作曲プロセス理論については、以下でもっと詳しく扱う。

(66) Ibid. ヨーハン・ヤーコプ・ヴィルヘルム・ハインゼのこの小説（一七九五〜九六）は、さまざまな登場人物によって語られる一連の美学的言説のための枠組みとなっている。

小規模の段階では統辞法の領域内にある。短い比較的ばらばらの単位の構成に関わるからである。最大規模の段階では、より広い修辞学の理念に合流する。弁論や楽章の全体性、すなわち共に全体を構成するすべての文や楽節の順序と配置を問題にするからである。フォルケルは『音楽通史』（一七八八）の序文でこのことを強調している。

音楽表現を互いに結びつきあう全体へと構成する際、特に二つのことに留意しなければならない。第一に、個々の音や和音を個々の楽節へと結びつけること、第二に、いくつかの楽節を連続的に結びつけることである。……個々の音や和音を個々の楽節に結びつけるための指針は音楽文法に含まれ、個々のいくつかの楽節を結びつけるための指針は音楽修辞学に含まれる。(67)

他の著述家と同様フォルケルも、文法と修辞学は密接に関係してはいるが、階層的に異なるレヴェルで作動し、それぞれ別個の特質を保っていることを示唆している。文法は音楽の基本的な構成ブロックを提供する一方、これらの単位を大きな規模で完全な楽章へと組み立てることを律するのは――あるいはコッホの言い方を借りれば「個々の旋律的部分が全体へと結びつけられる」方法は――修辞学なのである。

楽節性は十八世紀のさまざまな史料で論じられており、理論家によって細部のことがらや用語はほとんど避けがたく一致していないが、いくつかの基本的な点ではコンセンサスが認められる。(68) すべての著述家が強調しているのは、カデンツ（終止法）の階層性が旋律の中のさまざまな程度の休止を分節している、ということである。すなわち、正格終止が一般に主要部分や楽章全体を終わらせるためのものであるのに対して、半終止、偽終止、不確定終止は、(68a) この順で次第に強さと重要度を減じてゆく終わり方を分節する。ほとんどすべての著述家は、この終止法の階層性と言葉の句読法の慣習を何かしら比較している。つまり、完全な正格終止はピリオドに相当し、半終止はコロンあるいはセミコロンのようなものであり、もっと弱い分節点はコンマに対応する。さらに、そうした分節点が基本的に必要だということが一貫して強調されている。分節点がなければ、個々の楽節は互いに区別がつかなくなるし、わかりにくい楽節からなる楽章は全体としてもわけがわからなくなる。そして、作品のアイディアが聴き手によって容易に理解され得るということは、あらゆる修辞学的技術の最も重要な特質の一つである。アイディアの効果的な表現とそれに伴う感情の喚起は、いずれも弁論家や作曲家がそれぞれの論議の構成要素を分節する能力に依存しているのである。

サン＝ランベールの『クラヴサンの諸原則』（一七〇二）は、言語の句読法の比喩を純粋な器楽作品における楽節性に本格的に適用した最初の例である。

> 楽曲の旋律 chant は秩序と理性なしには作られない。旋律はいくつかの区切られた部分 morceaux からなり、そのおのおのはそれ自身の完全な意味をもっている。そして音楽はほとんど弁論に似ている、いやむしろ、音楽に似ているのが弁論なのである。というのも、調和《アルモニ》、数《ノンブル》、韻律《ムジュール》、そのほか熟練した弁論家が自分の演説を組み立てるのに遵守する同様のものは、修辞学よりも音楽に属しているのが自然だからである。それはともかく、弁論にはその全体があり、全体はたいていはいくつかの部分 parties から構成される。各部分は文 périodes から構成され、それぞれの文はそれ自身の完全な意味をもつ。これらの文はそれぞれ句 membres から構成され、これらの句は単語から、単語は文字からなる。同様に、楽曲の旋律はその全体をもち、全体は常にいくつかの反復部分 reprises から構成される。それぞれの反復部分は終止［によって境界を定められた単位］から構成され、

(67) Forkel, *Allgemeine Geschichte*, I, p. 21.

(68) このことに関する近年の概略的な研究については、本書第一章、注21を参照。

(68a) ［inconclusive cadence はふつうの和声学教程には登場しない言葉だが、主和音以外で終わる終止、ソプラノとバスが主音以外で終わる終止など、いろいろな意味で使われる。］

［各単位の］それぞれはそれ自身の完全な意味をもつ。そしてそれらは旋律の楽節 periodes である。終止［の単位］はしばしば楽句 membres から構成され、楽句は小節 mesure から、小節は音符からなる。このように、音符は文字に、小節は単語に、終止［によって境界を定められた単位］は文に、反復部分は部分に、そして全体は全体に対応する。しかし、旋律内のそうした区分は、だれかが歌ったり何かの楽器を弾いたりするのを聴くすべての人によって感知されるわけではない。とてもありふれているのでだれでも理解できる区分を除けば、そうした区分を感じるためにはその道のくろうとでなければならない。にもかかわらず、これらの区分は譜表の中で、小節を分ける縦線やその他のいくつかの記号によって表示されている。そうした記号についてはしかるべき場所で論じる。[69]

ヨーハン・マッテゾンは、まず『旋律学真髄』（一七三七）において、次いで『完全なる楽長』（一七三九）において、「音による弁論の区切りについて Von den Ab- und Einschnitten der Klang-Rede」詳細な説明を行っている。「したがって、あらゆる提議 Antrag は、口頭であろうと書かれたものであろうと、何らかの言葉の文 Wort-Satz、すなわちペリオーデからなる。そうした文はすべて、ピリオドによる区切り Abschnitt に至るまでの小さな句切り Einschnitten［によって分節される単位］からなる。かかる文からは文の複合体 Zusammensatz、すなわち段落 Paragraphus が生じ、そうしたさまざまな段落 Absatz からはついに主要部分、すなわち章が生じる。[70]」音楽作品は分節の同様の階層構造を示す。例えば「ペリオードゥス Periodus」（総合文、楽節、楽段）は「完全な考え、あるいは言葉の意味全体をうちに含んだ簡潔な言明である。これを行わず、これに達しないものはペリオードゥスではなく、文 Satz ではない。これ以上をなすものは段落 Paragraphus, Ab- oder Zusammensatz であり、それは様々なペリオードゥスから構成され得るし、当然そうあるべきである。[71]」この「ペリオードゥス」の定義は、マッテゾン自身が認めているように、クインティリアヌスに由来する。実際、クインティリアヌスの記述は、文に関する当時のほとんどの定義の基礎であった(72)。

マッテゾンは続けて説明する。より小さな単位は、コンマやコロンに相当する句読法によって分節される。アリアを例として、マッテゾンは音楽の「休息点」を、当然のことながら付曲される歌詞の意味から導き出している。音楽の終止法の配置を歌詞に関連付けることによって、彼は、単旋律聖歌にまでさかのぼり、ルネサンスとバロックを通じて広まってきた長い伝統を継続させているのである。すでに一五五八年にザルリーノはこう述べていた。「終止法《カデンツァ》は音楽において演説 **Oratione** におけるピリオド **Punto** と同じ価値をもつ。……そして演説のピリオドと終止法は同時に終わらなければならない〔歌詞のピリオドと終止法は一致しなければならない〕(73)。」

しかしマッテゾンはさらに続けて、純粋器楽はこれらの同じ分節の原則に従わなければならないと指摘する。「器楽旋律はとりわけ、言葉と声の助けなしに、声楽が言葉とともになすのとまさに同じことを語ろうとする点で、声楽とは異なっている」のである。器楽の諸ジャンルに関するマッテゾンの以降の説明は、文や段落などの分節について何度も言及している(74)。

こうしたまさに楽節性という考えは、十八世紀を通じて、楽章規模の形式に関する当時のほとんどすべての記述の一部として、くり返し登場する。その多くは、音楽様式における重要な変化に対応してのことだった。この変化は、ますます小さくなる単位と、よりゆるやかな和声リズムを特徴とする。短い、多かれ少なかれ対称的なフレー

(69) Michel de Saint-Lambert, *Les principes du clavecin* (Paris: Christophe Ballard, 1702), pp. 12-15.
(70) Mattheson, *Capellmeister*, p. 181.
(71) Ibid., p. 182.
(72) Ibid., p. 183. 例えばゴッチェートは「ペリオーデは一般に一つあるいはいくつかの考えを含む短い弁論であり、それ自体で完全な意味をもつ」と定義している。Johann Christoph Gottsched, *Versuch einer critischen Dichtkunst* (Leipzig: B. C. Breitkopf, 1730), p. 235.
(73) Gioseffo Zarlino, *Le istitutioni harmoniche* (Venice, 1558), p. 221.
(74) Mattheson, *Capellmeister*, p. 209. 音楽の句読法については ibid., pp. 224-234 を参照。

ズが、前の世代の長い、紡ぎ出される旋律に取って代わったのである。この種の楽節的構成は、十八世紀後半においてはけっして新しい技法ではなかったが、この時期にかつてないほどの重要性を獲得したのである。

これら楽節性の様々な要素が一人の理論家によってずばりと説明されたことはなかったし、用語の問題が事態をさらに混乱させている。当時にあってすら、キルンベルガーはズルツァーの『芸術総論』の中でこのことを認めている。「旋律の大小の構成部分に与えられる名称は、今に至るまでなお、いささか曖昧である。**Periode**〔楽節、楽段〕、**Abschnitten**〔区切り、段落、楽節〕、**Einschnitten**〔区切り、段落、楽句〕、**Rhythmen**〔楽句〕、**Cäsuren**〔休止、区切り〕などの言葉は、同じ語がときに二つの意味をもち、二つの違う語がときに一つの意味をもつ、というように使われている。[75]」

にもかかわらず、これらの基本的な考え方は、明確さの度合いはさまざまであるが、作曲家が実際に音楽作品をどのように構成するかについて説明しようと試みた、当時の事実上すべての記述に登場する。そしてこれらの説明は、ほとんど例外なく、わかりやすさ intelligibility, **Verständlichkeit** ということの重要性を強調しているのである。キルンベルガーは自著の『音楽の純粋書法』で以下のように考察している。

一瞥して明らかとなるのは、すこぶる感動的な歌といえども、もし音が次から次へと、速度の一定の決まりを守らず、アクセントや休息点なしに演奏されるならば、たとえ音程がこの上なく正確であっても、その力と表現のいっさいを剥奪されてしまう、ということである。ふつうの〔すなわち音楽のではなく言葉の〕語りでさえ、もし話しぶりに適切な速度が認められなければ、もし単語が音節の長短と結びついたアクセントによって互いに分離されなければ、そしてもし文 **Sätze** や総合文 **Perioden** が休息点によって区別されなければ、部分的にわからなくなり、すっかり不快になってしまうだろう。そのような生命のない話しぶりでは、ごく美しい語りでさえも、子供が綴りを一字ずつたどりながら読むのと変わりなく聞こえるだろう。

したがって、テンポ Bewegung、拍子、それにリズムが、歌に生命と力を与える。……これら三者が適切に結びつくことによって、歌はわかりやすく魅力的な語りとなるのである。[76]

これらの要素は結びついて、楽章内の個々の単位をわかりやすくする。そして、同じプロセスが、これらの単位をより大きな規模で秩序付けるのに適用される。

語りにおいては、ようやく文 Satz の最後になってからその意味が理解されるのであり、この意味が多かれ少なかれ完全な語りを形成するかどうかに応じて、多かれ少なかれ満足させられる。音楽においても同じことが言える。関連のある音の連続が休息点に至ってはじめて、聴覚はいくらか満足させられ、これらの音を小さな全体として把握する。そうなる前は、聴覚はなんの意味も知覚せず、これら連続する音が本来何を言わんとしているのかを切に聴き取ろうとするのである。しかし、もし関連のある音のさほど長すぎない連続のあとで目

---

(75) Sulzer, *Allgemeine Theorie*, "Einschnitt (Musik)." 以下も参照。Koch, *Musikalisches Lexikon*, "Periode"; Carl Dahlhaus, "Satz und Periode: Zur Theorie der musikalischen Syntax," *Zeitschrift für Musiktheorie*, 9 (1978), issue 2, 16-26.［コッホの『音楽事典』における各語の定義はある程度整理されている。「ペリオーデ。……様々な楽節 Sätze、すなわちそれ自体で完全な意味を表すようなさまざまな個々の旋律的部分がまとまったものを言い、……カデンツと呼ばれる精神の完全な休息点で終わらなければならない。……多くの人は、楽曲全体の中で、それ自身で一つの完全な意味しか表さない部分、言語では一つの文 Satz に相当する部分を、しばしばペリオーデと呼んでいる。」「アプシュニット。……区切られる部分の決まった大きさが問題とならないときの旋律の休息点。」「アプザッツ。……広義には、旋律の諸部分や構成文肢を相互に区別する旋律の休息点のこと。狭義には、そして本来の術語としては、とりわけペリオーデ中の完全な意味を表現する構成文肢のこととして理解され、それは楽句 Einschnitt と呼ばれるいっそう小さな構成文肢をうちに含むことがあり得る。」「アインシュニット。……まだ完全な意味を限定しない旋律の休息点。……完全な楽節に含まれているこれらのまだ不完全な構成文肢……もアインシュニットと呼ばれる。」つまり、中世・ルネサンスのクラウスラがそうだったように、いくつかの語は区切りの意味と区切られた単位の意味の両方で使われていた。］

(76) Kirnberger, *Die Kunst des reinen Satzes in der Musik*, 2 vols. (Berlin and Königsberg: G. J. Decker and G. L. Hartung, 1771-1779), pt. 2, sct. 1, p. 105; *The Art of Strict Musical Composition*, trans. David Beach and Jurgen Thym (New Haven: Yale university Press, 1982), p. 375.

立った中断 Abfall が生じ、それが聴覚にささやかな休息を提供し、楽節 Satz の意味に結論を下すと、耳はこれらすべての音を理解可能な楽節へとまとめあげるのである。

この中断あるいは休息点は、完全な終止《カデンツ》か、あるいはバスに終止 Schluss はなくとも、単に静めるような和声を伴う旋律的終止 Clausel によってもたらされる。前者は語りにおける完全文《ペリオーデ》――後にピリオドが置かれる――に対応するもので、歌における完全な楽節 musikalischer Satz である。一方、後者の場合、それ自体は理解可能な楽節であるが、ペリオーデの意味を完全なものにするために、そのあとに必然的にもう一つ、あるいはいくつかの楽節が続くことが期待される。[77]

「一連のそうした部分 Abschnitte――そのうち最後のものだけが主音で終わる――が一つの楽曲を形作る」のであり、主音での終止が「音楽による弁論の全体 die ganze musikalische Rede」の終わりを告げる。[78]

楽節性に関する十八世紀の記述で最も詳しいものの一つが、ヨーゼフ・リーペルの『作曲術の基礎 Anfangsgründe zur musicalischen Setzkunst』（一七五二～一七五五年）の最初の二巻である。リーペルは作曲を本質的に拡張のプロセスとして提示する。すなわち、小さなフレーズが大きなフレーズに成長し、こんどはそれが他の単位と結合して楽章規模の全体を生み出すのである。作曲家は二～九小節の長さの単位から始めることができるが、偶数小節の単位――とりわけ二小節と四小節――が最もふつうである。その長さのいかんにかかわらず、基本の単位は、反復、延長、挿入、それに「カデンツの重複」、すなわち終止定型の変化を伴う反復、といった技法によって拡張することができる。くり返すが、偶数の単位が実際には圧倒的に多い。「なぜなら四、八、一六、それにたぶん三二小節〔のまとまり〕は私たちの天性に深く根ざしているので、他のまとまりを〔喜びとともに〕聴くのは難しいように思われるからである。[79]」どの単位であろうと、終止の相対的な強さは、そのカデンツの強さによって決定される。主音への完全カデンツは通常は楽章の終わりにとっておかれ、属音へのカデンツは楽章内の何らかの休息点を分節するのがふつうである。他の音階音度上のカデンツは、それぞれの音度に対応してもっと弱い。この意味で、楽章を構成するさまざまな単位は、互いに和声的かつリズム的に区別されるのである[80]。

コッホはこの同じ基本的見解を三十年ほど後に採用したが、彼による楽節性の説明は当時において最も包括的なものである。コッホの拡張の技法はリーペルに由来するが（反復、延長、カデンツの倍加）、いかにこれらの単位が結合されてより大きな形式へとなり得るかについての説明では、彼はかなり詳細に立ち入っている。そして、彼はリーペルよりもはるかに修辞学的な比喩に依拠しているのである。楽節性の概念を最初に導入するとき、コッホは短いことばの文 enger Satz を短い音楽の文と比較する。両者とも主語と述語を有する（譜例2.1）。主語は文の「主たる考え」を確立し、述語はそれに「何らかの方向性、何らかの規定 Bestimmung」を与える。文の全体としての性質は主語によって確立されるが、代替えの述語を使うことでそれは修整することができる（譜例2.2）。主語も述語も推敲 elaboration という手段でもって拡張することができる（譜例2.3）。

このごく単純な例は、楽節性へのコッホの取り組みのエッセンスを含んでいる。二小節の単位の主題が、次にくる同じ長さの単位の述語によって補完される。結果として生ずる四小節の単位が、こんどは、関連のある、あるいは対照的な単位と並列されることによって、さらに大きな八小節の単位に拡張される。これと同じ拡張のプロセスが、八小節や十六小節の単位を結びつけ、最終的に楽章規模の全体の構成にも適用される。

楽章全体のわかりやすさは、大規模な単位相互の明確な分節に依存している。

---

(77) Ibid., p. 138; 英訳 pp. 404-405.
(78) Ibid., p. 139.
(79) Riepel, *Anfangsgründe ... De rhythmopoeïa*, p. 23.
(80) リーペルの楽節性の概念については、第一章注21にあげた文献で詳細に記述されている。

譜例 2.1 「主語」「述語」／コッホ『試論』第2巻、352ページ

譜例 2.2 「主語」「代替えの述語」／コッホ『試論』第2巻、353ページ

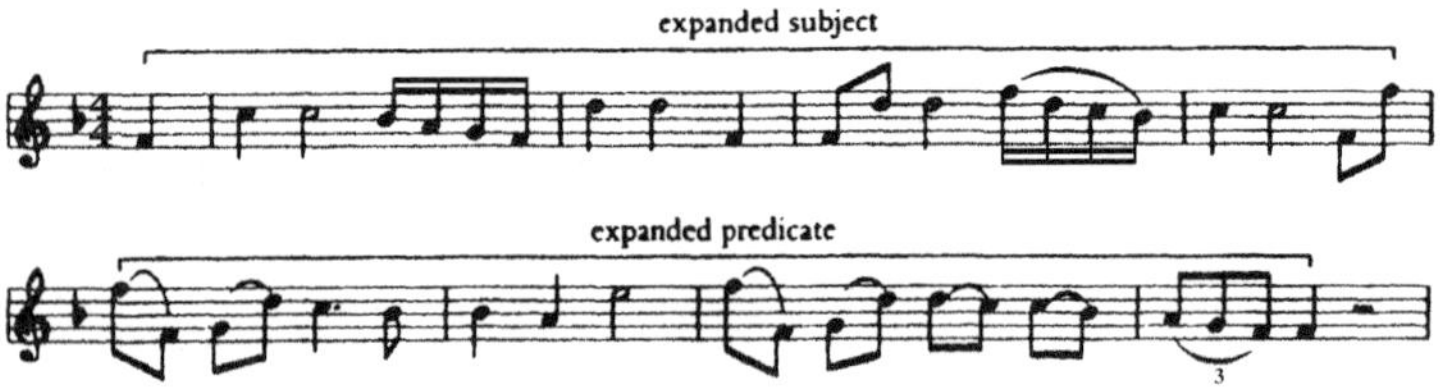

譜例 2.3 「拡張された主語」「拡張された述語」／コッホ『試論』第2巻、355ページ

言語一般において、また言語を通してその目的を達成する芸術の所産、すなわち詩芸術と雄弁術においては、もしそれらの叙述の対象がわかりやすくなるべきであるなら、さまざまな程度で感知できる何らかの精神の休息点 Ruhepuncte des Geistes が必要である。それと同様に、旋律におけるそのような精神の休息点も、もし旋律が私たちの感情に作用すべきであるのなら、必要である。このことはまだけっして疑われたことのない真理であり、したがってこれ以上の証明は必要としない。

これらさまざまな程度で感知できる精神の休息点によって、これらの芸術の所産は大小の部分に分けることができる。例えば弁論は、最も容易に感知できる休息点によってさまざまなペリオーデに分けられ、ペリオーデはこんどはそれほど明確ではない休息点によって個々の文や文の成分 Redetheile に分けられる。そしてちょうど弁論と同じように、楽曲の旋律も同様の精神の休息点によってペリオーデに分けることができ、ペリオーデは個々の楽節や旋律的部分 melodische Theile に分けることができる。[81]

この構造的原理は古典派時代のレパートリーを通じて明らかである。コッホは自著のある箇所で、ハイドンの交響曲第四二番第二楽章のほとんど全体〔再現部の初めまで〕を簡略譜で掲載することさえしているが、そこではこのアンダンテを、フレーズを延長、反復、結合、分節する方法の範例として使っているのである。[82]

これらの分節が演奏家にとっても重要であることは、十八世紀で最も重要な楽器奏法の手引書のいくつかで論じられている。レーオポルト・モーツァルトは『ヴァイオリン奏法試論』（一七五六）の中で、ヴァイオリニストたちに旋律の節 Abschnitte と区切り Einschnitte を観察するよう求めたのち、作曲家も演奏家も、文法家や修辞学者によって観察される休止 incisiones に敏感であらねばならないと付け加えている。[83] 同様に、ダーニエール・ゴットロープ・テュルクも『クラヴィーア教本』（一七八九）でこう指摘している。作曲家だけが作品のさまざまな部分を分節するだけでは充分ではない。これらの階層的な分割を自分の演奏で引き出すことが演奏家の義務である。さもなければ、個々の単位の重みと明確さは聴き手には把握できないだろう。[84] クヴァンツは、すでにほぼ四十年も前に、すでに演奏家が修辞学的な術を理解していることの利点を指摘し、さらに昔のクインティリアヌスから借用した補足的な考えを引き合いに出している。すなわち、弁論家には音楽家から学ぶべきものがたくさんある、ということ

---

(81) Koch, *Versuch*, II, p. 342. 英訳は *Introductory Essay on Composition: The Mechanical Rules of Melody, Section 3 and 4*, trans. Nancy K. Baker (New Haven: Yale University Press, 1983), p. 1. コッホがたびたび精神の休息点に言及しているのは、かつては精神 Geist が「息」（羅 spiritus）と結びついていたことを反映しているのだろう。

(82) Koch, *Versuch*, III, pp. 179-190. 第一章、注21にあげたシスマンの論文も参照。

(83) Leopold Mozart, *Versuch einer gründlichen Violinschule* (Augsburg: J. J. Lotter, 1756), pp. 107-108.

(84) Daniel Gottlob Türk, *Klavierschule* (Leipzig: Schwickert, 1789), pp. 343-344.

である。(85)

楽節性と、聴き手にとってそれと相関するところのわかりやすさ。これらの重要性は、大規模形式に関する数多くの説明において、この世紀を通じて大陸中でくり返し強調された。スペインの理論家アントーニオ・エクシメーノは一七七四年にこう書いている。

弁論 discorso においてピリオドとコンマによって〔文が〕作られるように、終止法《カデンツァ》によって音楽の文 periodi musicali が形作られる。ピリオドで〔文が〕終えられるように、〔音楽〕文は完全終止で終えられる。したがって、二つの終止のあいだに含まれたパッセージ modulazione は音楽文と呼んでよかろう。……

要するに、音楽の基本的な規則のとおりに書かれた作品は、ときに優雅ではあっても、〔聴き手を〕感動させたり説得することのない弁論である。表現力のある音楽は、聴き手の魂に打ち勝つ雄弁な弁論である。(86)

そして古典派時代にヴィーンで出版された数少ない理論的論考の一つで、ヨーハン・フリードリヒ・ダウベはこう指摘している。「一般に楽章全体は、もしそれが良い効果を生み出すべきであるのなら、一定の主要部分に、そしてそれがさらに小さな副次的部分ないし節 Glieder に、分けることができなければならない。和声の増減的変化もここに含まれる。(87)」別の箇所で彼は、作曲家に「適切な区切り、休息箇所など」を用いるように促し、「どよめくようなものと歌謡的なもの、あるいは絵画の言葉で言えば光と影の適切な交替がなされ、さらにその際にも修辞学の規則に留意されなければならない」としている。(88) ダウベはのちの論考で、キケロ、ホラティウス、セネカら偉大な弁論家の作品を注意深く研究すること、そして「シンメトリー」や「作品のあらゆる部分の関係」の問題について彼らを見習うことを、作曲家に奨励している。(89)

楽節性の概念は、小規模な単位が大規模なそれに拡張されるという点で、形式の問題に対する本質的に生成論的な手がかりを提供している。しかし、マッテゾンや、コッホを含む後続の理論家たちは、この手がかりだけでは、当時流布していた楽章規模の形式の多様性を説明するには充分ではないと感じていた。小規模な単位を構成する仕組みは比較的すっきりと記述できるし、実際に記述されていたが、小さな単位から大規模な形式を創り出すことは、修辞学と同様音楽においても、長いあいだもっと難しいことがらとして考えられていた。ズルツァーはこのことを指摘した多くの著述家の中でも典型的である。

> ペリオーデをうまく区分する技術は、修辞学の中でも最も難しい部分の一つである。……他のすべてのことは、天与の才によって、粘り強く研鑽しないでも、これよりももっと容易に達成することができる。しかしこれには、労苦、勤勉、熟慮、高度の言語力が要求される。これについて一定の方法で教授を行うことはできないように思われる。この領域で弁論家を育成するのにできる最善のことは、その内容のさまざまな性格に応じてうまく整えられた最良のペリオーデ集を弁論家に提示し、それらの徹底した解析によってそれぞれの価値を示すことであろう。(90)

(85) Quanz, *Versuch einer Anweisung*, p. 100; Quintilian, *Institutio oratoria*, I.X.22-23. さらにシューバルトいわく、「作曲家は詩人や弁論家が知っていることをすべて知らなければならない。」Schubart, *Ideen zu einer Ästhetik der Tonkunst*, p. 375. クラウス・ヴィンクラーが指摘するところでは、音楽と修辞学、特に演説の仕方とのあいだの対応関係は、一七九〇～一八二〇年にドイツの修辞学手引書においてとりわけ重要になった。Klaus Winkler, *Elemente der Rede: Die Geschichte ihrer Theorie in Deutschland von 1750 bis 1850* (Halle/Salle: Max Niemeyer, 1931), pp. 83-102.

(86) Antonio Eximeno, *Dell'origine e delle regole della musica* (Rome: M. Barbiellini, 1774), pp. 57-58. 以下も参照。William Jones, *A Treatise on the Art of Music* (Colchester: Author, 1784), pp. i, 46.

(87) Johann Friedrich Daube, *Der musikalische Dilettant: Eine Abhandlung der Komposition* (Vienna: Trattner, 1773), p. 82. [本書は日本では音楽取調掛が購入している。]

(88) Daube, *Der musikalische Dilettant: Eine Wochenschrift* (Vienna: J. Kurtzböcken, 1770), pp. 10-11.

(89) Daube, *Anleitung zur Erfindung der Melodie*, II, p. 58.

音楽理論家たちのあいだでは、個々の単位がより大きな全体へと結びつけられるという考えは、楽章規模の形式の構成を説明するのに役立った。しかし、それもある程度までだった。重要なのは、マッテゾンもコッホも、大規模形式を論じる際に楽節性の議論で終わりとすることに満足していなかったということである。というのも、この原理は、型にはまったさまざまなパターンの基本的な類似性を強調する一方で、これらのパターンのあいだの違いを適切に説明することができないからである。さらに、楽節性は主として楽想の分節に焦点を当てているのであって、楽章全体の成り行きにおける楽想そのものの美的一貫性を問題にしているわけではない。言い換えれば、楽節性は分節されるものを犠牲にしてまで、分節そのものの枠組みを強調しているのである。マッテゾンやコッホらは、形式を分節のプロセス――わかりやすさということにとっては重要なプロセスであるが――というよりは、推敲のプロセスとして見ていた。十八世紀の作曲プロセス理論は、形式のこうした考え方に概念上の文脈を提供しているのである。

修辞学と作曲プロセスの理論

「composition」という語は、前述のように、音楽が修辞学から借用した多くの言葉の一つである。十八世紀の音楽形式論において、作曲家が作品を「組み立てる」方法は、弁論家が弁論を構成する方法と相似したものとして理解されている。これら二つのプロセスの最終的な所産は、構造的に非常によく似ているからである。

十八世紀を通じて、創作の行為は、修辞学も音楽も、本質的に三段階のプロセスとして考えられていた。最初の段階は、ドイツの著述家たちが「着想 Erfindung（inventio）」と呼んだもので、基本的なアイディアの創案のことである。これらのアイディアは、初期段階の不測の並び方で、弁論や楽章の「構想 Anlage」、すなわち「基本設計《プラン》」を構成する。第二段階は「配置 Anordnung（dispositio）」あるいは「推敲 Ausführung（elaboratio）」で、ここではこれらの基本的なアイディア Gedanken が、楽章や弁論全体におけるそれらの最終的な配置の順序で配列され、推敲され、反復され、変形され、分節される。大規模形式がばらばらな単位の秩序だった配列によって決定されるのはここである。コッホの用語を使うなら、「個々の旋律的部分」が「全体へと結びつけられる」のが、この段階である。第三の最終段階、「彫琢 Ausarbeitung（elocutio）」では、弁論家または作曲家は、議論の残る細部のすべてを形作る。

強調しておかなければならないのは、この短い要約そのものは、十八世紀を通じてさまざまな書き手によって提案された多数のさまざまな図式から引き出された複合的なものだということである。[91] 音楽理論家たちのうち、マッ

---

(90) Sulzer, *Allgemeine Theorie*, "Periode."

(91) Mattheson, *Vorrede* to *Capellmeister*, pp. 25-26, and text, pp. 121-132, 235-244; Meinrad Spiess, *Tractatus musicus compositorio-practicus* (Augsburg: J. J. Lotters Erben, 1745), pp. 133-135; Ernst Gottlieb Baron, *Abriss einer Abhandlung von der Melodie* (Berlin: A. Haude & J. C. Spener, 1756), pp. 8-9; Ignaz Franz Xaver Kürzinger, *Getreuer Unterricht zum Singen mit Manieren, und die Violin zu spielen* (Augsburg: J. J. Lotter, 1763), p. 77; Johann Nikolaus Forkel, *Ueber die Theorie der Musik* (Göttingen: Wittwe Vandenhöck, 1777); idem, intro. to *Allgemeine Geschichte*, I; Sulzer, *Allgemeine Theorie* (e.g., "Anordnung," "Ausarbeitung," "Instrumentalmusik"); Koch, *Versuch*, II, pp. 51ff.; idem, *Musikalisches Lexikon* ("Anlage," "Ausführung," "Ausarbeitung" etc.); Ernst Wilhelm Wolf, *Musikalischer Unterricht* (Dresden: Hilscher, 1788), pp. 71-73. これらの著作のほとんどについては、以下で詳細に議論する。

［古典修辞学では inventio、dispositio、elocutio（話しかた）、memoria（記憶）、pronuntiatio（演説。発表 actio とも）、マッテゾンや同時代の音楽関係の著作では inventio、dispositio、decoratio（装飾、あるいは elaboratio、elocutio）、pronuntiatio というように、五ないし四段階が設定されているが、十八世紀後半のズルツァーではこのように三段階である。

「アンラーゲ」には構図、設計、「アンオルドヌング」と「ディスポジツィオ」には構成、「アウスフュールング」には実施、仕上げ、詳述、敷衍、労作、「エラボラツィオ」には彫琢、仕上げ、労作、「アウスアルバイトゥング」には労作、仕上げ、「エロクーツィオ」には措辞、表現、様式、演説法、話術などの訳例もあるが、定訳というものはない。境界が曖昧なところもあるので一つの訳語に決めがたいが、ズルツァーとコッホの三段階の場合、本書では原則として「構想《アンラーゲ》」「推　敲《アウスフュールング》」「彫　琢《アウスアルバイトゥング》」を使う。ただし、コッホ以降の作曲論において「アウスフュールング」や「エラボラツィオ」が明らかに主題労作 thematische Arbeit のような作曲技法の文脈で使われている場合には、「労作」とすることもある。

テゾンだけでも、およそ十六年のあいだに、少なくとも三つの異なるヴァージョンを提示している。[92] 他の著述家たちは比喩を拡張して作品の「演奏」まで含めているが、その段階は作曲プロセスそのものを超えているので、ここで考慮する必要はない。しかし、用語は一様性とはほど遠いが、基本的な概念はこの世紀を通して全く一貫しているのである。

二つのことがらが常にきわだっている。（一）もし作品が聴衆の情念を動かすというその目的を達成するべきなら、形式はわかりやすくなければならない。大きな規模でのわかりやすさは、聴き手の心に入り込みその精神を感動させるべき作品には必須のものである。（二）楽想を効果的なやり方で配列し、練り上げ、形作るプロセスは教えることができるのだが——これは実際、修辞学という学問の基本的前提の一つである——、楽想を生み出すプロセスはそうではない。マッテゾンが『新設のオルケストラ』（一七一三）で指摘しているように、

さらに作曲には三つの要素が必要である。すなわち着想 Inventio (Erfindung)、彫琢 Elaboratio (Ausarbeitung)、演奏 Excecutio (Ausführung あるいは Aufführung) である。これらは弁論術や修辞学とかなり近い関係を示す。後二者は学びとることができる。最初の要素は、有能な教師にではなく、こう言ってよければ、盗み出せる生徒にしか得られなかったものである。[93]

シャイベは彼らしいもっと簡潔な言い方で、こう明言している。「着想に規則を与えることはできないが、すでに着想されたものは、しかるべく限定し、拡張し、きちんと整えることができる。[94]」たしかに、着想のプロセスで作曲家を助ける技法は、やはり修辞学から借用されたロチ・トピチ loci topici とか結合術 ars combinatoria のさまざまな仕掛けのように、多数存在する。後者の場合、非常に小さな楽想を順列組み合わせのプロセスによってより大きなものへと拡大することができる。マッテゾン自身、『完全なる楽長』でこれらの技法［特にロチ・トピチ］につい

ズルツァーの定義によれば、芸術一般における「構想」とは「作品の本質的な部分を表しており、それによって作品は全体として規定される。あらゆる規模の大きな芸術作品は三様の作業を必要とする。ここで言う構想、それに推敲、そして彫琢である。……構想においては作品の設計《プラーン》がその主要部分とともに決定される。推敲はそれぞれの主要部分にその形態を与える。彫琢は細部のつなぎに手を加え、最小の部分に至るまで完全に、それぞれを正しい関係、最良の形式において結びつける。構想が完了されれば、本質的なものはそれ以上作品に入り込むことはできないはずである。構想はすでに考え Gedanken の重要なものをすべて含んでおり、そのため最高の才能を必要とする。それゆえに作品はその最大の価値を構想から得る。構想は作品の魂を形成し、その内的な性格、それが及ぼすべき作用に属するすべてを定める」（Sulzer, *Allgemeine Theorie*, "Anlage"）。コッホは『試論』第二巻第一部「楽曲の目的、内的性質、そしてとりわけ成立の仕方について」でこの定義をそのまま引用し、音楽に援用しながら詳細に論じている（Koch, *Versuch*, II, pp. 51ff.）。構想の例として、彼は十八世紀後半に大流行したカール・ハインリヒ・グラウンの受難オラトリオ《イエスの死》（一七五五）第二アリアから、その前半部の主旋律とバス声部を二二小節まで簡略化した譜面を掲載している（Ibid., pp. 60f.）。音楽における形式が成立するのは、コッホによれば、構想を推敲する段階である。「構想段階で全体の本質的な部分が定められるが、推敲段階がなすべきことは、これらの部分をさまざまな言い回しと分節によって、さまざまな主要ペリオーデ［ソナタ形式で言えば提示部、展開部、再現部に相当する大規模な単位］を通じて展開させることである。こうすることによって、楽曲にその形式が与えられる」（Ibid., p. 97）。「構想がとりわけ霊感を受けた才能《ジェニー》のことがらだったのに対し、推敲はむしろ趣味の対象であり、そこでは同時に悟性や判断力といったより高度な精神力が発揮されなければならない」（Ibid., p. 98）。「形式は、あるいは一定の数の主要ペリオーデによって、あるいはあれこれのペリオーデが向かう調によって、あるいはまたあれこれの主要部分がくり返される場所によって決まる」（Ibid., p. 103）。マッテゾンによる楽章形式や弁論構造における「序論」から「結論」に至る六区分（後述）はディスポジツィオのレヴェルであり、したがって推敲の段階ということになる。最後の彫琢は、管弦楽法的なことがらの仕上げを含むほか（Ibid., p. 64）、「一つには、作曲者が、その内容がときにすでに決定され、推敲においてすでに総譜に示されていた声部を完成させること、また一つには、主声部を伴奏し、その内容あるいは音進行がまだすっかり決定されていないその他の全声部を、バスによって基礎づけられる和声、および楽章を支配する感情に従って仕上げること」である（Ibid., pp. 124f.）。

コッホの三段階はシェンカー的な階層構造として捉えるとわかりやすい。つまり、おおざっぱに言えば、構想は後景に（ただしウアザッツほど簡略ではない）、推敲は中景に、彫琢は前景に相当する。推敲と彫琢は延長 Prolongation と楽曲化 Auskomponierung のプロセスであり、推敲は水平方向における主題や動機の労作 elaboration と垂直方向における主題や各楽節のテクスチュアの掘り下げ、彫琢の段階は主に装飾や水平・垂直方向における細部の最終調整、というイメージである。］

(92) イアン・ベントはマッテゾンとコッホのあいだに見られる若干の用語上の違いについて考察している。Ian Bent, "The 'Compositional Process' in Music Theory, 1713-1850."

(93) Johann Mattheson, *Das neu-eröffnete Orchestre* (Hamburg: Schillers Wittwe, 1713), p. 104. 着想《インヴェンツィオ》に関する当時の諸見解については以下を参照。Wulf Arlt, "Zur Handhabung der 'inventio' in der deutschen Musiklehre des frühen achtzehnten Jahrhunderts," in *New Mattheson Studies*, eds. George J. Buelow and Hans Joachim Marx (Cambridge: Cambridge University Press, 1983), pp. 371-391.

て先例のないくらい詳しく概観している。しかしながらロチ・トピチや結合術は、概して初歩の、あるいは慣れないで苦闘する作曲家のための方策と見なされていたにすぎない。

にもかかわらず、これらの技法は、インヴェンツィオとエラボラツィオがどこまで相互に絡み合わせられるかを説明している。なぜなら、前者は主題の無《エクス・ニヒロ》からの創造に限定されているわけではないからである。インヴェンツィオはアイディアを変化させることのできるプロセスも含み、既存のものから一見新しいアイディアを導き出すことさえある。[96] しかし結局のところは、真の着想は才能の領域と考えられ、したがって作曲——形式を含む——を教えることのできる方法の枠外にあった。

マッテゾンによる音楽形式と弁論の六つの部分との有名な比較［本書一六ページ］が最もよく理解されるのは、この作曲プロセスの理論に照らしてこそである。マッテゾンの説明は最初に一七三七年の『旋律学真髄』で提示され、二年後に（若干の変更と増補とともに）『完全なる楽長』に再録されたが、これは音楽形式と修辞学を関係付けようとするさまざまな試みのなかで、最初の、だが最も発達したものの一つである。のちの著述家たちはこれらの結びつきに関するマッテゾンの特異な説明方法をそのまま引き継ぐことはほとんどしなかったが、彼の基本的な考え方は十八世紀を通じて、形式に関する後続の議論に明らかに影響を及ぼした。

残念なことに、マッテゾンによる大規模形式の扱いはあまねく誤解されてきた。彼の修辞学的比喩は固陋《ころう》にすぎ彼だけの特異なものとして、しばしば退けられてきたのである。しかしそのどちらも正しくない。十八世紀ののちの理論家にとってマッテゾンの説明が歴史的に重要であったことは、その広範な修辞学的、教育学的文脈で考えてみれば、しごく明らかとなる。

作曲プロセスに関するマッテゾンの解釈が修辞学の観点から枠付けられているのと同様に、彼の作曲を教える方法は伝統的な修辞学と詩学の教授法に深く根ざしている。彼の教授法は、作曲プロセスそのものと同様に三段階からなる。すなわち、（一）規則と指針の提示（楽節論の慣習を含む）、（二）ジャンルの説明、（三）実作品の具体例、である。このアプローチは結局のところ詩学に由来する。ゴッチェートの『批判的詩学の試み』はその副題で、この同じ基本的な概略を要約している。「……そこでは最初に詩の一般的な規則が、次いで詩のあらゆる特定のジャンルが扱われ、実例とともに解説される……...darinnen erstlich die allgemeinen Regeln der Poesie, hernach alle besondere Gattungen der Gedichte, abgehandelt und mit Exempeln erläutert werden...」。この三段階プロセスは十八世紀を通じて、修辞学や音楽のための教育的著述でくり返し登場する。これから見るように、マッテゾンの『旋律学真髄』とコッホの『作曲入門試論』は、このパターンに従った音楽論考の中でもいっそう重要なものに数えられる。

　実際、マッテゾンが同時代の修辞学と詩学の手引書を『旋律学真髄』の方法論的モデルとして使ったことは、ほとんど疑いがないように思われる。彼はインヴェンツィオの議論の中で、そうした論考の方法論に少なくとも一回、はっきりと言及し、インヴェンツィオの話題がふつうは修辞学の手引書の第一章か第二章をなすことを指摘してい

(94) Scheibe, *Critischer Musikus*, p. 80. Koch, *Versuch*, II, p. 94 も参照。

(95) Mattheson, *Capellmeister*, pp. 121-132. 以下を参照。Leonard Ratner, "*Ars Combinatoria*: Chance and Choice in Eighteenth-Century Music," in *Studies in Eighteenth-Century Music*, eds. Roger Chapman and H. C. Robbins Landon (London: George Allen & Unwin, 1970), pp. 343-363; idem, *Classic Music*, pp. 98-102; Arlt, "Zur Handhabung der 'inventio'." 〔ロチ・トピチと結合術はいずれも「着想の技法 ars inveniendi」に含まれる。ロチ・トピチは文字通りには論題を蓄えている場所のことで、弁論家がトポスを発見するのを手助けする方策である（locus〔複数形 loci〕も topos も原義は「場所」であり、後世では「ありふれた常套句、慣用表現」の意味でも使われている。英語の commonplace、ドイツ語の Gemeinplatz を参照）。アリストテレスの『トピカ（トポス論）』を嚆矢として、キケロやクインティリアヌスの修辞学で展開され、十八世紀の作曲論では楽想を着想するための一連の手段として、特にマッテゾンのほか、ヨーハン・ダーフィト・ハイニヒェン（『作曲における通奏低音』、一七二八）らによって論じられた。以下を参照。植村耕三「十八世紀の音楽創作論における〈loci topici〉」、『音と思索：野村良雄先生還暦記念論文集』、音楽之友社、一九六九。結合術は順列（置換）permutation と組み合わせ combination のことで、古来さまざまな分野で応用され、音楽では音階論（テトラコルドの組み合わせ）や自動作曲術、音やフレーズの組み合わせ方の可能性、偶然性の問題として論じられた。ラトナーの一九七〇年論文を補足した以下の文献を参照。土田英三郎「骰子音楽と結合術の伝統」、『音楽と音楽学：服部幸三先生還暦記念論文集』、音楽之友社、一九八六。〕

(96) 例えば以下を参照。Friedrich Andreas Hallbauer, *Anweisung zur verbesserten teutschen Oratorie* (Jena: J. B. Hartung, 1725; rpt. Kronberg: Scriptor, 1974), pp. 271-272.

る[97]。そして『楽長』では、ロチ・トピチとの関連で、クリストフ・ヴァイセンボルンの『ドイツ語とラテン語による弁論および詩への本格的入門』（一七一三）を引用している[98]。しかし、マッテゾンの論考にとってきわだった構成上の前例を提供しているのは、ゴッチェートの『批判的詩学の試み』（一七三〇）とのちの『修辞学詳細』（一七三六）である。『真髄』のちょうど前の数年間に出版されたゴッチェートのこれらの手引書は、前述のように、この種のものとしては最も包括的で、影響力のあった著作に数えられる。いずれも、考えの小規模な単位がより大きな文に拡張され、こんどはそれがさらに大きな節に構成されるというプロセスをたどり、またどちらも特定のジャンルの概観で終わっている。『批判的詩学』でゴッチェートは、とりわけ以下の諸点をこの順番で検討している。（一）詩人の性格、（二）個々の単語の性質と用法、（三）大小の文の構成、（四）さまざまなジャンル（頌歌、田園詩、哀歌、悲劇、喜劇など）の性質と構造。『修辞学詳細』もほぼ同じパターンに従っている。マッテゾンの『旋律学真髄』は音楽的な観点から、本質的には同じ論点をほぼ同じ順番で検討している。（一）音楽監督や作曲家が音楽の領域を超えてもたなければならない素養、（二）音楽ペリオーデの構造、（三）特定のジャンル（コラール、アリア、ジンフォニー、ソナタなど）の性質と構造。マッテゾンはゴッチェートの骨子の細部に正確に従っているわけではない。詩学と音楽はそれぞれに特有の要素をもっているからである。しかし、考え方の全体的な輪郭はきわだって類似している[98a]。

マッテゾンは修辞学と作曲の対応関係について論じた最初の人物ではけっしてなかったが、作曲の理論を修辞学の枠組みのなかで発展させた最初の人物の一人だった。音楽の句読法に関して、彼は『真髄』のなかでやや皮肉めかしてこう書いている。

数年前に、ある偉大な詩人が、何か奇妙なことを発見したと主張した。音楽はこの点で修辞学とほとんど事情を同じくする、というのである。なんという驚き。作曲家は、このことでしごく怠慢であったと恥じ入るがよい。なんとなれば、彼らのうちある者はそこここで自然の光に導かれて健全な考えをもつに至ったかもしれないが、それでもこれらの善き紳士たちは周縁に留まったにすぎず、核心にまで到達することはできなかったし、ましてや事をしかるべき技芸の姿へと、公にもひそかにも、もってゆくことができなかったからである。

そこで、この欠陥をある程度は取り除くためには、親愛なる文法ならびに尊敬すべき修辞学と詩学を、何らかの方法で手に取るよう努めなければならない。……[99]

マッテゾンは続けて、大規模な単位である段落 Paragraphum が、より小規模な単位で彼がペリオーデ periodi と呼ぶところのものからいかに構成されているかを記述する。これらの小さな単位はこんどは、コンマ、セミコロン、コロンに相当するカデンツ的句読法の諸要素によって、内部的に分節される。大きな規模でも、同種の句読法が段落どうしの分節を受けもつ。この文法的、統辞法的単位の階層構造化において、マッテゾンの方法論はやはり当時の修辞学の手引書から流用されているのである。

しかしながら、さらに大きな——段落から形成される——単位の構成を解明する段になると、マッテゾンはいわばギアを入れ替え、新しい方法論を採用する。彼はここまで関心の焦点だった単位を放棄し、代わりにジャンルの議論に転ずる。まず声楽ジャンル（アリア、アリオーソ、カンタータ、レチタティーヴォ、二重唱、三重唱、合唱、

(97) Mattheson, *Kern*, p. 33; *Capellmeister*, pp. 139-140.

(98) Christoph Weissenborn, *Gründliche Einleitung zur teutschen und lateinischen Oratorie wie auch Poesie* (Frankfurt/Main: C. Pohl, 1713). マッテゾンの言及は *Capellmeister*, p. 123n。

(98a) [ただし、マッテゾンはゴッチェートと対立していたので、ゴッチェートからの直接の影響に疑問を呈する向きもある。Siegfried Kross, "Mattheson und Gottsched," in *New Mattheson Studies*, eds. George J. Buelow and Hans Joachim Marx (Cambridge: Cambridge University Press, 1983), pp. 327-344.]

(99) Mattheson, *Kern*, p. 71. この一節のわずかに異なるヴァージョンは *Capellmeister*, p. 181。

オペラ、オラトリオ、コンチェルト、モテットなど）の典型的な構成を記述し、器楽ジャンルへと続く。これは小さなメヌエットから始まる。「試しに初めは小メヌエット Menuetgen としたい。そうすれば、そうした小さなものが胎内に何をはらんでいるか、もしそれが奇形でなければ、誰でも知ることができるし、ささいなものからより重要なものに至るまで、健全な判断を下すすべを学ぶことができる。[100]」続いて彼は他のタイプの舞曲（ガヴォット、リゴドン、ジーグなど）に進み、より大きなカテゴリーのソナタ、協奏曲、シンフォニア、序曲で終える。この戦略は、またしても修辞学の手引書から直接とられたものである。修辞学ではペリオーデの句読法の議論に続いて、大規模な形式が特定のジャンル（説教、弔辞、頌徳文など）ごとに説明されるからである。

この方法論の変更が、まさに形式に対する生成論的なアプローチと規範論的アプローチが出会う——あるいは現実にはもっとそうだが、出会わない——接点で行われた、ということは意味深長である。あらゆる形式は、その長さを問わず、個々のペリオーデの連鎖である。しかし、それだけでは、これらのペリオーデが実際に組織化される多様な方法の説明とはならない。マッテゾンは形式を楽節性の概念だけから説明することの限界に気づき、この不足を慣習的な修辞学の方法論——つまり分節性のもっぱら規範的な説明から始まって、個々のジャンルの本質的に記述的な説明に至る——を採用することによって補おうとした。

ジャンルと形式の密接な関係についてはのちに本章で扱うことになる。さしあたりは、コッホがおよそ五十年後に、作曲の教授でこれと全く同じ考えの筋道に従っている、ということを言っておけば充分であろう。すなわち、小規模の楽想がより大規模な単位（そのうち最大のものはメヌエット）へと拡張され、続いてこんどはジャンルの概観となる、というわけである。マッテゾンと比べて、コッホはこれらの後段のジャンル論で特定の形式についてはるかに詳細に扱っている。例えばソナタ形式に関する彼の最も詳しい説明は、交響曲についての記述のなかにあるほどである。[101]そしてコッホは著書の最後の部分で、大規模な形式の前半・後半の構成について一般的な注釈を与えながら、楽節性の概念に戻るのだが、前後半のそれぞれに関する彼の説明は今一度、特定のジャンルに特徴的な手続きの概観で終わっているのである。[102]

マッテゾンも彼のジャンル論を、大規模形式の一般的な原理に戻ることでしめくくっている。しかし、この時点での彼の関心の焦点は、コッホのそれとは全く違っている。マッテゾンが修辞学の機能としての音楽形式という彼の有名なイメージを最初に提示したのは、まさにこの『真髄』の第七章「作曲術における配置、彫琢、装飾について **Von der Einrichtung, Ausarbeitung und Zierde in der Setz=Kunst**」においてである。彼は音楽作品を「クラングレーデ **Klangrede**」すなわち音による弁論と呼び、修辞学に由来する「配置《ディスポジツィオ》」、「彫琢《エラボラツィオ》」、「装飾《デコラツィオ》」の音楽版について、直接的に注意を喚起している。

さて最初にディスポジツィオーンについてであるが、これは旋律あるいは音楽作品全体におけるあらゆる部分や状況の適切な配置のことである。例えば広間、客間、部屋などがどこに配置されるかを示すために、建物を設計し、スケッチし、下図や略図、見取り図を作成するのとほぼ同じようなことである。私たちの音楽的ディスポジツィオーンは、単なる弁論の修辞学的配置とは題材、当面の問題、あるいは対象が違うだけである。したがって、それ〔音楽的ディスポジツィオーン〕は、ふつうは弁論家のために定められている六つの部分と同じものを守らなければならない。すなわち、序論 **Eingang**、叙述 **Bericht**、提議 **Antrag**、確証 **Bekräftigung**、論駁 **Widerlegung**、結論 **Schluss** であり、それぞれエクソルディウム、ナラツィオ、プロポジツィオ、コンフィルマツィオ、コンフタツィオ、ペロラツィオとも呼ばれているものである。[103]

(100) Mattheson, *Kern*, p. 109. *Capellmeister*, p. 224 も参照。
(101) Koch, *Versuch*, III, pp. 304-311. 本書六六ページも参照。
(102) Ibid., III, pp. 381-386, 420-430.
(103) Mattheson, *Kern*, p. 128. *Capellmeister*, p. 235 も参照。

弁論の構成における建物や家の比喩は修辞学のもう一つのトポスであり、大本をたどればクインティリアヌスの『弁論術の手引』に由来する。[104] ゴッチェートは『修辞学詳細』で、「弁論の配置について」の章をまさに同じ比喩で始めている。「石や木材、石灰は、たとえそれ自体でいかに良い精選されたものであっても、それだけでは建物とはならない。もしそこから家が建てられるのなら、それらは一定の方法で組み立てられ結びつけられなければならない。[105]」

しかし、ディスポジツィオの概略を示すにあたり、マッテゾンは慎重にも、その適用が非常に柔軟に行われるべきであることを指摘している。

> ……その正しさにもかかわらず、もしそれにあまりにも几帳面に縛られすぎて、自身の作品をいつもその線で評価しようとすると、しばしば非常に杓子定規《ペダンティッシュ》なことになってしまうだろう。しかしそれでもなお、よくできた弁論や旋律を丹念に検証してみると、これらの［六つの］部分あるいはそのいくつかが、適切な順番で見出されることは否定できない。たとえ、ときに作者が、そのような導きの糸よりも先に自身の死を考えたとしてもである。[106]

この図式が柔軟なものであって、けっして固定されたものではないという主張でさえ、修辞学からきている。ゴッチェートはこの一般的な六部分構造（序論《エクソルディウム》、叙述《ナラツィオ》など）を説明する際、以下のように書き始めている。

つまり、このモデルにあるすべてのものが、あらゆる完全な弁論において例外なく適用されなければならないとか、そこにないものは何も付け加えることはできないというわけではない。そうではなくて、弁論家は自身の意見に従って何かを付け加えたり省略したりする自由を常にもっているのである。たとえ彼の主題

Hauptsatz や聴き手の状況が、そのように要求するのだとしても。(107)

実際、マッテゾンは続いてマルチェッロのアリアを分析しているが、それは自ら提案した順序に大雑把に従っているだけである。それでも、この適用の仕方は彼の論拠を弱めるのではなく、彼が提案した概略が非常に柔軟に適用できるのだということを、いっそうはっきりと物語っている。

> それゆえ、……上述の方法を何らかの無理のないやり方で用いようとする人は、彫琢《アウスアルバイトゥング》に進む前に、例えば一枚の紙などに自分の計画全体の概略を記し、ごく大雑把に略図を描き、それをきちんと整えるがよい。……着想《エアフィンドゥング》は炎と生気《ガイスト》を、配置《アインリヒトゥング》は秩序と尺度を、彫琢《アウスアルバイトゥング》は冷たい血［冷静さ］と慎重さを要求する。……(108)

マッテゾンの比喩は、ほとんど即座に、ローレンツ・ミツラーによる批判を引き起こした。ミツラーは、その他の点ではもともと好意的な『真髄』への書評の中で、マッテゾンによる形式の修辞学的比喩をこじつけとして非難した。

---

(104) Quintilian, *Institutio oratoria, Proemium* to book VII; XI.II. 17-20 も参照。

(105) Gottsched, *Ausführliche Redekunst* (Leipzig: B. C. Breitkopf, 1736), "Von der Anordnung oder Einrichtung einer Rede," p. 193.

(106) Mattheson, *Kern*, p. 128. *Capellmeister*, p. 235 も参照。［「導きの糸」（手引）は迷宮脱出のためのアリアドネの糸を掛けたものであろう。］

(107) Gottsched, *Ausführliche Redekunst*, p. 204.

(108) Mattheson, *Kern*, pp. 137, 139. *Capellmeister*, pp. 240, 241 も参照。

しかしながら、全部を曲のすべての部分に適用する必要が全くないのに、卓越したマルチェッロがここで前述した弁論の六つの部分を適用しようと考えたかどうか、私は知らない。むしろ、このアリアのたぐいまれなる作曲者は、それを作曲する際に、序論《エクソルディウム》、叙述《ナラツィオ》、論駁《コンフタツィオ》、確証《コンフィルマツィオ》のことも、前述の諸部分が継起する順番のことも考えてなどいなかった、という方が大いにありそうなことである。それゆえ、この件はこじつけのように思われる。マッテゾン氏は全く同じフレーズ Satz を序論 Eingang と叙述 Erzehlung と提議 Vortrag に使っているからである。(109)

マッテゾンは一七三九年の『完全なる楽長』の序文で、ミツラーの名前をあげることなく、この攻撃に反論した。彼は近年「[作者の]意図[を考慮すること]の誤謬」として知られるようになった事態の間違いを正すことから始める。

マルチェッロはもちろん、『真髄』で引用したアリアを作曲する際には、彼の他の作品の場合と同様、弁論の六部分のことはほとんど考えていなかっただろう。しかし、それら六部分が旋律においていかに存在するべきかを、私が全くそれらしく示して見せたことは認められよう。それで充分である。熟練した楽匠は、たとえそれについて考えていなくとも、秩序だったやり方で進める。このことは日々の読み書きに認められる。だれも綴りの一字一字のことなどいちいち考えないのだから。

しかしだからといって、学習者がかかる表明やその説明を即座に退けるべきものと見なしたり、そこから何の利点も引き出せないなどということにはならない。そこにいちばん重要なねらいがあるのであり、それが達成されれば、それでよいのである。(110)

マッテゾンはそれから、彼が元の説明に付け加えた用心深い留保に注意を促す。

この点で強制することに対しては、そもそも『真髄』第七章第五段落で、以下のようにはっきりと否定している。もしあらゆる旋律に、これら名をあげた［六つの］部分をすべて、それも同じ順番で几帳面に求め、適用しようとするなら、実際あまりに杓子定規《ペダンテライ》なことになってしまうだろうと。それは少しも意図するところではない。私たちはそこから遠いところにいる。……

推敲と適用の手段や方法は、修辞学では音楽よりも多様さと変化の点ではるかに及ばない。音楽では、主題がある程度同じものにとどまっているように見えても、はるかに頻繁に変化させることができる。音による弁論は別の種類の［すなわち言葉による］弁論よりもずっと自由であり、いっそう有利な状況にある。したがって、旋律においては、調を変えたり、音を高くしたり、低くしたり、その他の同様の目立った特徴（ふつうの修辞学にはない）を使うことによって、互いに区別しさえすれば、序論 Eingang、叙述 Erzehlung、提議 Vortrag のあいだで何か同じようなものがあることも充分あり得るのである。(111)

マッテゾンの説明に加えられたこれらの重要な留保は多分に無視され、そのため彼の考えの主旨は広く誤解されてきた。彼が提案した音楽形式と修辞学的形式の対応は、あまりにも文字通りに受けとめられるか、もっと多くの

---

(109) Mizler, review of Mattheson's *Kern*, in Mizler's *Neu eröffnete musikalische Bibliothek*, 1 (1738), pt. 6, pp. 38-39.［ローレンツ・クリストフ・ミツラー（一七一一～七八）は幅広い学識をもったドイツの音楽著述家、医師、数学者で、ライプツィヒ大学でシャイベ、J・A・ヒラー、バウムガルテンらとともに、詩学教授のゴッチェートに学んだ。同大学で音楽の講義を（ドイツの大学では初めて）行い、自ら創設した学術的な音楽協会に尊敬するJ・S・バッハを引き入れたことは周知の事実である。］

(110) Mattheson, *Vorrede* to *Capellmeister*, p. 25. 英訳は *Johann Mattheson's "Der vollkommene Capellmeister": A Revised Translation with Critical Commentary*, trans. Ernest C. Harriss (Ann Arbor: UMI Research Press, 1981), pp. 62-63.［「意図の誤謬 intentional fallacy」は二十世紀半ばの英米における文学批評理論ニュー・クリティシズムのスローガン。］

(111) Ibid., pp. 25-26; 英訳 p. 63.

場合は徹底的に拒否された[112]。ここでのマッテゾンの眼目は、六部分図式そのものというよりも、むしろ主題の推敲《エラボレーション》という考えにある。彼の形式への取り組みは主題《テーマ》ないし主要楽節《ハウプトザッツ》——音による弁論《クラングレーデ》の主題《サブジェクト》——に始まり、続いてその推敲へと進む。彼の議論に付随する多数の譜例は、いずれもアリア冒頭の楽想《アイディア》の操作を説明するものである。マッテゾンの修辞学的形式概念は楽章を弁論と見なすが、そこでは基本的な楽想が提示され、展開され、そこから派生した他の楽想の観点から再度吟味される。この説明に対する私たちの解釈で強調しなければならないのは、形式の図式的な性格よりも、中心的な主題が音楽の弁論のさまざまな箇所においてさまざまな方法で変化され得る、またそうされるべきだという考えである。

しかし、言わせていただければ、私はそれでも、（私がさらに非難されたように）同じ一つのことがらが一様なやり方を保持するというように、同じフレーズを序論、叙述、提議で用いることもしなかった。というのも、何よりも、異議が唱えられたフレーズは短調と長調というように違うし、さらに移高と反復によって全く異なる姿になっているからである。高いと低いは同じではない。それは、そうしたことが生じないふつうの［すなわち言葉の］弁論の基準からでは、判断することはできない。

……私自身、『真髄』で認めているのだが、私たちのアリアにおける叙述はその序論とほとんど同じように聞こえる。……［しかし］序論は叙述とは、音高、歌詞、推敲、楽器、それに声部、という五つの点で異なっている。したがって、これは少しも同じフレーズではなく、同じことがらでもない。似ているは同じとは違うのである[113]。

マッテゾンがつかのま歌詞にふれているのは目をひく。というのも、彼はどこにもマルチェッロのアリアの歌詞を提示していないからである。歌詞の冒頭《インチピット》を示すことすらしていない[114]。明らかに、マッテゾンが配置《ディスポジツィオ》で中心的と考えていたのは音楽——とりわけ基本主題の推敲——なのである。いずれにしても、ささいな変更と追加を施すだけで『完全なる楽長』の第一四章に再録するほど、彼は自分の比喩に確信をもっていたのである。

　批判ばかりではなく、マッテゾンの修辞学的比喩には支持の声もあった。ミツラー自身、のちの『完全なる楽長』への書評で、基本的に同じ材料を扱った箇所に対して、以前は批判したにもかかわらず、「この新たに提示された手引が秩序とよい考えへと導くであろうことをけっして否定するものではない」と認めている。

　音楽は音による弁論であり、弁論家と同じように、聴き手を感動させようとする。ならば、修辞学の規則が音楽にも適用できないことがあるだろうか。しかし、杓子定規や衒学に陥らないためには、理性と機知［筆者注：すなわち、一見全く異なる対象に共通のものを見いだす能力］が求められる。［弁論の］最初に最強の根拠、続いて中間部で少し弱い根拠、そして最後に再び断固たる結論をもってくるのは、弁論家の巧みな技である。このことは

(112) 批判に関しては、例えばロルフ・ダンマンはマッテゾンの「独断的な構成図式」と呼んだ。Rolf Dammann, *Der Musikbegriff im deutschen Barock* (Cologne: Arno Volk, 1967), p. 126. 以下も参照。Ritzel, *Die Entwicklung der "Sonatenform,"* pp. 23-28; Baker, "Koch and the Theory of Melody," p. 3（「読者は作品の音楽的構造よりも弁論についてずっと多くを学ぶ。」）; Günther Wagner, *Traditionsbezug im musikhistorischen Prozess zwischen 1720 und 1740 am Beispiel von Johann Sebastian und Carl Philipp Emanuel Bach* (Neuhausen-Stuttgart: Hänssler, 1985), pp. 164-167. 対極的な例として、ハンス＝ハインリヒ・ウンガーは六部分図式をバッハの《ブランデンブルク協奏曲》第三番の第一楽章に大々的に適用しているが、結局は説得力に欠ける。Hans-Heinrich Unger, *Die Beziehungen zwischen Musik und Rhetorik im 16.-18. Jahrhundert* (Würzburg: K. Triltsch, 1941; rpt. Hildesheim: Olms, 1979), pp. 53-54. 以下も参照。Leona Jacobson, "Musical Rhetoric in Buxtehude's Free Organ Works," *Organ Yearbook*, 13 (1982), 60-79; Daniel Harrison, "Rhetoric and Fugue: An Analytical Application," *Music Theory Spectrum*, 12 (1990), 1-42（バッハのトッカータＢＷＶ九一五の鋭い分析）.

(113) Mattheson, *Vorrede* to *Capellmeister*, pp. 25-26. ハリスの英訳では（p. 63）、最初の段落の最後の文は全く異なった解釈となっている。

(114) マッテゾンの分析をマルチェッロの原作と比較できればいちばんよかっただろう。しかし、これまでのところ、このアリアの存在は確認できていない。以下を参照。Eleanor Selfridge-Field, *The Music of Benedetto and Alessandro Marcello: A Thematic Catalogue* (Oxford: Clarendon Press, 1990), p. 197.

作曲にもよきこつをもたらし得る。成功した作曲家はとりわけ、作業に取りかかる前に、最初にすべてをよく考えなければならない。いわば彼の計画をまず一枚の紙にできるだけ大雑把に描き、それを彫琢する前に順序よく整えなければならない。そうすれば彫琢《アウスアルバイトゥング》がはるかにうまく進行する。うまく配置した者は、すでに半ば彫琢 elaborirt しているのである(115)。

そしてヨーハン・アードルフ・シャイベほどの権威が、マッテゾンが大規模形式の修辞学的基盤について先駆的に扱ったことを、とりわけ熱心に取りあげたのである。シャイベはマッテゾンによる音による語り《クラングレーデ》の「明確で好感のもてる」扱いを「非常に重要な貢献」としている。たとえほとんどの音楽家は、「旋律の結合において、秩序だった弁論に認められるような大小のあらゆる区分や休息点を観察すること」が必要であるとは、それまで考えなかったであろうにしてもである。

［『真髄』の］第七章はようやくにして、作曲術において研究されるべき最も重要な題材の一つを詳述している。楽曲の彫琢において、修辞学や詩学の場合と同様、慎重でありかつ独自であるのはいかに必要であることか。もし主題《ハウプトザッツ》の推敲が最初から著しく逸脱し、もはや何についての弁論であるかがわからなくなってしまったら、聴き手や読者は扱われていることがらについて定かでなくなってしまい、そのような無秩序な彫琢を耳にすると、作者に対して軽蔑を感じてしまうのである(116)。

マッテゾンの『楽長』はやがて、十八世紀のドイツで最も広く読まれた作曲の手引の一つとなった。若きハイドンもこれを使った多くの作曲家の一人で、晩年になって彼は「この著作における諸原則は自分にとってもはや新しくはないが、にもかかわらず良いものだと評価した(117)」。ベートーヴェンも一部所有しており、複数の機会に使用したことが知られている(118)。

しかし、この修辞学的な形式観の影響を明らかにするために『完全なる楽長』の受容をたどる必要はない。マッテゾンの取り組みの本質的な部分は、他の著者によるのちの論考にくり返し登場するからである。後続の著述家たちは、マッテゾンによる弁論の六部構成をめぐって、精密でおそらくは詳しすぎる比喩を引き継ぐことに乗り気ではなかった。しかし、同じくらい明らかなのは、彼の基本的な比喩表現と方法論――いずれも伝統的な修辞学の原則からきている――が、十八世紀を通じて、そして十九世紀もかなりのちに至るまで、その影響力を保ったことで

---

(115) Mizler, review of Mattheson's *Capellmeister*, in Mizler's *Neu eröffnete musikalische Bibliothek*, 2 (1742), pt. 3, pp. 104-105.

(116) Scheibe, "Sendschreiben an Sr. Hoch Edl. Herrn Capellmeister Mattheson, über den Kern melodischer Wissenschaft," in *Gültige Zeugnisse über die jüngste Matthesonisch- Musicalische Kern-Schrifft...* (Hamburg: n.p., 1738), p. 14. [シャイベ（一七〇八～七六）はライプツィヒの音楽理論家、批評家。彼がJ・S・バッハの音楽を誇張された不自然なものと批判したこと、それに対しライプツィヒ大学の修辞学講師ヨーハン・アーブラハム・ビルンバウムが反論したこと（本章注48を参照）は、あまりにも有名である。]

(117) Dies, *Biographische Nachrichten*, p. 41 (original edition, p. 39). Griesinger, *Biographische Notizen*, p. 20 (original edition, p. 10) も参照。後者では、マッテゾンの『楽長』はフックスの『パルナッソス山への階梯 *Gradus ad Parnassum*』（一七二五）とともに言及されている。ハイドンは『真髄』も一部所有していた。以下を参照。H. C. Robbins Landon, *Haydn: Chronicle and Works*, 5 vols. (Bloomington: Indiana University Press, 1976-1980), V, p. 402. [ハイドンがグリージンガーに語った「歌詞の導きで作曲する方が歌詞なしの場合よりもはるかに容易です」（Griesinger, p. 118）という言葉は、すでにマッテゾンの『楽長』（p. 127）にも似たような言い方が見られる。「楽器奏者よりも歌い手のために何か良いものを作曲する方がやさしい」（*Capellmeister*, p. 127）。ハイドンはこのほか音楽修辞学関連の著作として、ドイツ語による初の作曲法教本であるヨーハン・アンドレーアス・ヘルプストの『ムジカ・ポエティカ』（ニュルンベルク、一六四三）といった古書や、ヨーハン・ベーアの『音楽論 *Musicalische Discurse*』（ニュルンベルク、一七一九）、同時代のマールプルクの『理論的音楽の基礎 *Anfangsgründe der theoretischen Musik*』（ライプツィヒ、一七五七）を所蔵していた。ハイドンの蔵書については、ランドン前掲書の pp.314-316 も参照。また、ハイドンは修辞学教育の範例と考えられていたイソップ物語のイタリア語版（*Favole d'Isopo*, Venice, 1568）も所有していたという。Maria Hörwarthner, "Joseph Haydns Bibliothek: Versuch einer literarhistorischen Rekonstruktion," in *Joseph Haydn und die Literatur seiner Zeit*, ed. Herbert Zeman (Eisenstadt: Institut für österreichische Kulturgeschichte, 1976), p. 164. ハイドンが受けた修辞学教育についての概略は Sisman, *Haydn and the Classical Variation* (Cambridge, Mass.: Harvard University Press, 1993), pp. 23-25 も参照。]

(118) 以下を参照。Richard Kramer, "Notes to Beethoven's Education," *JAMS*, 28 (1975), 94-95.

ある。マッテゾンの修辞学的メタファーは、形式が本質的に主題的であることを強調する。特定の主題が特定の結節点で出てこなければならないということではなく、楽章の形式はその主題素材が提示され労作される方法によって決定される、という意味においてである。彼の修辞学的方法論は、作品の形式と、それが属するジャンルとの密接な関係も強調する。これらの考え方はいずれも、これから見てゆくように、大規模形式に関する十八世紀の事実上すべての説明で中核をなしているのである。

旋律と形式の主題的基盤

作品の中心的な楽想《アイディア》の展開としての形式というマッテゾンの考えは、形式を旋律や主題の概念と密接に結びつける当時の幅広い見方の一部である。ドイツの理論家たちのあいだでは、「メロディー Melodie」という語は十八世紀を通じて多くの意味とコノテーションをもっており[119]、その最も重要なものの一つは、これを楽章全体の輪郭に関連づけている。こんにち、私たちは日常的に「旋律」を「主題」と同一視しているが、十八世紀の理論家はこれらの言葉を互換的に使うことはまれだった。「主題 Thema」や「旋律的部分 melodischer Theil」が、小さな単位を表すもっとふつうの言葉だった。旋律そのものは楽章全体の道のりを包含する、もっと広く一般的な概念として考えられていた。

例えば『旋律学真髄』で、マッテゾンは「主題のために旋律はその自然な進行を妨げられたり目立って中断されてはならない」と書いている[120]。〔注103で引用した箇所で〕彼は「音楽作品」と言う。しかし、文脈の大した変更もないまま、同じフレーズが二年後の『完全なる楽長』では「旋律的作品」となる。他の箇所では「一つ一つの作品、一つ一つの旋律の……形式」とある[121]。音楽上の句読法、休息点、文、ペリオーデに関する議論は、どれも「旋律について」という見出しのもとで行われる。そして、ジャンルを扱うのは、単に「諸ジャンル Gattungen」ではなく、

「旋律の諸ジャンル Gattungen der Melodien」という表題のもとでである。およそ五十年後に、コッホはこう書いている。「それゆえ、旋律は弁論と同様、さまざまなペリオーデからなっていなければならず、ペリオーデは個々の文 Sätze に分けることができる。[122]」この見方も同様に、旋律は楽章全体または作品にまたがる単位であるという考えを強調するものである。

コッホにとって、「旋律」と「主題」のあいだにはめったに互換性がないが、「旋律」と「楽曲 Tonstück」はしばしば同義である。『音楽事典』で彼は旋律の定義をしながら、全く中断もなしに、旋律の構造の論議から楽章全体の構造の考察に切り替えている。実際、これら二つのあいだにはほとんど区別がないのである。彼がここで記述している音進行の慣習は、旋律に多様性と統一性の必要なバランスを与えるための手段としての役割をはたしているが、楽章や作品の基本的な構造上の観点を与えるのは旋律なのである。「すでにここから次のように言うことができる。すなわち、旋律はあらゆる楽曲の本質的な要素であり、和声は、それが与える長所がいかに重要であり、それによって芸術の表現手段がいかに増やされようとも、旋律よりも下位におかれなければならないのである。[123]」

コッホの見解は、世紀前半のマッテゾンとシャイベ双方の見方をくり返しているが、多くの同時代人によっても共有されるものだった。ヨーハン・ヨーゼフ・クラインは『音楽実践教本試論』（一七八三）において、「旋律」を

(119) 以下を参照。Ratner, *Classic Music*, pp. 81-82.
(120) *Kern*, p. 36; *Capellmeister*, p. 141.
(121) *Kern*, p. 128, and *Capellmeister*, p. 235; *Capellmeister*, p. 129.
(122) Koch, *Musikalisches Lexikon*, "Melodie," col. 943. 以下も参照。Koch, *Versuch*, II, p. 342（先に本章一二〇〜一二一ページで引用）; サン＝ランベールの、楽曲の旋律はいくつかの区切られた部分からなり、その中には文／楽節と同じ大きさの単位も含まれる、という考察も参照（本章一一三〜一一四ページで引用）; Daube, *Der musikalische Dilettant: Eine Wochenschrift*, p. 10.
(123) Koch, *Musikalisches Lexikon*, "Melodie," col. 941.［コッホは前述のように十八世紀における和声か旋律かの議論を超越したことになっているが、ここでは旋律に主眼をおいている。ただし、感情表現を担う主旋律とそれを支えるその他の伴奏声部というテクスチュアが前提となっている。］

楽章内の最も大きな構造単位とみなしている。

旋律は……楽節 Sätze からなり、楽節は、共同で楽想あるいは意味を内に含む一連の音である。これらの楽節は一つ、二つ、またはそれ以上の小節からなるか、あるいはたった一小節の一部分をなすだけのこともあり、言語におけるコンマ［によって区分される単位］に一致する。旋律の主要楽想を構成する楽節は主題 Hauptsatz (Thema, subjectum) と呼ばれる。……

旋律はまた部分 Abschnitte やペリオーデに分けられる。これらの部分やペリオーデは言語における大きな分節点［によって区分される単位］のように考えられ、それ自体、小規模な旋律とみなすことができる。(124)

厳密に単旋律の作品（例えば独奏フルートのための作品）の場合を除いて、「メロディー」は作品や楽章全体と同義ではない。単一の旋律線しか示さないからである。しかし、支配的な声部として、楽章全体の構造の基本的要素を確立することによって、それは少なくとも楽章の完全な輪郭を表すことができる。一方、主題 Hauptsatz はこの旋律の「主要楽想」――文字通りには「冒頭の文」――であり、そういうものとして旋律全体のアイデンティティーを象徴している。

フランスの理論家も、主要楽想と楽章ないし作品の大規模構造との結びつきについて、視覚芸術から借用された「主題 sujet」と「設計（デッサン dessein［デザイン］）」の語を使うことで、同様の見方を提示している。(125) デッサンに関して、ルソーは彼の『音楽辞典』で以下のように定義している。

それは主題の着想と処理 conduite、各声部の配置 disposition、全体の概略的な配列 ordonnance である。

……この作品の概略的なデッサンという考えは、とりわけ作品を構成する各部分［楽章］にもあてはまる。

> このようにして、アリア、二重唱、合唱などが構想される。そのためには、主題を考案したのちに、良き音進行Modulationの規則に従って、主題が聴かれるべき全声部において、聴き手の注意をそらさないようなやり方で、それを割り振るのである……主題を忘れさせてしまうのはデッサンの欠陥である。そして、退屈させるまでに主題を続けるのは、もっと大きな欠陥である。[126]

ルソーは以前と以後の多くの理論家と同様、楽章の構造を確立する際の主要主題――とりわけその配置と推敲――の最重要性を強調する。ルソー自身はおそらく、この形式観を「修辞学的」と呼ぶことは望まなかっただろうが、その起源がメルセンヌにまでさかのぼる昔のフランス理論にあることは明らかである。メルセンヌは一六二七年にこう書いている。「修辞学は主題を音楽に適用するために主題を配置するdisposerすべをしかるべく教えるものである。[127]」

同じ喩えは、十八世紀最後の四半世紀になってもなお見られる。ジャン・バティスト・メルカディエはデッサンをこう定義している。

> すべてが一つの共通の楽想idée communeただそれだけに関係するように、和声、旋律chant、テンポmouvement、それに音進行modulationを統御する方法。というのも、劇的な音楽やあらゆる〔感情〕表現音楽

(124) Klein, *Versuch eines Lehrbuchs*, pp. 59-60.

(125) 以下を参照。Peter Eckhard Knabe, *Schlüsselbegriffe des kunsttheoretischen Denkens in Frankreich* (Düsseldorf: Schwann, 1972), pp. 165-173. その他、当時の音楽理論家からの関連する引用は Ritzel, *Die Entwicklung der "Sonatenform,"* pp. 76-83 を参照。

(126) Jean-Jacques Rousseau, *Dictionnaire de musique* (Paris: Veuve Duchesne, 1768), "Dessein."

(127) Marin Mersenne, *Traité de l'harmonie universelle* (Paris: Guillaume Baudry, 1627), p. 21.

においては、主題は、雄弁術やその他のあらゆる芸術の場合と同様に、これらの芸術に共通する統一性の諸規則から逸脱しないように、扱われなければならないからである。[128]

この「共通の楽想」が推敲される方法が、最終的に楽章の構造を決定するのである。その他のすべての楽想は、この楽想となにがしか必然的な関係にあらねばならない。この楽想は楽章の基本的素材を提供し、後に続く楽想の性質ばかりではなく、個々の単位が結びついて全体をなすプロセスをも統御する。メルカディエが述べるところでは、「音楽家は書き始める前に、モティーフ、すなわち基本的で主要な楽想をもたなければならない。これが旋律、和声、音進行、テンポ、声部の数と配置、それに一般に彼がなさねばならないすべてのことを決定するのである。[129]」ジャン・バンジャマン・ド・ラ・ボルドは一七八〇年にルソーのデッサンの定義を支持しつつ、こう付け加えている。「作曲している曲で支配的であることが望まれ、諸声部、通過するさまざまな転調で注意深く呼び戻される旋律 chant。……作曲家の偉大な技術は、まず大きくデッサンし、彼のモティーフをしっかりと確立し、ときおり聴き手のためにそれを再提示することにある。[130]」

主要主題とその労作、それに楽章の構造的輪郭のあいだの関連という考えは、この世紀を通じてあり、国境をも越えている。シャイベは一七三七年に、「あらゆる楽曲において主要主題 Hauptsatz は必要であり、そこから楽曲の経過全体が必然的に生じるのである」と書いている。[131] リーペルは一七五二年に、「主題、構想 Entwurf。そこから楽曲全体が作られる」としている。[132] 別の箇所では、啓発的な対話のさなかで、リーペルのディスカンティスタ（生徒である聖歌隊員）が打ち明けるところによると、彼の「心」が告げるには、協奏曲の「最初のソロは〔トゥッティの冒頭〕主題とは違った始まり方をしなければならない」という。プレッツェプトル（教師）の答えは短く辛辣である。「それなら、君の心は主題が何を意味するかさえ知らないのだよ。」教師は続けて、冒頭楽想と対比的だが、同時にそれと若干の要素を共有する主題の例を、多数提示してゆく。[133] この見方からすると、形式的一貫性の質は、明らかに主題的労作の技術にかかっているのである。

イタリアでは、サルヴァトーレ・ベルテゼンもまた、作曲のプロセスにとってばかりではなく、最終的な所産である作品そのものにとっても、主題の優位性を強調している。「作曲において第一の対象は常に旋律であらねばならない。……例えば、何かメヌエット、ソルフェッジョ、あるいはソナティーナを作曲する際、弁論 discorso の場合と同様に、主題を持続させる原則」を心に留めておかねばならない。[134] フランチェスコ・ガレアッツィは楽章の構造と弁論の構造を直接比較しているが、それは両者ともに中心的なアイディアの労作を示すからである。「モティーヴォは旋律の主要楽想にほかならない。それはいわば音楽的弁論の主題 Soggetto, Tema であり、それを中心に作品全体が展開されなければならないのである。[135]」

フランスでは、アレクサンドル・ショロンが『イタリア楽派の作曲法』（一八〇八）でこの「主題を持続させる法則」を要約し、「ザルリーノと古今を問わずあらゆる大家の教え」を引き合いに出す。その教えによれば、「あらゆる作品には、それなくしては作品が成立し得ない一つの主題がある、ということを知る必要がある。……となると、作曲とは一つの主題を論ずる traiter 術である。[136]」

(128) Jean Baptiste Mercadier de Belesta, *Nouveau système de musique théorique et pratique* (Paris: Valade, 1776), pp. 247-248.

(129) Ibid., p. 169.

(130) Laborde, *Essai sur la musique*, II, p. 49. 以下も参照。J. J. O. de Meude-Monpas, *Dictionnaire de musique* (Paris: Knapen, 1787), "Dessein" and "Sujet."

(131) Scheibe, *Critischer Musikus*, p. 82.

(132) Riepel, *Anfangsgründe...De rhythmopoeïa*, p. 13.

(133) Riepel, *Anfangsgründe...Grundregeln zur Tonordnung*, pp. 105-107.

(134) Salvatore Bertezen, *Principj di musica teorico-prattica* (Rome: Salomoni, 1780), pp. 341-342. ヴィンチェンツォ・マンフレディーニも同様の比喩を使っている。Vincenzo Manfredini, *Regole armoniche*, 2nd ed. (Venice: Adolfo Cesare, 1797), p. 103.

(135) Galeazzi, Elementi, II, p. 254. 別の箇所（I, p. 230）でガレアッツィはハイドン、ボッケリーニ、ヴァンハル、プレイエルの名をあげ、イタリアでその作品が入手できる器楽の最高の作曲家たちに数えられるとしている。

キルンベルガーが（ズルツァーの事典のなかで）音楽形式の定義に最も近づいたのは「主題 Hauptsatz」の項目においてだということは重要である。

主題（音楽）。これは楽曲において、表現と、旋律の本質全体を、それ自身のうちに含んでいるペリオーデである。曲の冒頭で登場するばかりではなく、楽曲全体を通じてさまざまな調で、さまざまに変奏されて、いくどもくり返される。主題は一般にテーマと呼ばれる。マッテゾンは全く間違っているわけでもない言い方で、これを説教の［土台を提供する聖書の］テクストと比較している。つまり、数少ない言葉で、講話において詳しく展開されるものを含んでいなければならないようなテクストである。

音楽は本来、感情の言語であり、その表現は常に簡潔である。なぜなら、感情それ自体は単純であり、わずかの言葉で示されるものだからである。したがって、二、三、ないし四小節の非常に短い旋律的フレーズでも、感情をはっきりと正しく表現することができるので、聴き手は歌っている人の心情の状態をそこから正確に見分ける。それゆえ、もし楽曲がただ感情をはっきりと示すことだけを目的とするのであれば、そうした短いフレーズでも、適切に案出されたものであれば、充分であろう。しかし、それは音楽の目的ではない。音楽は聴き手をしばらくのあいだ、同じ心情の状態に保つことに奉仕しなければならない。これは、たとえどんなにすばらしいものであっても、同じフレーズの単なる反復だけではできないことである。なぜなら、同じものの反復では退屈になり、聴き手の注意力を損なってしまうからである。ゆえに、一つの同じ感情を、しかるべき変化とさまざまな修飾を加えて、聴き手にしかるべき印象を与えるに充分なだけ、いくどもくり返すことができるようなタイプの旋律《ゲザング》を、着想しなければならなかったのである。

このようにして、今日の音楽におけるほとんどのふつうの楽曲——協奏曲、交響曲、アリア、デュエット、トリオ、フーガなど——の形式が生まれたのである。これらはみな、以下の点で共通している。すなわち、主要部分において、ほんの短くて感情の表現にふさわしいペリオーデが主題として基礎におかれていること。この主題はそれに似つかわしい短い挿入楽想 Zwischengedanken によって支えられ、あるいはまたそれによって中断されること。主題はこれらの挿入楽想とともに、さまざまな和声と調で、主たる表現にふさわしいわずかな旋律的変化を伴って、聴き手の心を感情が充分にとらえるまで、いくどもくり返されること。(137)

こういうわけで、音楽作品ないし楽章は一般に弁論による議論と相似したものと見なされていた。その目的は、聴き手を感動させ、説得し、楽しませることにあった。その論題は主要主題（Hauptsatz あるいは sujet）と同一視された。いったん定められると、このアイディアは弁論の焦点であり続けなければならなかった。さもないと、議論の筋道が失われてしまうからである。同時に、一定の長さの弁論は変化と対比を求める。それゆえ、副次的あるいは挿入的なアイディアは、主題で具現化された感情となんらかの適切な関係にあらねばならない。そして最終的に、議論の首尾一貫性は旋律において具現化されるものと見なされていた。結局コッホは、議論を一貫性がありかつ説得力のあるものにすることのできる技術である修辞学と、「個々の旋律的部分」が「全体へと結びつけられる」ことを可能にする方法を、とりわけ同一視していたのである。(138)

十八世紀を通じて、形式は何よりもまず美的なカテゴリーと見なされていた。図式的なものや最小共通項よりも、一貫性や説得性といったいっそう関係する概念としてである。音楽に適用された「形式」という語の定義は

(136) Alexandre Choron, *Principes de composition des écoles d'Italie*, 3 vols. (Paris: Le Duc, 1808), I, p. xviii. 強調は原文のまま。

(137) Sulzer, *Allgemeine Theorie*, "Hauptsatz." ヨーハン・アーブラハム・ペーター・シュルツによれば、キルンベルガーは「Modulation」までの音楽項目を担当し、この項目から弟子のシュルツ自身がキルンベルガーを補佐するようになり、「S」以降はシュルツだけが責任を負うようになった。Johann Abraham Peter Schulz, "Ueber die in Sulzers Theorie der schönen Künste unter dem Artikel Verrückung angeführten zwey Beispiele von Pergolesi und Graun ...," *AMZ*, 2 (1800), cols. 276-280.

(138) 本書八四ページを参照。

十八世紀にあってはきわめて少ないのだが、その一つで、一七六〇年代後期のある匿名の辞典編纂者は、実際、次のように記している。「形式は、諸楽想が旋律やペリオーデの全体において連続する仕方として理解される。(139)」別の項目で、同じ著者は「全体 das Ganze」をこう定義している。

〔楽章の〕諸部分が総じて相互に依存しあい、それによってすべての部分がただ一つの効果だけに寄与していること。全体を作り出す技術は、主要楽想、副次楽想、つなぎの楽想を連結すること、主声部において動き〔リズム〕を一体化させること、主声部が耳を引き寄せ楽しませるようしかるべく支える副声部を対置させることにある。楽曲の諸部分が、それ自体で見て、それぞれの並び方、的確さ、しかるべき釣り合いをもつだけでは充分ではない。それを越えて、これらすべての部分が互いにまとまりあい、調和的な全体を構成しなければならない。個々の部分は、例えば禁則の〔平行〕八度や〔平行〕五度などの誤りを含むこともあるかもしれないが、それでも全体がうまく作られていることはあり得るだろう。(140)

最後の一文は音楽文法と音楽修辞学のあいだの伝統的な区別を暗に補強している。形式は後者の領域である。
以前にも見たように、楽節性はわかりやすさを促進させる手段である一方、忘れてはならない重要な点は、この分節の対象が楽章の主題的楽想であるということだ。十八世紀の多くの理論家が、主題的楽想を明確に知覚できるような方法で提示し労作することの重要性を強調している。一七五六年の『旋律概論』で、エルンスト・ゴットリープ・バローンは、旋律――主題の一貫した連なり――が聴き手によって把握される方法について、かなり詳しく論じている。

旋律は何らかの区切りをもたなければならない。ゆえに、弁論におけるようにコンマやセミコロンやピリオドといった区切りがなく、旋律が一様に進むような場合、思考と理性は混乱をきたしてしまい、とりわけ始まりと中間部と終わりを区別できなかったり、そこに何のシンメトリーも感じられない場合、意図されたものを理解することが妨げられてしまう。そのような区別もせず、先行する考えを後続するものと区別しないまま、ただて続けにしゃべりまくる語り手のことを、人は笑わないだろうか。なぜなら、話題となっている話しの核心が、そして明確ではっきりとした理解が、すっかり抜け落ちてしまうことになるからである。(141)

このようにわかりやすさを強調することが、ズルツァーの『芸術総論』を通しても見られる。この事典の多くの項目では、音楽の弁論と修辞学の弁論の構造が同一視されている。(142) 同様にウィーンのダウベは、一七七〇年代の初期に、大向こうの喝采を博した作品の成功は多数の楽想の多様さによるのではなく、「むしろ少数の旋律的分肢の適切な配置、その構成要素への分解、その正しい場所の割り振り」のためであると書いている。(143) そしてカール・ルートヴィヒ・ユンカーもまた、一七七八年に、わかりやすさの特質を強調するのに修辞学的な比喩に依存している。

主題 Thema。（モティーフ、ハウプトザッツ、濃縮された感情。）主題がなければ、多様における統一は実現しないだろう。造形芸術や雄弁術と同様、作曲家は自身の筋の運びをもっている。つまり、作曲家の場合はきわだった感情、画家の場合は英雄への関心、詩人の場合には高い密度の道徳的真実あるいは思弁的な文章、と

(139) Anonymous, "Beytrag zu einem musikalischen Wörterbuch," in Johann Adam Hiller's *Wöchentliche Nachrichten und Anmerkungen die Musik betreffend*, no. 39 (27 March 1769), 302.
(140) Ibid., 303.
(141) Ernst Gottlieb Baron, *Abriss einer Abhandlung von der Melodie*, p. 8.
(142) 例えば「配置 Anordnung」「主題 Hauptsatz」「作曲法 Satz; Setzkunst」の項目を参照。
(143) Daube, *Der musikalische Dilettant: Eine Abhandlung der Komposition*, p. 162.

いうわけである。主題に従って、調の選択、テンポ、区分、長さが生じる。……あらゆる楽曲は主題の拡張、変奏、対比付けである。それゆえ、感情が常に伝えられるように、私がいつも作曲家を理解でき、混乱することなしに表現を把握できるように、主題は常にきわだっていなければならない[144]。

グレトリは一七九七年の『回想録』で、修辞学の比喩を拡張して、楽章の「提議 proposition」の「証拠 preuve」を求めてさえいる。

ソナタ、デュオ、トリオ、カルテットの最初の部分 point は非常に特徴的な要素を含むことができる。そして主調の属音上の休止の後、……これら同じ要素は違った方法で再びもちだされ、その言い回し、その旋律、その和声において変奏される。これは、いわば初めに行われた提議に証拠を提供するようなものである。これは自然の道理に従っているであろう[145]。

「証拠」という言い方は、器楽のような曖昧で非指示的な言語にあっては、初めは不適切に思われるかもしれないが、グレトリは実際に、修辞学的な証拠の二つの異なる種類を、区別が確立されたものとして引き合いに出している。論理的で理性的、すなわち説得力のある証拠と、心理的で感情的、すなわち感動させる証拠である[146]。証拠は事実上、論説の主題から生じるアイディアであるか、あるいは主題を直接的に熟考するアイディアである。グレトリの言う音楽的証拠はこの意味で理解されるべきである。すなわち、楽章の一つまたは複数の中心的な楽想《アイディア》についての熟考 reflections ということである。ここでコルマンの「提議」とそれに続く「労作」が想起されよう。

ゲオルク・ヨーゼフ・フォーグラーは一七九〇年代に、変奏の技法はそれ自体、つまるところ修辞学的な手法であると述べている。《ゴッド・セイヴ・ザ・キング》に基づくフォルケルの以前の変奏曲に対する「改善」案で、フォーグラーはこう主張する。

変奏は一種の音楽的修辞学である。修辞学では同じ意味がさまざまな言い回しで登場するが、違うのは、境界線は音楽においては言葉の修辞学の場合よりもずっと厳密に規定されるということである。……このように厳格に主題に関連づけられることはけっして見失ってはならないが、それはともかくとして、他方でもし表現方法のこととなれば、この上なく広い領域への見通しが開かれているのである。(147)

---

(144) Carl Ludwig Junker, *Betrachtungen über Mahlerey, Ton- und Bildhauerkunst* (Basel: K. A. Serini, 1778), pp. 82-83. Junker, *Tonkunst* (Bern: Typographische Gesellschaft, 1777), pp. 25-26 も参照。［ユンカーの『音芸術』初版は日本では音楽取調掛が購入している。］

(145) André Ernest Modeste Grétry, *Mémoires, ou essays sur la musique*, 3 vols. (Paris: Imprimerie de la République, 1797), III, p. 357. ［古典修辞学では「結論」の前に「立証 probatio」がくる。］

(146) 例えば Hallbauer, *Anweisung*, pp. 257-260 を参照。証拠のこれら二つのカテゴリーの区別についてはロラン・バルトが論じている。Roland Barthes, *The Semiotic Challenge*, trans. Richard Howard (New York: Hill and Wang, 1988), pp. 53-75. 音楽作品の「証拠」（ないし「証明」「確証」）に言及している他の著述家として、フォルケル（本書一八六〜一八七ページを参照）、カルパーニ（同二〇九ページを参照）、それにフリードリヒ・アウグスト・カンネがいる。カンネは自ら編集していた一八二〇年代初期の『ウィーン総合音楽新聞』（一八一七〜一八二四）で、モーツァルトのいくつかのピアノ・ソナタを分析する際に、広範囲にわたる修辞学的比喩を使っている。［Friedrich August Kanne, "Versuch einer Analyse der Mozartischen Clavierwerke mit einigen Bemerkungen über den Vortrag derselben...," *[Wiener] allgemeine musikalische Zeitung*, 5 (1821), many cols. この非常に詳しい分析は、ウィーンのS・A・シュタイナーが一八一八年に出版したモーツァルトのピアノ作品「全集」六巻に基づいて、一月一〇日号から六月二三日号まで二十三回にわたって隔週連載されたもの。］カンネについては Krones, "Rhetorik und rhetorische Symbolik," pp. 125-127 を参照。［以下も参照。Krones, "'denn jedes gute Tonstück ist ein Gedicht': 'Rhetorische Musikanalyse' von Johann Mattheson bis Friedrich August Kanne," in *Zur Geschichte der musikalischen Analyse*, ed. Gernot Gruber (Laaber: Laaber Verlag, 1996), pp.45-61. Bonds, "Ästhetische Prämissen der musikalischen Analyse im ersten Viertel des 19. Jahrhunderts, anhand von Friedrich August Kannes 'Versuch einer Analyse der Mozart'schen Clavierwerke' (1821)," in *Mozartanalyse im 19. und frühen 20. Jahrhundert: Bericht über die Tagung Salzburg 1996*, ed. Gernot Gruber (Laaber: Laaber Verlag, 1999), pp. 63-80. Lothar Schmidt, "Einleitung zu Friedrich August Kannes Versuch einer Analyse der Mozartischen Clavierwerke, mit einigen Bemerkungen über den Vortrag derselben," *Musiktheorie*, 21/4 (2006), 318-373. Tom Beghin, "Recognizing Musical Topics versus Executing Rhetorical Figures," in *The Oxford Handbook of Topic Theory*, ed. Danuta Mirka (Oxford: Oxford University Press, 2014), pp. 551-576.］

言い換えれば、労作のプロセスは主題と変奏［いわゆる変奏曲］のジャンルではより厳格であるが、労作の修辞学的概念そのものは、事実上あらゆるジャンルに適用できるのである。[148]

しかしながら、古典派の多くの――実際はほとんどの――器楽作品は一つ以上の主題をもっている。ヒラーの匿名の事典編纂者［本章注139参照］は、すでに一七六〇年代後期に、一つの作品の内部における楽想のヒエラルキーをほのめかしていた。主要楽想、それを支える副次楽想とつなぎの楽想、という風にである。こうした関心のありかたは、十八世紀中頃における音楽様式の変化を反映している。バロック時代の個々の器楽楽章は事実上、単一の主題を労作する傾向にあったが、世紀中葉の作曲家たちはますます、一つの楽章内での明白な主題的対比を求めるようになった。単一の情念や単一の楽想が全体を通じて支配するということは、もはや美学的に必要とは考えられなくなった。主要主題の配置と労作は楽章全体の構造にとってなお必須であり続けたが、今や副次主題も同様に考慮されるようになり得たのである。

当時の理論家はしばしば、「多様における統一」説によって、楽章内の対比的主題の存在を正当化した。言うまでもなく、「多様における統一」は、音楽ばかりではなくあらゆる芸術において、十八世紀で最も重要な美学的教義の一つである。[149] 多様性は楽章規模の全体を支えるのに必要な差異性を提供する。しかし主要主題、すなわち中心的楽想の支配もまた、一貫した全体を支えるのに必要な統一性を保証するのである。

当時の音楽著述家にとって、楽章内で主題的には多様でありながらなおかつ一貫性があることを合理的に説明するのに、修辞学は中心的な役割をはたした。リーペルの対話編におけるディスカンティスタは、前記の箇所では多様性に対して肯定的に話していたが、他の機会には別の作品における過剰な対比を批判している。説教師が彼の説教の基盤となる福音書のテクストに固執しなければならないように、作曲家は彼の主題に固執しなければならないのではと言うのである。教師はここでも生徒を正す。弁論家がしばしば重要な論点の導入を遅らせるように、作曲家には主要主題の後で対比的あるいは副次的な主題を提示する自由がある。「たとえ大家が実は主題に留まっていたとしてもである。たしかに説教師はいつも福音書をくり返し、朗読して聞かせることができるとは限らない。彼は説明しなければならない。彼はそれこそ移行部、経過部などを設ける。彼はテーゼ Satz の他に、少なくともさらにアンチテーゼ Gegensatz をもっているのだ。[150]」

マールプルクは一七六一年にこう書いている。楽章の支配的な楽想、すなわちその主要楽節 Hauptsatz は、「そこから流れ出た」、したがって必然的に関連をもった、他の諸楽想 Gedanken を生み出さなければならない。

楽曲の主要楽節から流れ出た楽想がすぐにでも来ないだろうか？　あらゆる楽曲において、他のものから少しだけ突出した何かが確かにあるはずだ。冒頭でただちに、あるいは第一部分 Sectionalzeile で、もしくは第二部分で出てくるにせよ、この何かを私は主要楽節と呼ぶ。これは反復や移高、模倣、断片化によって処理されるべきものである。そこからさまざまなやり方で生じるパッセージ群は、共に楽曲の統一性を保つのに貢献する。もし主要楽節、あるいはそこから流れ出た諸楽想を、確立された思慮深い設計に従って新しい副次楽想

(147) Georg Joseph Vogler, *Verbesserung der Forkel'schen Veränderungen über das englische Volkslied God Save the King* (Frankfurt/Main: Varentrapp und Wenner, 1793), pp. 5-6. この一節に注意を促してくれたイレイン・シスマンに感謝する。［シスマンは本書の二年後に『ハイドンと古典派の変奏曲』という著作で、音楽における反復と変奏の原理と意味、古典派におけるその修辞学的含意について詳しく論じている。Sisman, *Haydn and the Classical Variation* (1993).］Jones, *A Treatise on the Art of Music*, p. 46 も参照。

(148) 変奏の技法と変奏曲というジャンルとの関係については以下を参照。Elaine Sisman, "Haydn's Variations" (Ph.D. diss., Princeton University, 1978).［前注で補足したシスマンの文献も参照。］

(149) 以下を参照。Sulzer, *Allgemeine Theorie*, "Einheit," "Mannichfaltigkeit"; Johann Christoph Adelung, *Über den deutschen Styl*, 3 vols. (Berlin: C. F. Voss und Sohn, 1785; rpt. Hildesheim: Olms, 1974), I, pp. 522-530; F. Fleischmann, "Wie muss ein Tonstück beschaffen seyn, um gut genannt werden zu können?" *AMZ*, 1 (1799), cols. 209-213, 225-228.

(150) Riepel, *Anfangsgründe*... *Grundregeln zur Tonordnung*, p. 76. 説教師とその説教というイメージは同書 pp.99, 104 でもくり返される。『芸術総論』の「主題」の項目において、ズルツァーは（キルンベルガーの協力で）以前のマッテゾンによる同じイメージの使用について、肯定的に言及している。Sulzer, *Allgemeine Theorie*, "Hauptsatz."

を交替させるなら、そしてもしこの副次楽想を前の楽想と同様に適切な関係において処理するなら、主要楽節と副次楽節のこの結びつきから、そしてこれらの楽節から生ずる諸部分（すなわち、いわばそれぞれのやり方をもったかなり多くの新しい楽節）の結びつきから、楽曲の多様性が生じるのである。[151]

ヴァイマルで一七八六年に出版された『音楽中辞典』の匿名の著者も、主要楽節から「流れ」出る楽想というイメージを使っている。[152] ヤーコプ・シューバクは一七七五年に、旋律の主要主題とその「副次的」楽想との関係についてほぼ同じように書いており、ここでも主要楽節の優位性を強調している。

楽器のためにどのように作曲すればよいかを完全に理解している作曲家は皆、ある提議 Vortrag すなわち主題を選び、それをまず冒頭で、次いで特に楽曲の推敲 Vollführung において、そして再び楽曲の終わりかその近くで聴かせることを知っている。もちろんこれには例外があるが、それについて語ることはしない。さらに、副次的な提議すなわち副次主題 Neben-Themata というものがある。これはおおよそ同じ方法で推敲 ausgeführt されるが、いったん提議されたら少なくとも完全に無視されるべきではない。ここでは対位法的な対主題 Nebenvortrag のことを言っているのではない。それについてはまだ多くのことが言えるが……そうではなく、単独の声部が遂行すべきことだけにとどめる。[153]

ヨーハン・ネーポムク・ライヒェンベルガーは一七八〇年に、副次的楽想の性質と機能を記述するために、やはり修辞学的な喩えを使っている。ちょうど弁論家と同じように、音楽家は

すぐに彼の命題 Satz すなわち主題をもち出す。そして正しく理解されるように、それを一回か二回、手短に

くり返す。彼は続けて……前に報告したことをすべて、最後に改めてまとめる。そしてしばしば、最初は彼の意図に反するように思われたパッセージや進行をやり過ごした後で、また極めつきの響きや動き〔リズム〕によって彼の意図にかなう情緒や情念をすべて呼び起こした後で、最後に再び、自身の道のりを通って、彼の命題と目的に主調の響きそのもので到達するのである。[154]

モーツァルトのピアノ協奏曲やソナタ、セレナーデのように、主題的変化に富む作品でさえ、展開と労作のプロセスを示している。チャールズ・ローゼンは、変ホ長調協奏曲K.二七一の第一楽章における素材の注目すべき経済性に加えて、最も重要なポイントである主題的連続性について、説得力のある論証を行っている。一見新しい個々の楽想は、実は新たな労作であって、先行する楽想から紡ぎ出されたものなのである。[155]経済性はそれ自体では美徳ではないし、いかなる点においても「自然」ではない。しかし、主題的労作のプロセスは全体の一貫性に寄与し、作品が単なる楽想のポプリ（旋律が羅列される接続曲）に堕することから守っている。[156]クリストフ・ヴォルフも同様に、ヘ長調ピアノ・ソナタK.五三三／四九四の第一楽章における楽想の連続が、いかに主題素材の継続的な労作に基づいているかを示した。[157]さらにジョーゼフ・カーマンが《アイネ・クライネ・ナハトムジーク》K.五二五冒頭

---

(151) Friedrich Wilhelm Marpurg, *Kritische Briefe über die Tonkunst*, no. 85 (7 November 1761), p. 161.
(152) *Musikalisches Handwörterbuch* (Weimar: Carl Ludolf Hoffmanns seel. Wittwe und Erben, 1786), "Thema."
(153) Jacob Schubak, *Von der musicalischen Declamation* (Göttingen: Vandenhoecks Wittwe, 1775), pp. 41-42.
(154) Johann Nepomuk Reichenberger, *Die ganze Musikkunst*, 3 vols. (Regensburg: Hochfürstlich-bischöfliches Schulhaus bey St. Paul, 1777-1780), III, pp. 160-161.
(155) Rosen, *The Classical Style*, pp. 199-211.
(156) 「経済性」が音楽作品においてもともと肯定的で「自然」な特性であるというひそかな前提については以下を参照。Levy, "Covert and Casual Values"; Leonard B. Meyer, *Style and Music: Theory, History, Ideology* (Philadelphia: University of Pennsylvania Press, 1989), pp. 193-195.

楽章の短い分析で論じているように、セレナーデのような軽くもったいぶらないジャンルでさえ、やや低い程度にではあるが、これらの労作や一貫性といった同じ特質を示している。[158] したがって、モーツァルトのあまり目立たないジャンルを「歌唱風旋律の詞華集[159]」として扱うのは早計である。これらの作品の詞華集的な性質はうわべだけのものにすぎない。

一見異なる楽想のあいだに結びつきを想定するといっても、「実質的共通性 Substanzgemeinschaft」の探究でよく見られるような類の、主題的共通性のこじつけに陥る必要はない。ダールハウスが指摘しているように、ある分析家たちの仕事に明らかに認められることだが、そのような関係の探究は強迫観念的になりかねない。[160] しかし思い出してほしいのだが、音楽形式の修辞学的概念は、楽章内にせよ全楽章間にせよ、単一の楽想が遍在するとは主張していない。逆に、弁論としての音楽作品というメタファーは、脱線や副次的楽想、さらには真の対比でさえ想定――それどころか要求――しているのである。これらの楽想が充分な首尾一貫性をもった、思考の幅広い枠組みの中で提示される限りにおいてではあるが。

あいにくなことに、どんな作品でも、その主題的「首尾一貫性」あるいは「統一性」を決定するための確立された判断基準というものは存在しない。ある分析者にとって明らかな結びつきが、別の分析家からはばかげて見えることもあり得る。おそらく、このような取り組みの妥当性を評価するための唯一の本当の判断基準は、ピーター・キーヴィが言うように、そのような分析が、後で当の作品を聴くときの経験と、どれほど統合され得るかを考慮することであろう。[161] 問題の多くは、分析者が個々の作品や楽章における主題的楽想どうしの関係を評価することが、そうした結びつきの妥当性そのものに対する彼の広範囲に及ぶ確信（あるいは懐疑）に、大きく依存していることにある。本章で提示されてきた証言から見えてくるのは、歴史的観点からすると、そのようなつながりを追求するのは完全に正当化されるということである。ただし、次のようなことを理解した上で取り組まなければならない。すなわち、たとえ二人の分析者がこの考えの基本的な妥当性を確信し、同じ作品を扱ったとしても、得てして少な

くとも三つの違った意見が出てくるということである。(162)

モーツァルトの弦楽四重奏曲ハ長調K.四六五（《不協和音》、一七八五年作曲）の第一楽章を扱った以下の簡単な分析（譜例2.4［一六五〜一六〇ページ参照］）は、この精神に基づいて試みられており、マールプルクらが主要楽節から「流れ」出る諸楽想のことを書いたとき、何を言わんとしていたかを解明しようとするものである。持続する大

---

(157) Wolff, "Musikalische 'Gedankenfolge' und 'Einheit des Stoffes': Zu Mozarts Klaviersonate in F-Dur (KV 533 & 494)," in *Das musikalische Kunstwerk ... Festschrift Carl Dahlhaus zum 60. Geburtstag*, eds. Hermann Danuser et al. (Laaber: Laaber-Verlag, 1988), pp. 441-453.

(158) Kerman, "Theories of Late Eighteenth-Century Music," pp. 236-239.

(159) Walter Wiora, "Die historische und systematische Betrachtung der musikalischen Gattungen," *Deutsches Jahrbuch der Musikwissenschaft für 1965*, 8.

(160) Dahlhaus, "Zur Theorie der musikalischen Form," pp. 26-29. 以下も参照。Dahlhaus, "Unité de Mélodie," in *Aufklärungen: Studien zur deutsch-französischen Musikgeschichte im 18. Jahrhundert*, II, eds. Wolfgang Birtel and Christoph-Hellmut Mahling (Heidelberg: Carl Winter Universitätsverlag, 1986), pp. 23-29.［主題の「実質的共通性」はドイツの音楽学者ハンス・メルスマンの言葉で、楽章間、主題間の表層的ではない内的な共通性を指摘するための概念。現象学を音楽学に応用したものと主張されたが、フッサールの影響はごく表面的なレヴェルにとどまった。Hans Mersmann, "Beethovens Skizzen vom Standpunkt phänomenologischer Musikbetrachtung," in *Bericht über den Musikwissenschaftlichen Kongreß in Basel* (Leipzig: Breitkopf & Härtel, 1925), pp. 244-258; idem, *Angewandte Musikästhetik* (Berlin: Max Hesse, 1926). 実質的共通性をシェーンベルクの音列概念の影響下で、音楽の「傑作」の分析に徹底させたのが有名なルードルフ・レティの「主題プロセス」（一九五一、一九六七）である。カール・H・ヴェルナー（一九六九）はこの方法をもっと体系的に整理し、十九世紀音楽史の文脈で論じている。］

(161) Peter Kivy, *Music Alone: Philosophical Reflections on the Purely Musical Experience* (Ithaca, N. Y.: Cornell University Press, 1990), p. 143.「実質的共通性」の最も過激な主張者の一人であるルードルフ・レティの理論に対する批判については、pp. 130-145を参照。［この方法に対する批判については、注160のダールハウス文献のほか、彼の "Zur Theorie..." の初期稿である "Some Models of Unity in Musical Form," *JMT*, 19/1 (1975), 2-30や、土田英三郎「音楽形式分析における実体的共通性の問題」、『東京芸術大学音楽学部年誌』七（一九八一）、二三〜四五ページ、Joseph Kerman, *Contemplating Music* (Cambridge, Mass: Harvard University Press, 1985), pp. 64-79も参照。］

(162) ジェイムズ・ウェブスターは、まもなく出版される［一九九一年刊］ハイドンの《告別》交響曲に関するモノグラフで、この問題に関して広範囲にわたって思慮深い考察を行っている。そこでの重要な指摘は、主題的結びつきの「発見」は大部分、そうした結びつきの存在に対する信念に依存している一方で（「求めよ、されば見いださん」）、この点に関する原理主義的な懐疑は、原理主義的な確信と同じくらいに正当性を欠くだろう、ということである。

譜例 2.4　続き（譜例冒頭は 165 ページ）

譜例 2.4　続き

61
p
65
cresc.
cresc.
cresc.
cresc.
p
p
p
p
68
f
f
f
f
tr
71
p
p
p
3
3
cresc.
cresc.
f
f
f
f
p
p

譜例 2.4　続き

譜例 2.4　続き

譜例 2.4　続き

譜例 2.4　モーツァルト、弦楽四重奏曲 K. 465、第 1 楽章、第 1 ～ 112 小節。モーツァルト新全集、第 VIII シリーズ、第 20 作品群、第 1 部、第 2 巻、ルートヴィヒ・フィンシャー校訂（カッセル：ベーレンライター、1962 年）より。原書の譜例をもとに作成。

胆な不協和音を伴うゆるやかな序奏は、演奏家にとっても聴き手にとっても、古典派の全レパートリーの中で最も要求度の高いパッセージの一つとして有名であると言えよう。その和声と声部書法は、たびたび分析の対象となってきた。[163] しかしここでは、筆者はやや違った取り組み方をしてみたい。つまり、主要楽節がいかに労作されているかという観点から、緩徐な序奏とアレグロの提示部を検討しようとするものである。

第一楽章の主題ないし主要楽節は単一の旋律線ではなく、序奏冒頭における全四声部のポリフォニックなネットワークである。これら冒頭小節群の音高、リズム、和声はすべて、楽章の以後の経過の中で登場する。したがって、この楽章の形式は、単にこれらの楽器の旋律線のどれか一つ、これらの要素の単独のどれか一つだけに基づいて説明できるものではなく、それらの協調関係を通して初めて明らかになるのである。冒頭小節に続くものは、主要楽節から派生したものとして、さもなくばその対比楽想として、あるいは最も多いのは、同時に両方の機能を実現したものとして、解釈することができる。

その密度の濃いポリフォニックなテクスチュアを考えると、冒頭の主要楽節が旋律と伴奏という単純なテクスチュアに分けられないのは、さほど驚くべきことではない。しかし、続くもっとホモフォニックなアレグロにおいてさえ、そのような区別を行うことは意外にも難しい。というのも、第二三～三〇小節の中声部はたしかに第一ヴァイオリンの伴奏として機能している一方で、第一～二小節におけるチェロの保続ハ音と半音階的な下行線の全音階的な再解釈でもあるからである。アレグロ冒頭で「単に」伴奏として機能しているように見えるものは、言い換えれば、作品の冒頭小節群で提示された重要な楽想の労作なのである。このように、主要楽節のある基本的諸要素が、すっかり対照的な現れ方の中で再解釈される。つまり、下行線（動機「a」、序奏では半音階的、アレグロでは全音階的）と、その上の上行線（動機「b」、序奏では三全音、アレグロでは完全五度）、およびその模続進行（序奏では二度下、アレグロでは二度上）、というようにである。冒頭小節群のこれら二つの線の基本的リズムもアレグロで保たれている。下声部における八分音符の一様な脈動と、上行線における長い音価に一連の短い音価が続くパターンである。序奏冒頭の底流をなす脈動は、その上声のリズム的曖昧さをいっそうきわだたせているが、他方、同じように一定だがより速いアレグロの脈動は、上声の第一ヴァイオリンの二＋二という楽節的な規則性を強調している（第二三～三〇小節）。序奏で重要な役割をはたす模倣対位法は後のアレグロの多くの部分でも目立っており（第三二～三六、四四～四七、七五～七六、七九～八三、九一～九九小節など）、この作品をめぐってあまたの注目のまととなってきた半音階的な要素も同様である（アレグロの第七三～七五、九三～九四、二二七～二三二、二四二～二四四小節、また後続諸楽章ではさらに強力に）。

アレグロそれ自体においても、「再構成された」主要楽節と見なし得るもの（第二三小節以降）が、そこから流れ出る後続の楽想のための新たな出発点を提供している。動機「b」は第三一小節で言い直されるが、今度はオクターヴ下に移高され、模倣対位法による新しい「伴奏」を伴っている。この発言が第三五～三九小節で拡張されると、前はタイ付きだった「b」の八分音符が分節され、（から新しいのリズムが生み出される。この音形の起源である「b」の三音群が、第三六～三七小節のスフォルツァンド記号によって思い起こされる。このリズム音形は第四〇～四三小節でさらに処理される。つまり、八分音符の三音群が戻ってくるが、今度は前に八分休符を伴っているのである（がになる）。

第四四小節で主音上の根音位置のカデンツに到達するが、これは解決と同時に属調への推移部を開始する「フレーズ交差」。もう一度、モーツァルトは「b」から派生した楽想を変奏させることによって、素材を労作している。

第四七～五〇小節の第一ヴァイオリンで、先行楽想の優雅ではあるがしごく重要というわけでもない変奏、という第一印象を与えるフレーズの一つが聴かれる。ニ―ロ―トの三和音（）がリズム的に縮小されてニ―ロ―ニ

(163)　以下を参照。Julie Ann Vertrees, "Mozart's String Quartet K. 465: The History of a Controversy," *Current Musicology*, no. 17 (1974), 96-114; Françoise Lacour, *Les quatuors de Mozart dédiés à Haydn. Etude analytique et esthétique* (Paris: Maîtrise, 1985).

ーロート（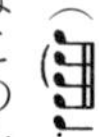）となる。この初めは控え目な変奏は、多くの後続のものへの踏み台《スプリングボード》となる。少しの間、楽章の前進運動はこの十六分音符の四音音形に「とどまる」ように見え、この音形は（さまざまな装いで）ほとんど弱まることなく、第五五小節のドッペルドミナントV/Vのカデンツまで続く。

後の時代の分析者だったら、第五六小節で始まる属調の楽想を「第二主題」と呼んだことだろう。実際、これはアレグロ冒頭と対照的である。冒頭のやや狭い音域《アムビトゥス》に対して、ここは広い範囲にまたがっている。第二三小節以降のレガートなフレージングに対して、ここはデタシェのアーティキュレーションである。強弱法はピアノではなくフォルテである。しかし、ここでも連続性を示す重要な特徴がある。すなわち、下拍での開始、チェロの反復音（第五六小節の第三拍で打ち切られるが、この作品のたいていの演奏が聴き手に思わせるよりも重要である）、それに上三声部の楽器にまたがって目まぐるしく動きまわる十六分音符の連続（明らかに第五〇～五五小節に由来）である。

第六〇小節後半で登場するこの十六分音符音形への対比主題は、第五〇小節における十六分音符の装飾と同様、やはり控え目に入る。しかしこれも、楽章の残りの部分で重要な役割をはたすことになる。その後続楽句はリズム的に「b」と非常によく似ており、モーツァルトが労作のために選ぶのはこの後続楽句なのである。

第七一小節での完全カデンツの後、歩調はゆるむ（十九世紀の分析者だったら、もし一貫した姿勢を保とうとするなら、これを「『第二の』第二主題」と呼ばなければならなかったことだろう）。モーツァルトは今度は、十一小節前に導入された対比主題の冒頭に戻る。同じ音高の二つの四分音符による上拍とそれに続く半音下行は、第六〇小節に由来する。三連符のリズムと伴奏的なテクスチュアが多様性を提供する一方、第二ヴァイオリンの半音階的な旋律線（第七三～七四小節）と第一ヴァイオリンの半音階的な対位主題は、楽章のゆるやかな序奏との連続性をさらに明らかにしているポイントである。新しい三連符のリズムは続くパッセージ（第七九～八三小節）で大いに活躍するが、一方、第八四～九〇小節の十六分音符のパッセージワークは第五六小節以降を想起させる。第九一小節で、再構成された主要楽節が再び回帰するが、今回は保続音上の和声を伴う。これは緩徐な序奏とアレグロのそれぞれの冒頭を思い出させるものである。

以上の分析は、ヒラーの匿名の事典編纂者による形式の定義にある「諸楽想が旋律やペリオーデ全体において連続する仕方」を示そうと試みたものである。この分析や同様の目的をもった他の分析の細部に関しては、大いに異論の余地があろう。しかし、ここで観察されたことが、リーペルやマールプルクらが楽章の統一性や一貫性に言及したとき、彼らが言わんとしていた手続きであることは、ほとんど疑いがないと思われる。K.四六五の場合、主要楽節がさまざまな装いで歴然とくり返し使用され、提示部だけでも三つの異なる機能——開始（第二三小節以降）、推移（第四四小節以降）、終結（第九一小節以降）——を満たしていることは、この原理をとりわけきわだった形で例証するものである。

このように、一つの楽章の一つの部分における旋律的楽想、リズム、和声、テクスチュア、楽器法、それに強弱法の母型《マトリックス》を少し概観するだけでも、形式構成においてこれらの要素のいずれか一つに概念的な優位性を与えるのは、ある一点で見当違いであることがわかろうというものである。作品が一貫性や形を獲得するのは、これらさまざまな要因の協調関係を通してのみである。これらの要素のそれぞれは、形式の性質について非常にさまざまな観点を提供する。そしてそれらはいずれも、形式の性質を理解するのに妥当であり、また必要なのである。

このように、十八世紀の形式概念を本質的に「主題的」として記述するのは、最初は誤解を招きやすいように思われるかもしれない。しかし、十八世紀の形式理解は、十九世紀が楽章内における特定の旋律的楽想の性格と配置にひたすらこだわっていたのとは全く異なる意味で、「主題的」なのである。それが「主題的」であるのは、主要楽節に始まりそして大部分そこから派生する作品の主題的諸楽想の展開と労作を最重要視している、という点においてである。これらの「主題《テーマ》」は十九世紀的な「旋律」の考えと同一視されるべきではない。そうではなくて、これらは修辞学的な意味で、すなわち弁論の主題《サブジェクト》として最もよく理解される。テクスチュアがモノフォニック（単旋律的）であるか、ホモフォニック（和声的）であるか、ポリフォニック（多声的）であるかにかかわりなくである。

十八世紀における形式の概念的基盤を「主題的」として記述することは、ポリフォニックな楽想の織物とその楽想の中の主要な旋律声部との関係について、当時の認識を保持するという利点もある。文脈によって、ザッツ Satz という語はモノフォニックな楽句と解釈されたり、多声の楽句だったり、完全な旋律（十八世紀的な意味で）だったり、あるいはポリフォニックな全体としての楽章だったりする。ザッツの特定のタイプとして、ハウプトザッツ（主要楽節、主題）はモノフォニックでもポリフォニックでもあり得る。用語上の一致は重要である。なぜなら、主題や旋律と形式とのあいだの深く根ざした結びつきを明らかにしているからである。ポリフォニックなテクスチュアの中の単一の旋律線としての「主題」は、作品の中心的な楽想の性質を完全に表現することはできないが、他方で、その楽想のエッセンスを具現化することはできるし、たいていはそうしている。同様に、楽章の主導的な旋律線（声部から声部へいくらでも移動できることを思い出そう）も、ふつうはポリフォニックな全体を構成する音高やリズムの最重要な要素を含んでいる。和声は単一の旋律線の中では明示的には存在しないが、強く暗示されていることが多い。しかし旋律だけが、不完全にではあるにせよ、音楽作品に入り込むさまざまな要素を総合することができる。すなわち、リズム的要素――小規模には楽節構造、より大規模にはカデンツによる分節――は、ほとんど常に楽章の主導的旋律線において目立った役割をはたしているし、和声も同様に、その同じ旋律線の中で暗示されることが少なくない。これらの傾向には例外があることはもちろんである。しかし旋律は、大体において形式の骨格を提供するのであり、これは他の要素にはないことである。

なぜ十八世紀において楽章規模の形式的一貫性の記述が（それ自体まれではあるにせよ）、旋律論 Melodielehren というもっと大きな文脈で最も多く見られるのか。主題ないし主要楽節と旋律の関係は、そのことを説明する助けになる。実際、大規模なステレオタイプのパターンを適応させ、しかも同時に十九世紀的な「内的」形式と「外的」形式の美学的二分法を避けるような方法で、音楽形式の大きな理論を発展させることができるのは、旋律的楽想の連鎖――コッホの言う「全体へと結びつけられた個々の旋律的部分」――としての形式という観点からのみである。形式を大規模な和声あるいはリズム（すなわち楽節論）の観点からだけで考えるのは、骨組みとしての形式――作品の「真の」実質とは異なり、したがって必然的に下位にある――という考えを永続化させるにすぎない。和声とリズムは、互いに連携し合いながら、楽章の旋律的展開を分節するのを助けることができるし、またそうしているが、それらはせいぜい外的な種類の形式を構成しているにすぎない。そこでは、作品の本質――その作品を他のすべてとは違うものにしている特徴――はまだ「満たされる」ことを待っている。形式の和声的見方は、第一章で見たように、最小共通項的な取り組みを示しており、それはいくつかの（しかしけっしてすべてのではない）形式の「主題的上部構造」のための骨組みということになる。そして、カデンツによって分節される一連のペリオーデという形式概念は、問題へのいっそう柔軟な取り組みを示す一方、それもまた形式を分節のプロセスと同一視している。カデンツ――コッホの「精神の休息点」――は楽章にその形式を与える諸要素の母型の中で重要な要因であることは言うまでもないが、楽章のカデンツ構造を輪郭づけることで、何が分節されているかの検討を犠牲にしてまで、分節のプロセスそのものを強調してしまう傾向がある。(164) 和声的な形式概念と同様、この見方も内容と形式の二分法――そこでは後者は美学的に下位の役割しかはたさない――を永続化させるものである。

もし、「形式」という語に「音高、リズム、強弱法、音色のすべてによって規定される音楽作品の形(165)」以上の意味を与えたいと思うなら、作品の基層 substratum に注目しなければならない。けっして作品の総計ではない何かを表すレヴェルである。同様に、形式／内容の二分法という美学的な隔たりを避けたいと思うなら、静的（例えば和声的に安定した大規模な区域）でもなければ、孤立した結節点（例えばカデンツ）にあるだけでもないなにがしか

(164) ダールハウスはコッホの形式観におけるリズム的分節の重要性を解釈する際、楽章中の主題的出来事の重要性を過小評価する傾向にある。Dahlhaus, "Der rhetorische Formbegriff H. Chr. Kochs und die Theorie der Sonatenform," *AfMw*, 35 (1978), 155-177.

(165) 前記四七ページ参照（『ニュー・ハーヴァード音楽辞典』における定義）。

の要素に、形式付与のパワーを割り当てなければならない。旋律の経過における主題的出来事の軌跡が、そのような要素を提供する。労作のプロセスを通して拡張することができ、単に「満たされる」だけではないのが、分析上の基層である。

さらに、音楽作品ないし楽章のアイデンティティを明瞭に表すことができるのは、旋律――十八世紀的な意味における――だけである。先の譜例に戻るならば、四重奏曲K.四六五のゆるやかな序奏における第一ヴァイオリン・パートは、明らかにそれだけでは包括的な分析の基盤を提供することはできない。しかし少なくとも、この作品の唯一無二の特徴を、いかに詳細な和声あるいはカデンツの輪郭でさえもなし得なかったような方法で、明らかにすることはできる。第一ヴァイオリン・パートはここでは、楽章全体で中心となる旋律的、和声的、リズム的な出来事のエッセンスを含んでいる。冒頭の身振りは非常に半音階的で旋律的に不協和であり、とりわけ第四〜五小節の卜音から変ニ音への三全音の動きではそうである。四つの声部全体のあいだで目立っている垂直方向の著しい不協和音を、水平方向に線的な形で投影しているのである。アレグロ冒頭の輪郭とリズムも、すでに指摘したように、この同じ声部の冒頭五小節に備わっている。そして、この単独の線は、当然ながら分析の焦点となるべき要素のすべてを体現することはできないが、楽章の最も重要な出来事の基本的な連続、すなわち「諸楽想が旋律やペリオーデの全体において連続する仕方」［本章注139および一六六〜一六七ページ］を投影するに充分な数の要素を、事実上含んでいるのである。

フル・スコアほどではなくとも楽章のアイデンティティを投影することができるという点では、その楽章の個性を保つことに最も接近するのは、その旋律的軌跡である。旋律は結局、聴き手が音楽的出来事を理解するのに最もわかりやすい媒体である。そしてわかりやすさは、すでに見たように、十八世紀を通じて、一貫性や美的価値のための決定的な必要条件である。コッホは晩年の『和声学習便覧』（一八一一）で、以前に『試論』と『音楽事典』の両方でほのめかしていた考えについて詳述している。作品の旋律は「作曲家の理想、あるいはいわば音による絵画 Tongemälde の素描」を含む。そのような旋律はしばしば主要旋律 Hauptmelodie［あるいは主要声部 Hauptstimme］と呼ばれ、音による弁論 Tonrede のエッセンスをなす。というのも、それは他の何よりも「芸術作品の演奏に際してわれわれの精神に訴えかける」音楽要素だからである。[166]

楽章の旋律はまた、配置（dispositio または Anordnung）――つまり十八世紀の理論家たちの解釈によれば、作曲プロセスにおいて音楽的全体の大規模な構造を確立する段階――の所産を最もよく表している。作曲家のスケッチというものは、無作為の断片的な思いつき（着想 inventio の所産）から、実質的に完成された楽章で最終総譜への仕上げだけを残す状態（彫琢 elocutio の所産）にまで及ぶ。両者のあいだは非常に広い範囲にまたがり得るが、その中間のどこかに、旋律的楽想の支配が実現化される段階がある。ハイドン、モーツァルト、ベートーヴェンの現存スケッチはいずれも、現在私たちが「連続草稿《ドラフト》」と考えているもの――総譜の予備段階の草案で、楽想のおおまかな配置や出来事の連続を示すが、まだかなりの細部が欠けている――が、主として旋律的楽想からなっていることを裏付けている。たしかに和声は至るところで指示することができるし、とりわけコッホは、作曲家に「旋律を和声的に考える die Melodie harmonisch denken」よう促している。[167] しかし、楽章の大規模な一貫性を担う媒体は、その旋律にある。一例として、グリージンガーの報告によれば、「ハイドンは自分の作品をいつもひと息に書き上げた。彼は各部分において、突出した hervorstechend 箇所を少しの音符や数字で示すことによって、主声部のための構想を立てた。」その後でようやく、作曲家は「副次的な伴奏声部や巧みな推移的パッセージによって、この無味乾燥な骨組みに精神と生命を吹き込んだ」のである。[168] コッホやダウベも、ほぼ同じ言葉で、作曲プロセスについ

(166) Koch, *Handbuch bey dem Studium der Harmonie* (Leipzig: J. F. Hartknoch, 1811), pp. 8-9.
(167) Koch, *Versuch*, II, p. 81. この考えに関するフォーグラーの同様の記述については以下を参照。Jürgen Neubacher, "'Idee' und 'Ausführung': Zum Kompositionsprozess bei Joseph Haydn," *AfMw*, 41 (1984), 197.
(168) Griesinger, *Biographische Notizen*, p. 79 (original edition, p. 116).

て記述している。(169)

ハイドンの「突出した箇所」は、すでに指摘したように、今日ならソナタ形式楽章の提示部、展開部、再現部それぞれの冒頭と見なされるであろうものに、しばしば一致する。そして重要なのは、これらの部分それぞれの「構想」が単一の旋律線によって担われていたということである。さらに、とりわけリーペル、ガレアッツィ、そしてのちにレイシャが、大規模形式の構成を、単一の旋律線だけからなる譜例でもって説明することを意図的に選んだ、あるいは少なくとも説明することができた、という点も大事である。

このように、古典派の音楽形式は、音楽的な意味でも修辞学的な意味でも、主題的に考えられていた。中心的な楽想の労作は、楽章を通じて後続の楽想（中心的楽想の再出現を含む）の軌跡を形作ることと見なされた。レナード・ラトナーが「古典派のソナタ形式は何か弁論という行為、修辞的な演説のような性格をもっている」と指摘したのはたしかに正しいが、「論じられるべき前提」をなすのは「冒頭の〔対比的な〕調」なのではない。ラトナーにとって、これらの調域〔提示部における主調域と属調域〕の「力」は「それぞれの主題的素材によって表されて」おり〔強調筆者〕、大規模な和声的単位はそれらの「豊かな主題的内容」によって「彩られて」いる。(170) しかし、本章で概観した理論家たちから言えることは、単にソナタ形式に限らずいかなる形式においても、論じられるべき中心的な前提を提供するのは明らかに主題そのもの、とりわけ主要楽節だということである。

主題的労作のプロセスとしての十八世紀的な形式理解は、楽章が形式のステレオタイプなパターンに執着することも、そこから逸脱することも許容する。主題本位の形式概念は、本書で問題となっている時代の事実上すべての形式に適用できる。というのも、おそらくファンタジアやそれと密接に関連するカプリッチョを除いて、真に「非主題的」なジャンルは存在しないからである。さらに言えば、ファンタジアとカプリッチョという例外でさえ、形式の主題的基盤を説明するのにかえって役立つような、啓発的な存在であることがわかる。なぜなら、器楽という領域の中でこの二者だけが、いかなる種類のステレオタイプなパターンとも全く無関係であると、合法的に言えるジャンルだからである。この二つの「形式」(もしこの語が予測できるパターンを完全に欠いていることを本質とするような作品にも適用できるのであれば)は、単一の主題または限られた数の関連楽想の操作や展開よりも、その主題的楽想の多様性に基づいている。[171] 労作はたしかにファンタジアにも存在し得るし、実際にしばしば見られる。しかし、この特質は不可欠のものではない。他方、ここで問題となっている時代の他のすべての形式にとっては、本質的なのである。

マッテゾンは、十九世紀より前のほとんどの理論家と同様に、ファンタジアをジャンルというよりは一つの様式として扱っている。マッテゾンの言葉で言えば、旋律ジャンル Melodie-Gattung ではないからである。「というのも、この様式は考え得る限り最も自由で最も制約のない作曲、歌唱、演奏の方法だからである。なにしろあれやこれやの突然の着想に迷い込み、言葉にも旋律にも……結び付かず、……形式に関わる主要楽節も主題 Unterwurff もなく、推敲されるべき主題 Thema und Subject もないのである。[172]」

マッテゾンにとって、ファンタジアの目立った特徴の一つは、形式に関わる förmlich――すなわち造形的な――

(169) Koch, *Versuch*, II, pp. 79-83; Daube, *Anleitung zur Erfindung der Melodie*, II, p. 38. 以下も参照。Ratner, *Classic Music*, p. 81; Schafer, "'A Wisely Ordered Phantasie'"; Neubacher, "'Idee' und 'Ausführung'," 187-207.

(170) Ratner, *Classic Music*, p. 246. Ratner, "Key Definition: A Structural Issue," 472 も参照。ラトナーは引用していないが、筆者の知る限り、楽章の調域を演説の提議になぞらえた書き手が十八世紀に一人だけいる。ジェイムズ・グラシノーは一七四〇年の『音楽辞典』の中で、「調」を定義する際にこのアナロジーを使っている。James Grassineau, *Musical Dictionary* (London: J. Wilcox, 1740), "Key."

(171) フーゴ・リーマンはファンタジアを「非形式 Nicht-Form」と呼んでいる。Hugo Riemann, *Grundriss der Kompositionslehre*, 2 vols. (Berlin: M. Hesse, 1905), II, p. 124.

(172) Mattheson, *Capellmeister*, p. 88. ハリスの英訳では「推敲される ausgeführet」が「演奏される performed」となっているが(p. 217)、それだとこの一節の意味が大きく歪められてしまう。[ボンズは Unterwurff を「輪郭 outline」と訳しているが、前者は当時のドイツ語におけるラテン語の subjectum(主語、論題)からの借訳語である。サブジェクト系の言葉は今日に至るまで「主観」「主体」のほかに、特に対位法的楽曲における「主題」の意味で使われているが、マッテゾンでも同様。Siegfried Schmalzriedt, "Subiectum / soggetto / sujet / Subjekt," in *Terminologie der musikalischen Komposition*, ed. Hans Heinrich Eggebrecht (Stuttgart: Franz Steiner, 1996), pp. 264, 267.]

主要楽節がないということである。この基本的な考えは十八世紀を通じてくり返される。例えばクラインは一七八三年にこう指摘している。「主要楽節にも特定のリズムにも結び付かない旋律は、ファンタジーあるいはカプリッチョと呼ばれる。(173)」

このように、ファンタジアの旋律——十八世紀的な意味で——はその構成要素の推敲を通して展開するのではなくて、作曲家の着想《インヴェンツィオ》によって決定されるのである。コッホは一八〇二年の『音楽事典』で「カプリッチョ」をこう定義している。「作曲家が通常の楽曲に取り入れられている形式や転調に束縛されるのではなく、よく考えられた設計《プラーネ》に身をゆだねるよりも、まさに彼の想像力《ファンタジー》を支配する思いつきのおもむくままにするような楽曲。(174)」同時にコッホは指摘する。この説明は、そうした作品が無秩序であるということを言わんとしているのではない。むしろ、その楽想の並列は慣習的なパターンには従っていないということであり、主要楽節は必ずしも他の形式におけるように支配的な役割をはたす必要がない。さらにコッホは『試論』第二部で、作曲プロセスに関する自身の見解を記述している所でもこう書いている。過度に自由に想像《ファンタジー》にふけると、構想段階《アンラーゲ》で具現化された楽章の中心的楽想からは「あまりにも遠く隔たった」副次的楽想 **Nebenideen** に導かれてしまうと。(175)

一方で「慣習的な諸形式」、他方でファンタジアやカプリッチョがある。この両者の区別は当時のレパートリーで確認できる。とりわけカール・フィーリプ・エマーヌエル・バッハの「自由」なファンタジア——小節線なしで記譜されたもの——は、作曲者の広く賞賛された即興演奏の能力を最もよく証明するものと考えられる。これらのファンタジアはしばしば、はっきりとした連続感や予想可能性をほとんどあるいは全く伴わないまま、楽想から楽想へと進む。モーツァルトやベートーヴェンのファンタジアは、もっとしっかりと構成されてはいるが、この即興的性格の要素を強く示しており、ソナタには見られないほどの和声的、主題的自由がある。ハイドンがこの語をめったに使っていないことはやや問題で、というのも、そのようなタイトルをもつわずかの作品では「主要楽節」が大いに支配的となっているからである。他方、「カプリッチョ」と命名された弦楽四重奏曲ハ長調作品二〇の二の

第二楽章は、伝統的にこのジャンルと関連付けられてきた主題的非連続性を示している。ハ短調の冒頭部分は第三三小節で突然中断され、完全に対比的な性格のカンタービレな変ホ長調の部分に、ただ取って代わられるだけである。楽章の前半と後半はかすかな主題的結びつきによって関連付けられてはいるが、冒頭主題が明確に回帰することはない[176]。

それでも、「ファンタジーレン fantasieren」［空想にふける、音楽では即興演奏をする］という言葉は、ハイドンにとって、着想《インヴェンツィオ》と楽想の自由な連続というプロセスと明らかに結びついている。最晩年になって、彼は自身の作曲方法における最初の段階について説明したとき、まさにこれらの言葉を使っているのである。

私は［鍵盤楽器の前に］座って、私の気分が悲しいか楽しいか、まじめかふざけているかに応じて、即興演奏を始めました。いったん一つの楽想をつかみ取ると、私のすべての努力は、それを芸術の規則に従って労作し維持することに向けられました。……そしてこれこそが、多くの若い作曲家に欠けていることなのです。彼らは小さな断片を次々と並べ、そしてまだほとんど始めてもいないのに突然やめてしまいます。しかし人がそれを聴いても、心には何も残らないのです[177]。

ここでは、着想《インヴェンツィオ》と推敲《エラボラツィオ》の伝統的な区別が明らかである。最初の楽想《イデー》は作曲者の想像力《ファンタジー》の所産であって、ある

(173) Klein, *Versuch eines Lehrbuchs*, p. 61.
(174) Koch, *Musikalisches Lexikon*, "Capriccio."
(175) Koch, *Versuch*, II, p. 97. チェルニーもだいぶ後の一八四〇年頃に同様のコメントをしている。Czerny, *School of Practical Composition*, I, p. 35.
(176) ファンタジアとカプリッチョに関するハイドンの考えについては、以下の有益な議論を参照。A. Peter Brown, *Joseph Haydn's Keyboard Music: Sources and Style* (Bloomington: Indiana University Press, 1986), pp. 221-229.
(177) Griesinger, *Biographische Notizen*, p. 78 (original edition, p. 114).

意味では彼の制御できる範囲を超えている。それらの楽想がどのような形をとるかは、彼の気分次第である。しかし、いったん楽想——一連の楽想ではなく、「一つの楽想」——が確立されると、作曲家は彼の技《わざ》を使い始め、その楽想を「芸術の規則にしたがって」労作する führt aus のである。[178]

若い作曲家たちが主要楽想を充分に労作できないでいることを指摘したとき、ハイドンは、そうしたやり方がファンタジアやカプリッチョといったジャンルでは大目に見られるということを、付け加えてもよかっただろう。しかし、これらのジャンルは作曲の主流をなすものではない。そして、主題の労作の重要性に関するハイドンの見解は、当時の多くの論客にも共有されているのである。[179]

美学者ヨーハン・ハインリヒ・ゴットリープ・ホイジンガーは、一八〇〇年の少し前に出版された『美学便覧』の中で、ファンタジア——「ファンタジーレン」のプロセスの所産——と、形式のもっと「労作的」なカテゴリーと呼べるであろうものとのあいだの、この根本的な区別について要約している。「完全に自由なファンタジーは主題も目的ももたない。そこでは、その想像力が悟性による束縛を逃れるとき、芸術家を驚かせることもある。[180]」明らかに、マッテゾンもホイジンガーも、また当時の他のどの理論家も、ファンタジアが主題を欠いているということを言わんとしたのではない。そうではなくて、ファンタジアには中心的な主題、作品の残りを支配する主要楽節がないということである。非労作的な作品では彫琢 Ausarbeitung よりも着想 Erfindung が強調される。エラボラッィオを犠牲にして、インヴェンツィオが主役の座を占めるのである。ホイジンガーのコメント——「その想像力が悟性による束縛を逃れるとき」——はとりわけ意味深い。[180a]というのも、インヴェンツィオの所産を、より計算ずくのエラボラツィオのプロセスによって、わかりやすいものにする必要性を暗示しているからである。クラインも同様に、音楽のファンタジアと、「われらが偉大で高名な宗教的、世俗的弁論家のよく整理されたクレイア Chrieen (chreia)［修辞学入門用の格言名句解］および技巧的な演説」とを明確に区別している。[181]

以上は、記譜されたファンタジアが実はほとんどあるいは全く熟慮の所産ではないということではなく、一つのジャンルとして、いかなる熟考からも解放されているかのような印象を与える、選択の自由をもっているということである。実際、構造上のステレオタイプがないということ、それに労作がファンタジアにとってせいぜい任意的選択の特性にすぎないことから、このジャンルは他のすべてとは違う基準で判断される必要がある。ホイジンガーが指摘するように、「大きな楽曲、例えば交響曲について、自由なファンタジーについて語るよりも多くを語ってはならない、などということをいったい誰が認めるだろうか。後者を批評することはまだどの批評家も思いつかなかったが、前者は、残念ながらめったに出版されないとはいえ、厳しく批評されているのである。[182]」

二つの広範な形式カテゴリー——自由なものと労作的なもの——の区別は、少なくとも部分的にはジャンル間の区別に基づいており、そういうものとして、ジャンルと形式の決定的な結びつきに関わっている。あらゆる労作的なジャンルと形式は、ある程度、生成論的な観点から見ることができる。作曲家は単一の楽想で始め、楽章はこの胚芽的な単位から成長するのである。しかしこれは、すでに指摘したように、あらゆる労作的なジャンルと形式に共通のプロセスである。ロンドや主題と変奏、ソナタ形式といったさまざまな慣習的形式は、それらが主題的楽想を労作するやり方によって区別されるのである。

(178) グリージンガーやディースによる初期の伝記には、ハイドンと「ファンタジーレン」に関してこの一節の他にも言及があるが、それらについてもっと詳しくは以下を参照。Schafer, "'A Wisely Ordered Phantasie,'" I, pp. 138-197, and II, pp. 1-3.

(179) Daube, *Anleitung zur Erfindung der Melodie*, I, p. 25; Koch, *Versuch*, II, pp. 131-133; Galeazzi, *Elementi*, II, p. 253.

(180) Johann Heinrich Gottlieb Heusinger, *Handbuch der Aesthetik*, 2 vols. (Gotha: Justus Perthes, 1797), I, p. 153.

(180a) [「わかりやすさ intelligibility」は本書のキー・ワードの一つだが、当時のカント哲学の文脈では intelligible には「叡智的な」、つまり悟性によってのみ理解可能な、という意味もあり、ここで直感的、感性的なインヴェンツィオと対比されていると考えることもできる。]

(181) Johann Joseph Klein, *Lehrbuch der theoretischen Musik* (Offenbach/Main: Johann André, 1800), p. iv.

(182) Heusinger, *Handbuch der Aesthetik*, I, p. 155.

ジャンル、形式的慣習、個人的才能

今日の抽象的なパターンとしての形式概念は、特定のジャンルからは切り離される傾向にある。ロンドあるいはソナタ形式の楽章は、協奏曲から交響曲、ソナタに至るまで、かなり多くの異なった種類の作品に登場し得る。しかし、十八世紀の理論家や美学者たちにとって、弁論にせよ音楽作品にせよ作品の形式は、それが属しているジャンルに強く影響される。伝統的な修辞学の習慣によれば、例えば弔辞におけるアイディアの性質と効果的な配列は、説教や頌徳文、あるいは大学の講義の場合とは、必然的に異なることになっている。同様に音楽作品においても、主要楽節とのちに続くその推敲の性質は、ジャンルごとに違ってくる。十八世紀の理論家はジャンルのことを、その機能や楽器法に基づいて考えたばかりではなく、その主題的楽想《アイディア》が推敲されるやり方に応じて分類したのである。言い換えれば、ジャンルはある程度、旋律――少なくとも十八世紀的な意味での――によって決定されるのである。

旋律、ジャンル、それに形式のあいだの関係は、マッテゾンやコッホ、その他の当時の理論家たちが、ジャンルの議論――これは旋律というもっと広い見出しのもとで登場する――の中で、特定の大規模形式の説明を導入する際の方法論において最も明らかである。マッテゾンは『完全なる楽長』の第二部の表題を「旋律、あるいは単声の歌を実際に作ることについて、その諸事情と特徴とともに」としている。彼が「旋律の諸ジャンルとそれらの個々の特徴について」としているのは、この第二部の第一三章である。[183] コッホの『試論』の後半はすべて「旋律の機械的な規則について」あてられており、第三巻の全体は「旋律的部分の結合、あるいはペリオーデの構成について」扱っている。コッホが特定のジャンルについて記述するのは、最も大きなレヴェルでペリオーデの操作に取り組んだ、この最終巻の第四章（最終章）「旋律的部分の大規模なペリオーデへの結合、あるいは大規模な楽曲の配置について」においてである。[184]

この一般的な方法論と同じのものは、エルンスト・ヴィルヘルム・ヴォルフの『音楽教授』（一七八八）にも見られる。同書は楽節性の議論を「楽曲の配置について」で締めくくるが、これはジャンルごとに系統だてて記述されている。[185] ジャン・バティスト・メルカディエの『理論的・実践的音楽の新体系』（一七七六）の第五部「実践的音楽について」は、楽章全体を構成することに関する章（「和声的全体を扱う方法」）を含むが、これもソナタやサンフォニーのような特定のジャンルの議論で終わっている。[186] この基本的なパターンは再び、フランチェスコ・ガレアッツィの『音楽の理論と実践の基礎』（一七九六）の第二巻で明らかである。「旋律について」（第五部、第二節）という表題のもとで、ガレアッツィはインヴェンツィオ（第一、二項）からディスポジツィオ（第三項）へ進み、手短に大規模な転調の問題を扱い（第四項）、最後にさまざまなジャンルについての記述で終えている（第五、六項）。

楽章規模の形式をジャンルの機能として扱う伝統は十九世紀になってもかなり続いた。グスタフ・シリングは『総合的音楽学の手引』（一八四〇）で、形式論 Formenlehre をジャンルの概念と直接的に同一視している（第五部「音楽の形式論、あるいは名をあげることのできる個々の楽曲の概論[187]」）。フェルディナント・ハントは『音芸術の美学』（一八四一）において、「[旋律的]推敲《アウスフュールング》の法則」からじかにジャンル論へと進んでいる。[188] つまり、十九世

(183) Mattheson, *Capellmeister*, pt. 2, "Darin die wirckliche Verfertigung einer Melodie, oder des einstimmigen Gesanges, samt dessen Umständen und Eigenschafften, gelehret werden," ch. 13, "Von den Gattungen der Melodien und ihren besondern Abzeichen."

(184) Koch, *Versuch*, II, "Zweyte Abtheilung. Von den mechanischen Regeln der Melodie," sect. 4, "Von der Verbindung der melodischen Theile, oder von dem Baue der Perioden," III, ch. 4, "Von der Verbindung der melodischen Theile zu Perioden von grösserem Umfange, oder von der Einrichtung der grössern Tonstücke." これらの言い方がコッホによる修辞学の定義と類似していることに注目せよ（本書第二章の冒頭を参照）。

(185) Ernst Wilhelm Wolf, *Musikalischer Unterricht*, I, pp. 74-76: "Etwas von der Einrichtung musikalischer Tonstücke."

(186) Mercadier, *Nouveau système*, pt. 5, ch. 3.

(187) Gustav Schilling, *Lehrbuch der allgemeinen Musikwissenschaft* (Karlsruhe: Christian Theodor Goos, 1840), pt. 5: "Musikalische Formenlehre, oder kurze Beschreibung der einzelnen namhaften Tonstücke."

紀の多くの人にとって、形式とジャンルの区別は明確というにはほど遠いのである。[189]

ヨーハン・クリスティアン・ローベが一八五〇年になってもなお、一七三〇年代のヨーハン・マッテゾンと同じ基本的な教育方法論に固執していたということは、教育的伝統の強さをはっきりと証明している。ローベはメヌエットの構造を個々の単位の連結として説明するが、もっと凝った形式の説明となるとジャンルの記述に転ずるのである。ローベが言うには、メヌエットの楽節的性質では、ベートーヴェンの弦楽四重奏曲ヘ長調作品五九の一の第一楽章の構造を適切に説明することはできない。もし古典派のメヌエットのモデルを特にこの事例に適用するなら、楽章の形式に関して「若干のことがらがはっきりしないまま残ってしまうだろう。[190]」こう認めるローベの言葉は控え目もいいところである。ベートーヴェンのヘ長調弦楽四重奏曲の第一楽章の構造は実際、メヌエットのそれとは遠く隔たっているからである。こうした方法論上の限界に関するローベの認識と同様のものは、すでに見たように、形式に関する彼以前の多くの説明にも暗黙のうちに存在する。

ローベの時代までには、慣習的な形式は何か避けるべきもの、あるいは克服すべきものとして、広く見なされるようになった。慣習にあまりにも固執しすぎると、アカデミズムのそしりを免れなかったのである。楽式論 **Formenlehre** は、ダールハウスが指摘するように、ついには解剖学と同一視されるまでになった。身体的な構造を記述することはできるが、音楽作品の内的な性質についてはその限りではないというわけである。[191]作品の本質、その感動させる精神は、説明の範囲を超えたままだった。しかし、慣習的な形式に対するそうした姿勢が現れるようになったのはようやく十八世紀末頃、音楽形式がますます特定的に記述され始めたときのことである。少なくとも何人かの理論家は、個々の作曲家の創造的才能と、比較的少数の形式的図式がくり返し使用され続けることとのあいだの明らかな矛盾に、すでに悩まされていた。古典派の理論家たちは、教えたり学んだりすることができない生得の才能と、そうすることができる作曲の機械的な規則とのあいだに広がりつつある溝を、次第に認めるようになったのである。

十八世紀後期の二人の理論家が、この問題にまれに見る明晰さでもって取り組んだことで、当時としては際だっている。先人たちや同時代の人々とは違って、ハインリヒ・クリストフ・コッホとヨーハン・ニーコラウス・フォルケルは、抽象的でステレオタイプなパターンとしての形式概念と、唯一無二《ユニーク》なる作品の現れとしての形式概念とを、いかに調停するかという困難な問題に立ち向かう。両者は、古典派における「内的」形式と「外的」形式という二分法は、わかりやすさというより大きな問題——すなわち修辞学的な形式概念の領域——の枠組みで見ない限り、それ自体誤解を招くのだということを示唆している。コッホとフォルケルはまた、大規模な音楽形式について、霊感を受けた創造的才能と、慣習を頑なに守ることとを、根本的には区別しない美学的見解を提示した、最後の二人でもある。つまり、天才のわかりやすさを保証するのは、まさに慣習なのである。

小規模なレヴェルでは、このわかりやすさは、すでに見たように、楽節性の原理に基づいている。さまざまな程度の区切りが、言葉による弁論の句や文、段落に対応する単位を生み出す。大規模なレヴェルでは、このわかりやすさは、楽章の主要楽節を反復や変奏、対比によって展開することに依存している。主題的出来事を慣習的な構造の中に配置するのは、二人の著者が示唆するように、結局はわかりやすさのゆえでもある。

音楽の仕組み《メカニクス》と美学を論じる際、フォルケルは同時代の人々よりももっと徹底して言語の比喩に頼っている。にもかかわらず、彼の形式に対する考えは、十八世紀後期の音楽思想の主流に深く根ざしたままである。『音楽の理

---

(188) Ferdinand Gotthelf Hand, *Aesthetik der Tonkunst*, II (Jena: Carl Hochhausen, 1841).

(189) 以下を参照。Friedrich Blume, "Die musikalische Form und die musikalischen Gattungen," in idem, *Syntagma musicologicum: Gesammelte Reden und Schriften*, ed. Martin Ruhnke (Kassel: Bärenreiter, 1963), pp. 480-504; Wiora, "Historische und systematische Betrachtung der musikalischen Gattungen"; Thomas S. Grey, "Richard Wagner and the Aesthetics of Musical Form in the Mid-19th Century (1840-1860)" (Ph.D. diss., University of California, Berkeley, 1987), pp. 75-76.

(190) Lobe, *Lehrbuch der musikalischen Komposition*, I (Leipzig: Breitkopf und Härtel, 1850), p. 305. ［ローベについては第三章注32を参照。］

(191) Dahlhaus, "Gefühlsästhetik und musikalische Formenlehre," 505-506.

論について』（一七七七）において、それに再度『音楽通史』第一巻（一七八八）の序論において、彼は音楽を感情ないし情念の言語 Empfindungssprache と呼ぶ。つまり言葉の言語の慣習的な「観念言語 Ideensprache」とはっきりと（常に直接的というわけではないが）対応する言語である。(192) そういうものとして、音楽はそれ自身の規則と慣習をもつ。フォルケルはそれを、当時の他の理論家と同様に、文法と修辞学の二つのカテゴリーに分ける。文法は、個々の音と和音のあいだの関係、それにそれらの楽節的な単位（Sätze）への連結を司る。一方、修辞学は、これら小規模な単位を結合し連続的に配列して、大規模な全体に仕立て上げるプロセスを統制する。しかしフォルケルは、音楽の文法と修辞学のあいだの区別は必ずしも常に明確ではないと、わざわざ強調する。「非常に多くの点で、音楽の修辞学は文法とは以下のように違うだけである。すなわち、修辞学は文法が小規模に教えたことを大規模に教えるのである。(193)」

しかしながら、当時までの作曲に関する手引書はいずれも「音楽の文法以上のものでも以下のものでもない(194)」ので、フォルケルは音楽の修辞学の体系的な概略を提示することにした。彼はこの分野を六つの広範な領域に分けている。

一　楽節論（Periodologie）［音楽ペリオーデの構成法］
二　様式（Schreibarten）：教会、劇場、室内のための
三　ジャンル（Gattungen）
四　楽想の配置（Die Anordnung musikalischer Gedanken）［フィグール論を含む］
五　楽曲の演奏あるいはデクラマツィオーン
六　音楽の批評(195)

これらのカテゴリーのうち四番目は、大規模な形式の問題にとってとりわけ重要である。配置 Anordnung とは、前述したように、芸術創造の行為において、個々の単位がしかるべき順序で配列されるプロセスのことをさす[196]。「美的配置 Die ästhetische Anordnung」という見出しのもとで、フォルケルは大規模な形式の記述を可能にする諸要素を列挙している。

a. 序論（Exordium）
b. 主題（Thema, Hauptsatz）
c. 副主題（Nebensätze）
d. 対比主題（Gegensätze）
e. 断片化（Zergliederungen）
f. 論駁（Widerlegungen）
g. 確証（Bekräftigungen）
h. 結論（Conclusion）

(192) Forkel, *Ueber die Theorie der Musik, insofern sie Liebhabern und Kennern nothwendig und nützlich ist* (Göttingen: Wittwe Vandenhöck, 1777); idem, *Allgemeine Geschichte*, I. 前者は一連の公開講演のための要綱で、後にクラーマーの『音楽雑誌』に再録された。Carl Friedrich Cramer, *Magazin der Musik*, 1 (1783), 855-912.

(193) Forkel, *Allgemeine Geschichte*, I, pp. 21, 39.

(194) Ibid., I, p. 38. フォルケルはキルンベルガーの『音楽の純粋書法』（一七七一～一七七九）を唯一の例外としてあげている。

(195) Ibid., I, pp. 66-68. 音楽修辞学に関するフォルケルの考えについてもっと詳細に論じたものとしては以下を参照。Wilibald Gurlitt, "Hugo Riemann und die Musikgeschichte," *Zeitschrift für Musikwissenschaft*, 1 (1918/1919), 574-578; Heinrich Edelhoff, *Johann Nikolaus Forkel: Ein Beitrag zur Geschichte der Musikwissenschaft* (Göttingen: Vandenhoeck & Ruprecht, 1935), pp. 47-52; Ritzel, *Die Entwicklung der "Sonatenform,"* pp. 106-111. [Periodologie は英語では periodicity（楽節性）。]

マッテゾンの図式からの影響は一見して明らかである。フォルケルは先輩理論家のこの方面での業績をはっきりと認め、改める必要があったのはマッテゾンの時代の音楽であって、彼の理論ではなかったと指摘している。

しかるに彼の時代おいて、あるいはむしろ『完全なる楽長』が出版された時代において、音楽はまだ、筋の通った音楽修辞学をそこから抽象できるような性質のものではなかった。音楽には、洗練と趣味ばかりではなく、とりわけ個々の部分の関連性が欠けていた。その関連性によってこそ、音楽は、あるいは楽想相互の発展を通して、あるいは様式の統一性などを通して、初めて形式にかなった感情の語りとなるのである。この最高度の完全さを、音楽はようやく彼の時代の後になって、少数のわれらが第一級の作曲家の手によって、獲得したのである。(197)

フォルケルはあいにく、彼が想定するもっと近年の作曲家の名前をあげていないが、楽節性を論ずる際に彼が提示している少数の譜例は、古典派様式にとって基本的な先行―後続の対応構造を示している。そしてマッテゾンと同様に論駁 refutatio と確証 confirmatio という逆の順を保つことで、彼はほとんどの形式で楽章の最後あたりで主調(とふつうは主要主題)が再現されることを、いっそう入念に示している。

以前の多くの理論家と同様、フォルケルは大規模形式の構成におけるわかりやすさという特質を強調する。

もし弁論家が、あらかじめどれが彼の主題 Hauptsatz、副主題 Nebensätze、反論、その論駁、そして証明であるかを決定せずに演説しようとし、それによって［彼の聴き手を］啓発し、納得させ、感動させようとしたなら、不自然で目的に反するように振る舞うことになるだろう。……

ある程度の長さの楽曲は、それによって聴き手を何らかの共感やその種の心の動きへとかきたてようとするところの、感情のための弁論にほかならないのであるから、楽想の順序や仕組みのための規則は本来の弁論と共通している。それゆえ、本来の弁論で主題、それを支える副主題、主題の断片化、論駁、疑問、証明、それに確証があるように、ここでも私たちの目的を促進する同様の手段が、音楽的な意味で用いられなければならない。個々の部分のこうした順序と連続は、楽想の美的な配置と呼ばれる。すべての楽想が最も引き立たつやり方で互いに支え合い強め合うように、この配置が施されている楽曲は、うまく配置されているのである[198]。

フォルケルは彼の体系を『音楽通史』の中で特に適用しているわけではないが、それも驚くにはあたらない。彼には結局、公然と具体的に記述する余裕がなかった。というのも、彼の概説は音楽史への一種の序説と用語解説の役割をはたすものとして意図されていたからである。したがって彼の用語法は、さまざまな時代のさまざまな形式に適用できるように、充分に幅広いものでなければならなかった。

しかし、彼の『ドイツ音楽年鑑一七八四年』で、フォルケルはこの概略の基本要素を特定の音楽作品に当てはめている。C・P・E・バッハの《識者と愛好家のためのフォルテ・ピアノ用クラヴィーア・ソナタとロンド》第三巻（ライプツィヒ、一七八一）から、ヘ短調ソナタH.一七三（Wq.五七／六）である。この作品を批評しながら、フォルケルは以下のように考察している。

(196) この概念が音楽だけに固有のものではないことは、強調しておかなければならない。例えばズルツァーの『芸術総論』における「Anordnung」の定義を参照：「配置すること Anordnen とは、おのおののことがらにそれぞれの場を割り当てることであり、そこから芸術作品において何が配置であるかが理解される。」

(197) Forkel, *Allgemeine Geschichte*, I, p. 37.

(198) Ibid., I, p. 50.

楽想の配置と、楽想によって表現される感情の進み具合は、音楽の修辞学と美学における主眼点である。ちょうど弁論に含まれ、論理的な原則によって連続する考え《イデー》がわれわれの精神に伝えられるのと同じように、楽想はある意味連関の中でわれわれの心に伝えられるからである。……

したがって、それに基づいて以下のことが必要となる。すなわち、芸術作品において、（一）主要な感情、（二）同様の副次的諸感情、（三）断片化された、すなわち個々の部分に分けられた諸感情、（四）対立的で正反対の諸感情、等々が支配しなければならないということである。これらの要素は、しかるべき順番に置かれた場合、感情の言語［音楽］においては以下のものに相当する。観念の言語あるいは本来の雄弁術においてよく知られ、そして熟練した真の弁論家によっていまだに保たれ、われわれの天性に根ざしているもの、すなわち序論、提議、論駁、確証などである。[199]

フォルケルはこのように、彼の柔軟な形式のイメージが広範な種類の音楽に適用されることを、はっきりと意図していた。それには、やがてはソナタ形式として知られるようになるものも含まれていた。C・P・E・バッハのヘ短調ソナタの第一楽章は、この慣習的なパターンにぴったりと沿っているからである。[200] フォルケルはあまり明確には述べていないが、主調による冒頭の楽想はおそらく「主要な感情」に、平行長調の対比的な諸楽想は「副次的諸感情」に相当する。長い展開部は、「断片化された諸感情」と「対立的な諸感情」を提示し、再現部全体は「確証」に対応する。「主題の確証は、前もって反論と疑問が論駁された後での、主題のある種のくり返しである。[201]」

この解釈はさらに、『音楽通史』の自筆草稿、段落一〇三の最後で削除された一節からも支持される。もともと、論駁、確証、結論の議論に直接続くものとして意図されていた一節である。ここでフォルケルは、修辞学的に構想されたソナタ形式楽章の骨子を、直接かつ明確に適用している。

もし、これらすべてを例えばソナタに適用しようと思うなら、その美的配置はおおよそ以下のようになるだろう。

一　主要楽節、主題。
二　そこから導き出された副主題。
三　補強的な対比主題 Gegensätze。
四　続いて、主題を支える部分の終わり、そして第一部分の締めくくり。

ソナタの第一部分は一般に第二部分よりもかなり短いので、第一部分には本来の推敲 Ausarbeitung や断片化 Zergliederung 等々がない。その代わりに、第一部分はちょうど弁論の導入部のように、楽曲の主たる意図と目的の暫定的な提示と言及だけからなる。他方、第二部分は以下のものからなる。

一　移調された、あるいは属調の和声での主題。
二　主題の断片化。
三　それに対するさまざまな疑問、加えてそれに対する論駁と解消。
四　再度の確証。主題を変奏された形で、例えば主調と近親関係の副次調で、再度提示することによる。
五　結論。第一部分が属調の和声に移行したのと同様、今度は〔初めに〕採用された主調に戻る。楽曲はこ

(199)　Forkel, "Ueber eine Sonate aus Carl Phil. Emanuel Bachs dritter Sonatensammlung für Kenner und Liebhaber, in F moll, S. 30. Ein Sendschreiben an Hrn. von **," in Forkel, *Musikalischer Almanach für Deutschland auf das jahr 1784* (Leipzig: Schwickert), pp. 31-32.〔フォルケルはこの論考を「ソナタ一般の理論」と自認している。〕

(200)　リッツェルは、フォルケルの論評がソナタ全体に対するものにすぎず、個々の楽章にはあてはまらないと主張している。Ritzel, *Die Entwicklung der "Sonatenform,"* p. 128. しかし、同じ基準が全曲と同じく個々の楽章にもあてはまることは、フォルケルによる作品評の結びの所見から明らかである。

(201)　Forkel, *Allgemeine Geschichte*, I, p. 53.〔段落一〇三〕

のようにして終わる。(202)

この従来注目されてこなかったソナタ形式の記述は、明確に主題的なものを志向している。しかしながら、その主題的な出来事への関心は、ほとんど常に「第二主題」の性質と機能に焦点を当てている十九世紀的な説明とは全く異なる。フォルケルの説明における副次的主題の機能は、対比のそれというよりは、元の主題そのものの性質に基づいた推敲にある。

なぜ、フォルケルはこの一節を削除したのだろうか。この一節があまりに彼の時代の音楽に特有の内容であり、『音楽通史』の序論というより広い目的にはふさわしくないと感じたためかもしれない。彼は昔のマッテゾンによる同様の説明をめぐる論争を知っていたに違いなく、もしかしたら、長大な序論［七二ページに及ぶ］の中では比較的小さな役割しかはたしていない問題で、同じような不協和音を巻き起こすことは避けたかったのかもしれない。実はフォルケルはすでに十年ほど前に、C・P・E・バッハの鍵盤楽器とヴァイオリン、チェロのためのソナタH.五二三（Wq.九〇／二）のロンドについての批評で、同じような具体的比較を試みている。(203) しかし重要な点は、何か一つの特定のパターン――ソナタ、ロンド、メヌエット、主題と変奏等――の適用ということよりも、これらの形式パターンのそれぞれが主題的推敲の機能と考えられているという事実である。フォルケルは何にせよ与えられた楽章の構造を、主たる楽想で始まり、変奏や対比、反復、あるいはこれらの技法の何らかの組み合わせによってこの楽想を推敲することに向かう、個々の単位の連続的な提示として見たのである。

フォルケルの取り組みを、彼の多くの時代錯誤のさらにもう一つとして退けるのは簡単であろう。彼は結局、情緒説《アフェクテンレーレ》を、この種の考え方がとっくに流行遅れとなった後になっても、あえて弁護しようとした最後の書き手の一人なのである。しかも、彼の音楽的な理想はJ・S・バッハにおいて体現されていた。すなわち一世代前の作曲家で、その生涯の終わり頃にはすでにいくぶん時代遅れと見なされていた人物である。しかし、フォルケルが最初にこれらの考えを提示したのは、J・S・バッハと続く世代の作曲家のあいだの、音楽伝統における決定的な断絶を意識するようになる前のことだった。彼自身の公開演奏会から判断すると、『音楽通史』の時点でのフォルケルのお気に入りの作曲家は、実はディッタースドルフだったように思われる。フォルケル自身のソナタは、最初の作品は一七七一年からあるが、様式的にいかにも当時のものであり、冒頭楽章ではむしろ一貫してソナタ形式の構造的慣習を守っている。[204] 思い起こさなければならないのは、彼が音楽の楽節性を説明するために使った譜例は、はっきりと彼の世代にとって当世風のものだったことである。フォルケルの修辞学的な形式概念は、その詳しさのほどは異例だが、全体として彼の時代にかなり典型的であり、これから見るように十九世紀になってもかなり存続することになる、確立された伝統の一部なのである。

　コッホもまた、この伝統に属していた。彼自身は、形式の修辞学を扱った同時代の説明に感じた「一貫性の欠如」を正すことは、ほとんどしなかったけれども。実際、その著述を通じて、コッホは形式の問題に関して、少なからぬ二面性《アンビヴァレンス》と不確かさ示していた。前述のように、一八〇二年の大部な『音楽事典』には形式の項目はない。他の項目の文脈内や以前の『試論』を通じて、この語はくり返し登場するにもかかわらずである。他方で、一八〇七年の『簡約音楽事典』は、このテーマに関して新しく全面的にオリジナルな項目を提供している。あいにく後期のもっと控え目な著作で、それも限られた紙面の範囲内ではあるが、コッホが内的形式と外的形式の矛盾を扱ったそれまでの彼自身の散発的な試みを総括しているのは、まさにここなのである。

(202)　『音楽通史』の自筆草稿（旧東ベルリンのドイツ国立図書館［現プロイセン文化財団ベルリン国立図書館］所蔵）、段落一〇三。エーデルホフはこの削除された一節について簡単にふれている。Edelhoff, *Johann Nikolaus Forkel*, p. 50, p. 125, n143. フォルケルのオリジナルの手稿からこの一節を転写して下さったキルステン・バイスヴェンガーに深く感謝する。

(203)　Forkel, *Musikalisch-kritische Bibliothek*, 2 (1778), pp. 281-294. この批評についての議論は以下を参照。Malcolm S. Cole, "The Vogue of the Instrumental Rondo in the Late 18th Century," *JAMS*, 22 (1969), 427-432.

(204)　フォルケルの初期の音楽趣味と彼のソナタについては以下を参照。Edelhoff, *Johann Nikolaus Forkel*, pp. 27, 120.

形式《フォルム》。音楽において、他の諸芸術の場合と同様、芸術作品の形式についてしばしば話題となる。そして楽曲の形式ということでは、楽曲が聴き手の魂の前に提示されるあり方が理解される。

たしかに日々の経験が教えるところでは、楽曲のさまざまなジャンルはその形式によってのみ区別される。交響曲は協奏曲とは異なる形式をもつ。アリアは歌曲とは異なる形式をもつ。しかしながら、美学者たちが楽曲の美と呼ばれるものは楽曲の形式に含まれていると主張するならば、美なるものが含まれる偶発的な［zufällige、英訳では「外的な」］形式というものも、たしかになければならないことになる。そしてそれは存在するかもしれないし、しないかもしれない。さもなければ、例えばどのロンドにも、ロンドのふつうの形式に一致する限り、それ以上の条件なしで、美の性格を認めなければならなくなるだろう。

それゆえ、もし形式に美に関する内容が帰されるという意味で芸術作品の形式のことが語られる場合、それはジャンルごとに区別される外的 äußerliche な形式のことではなく、むしろ多様なものが統一性に結びつけられるという特別のあり方として、あるいは作曲家が自らの理想に含まれていた満足の契機を芸術作品に移し換えた、その特別のあり方のこととして、理解されなければならない。(205)

コッホはここで、アリストテレス流の「偶然的」と「本質的」の区別を暗に援用しながら、外的で慣習的な形式と個々の作品の特別の besondere 形式とを明確に区別している。しかし、もし以前の『試論』におけるある特定の一節と関連付けて読むならば、これら二つの異なる形式概念の関係のもっと技法的な性質が明らかになる。『試論』の第二巻第一部「楽曲の目的、内的性質、そしてとりわけ成立の仕方について」で、コッホは形式の「機械的」概念と「美的」概念の区別を詳しく扱っている。「推敲 Ausführung の機械的な側面」はふつう、楽曲の大規模な「転調設計 Tonausweichung と形式」を含む。そして「後者［外的形式］は主として前者［転調設計］によって決定される」一方で、両者は同一視されてはならない。「形式は、あるいは一定の数の主要ペリオーデ

Hauptperiode によって、あるいはあれこれのペリオーデが向けられる調によって、あるいはまたあれこれの主要部分 Haupttheil がくり返される場所によって決まる。[206]」しかしコッホはすぐさま、この形式概念はその「機械的」要素に限定されていることを、もう一度強調する。楽節性、大規模な和声、それに大規模な主題反復は、作品の外的な形式を決定するが、形式のもっと美学的な問題や形式的一貫性には関わらない。「構想《アンラーゲ》」で着想された楽想を推敲《アウスフュールング》するにあたって、「私たちは二つのことに注意を払わなければならない。楽曲の精神あるいは内的な性格に関わることと、その機械的な要素である。[207]」『試論』におけるコッホ自身の以下の説明は、彼がくり返し強調しているように、もっぱら旋律と形式の機械的な側面に向けられている。ダールハウスは、コッホは作品の「魂」を「構想」に、作品の「肉体」あるいは外的な形式をこれらの楽想の展開になぞらえたと解釈しているが、これは誤解を招きやすい。コッホが推敲の二つの非常に異なるタイプを強調していることを、見過ごしているからである。すなわち、楽想を楽節性と大規模な転調によって展開させる機械的な推敲と、主題的な一貫性や連続性の問題に関わる美的な推敲である。[208]あいにくコッホは、『試論』では美的な推敲の問題を持続的に扱わなかった。同書における彼の「旋律論 Melodielehre」は、読者にくり返し念を押しているように、「旋律の機械的な規則」に関するものである。

推敲のもっと美的なプロセスに関するコッホの考えはあちこちに散在し、断片的である。しかしながら、彼は「内的」形式と「外的」形式の機能的な結びつきについて、『試論』のあるとりわけ重要な一節で取り組んでいる。個々の作曲家の才能が、大規模な形式の慣習とどう折り合いをつけることができるか、問うている箇所である。

---

(205) Koch, *Kurzgefasstes Handwörterbuch der Musik*, "Form." 〔同項目の全文〕
(206) Koch, *Versuch*, II, p. 103.
(207) Ibid., II, p. 97.
(208) Dahlhaus, "Gefühlsästhetik," 509-510.

さて、楽曲のさまざまな楽章の形式についてである。一方で、それらの形式がかなり偶発的なものであり、本来は楽曲の内的な性格にほとんど、あるいは全く影響を及ぼさないものであるということは、否定できない。他方で、作品の大小を問わず、さまざまな楽章の［慣習的な］形式にいろいろと異議を唱える理由も全くないのである。そしておそらくこのことが、多くの大家が例えばアリアを、ほとんどすべて一つの同じ形式に従って作曲してきた理由である。同様に、一つの同じ形式を常に使い続けることによって、しばしば楽章の美の多くが失われてしまうことがあるというのも、否定することは難しい。例えば、同じ形式に従って作曲された多くのアリアを聴いたならば、この形式はついには感情に非常に強い印象を残すことになり、［新しいアリアの］最初のペリオーデを聴いただけで、どこへ転調が導かれるのか、どの主要楽想がどこでくり返されることになるかが、おおむね確実にわかる。したがって、もし作曲家が形式を特別の表現法でもって活性化しなければ、楽章は必然的にその真価を失わざるを得ないのである。……

しかしながら、これらの楽章を推敲するにあたり、形式に関してどのような態度をとるべきであろうか。すべてを通例の形式に従って作曲する方がよいのか、それとも推敲に際して新しい形式を考えるのがよいのか。前者の場合、優れた才能に不必要な枷《かせ》をはめてしまい、才能が生み出す多くの美しい表現方法を控えるよう強いるか、あるいはそれらを形式によってだいなしにさせてしまうかもしれない。後者の場合は、もし何の特別の理由もなく新しい形式のことを考えようとするなら、もしかするとあまりにもナンセンスなことになりかねない。というのも、形式にかまけるあまり芸術の本質を見失い、新たに生み出された形式によって得るよりも失うことの方が多い、というようなことがあまりにもしばしば起こらないだろうか。したがって最良の方法は、分別をわきまえた中道を選ぶことである。もしその内容が慣習的な形式においてすでに美的な力を充分にもっている楽章を作曲するのならば、あるいはもし推敲において慣用の形式に一致する美しい表現方法を見いだすのであれば、なぜ慣習的な形式を変えることを考える必要があるのだろうか。しかし、もし非常に独特な形式や異例の表現方法を要求するような歌詞に付曲する場合、……あるいはもし、［歌詞に関わりなく］いわば偶然に（そしてこれは単なる器楽楽章でも起こり得る）ありきたりな形式の変更を必要とする美しい表現方法が見いだされる場合、なにもびくびくと既知の形式に束縛されるべきではなく、楽章の真の完成をもたらすことが保証され、その際、全体として他の思いがけない不都合が生じない限り、当の楽章が求めるままに形式を形作ればよいのである。(209)

コッホによる外的な慣習と内的な要求の調停は妥協に依存している。さまざまな慣習は目的――わかりやすさ――にかなっているが、同時に独創性を抑制してしまうおそれも内にはらんでいる。形式と内容は区別でき、そして新しい内容は新しい形式を必要とする。それでも慣習的な形式は、楽章の形が聴き手によってよりよく理解されるための枠組みを提供するのであり、この規範からの逸脱は目前の素材によって正当化されねばならない。

フォルケルとコッホは、大規模な形式の性質について、それが十九世紀の楽式論で成文化される前に、広範に論じた最後の著述家に含まれる。その彼らはまた、作品の内的かつ生成的「精神」と外的かつ慣習的な「形式」とをますますはっきりと区別するようになる後の世代とは違って、そうした認識によってハンディキャップをつけられなかった最後の理論家たちでもあった。

フォルケルの著述は、作曲家よりもまず聴き手に向けられているという点で、とりわけ異例である。音楽の識者（あるいはその予備軍）に語りかけながら、彼は大規模な形式の感覚は実際に、芸術理解のための最も重要な前提条件の一つであることを指摘する。

---

(209) Koch, *Versuch*, II, pp. 117-119.

Ⅳ. 音楽修辞学。楽想の着想は、もし本来の芸術家がこの理論〔修辞学〕の対象であるのなら、ここで最初に考えられるべきことのはずである。しかし、単なる音楽愛好家もまさにそれの対象なのである。彼は、自分で楽節を修辞学の規則に従って着想し構成しようはせず、すでに楽節が着想されていたら、それらがどのように構成されていなければならないかを知ろうとするだけである。したがって、彼にとっては、一般に着想を容易にするために規定されるのを常とするあらゆる手段や方法に関する知識よりも、楽想の配置に関する正しい知識の方が、もっと重要なのである。……よい配置は、それによって各々の部分が最も適切な場所に置かれ、またそれによって全体の目的に役立つのであるが、完全に定めることができる。そしてこの配置は、識者であろうと欲し、自分の楽しみの一部を芸術の内側から得ようと望む音楽愛好家には、ぜひとも知られていなければならないのである。[210]

形式的慣習という認識をもたない聴き手は、フォルケルによれば、絵画を見ても遠近法の慣習を知らない者、演説を聴いても文法も構文も、ましてやこれらの文をもっと大きな思考単位に構成することもわからない者に似ている。[211] 一方、作曲家にとっては、これらの要素の適切な配置は、作曲家が意図した通りに聴き手が作品の構造を理解することを保証する、最も信頼のおける道筋なのである。

修辞学あるいは詩文芸においては、非常に多くのことが、これら証明、説得、論駁がどのような順序で連続するかにかかっている。音楽においても同様で、聴き手が徐々に、そしてできるだけ自然なやり方で、ある感情に導かれたり他の感情からそらされたりするように、すべてが配置されていることが、何よりも大事である。そこから楽想の特有の配置が生じる。もし私がそれに固有の名前を付けてよいなら、それを「美的な配置」と呼びたいと思う。これは従来わずかの人にしか気づかれなかったし、また楽節論の教えとしか見なされなかったものである。[212]

フォルケルとコッホはいずれも、内的な要求は、もし聴き手によって理解されるべきであるなら、必ず外的な慣習と共存しなければならないことを認めている。大規模形式へのこの取り組みは、作曲家と慣習のあいだの関係の性《さが》に直面することになる。フォルケルははっきりと、楽章内における諸単位の配列のための慣習は「音楽の古典的な傑作」から抽出されたものであると述べる。[213]「天才的」な作曲家は、いかなる規則にも縛られないが、それにもかかわらずふつうはそうした規則の慣習の中で仕事をする。

> たしかに、規則は優れた才能《ジェニー》から抽出されなければならなかった。そして誰も、規則が才能に先行していたなどとは言わないだろう。……しかし、才能のこれらの最初の現れとはどのようなものだったのだろうか。この上なく不格好なできそこないはなかったか。そして、いく百ものそうした不格好なできそこないが、まず初めに生み出されなければならなかったのではないか。それらがそうあるべきものにまだなっていないということと、それらが生み出された意図がそれらによってまだ達成できていないということに、人が気づき始める前にである。それゆえ、才能は常に経験の規則に先行していなければならなかった。……しかし、才能の行く道を容易にし、才能を誤りから守り、目的を達するための多くの道と多くの手段の中から、唯一の正しい道と、最も有効で最も適切な手段を才能に示すのは、経験だけなのである。[214]

(210) Forkel, *Ueber die Theorie*, p. 21.
(211) Ibid., pp. 8-9.
(212) Ibid., pp. 25-26.
(213) Ibid., p. 26 ("musikalisch-classische Meisterstücke").

このように、形式はプロセスとも慣習的設計《プラン》とも見なされている。あるいはもっと正確に言えば、何らかの慣習的な設計を適用することによって、よりわかりやすくすることのできるプロセスとしてである。形式は生成論的でもあり規範論的でもある。そして、この二つの観点は音楽修辞学の概念によって統合される。作品の形式は、その諸楽想、とりわけその中心的な楽想を展開するということにおいて、生成論的である。しかし、聴き手にとってよりわかりやすくなるためには、これらの楽想の連続はふつう、少なくとも慣習的なパターンの輪郭にそっていなければならない。特定の図式は、楽章の楽想の展開を聴き手にとっていっそう理解しやすくするのに役立つ。そして、これらの楽想の――反復、労作、変奏による――わかりやすい提示だけが、一貫性をもった形式、満足のゆく全体の形を生み出すことができるのである。

修辞学はメタファーとしてはどうしても不完全である。マッテゾンですら認めたように、音楽構造のすべての要素が、そのような言葉で説明できるわけではない。グレトリもまた、一七九七年の『回想録』で、修辞学のメタファーの不完全さを認めている。二部形式楽章の前後半［当時の言い方でルプリーズ］をそれぞれくり返すという、まだよく行われていた習慣を批判した所である。

ソナタは弁論 discours である。自分の弁論を二つに分け、それぞれをくり返す人のことを、どう考えたらよいのだろう。「私は今朝あなたの家にいました。はい、私は今朝あなたの家にいました、あることについてあなたと話すために。あることについてあなたと話すために」というように。……私は特に、弁論の各半分を構成する長い反復部分のことを言っているのである。反復は音楽が生まれたとき、つまり聴き手がせいぜい二回目まではすべてを理解しなかったときには、よかったかもしれない。弁論がしばしば二つの部分に分けられることは知っている。しかし、疑いもなく、それぞれの部分が二度くり返されることはない[215]。

グレトリの不満は修辞学の比喩に向けられているのではなく、当時のソナタそのものの慣習に対するものである。問題は、グレトリの考えでは、拡張された部分が文字通りに反復されるソナタ形式楽章の慣習的な構造は、充分には弁論的でないということである。「二つ以上の部分に分けられた弁論もある。私たちが手本とすべきはそれである。」(216)

グレトリの所見は、修辞学のメタファーだけでは音楽形式の性質を説明できないということを、私たちに思い起こさせてくれる。しかし、このメタファーがいかに不完全であろうとも、このように広く用いられたメタファーの重要性を過小評価することは、間違いの元であろう。とりわけ不適切なのは、ほかならぬこのメタファーをバロック思想の単なる遺物と見なすことである。大規模形式の修辞学的な概念は実のところ十八世紀において基本的に新しい概念だったのであり、実際、十九世紀の初め頃には強化されたのである。この概念は、今日でさえやっかいな論争点として続いている問題と真剣に取り組もうとした、十八世紀理論家たちの最善の努力の結果である。それは、多くの音楽レパートリーに本来備わっている類似性と相違性の双方の調停を試みているからである。その基本的に主題重視の志向性とともに、形式の修辞学的な概念は、形式への生成論的アプローチと規範論的アプローチを統合することのできる枠組みを、提供しているのである。

(214) Forkel, *Allgemeine Geschichte*, I, p. 61. J・S・バッハの最初期の作品に関するフォルケルの論評は同じ見解を示している。以下を参照。Forkel, *Ueber Johann Sebastian Bachs Leben, Kunst und Kunstwerke* (Leipzig: Hoffmeister und Kühnel, 1802), p. 23.

(215) Grétry, *Mémoires*, III, pp. 356-357. このよく知られた一節における「ディスクール discours」はふつう「談話、言説 discourse」と英訳される。しかし、英語の「discourse」はフランス語の同源語よりももっと一般的な意味をもち、フランス語の方は、特にこの時代は、もっと特定的に弁論の意味と結びついている。例えば『アカデミー・フランセーズ辞典』の最初の定義を参照：「弁舌、人の考えを説明するための言葉の集合 Propos, assemblage de paroles pour expliquer ce que l'on pense」。*Dictionnaire de l'Académie françoise*, 5th ed., 2 vols. (Paris: J. J. Smits, 1798-1799), I, p. 428. カール・シュパツィーアによるこの一節の独訳も参照：「ソナタは弁論 Rede と見なすことができる Eine Sonate ist als eine Rede zu betrachten」。*Grétry's Versuche über die Musik*, trans. Karl Spazier (Leipzig: Breitkopf & Härtel, 1800), p. 223.

(216) Grétry, *Mémoires*, III, p. 357. 楽章の前後半とも反復する傾向はすでにこの時期までには衰えつつあったが、前半だけをくり返す習慣はまだ広く行きわたっていた。一七六〇～一八一〇年の時期の音楽から広く例をとった統計としては以下を参照。Broyles, "Organic Form," 340-341.

第三章　十九世紀以降の形式メタファーにおける継続と変化

十九世紀の前半を通じて、弁論としての音楽作品のメタファーは次第に新しいイメージ、すなわち生物学的な有機体のメタファーに取って代わられるようになった。この転換は、形式の性質に関する理解の重要な変化を反映している。そもそも有機体は、弁論を支配するものとは必然的に異なる原理によって構成されているからである。同時に、この新しいメタファーは、音楽形式に関する十八世紀的概念と十九世紀的概念のあいだの、ある程度の連続性をも示している。両者の違いにもかかわらず、二つのイメージは多くの共通点をもっているからである。修辞学が十九世紀になってもかなりの間、形式の有効なメタファーとして機能し続けることができたのも、主としてこの理由による。実際、後の形式に関する説明の多く――とりわけアルノルト・シェーンベルクの著述――において、二つのメタファーは互いの共通の基盤を強調するがごとく、相並んで引き合いに出されているのである。

十九世紀における修辞学的比喩の継続

一つの学問分野として、修辞学は十九世紀の最初の数十年間に著しく急激な衰退を経験した。中等学校や大学から完全に消えることはけっしてなかったが、カリキュラムにおけるその重要性は大きく減少した。久しく修辞学の講座として指定されていた大学教授職の多くは、他の分野、例えば歴史や文学、そして場合によっては自然科学にさえ振り替えられたのである。(1)

修辞学の衰退は大学だけの問題ではなかった。この学問分野はもともと、詭弁という嫌疑をけっして完全にまぬがれてきたわけではないのだが、特に十九世紀初期になると反修辞学的な心情は新たな頂点を迎えていた。多くの著述家たちが説得の術を、実質を欠いた空疎な技巧として非難しようとしたのである。(2)

まさにこの時期に、芸術批評において実践的傾向から著しく表出的な傾向への転換が生じたことは、右の現象と相関する一つの重要な出来事だった。芸術を何よりもまず自己表出の媒体として捉える見方が成長するにつれ、必然的に説得力という特質は、美学的批評におけるその中心的な役割を手放してゆかざるを得なかった。

それだけに、音楽思想における修辞学の伝統が、十九世紀に至るまでこんなにも力強くかつ長期的に続いたことは、いっそう目を惹くのである。形式の問題を扱う際に修辞学的な比喩を使うということは、当時の音楽辞典や作曲の手引書ばかりではなく、もっと広く美学的な傾向の論考においても、衰えることなく続いた。

辞典というものは、ほとんどどんな分野の文献でも、最も保守的な（そして独創性に欠ける）ジャンルである。十九世紀の多くの音楽事典編纂家は、修辞学を論じた以前の理論家、とりわけフォルケルとコッホの著作を、単に引用するかパラフレーズするかしている。しかし、まさにそのような記述がこの世紀の二〇年代、三〇年代、四〇年代にまで残存しているという事実は、それ自体示唆的である。例えばヨーハン・ダーニエール・アンダーシュは、一八二九年の『音楽辞典』で、音楽の文法（「作曲術の最初の主要部門で、音や和音がいかに並べられるべきかの規則を含む」）と、音楽の修辞学（「いくつかの個々の大きな楽節Sätzeがいかに一つの完全な全体へと構成される

(1) 一八〇〇年頃のドイツにおける修辞学の衰退については以下を参照。Dieter Breuer, "Schulrhetorik im 19. Jahrhundert," in *Rhetorik: Beiträge zu ihrer Geschichte in Deutschland vom 16.-20. Jahrhundert*, ed. Helmut Schanze (Frankfurt/Main: Fischer, 1974), pp. 145-179; Heinrich Bosse, "Dichter kann man nicht bilden: Zur Veränderung der Schulrhetorik nach 1770," *Jahrbuch für internationale Germanistik*, 10 (1978), 80-125; Manfred Fuhrmann, *Rhetorik und öffentliche Rede. Über die Ursachen des Verfalls der Rhetorik im ausgehenden 18. Jahrhundert* (Konstanz: Universitätsverlag, 1983). 手頃な要約は以下で得られる。Ueding and Steinbrink, *Grundriss der Rhetorik*, section E, "Ubiquität der Rhetorik. Vom Verfall und Weiterleben der Beredsamkeit im 19. Jahrhundert."

(2) 修辞学と他の学問分野、とりわけ哲学とのあいだの歴史的葛藤については Vickers, *In Defence of Rhetoric* を参照。

べきかを示す学」）の伝統的な区別を保持している。[3]「修辞学」の項目では、特にコッホを思い起こさせる書き方で、こう定義している。「いかに旋律的部分を特定の目的にかなった一つの全体へと結びつけるかを教授する、音楽学の部門。[4]」

アウグスト・ガティは一八四〇年の『音楽百科事典』で、修辞学をこう呼んでいる。「ホモフォニックな、あるいはポリフォニックな部分をリズム的、論理的、美的に配置し、結びつける学。[5]」同じ頃にグスタフ・シリングは、音楽において修辞学という言葉は結局のところ「比喩的に使われるにすぎない」が、それでも「確立された概念」になったと指摘している。この問題に関するコッホの定義とフォルケルの詳論の両要素を総合しながら、シリングはこう説明する。

音楽の修辞学というのは、個々の旋律的部分を特定の目的と基準に従って全体へと結びつけることを扱う、作曲術の学問として理解されている。これは、本来素材的な部分、すなわち作曲の基礎的楽節を扱う文法と対置される。修辞学は、そうした楽節を並列させて、完全で表現力に富む（雄弁な）全体へとまとめ上げる規則を決定する。しかしながら、文法と修辞学はここで互いに分かちがたく密接に連関し合っているのである。[6]

これらの著作でこのような比喩が使われ続けていることは、事典編纂者特有の保守性のせいとばかりは言えない。これらのメタファーの持続性は、これから見るように、それらが十九世紀の初期を通じて作曲教育において使われ続けたことを反映しているのである。

作曲の初心者向けの教科書の需要はこの頃にかなり高まったが、それは主として増加しつつある音楽学校の要請に応えてのことだった。これらの手引書で最初期の、そして最も詳細なものの一つが、パリ音楽院のために書かれた、ジェローム＝ジョゼフ・ド・モミニの『和声と作曲法講義』（一八〇三～一八〇六）である。[7]モミニは文法と修辞学との伝統的な区別を維持しつつ、自由三科の三番目である論理学を挿入している。

音楽の文法は……着想 idées を互いに従属させる術、そして提議 Propositions あるいはカダンスを形作る術である。

……論理学は、思考 Pensées、カダンスを、良識もしくは正しい理性によって認められた順序で並べる術にほかならない。これは完全に判断力の領域に属する。

雄弁術は、精神や心に最も強い印象を生み出すように思考を配置することからなる。(8)

モミニの作曲と分析への取り組みは、本質的に修辞学的な見方を反映している。「弁論を組み立てる composer 術は、一定の数の提議を、文法的、論理学的、雄弁術的な秩序に従ってつなぎ合わせることである。音楽作品を作曲する術は、一定の数のカダンスあるいは音楽的提議を、同じこれらの関係のもとでつなぎ合わせることにほかならない。(9)」

同時代の多くの人々と同じように、モミニは当時の器楽が比類のない偉大さの高みに到達したものと見なしてい

(3) Johann Daniel Andersch, *Musikalisches Wörterbuch* (Berlin: W. Natorff, 1829), "Grammatik" and "Musikalische Rhetorik."［アンダーシュによれば、音楽修辞学に含まれるのは「楽節論 Periodologie、様式 Schreibart、音楽ジャンル」である。］

(4) Andersch, *Musikalisches Wörterbuch*, "Rhetorik."

(5) August Gathy, *Musikalisches Conversations-Lexikon*, 2nd ed. (Leipzig: Schuberth & Neumeyer, 1840), "Rhetorik."［同書は日本では第三版（一八七四）が東京音楽学校（東京藝術大学音楽学部の前身）によって購入されている。］

(6) Gustav Schilling, *Universal-Lexicon der Tonkunst*, 7 vols. (Stuttgart: Köhler, 1841), "Rhetorik."［この『音楽百科事典』は日本では第二版（一八三八～一八四二年）が東京音楽学校によって購入されている。］

(7) パリ音楽院の教科書の教育学的伝統については以下を参照。Renate Groth, *Die französische Kompositionslehre des 19. Jahrhunderts* (Wiesbaden: Franz Steiner, 1983); Cynthia Marie Gessele, "The Institutionalization of Music Theory in France: 1764-1802" (Ph.D. diss., Princeton University, 1989).

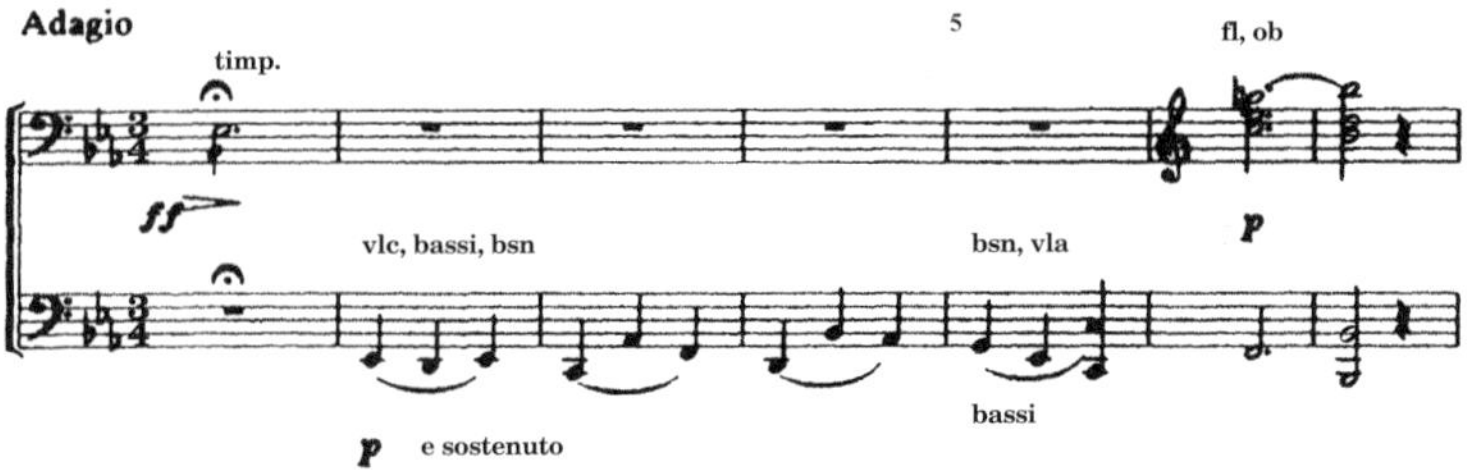

譜例 3.1　ハイドン、交響曲第 103 番、第 1 楽章、第 1 ～ 7 小節

る。そして、器楽の作曲家の中で最も偉大なのがヨーゼフ・ハイドンである。その作品を、モミニはボシュエの演説になぞらえている。

これらの不滅の人々によって生み出されたあらゆるジャンルの膨大な数の傑作を見ると、率直に言って、決定的な方法で何らかの言語とりわけ自然な言語を確立する、この真実、力強さ《エネルジ》、魅力といった際だった性格を、音楽が獲得したということを、まだ疑うことができるだろうか。したがって、それは高貴で調和がとれ、心を打つ言い回しにいっそう富む言語ではないだろうか。とても雄弁で多様なハイドンのペリオード périodes（楽節）は、何かその語法において、ボシュエや他の偉大な弁論家のペリオード（文）にひけを取ることがあるだろうか。あえて言うならば、演劇術においても雄弁術においても、あらゆる偉大な人間は、音による天の言語の中に真の相方をもっている。もしそうでなかったら、人間のすべての心と精神は、私たちの作曲家の筆にかかることはなかっただろうし、音楽はまだその［現在の］成熟度に達していなかっただろう。[10]

モミニはハイドンの交響曲第一〇三番（《太鼓連打》）の第一楽章を分析しているが、その分析はこの修辞学的観点をことあるごとに反映している。彼は楽章を序奏と三つの大きな部分 partie に分けているが、そのそれぞれは一連のペリオード（楽節）からなる。序奏は「見事な単純さ」の部分である。ここでハイドンは「きっと単旋律聖歌を想起させるに違いない」主題［第一ペリオード］を提示する（譜例 3.1[11]）。

「常に多様性に忠実に、けっして統一性を損なうことなく」、ハイドンは続けて「別の動機を取りあげる」ことはしない。その代わりに、第一四小節で始まる第二ペリオードは、最初の主題の伴奏を変化させ、新しいオーケストレーションにすることによって、聴き手に「新しい効果」を生み出す（譜例3.2）［序奏部はこの後第三ペリオードまで］。ハイドンがアレグロ・コン・スピーリトの主部を導入するとき、最初は主題をピアノで提示するので［第一ペリオード］、続くトゥッティの「活気のあるペリオード période de verve」（第四七小節以降）は「いっそう大きな効果

(8) Jérome-Joseph de Momigny, *Cours complet d'harmonie et de composition*, 3 vols. (Paris: Author, 1803-1806), I, p. 145. ［idée（アイディア）は音楽的文脈ではふつう楽想と訳されるが、ここでは一音、一和音のことなので、修辞学的用語法との関連で、あえて着想とした。同様に proposition は提案、提議、命題、文の節のことであるが、前出のコルマンらの例にならって提議とした（英語では音楽的小単位 musical segment という訳例もある）。カダンスは音楽では一般的に和声的終止、ときに拍子のことだが、韻律とか抑揚などの意味もある。モミニの用語法では、プロポジシオンあるいはカダンスは、上拍 levé と下拍 frappé の二音からなる音楽的意味の最小の単位のことである。引用文の第一段落の後には、原文では以下の二段落が続く。「単独の音、孤立した一つの和音は一つの着想である。二つの音あるいは二つの和音が互いに依存して一つの意味を形作るものは、一つの思考 Pensée である。／したがって、思考、音楽的提議ないしカダンスは、互いに結びつけられた二つの着想からなる。最初の着想は先行 l'Antécédente、二つ目は後続 la Conséquente と呼ばれる。」ここで言う「先行―後続」は論理学の「前件―後件」からきているものと思われるが、音楽的文脈ではおそらくモミニが最初で、もっと大きなレヴェルで、古典派の旋律法の典型である対称的な楽節構造（例えば四＋四の前楽節と後楽節の関係）をさす言葉としても使われている。音楽が弱拍と強拍の単位からなり、必ず上拍で始まるという考え方をはじめとして、モミニの拍節法論、音楽メートリク論、フレージング（楽節法）論はフーゴ・リーマンに大きな影響を与えた。リーマンのゲネラルアウフタクト（音楽教育学ではアナクルーシスとも）の概念もモミニに起源をもつ。なお、原書の初版は日本では南葵音楽文庫が所蔵している。］

(9) Ibid., I, p. 134.

(10) Ibid., I, "Discours préliminaire," pp. 20-21. ［ジャック・ベニーニュ・ボシュエ（一六二七～一七〇四）はフランスのルイ十四世時代の聖職者、神学者、雄弁家。反プロテスタント論争、ガリカニズム（フランス・カトリックのローマ教皇権からの独立運動として長い歴史がある）の論客、教父研究者として有名。］

(11) Ibid., II, p. 586. この主題と聖歌《怒りの日 Dies irae》との類似性がしばしば指摘されるが、モミニがここでそれを想定しているかどうかは、はっきりしない。以下で論じるように、彼は別個にこの楽章の標題音楽的な分析を行っているが、そこでは交響曲の冒頭は教会に設定されているものの、特にどの聖歌にも言及はない。

譜例 3.2　ハイドン、交響曲第 103 番、第 1 楽章、第 14 ～ 19 小節

譜例 3.3　ハイドン、交響曲第 103 番、第 1 楽章、第 79 ～ 93 小節

譜例3.4　ハイドン、交響曲第103番、第1楽章、第111〜118小節

をあげる」ことになる［第二ペリオード］。第七九小節以降の「旋律的ペリオード période mélodieuse」［第五ペリオード］に続いて、ハイドンは第一部分［提示部］を「一種の折り返し句《ルフラン》、あるいはそう呼びたければグローリア・パトリ［小頌栄］」、したがって常套句 lieu commun」のペリオード［第六ペリオード］で終える。しかし作曲者は、この結尾を以前に聴かれた素材と主題的に結びつけることによって、平凡さに堕するのを避けている。つまり、「先行する弁論とは無縁」の楽想を導入しないようにしているのである（譜例3.3）。

　モミニによる「第二部分」（展開部）の分析は、冒頭楽想の主題的操作とその聴き手への効果について、多くの所見を提示している。例えば、この部分の第三ペリオード（第一一二〜一二〇小節）で序奏のバス旋律が回帰する箇所に言及して、こう指摘する。「自分が行うことに関して常に慎重なハイドンは、聴き手をあきあきさせてしまうことを恐れて、ここで対位法家の学識を放棄する。しかし、この対位法に代わるのは、取るに足りないオールドゥーヴル（オードブル：主題と無関係の部分）でも、主題とは全く関係のない逸脱でもないのである。／ハイドンは常に、何か彼の主題にふさわしいことについて言うべきものをもっている」（譜例3.4）。

　モミニによるこの楽章の分析が完全にはほど遠いことは明らかである。彼だったら指摘していてもよさそうな主題的労作をいくつも見過ごしているからである。例えば、それぞれ序奏とアレグロ・コン・スピーリトを開始する二つの主題の冒頭部分を関連付けているのは、半音進行の刺繍音の反復使用である。あるいは、序奏の主要主題の後半と「旋律的ペリオード」のあいだには輪郭の類似性がある（上行六度、下行三度など）。この楽章内の「多様における統一」は、モミニがまさに示唆しようとしているそれよりもはるかに深い。作曲家が単純な主題――特にこの作品の場合、和声を伴わないユニゾンという単純さである――で始め、その含意を楽章全体にわたる感動的で満足のゆく進行に沿って探ってゆく方法を、この曲ほどうまく説明できる例はほとんどない。しかし、ここで重要なのは、モミニの分析が最終的にどの程度成功しているかということよりも、彼が「手元の主題」の継続的な労作に焦点を当てていること、そして彼が楽章の構造の背後にある本質的に修辞学的な契機を示そうと努めた、そのそもそもの前提となっていることである[12]。

モミニの見解はけっして孤立したものではなく、また単なる十八世紀的思考の遺物でもない。後続の書き手の多くが、ハイドンを弁論家に、彼の器楽とりわけ交響曲を弁論になぞらえている。これらの比較が登場し始めたのは、ようやく十九世紀のことなのである。イグナーツ・テーオドール・フェルディナント・アルノルトは、初期のハイドン伝の中で、作曲家が器楽作品で彼の望む効果をどのように達成したかについて、次のように書いている。

> 彼はそれを抜け目ない弁論家のように行う。つまり、何かについて私たちを説得したいとき、大方によって真実であると認められ、誰もが納得し、誰もが理解できるに違いない、そうした文から始める弁論家、しかしまた、この文を巧みに変化させるすべを心得ているので、たとえそれが元の文とはかなり相反するものになったとしても、そうしたいと思うすべてのことについて私たちを説得することができる、そのような弁論家である。
>
> そういう風に、ハイドンの音楽は私たちの耳にすんなりと入ってくる。なぜなら、私たちは何かわかりやすいもの、すでになじみのものを聴いているのだと錯覚するからである。しかしすぐに、それは私たちがそうだ

と考えていたもの、そうなると考えていたものではない、そうはならないことに気づく。私たちは何か新しいものを聴いているのであり、これまで聴いたことのないものをよく知られたもののように見せかけながら私たちに提供するすべを、とても抜け目なく心得ていた大家に感服するのである。(13)

初期のハイドン伝のもう一人の著者ジュゼッペ・カルパーニは、この弁論家と弁論の比喩について詳細に述べ、楽章の経過における主題のわかりやすさということの重要性を、再度強調している。

音楽作品は、言葉の代わりに装飾された音で作られた弁論 discorso である。主題 motivo は提議 proposizione であり、証明が試みられるべき仮定 assunto である。弁論家は、彼の主題 tema を提起した後で、それを発展させ、それについて証拠を提示し、議論を引き締め、すでに言われたことを要約しながら、それを結論へと導く。それと同じやり方で、作曲家は彼の仕事において進まなければならない。彼は時々主題に戻り、聴き手がそれに充分馴染むように、それを再び聴かせる。もしこの主題が耳に喜びをもたらすようなものならば、それが再度注目されることによって、あの最初の喜びを新たにし、確証し、増大させるのは、大いにありそうなことであ

---

(12) この分析に見られる他の多くの側面についてはマルコム・コールが考察している。Malcolm Cole, "Momigny's Analysis of Haydn's Symphony No. 103," *Music Review*, 30 (1969), 261-284.［モミニによるこれらの分析の英訳は以下を参照。Ian Bent, ed., *Music Analysis in the Nineteenth Century*, 2 vols. (Cambridge: Cambridge University Press, 1994), II, pp. 127-140.］

(13) Ignaz Theodor Ferdinand Arnold, *Joseph Haydn. Seine kurze Biographie und ästhetische Darstellung seiner Werke* (Erfurt: J. K. Müller, 1810), pp. 101-102.［アルノルトはモーツァルトとハイドンを比較しながら論じている以下の文献（出版社、出版年ともに同じ）でも同じ文章を使っている。Arnold, "Wolfgang Amadeus Mozart. und Joseph Haydn. Versuch einer Parallele," in Arnold, *Gallerie der berühmtesten Tonkünstler des achtzehnten und neunzehnten Jahrhunderts. Ihre kurzen Biografieen, karakterisirende Anekdoten und ästhetische Darstellung ihrer Werke*, 2 vols. (Erfurt: J. K. Müller, 1810), I, p. 110.］

る。しかし、主題が呼び戻されるたびごとにそれに新しさを装わせること。そして平凡な素質の人たちがやるごとく、ある調から他の調へ主題を進めさせながらそれを卑屈にくり返すことにもはや満足せず、主題を再び活気づけ、ときに手厳しく扱い、変奏し、学識と優雅をもってひっくり返し、常により美しく飾り立てること。これこそが天才を他と区別する真の特徴なのである。このことについて、ハイドンの交響曲を聴いたことのある人たちに訴えるものである。[14]

カルパーニは続ける。「器楽においてのみ、作曲家は弁論家であることができる。声楽においては、彼は詩人の弁論を音楽言語に翻訳できるにすぎない。したがって、彼は翻訳者か模倣者、あるいは注釈者でしかあり得ないし、またそうであるべきなのである。[15]」

一八二八年に至ってもなお、ヴュルツブルクの楽長で音楽教授のヨーゼフ・フレーリヒ（一七八〇～一八六二）は、ハイドンの「すばらしく発達した音楽の雄弁術」を、作曲家の最も傑出した特徴の一つとしてあげている。「彼の交響曲においては、……品位のある言葉を使いながら、教養のある聴衆の前で、着想《イデー》を捉え展開する能力を証明する、熟練した弁論家の結集が聴かれるのである。[16]」

形式についてもっと厳密に技術的な説明を行っている文献の中では、アレクサンドル・ショロンの一八〇八年の『イタリア楽派の作曲法』が「音楽修辞学 rhétorique musicale」を広範に扱っており、その部分は「フレーズと音楽的弁論の形成 formation de la phrase et du discours musical」という議論で始められる。[17] 彼の没後の一八三六～三九年にジュスト＝アドリアン・ド・ラ・ファージュの補完によって出版された『声楽と器楽のための新しい完全なる手引』は、コッホの『試論』からかなり借用しており、もっと頻繁に弁論術についてはっきりと言及している。[18]

ドイツでは、ゴットフリート・ヴェーバーの広く読まれた『作曲術の秩序だった理論の試み』（一八一七～二一、第二版一八三〇～三二）もまた、音楽の文法と修辞学という伝統的な区別を保持している。「作曲の理論」という見出しのもとで、ヴェーバーはこう書いている。

音の結合と楽節《ザッツ》の形成において最初でいわば最小限の必要条件は、とりわけ楽節がいやな感じで響かないこと、不快に聞こえないことである。……これは、雄弁術と詩作術において、語法上の誤りを避けることが最初で最小限の必要条件であるのと、ほぼ同じである。作曲論におけるこの部分は、単に音を結びつける際の技術的、文法的な正しさ、単に音言語の純正さを意図しており、だからこそ純正な書法《ザッツ》の論、あるいはまた音言語の文法、作曲術の文法と呼ばれる。これは、音がいわば音楽的な文字あるいは言語音として音節へ、音節が単語へ、単語がついには音楽的意味（**sensus**［修辞学では文の意味もある］）へと仕立てられるための規則に、取り組むものである。……

書法の純正さの論に続くのは、いっそう技芸的な書法の論、楽句のより技芸的あるいはより複雑な処理と推敲《アウスフュールング》の論、個々の楽節や楽想のいわば雄弁術的な断片化と多面的な解明や展開の論、いわば音楽の修辞学、あるいはそう言いたければ修辞的統語論 **syntaxis ornata**、すなわち旋律結合論 **Gesangverbindungslehre**、**Gesangverflechtungslehre** である。これに含まれるのは、いわゆる二重対位法論、フーガとカノンおよびそれら

⒁ Giuseppe Carpani, *Le Haydine, ovvero lettere su la vita e le opere del celebre maestro Giuseppe Haydn* (Milan: C. Buccinelli, 1812), pp. 43-44. pp. 64-66も参照。

⒂ Ibid., p. 66.

⒃ Joseph Fröhlich, *Joseph Haydn*, ed. Adolf Sandberger (Regensburg: Gustav Bosse, 1936), p. 28; orig. pub. in the *Allgemeine Encyklopädie der Wissenschaften und Künste*, II/3 (Leipzig: Johann Friedrich Gleditsch, 1828), pp. 240, 244.

⒄ Alexandre Choron, *Principes de composition des écoles d'Italie*, 3 vols. (Paris: LeDuc, 1808), book 6.［同書はニコーラ・サーラの『対位法の規則』（ナポリ、一七九四）に基づいている］

⒅ Alexandre Choron and Juste-Adrien de La Fage, *Nouveau manuel complet de musique*, 3 vols. (Paris: Roret, 1836-1839). ナンシー・K・ベイカーはコッホの『試論』の彼女による英訳本の中で、コッホがこの論考に与えた影響について論じている（p. xxii）。

に関連する論、さらに楽曲全体の構想《アンラーゲ》と形成の論である。[19]

ここには十八世紀理論の語彙が本質的に変わることなく残っている。ヴェーバーは、文法の機械的な規則と修辞学や大規模形式のより美学的な要素との対比を維持し、作品のテクスチュアがホモフォニックであるかポリフォニックであるかを問わず、形式を旋律構造の機能とする見方を踏襲しているのである。

同様にゲオルク・ヨーゼフ・フォーグラーは彼の『フーガ作曲の体系』（一八一一頃）で、フーガは他のジャンルと同じように聴き手にとってわかりやすくなければならないと論じ、続けて修辞学的な観点から、あるフーガの比較的詳細な分析を提示している。[20] フォーグラーの分析が証明するところでは、「厳格」な〔対位法的の意〕作品の構造でさえ、その主要楽想の修辞学的な推敲《アウスフュールング》という観点から説明することができるのである。

修辞学と大規模形式の観念的な結びつきは、ジークフリート・デーンの一八四〇年の『理論的・実践的和声論』において、さらにいっそう明白である。ここでは、「音楽修辞学」は直接的に「形式論 Formenlehre」と同一視されている。[21] 一八五二年になってもまだ、エルンスト・フリードリヒ・リヒターは文法と修辞学の区別を継承し、後者を作曲論 Compositionslehre と同一視している。以前の理論家たちと同様、リヒターは「作曲 Composition」という語の、ラテン語の「componere（集める、統合する、まとめる、組み立てる）」に由来する元の意味を強調する。作曲はこの意味では、楽想の単位を「組み立てる」プロセスである。弁論としての音楽作品というイメージを保持しながら、リヒターは連続する楽想――詳述 Darlegung と展開 Durchführung の前にまずは「単純かつ的確に、完結した形で」提示されねばならない――を把握する聴き手の能力の重要性を強調している。[22]

これら作曲論のすべてにおいて、形式はいまだに楽章の楽想が提示され労作される方法と見なされ、そして聴き手は依然として作品の美的特質の評価において決定的な役割をはたしている。美学者もまた、この考え方の系譜を受け継いでいる。グスタフ・シリングの『音楽における美の哲学の試み』（一八三八）は、マッテゾンの『旋律学真髄』やコッホの『作曲入門試論』――どちらも同様に伝統的な修辞学の手引に由来していた――に見られるのと同じ基本的な方法論に従っている[23]。

フェルディナント・ハントの『音芸術の美学』（一八三七～一八四一）は、フォルケルの音楽修辞学の理論から

(19) Gottfried Weber, *Versuch einer geordneten Theorie der Tonsetzkunst*, 3rd ed., 4 vols. in 2 (Mainz: B. Schott's Söhne, 1830-1832), I, p. 19. ヴェーバーは文法と修辞学の区別について、同書のちょうど最後（IV, p. 149）でくり返している。

(20) Georg Joseph Vogler, *System für den Fugenbau als Einleitung zur harmonischen Gesang-Verbindungs-Lehre* (Offenbach/Main: Johann André, n. d.). 序文は一八一一年となっているが、本書は著者の没後の一八一四年に「著者の没後に残された手稿に基づいて」出版された。この論考における修辞学の扱いについて、もっと詳細な論議は以下を参照。Floyd Grave and Margaret G. Grave, *In Praise of Harmony: The Teachings of Abbé Georg Joseph Vogler* (Lincoln: University of Nebraska Press, 1987), pp. 94-97, 115-118. フォーグラー自身による自作の《オルガンとフォルテピアノのための三十二の前奏曲》の「美学的、修辞学的、和声的分析」も参照。Vogler, *Zwei und dreissig Präludien für die Orgel und für das Fortepiano. Nebst einer Zergliederung in ästhetischer, rhetorischer und harmonischer Hinsicht* (Munich: Falter, 1806). 彼は特に第三番と第二五番で、それぞれの前奏曲の冒頭楽想からほとんどすべての小節が派生しているさまを、丹念にたどっている。

(21) Siegfried Dehn, *Theoretisch-praktische Harmonielehre* (Berlin: W. Thome, 1840).「音楽の修辞学または形式論」（p. 308）。この記述は同書の最後に出てくるが、修辞学あるいは大規模形式のトピックは、これ以上詳しく扱われているわけではない。

(22) Ernst Friedrich Richter, *Die Grundzüge der musikalischen Formen und ihre Analyse* (Leipzig: Georg Wigand, 1852), p. 51.〔同書『音楽形式の基本的特質とその分析』は副題にあるように「さしあたりライプツィヒ音楽院での実際の授業のために」書かれた小冊子であるが、タイトルに「音楽形式」が明示され、単独に形式の問題を扱っている点で、おそらく最初の本の一つである。形式美学と絶対音楽論のバイブルであるハンスリックの『音楽美論』（一八五四）とほぼ同時期の出版であることも興味深い。訳者はかつてベルリン自由大学音楽学研究所の図書室に所蔵されている原本を閲覧したが、現在ではインターネット上で見ることができる。リヒター（一八〇八～一八七九）は一八六八年にモーリッツ・ハウプトマンの後を受けてライプツィヒの聖トーマス教会カントルと同地の音楽院教授に就任。彼の『和声の手引 Lehrbuch der Harmonie』（一八五三、第三六版は一九五三）は長く版を重ね、日本では一九一三年に翻訳が出ている。なお、初版の十年後の一八六〇年代前半に、すでに宗教音楽や合唱曲の作曲家としてかなりのキャリアのあったアントーン・ブルックナーが、この『音楽形式』を教科書にして楽式論を学んだことは、よく知られている。この学習を通して、彼はソナタ形式が大規模な二部形式であるという伝統的な認識を継承したほか（彼の自筆スコアによく「第二部」と書いてあるのは展開部・再現部をさす）、楽節の基本単位が八小節、あるいは少なくとも偶数小節であることを肝に銘じ、やがて交響曲の自筆総譜の下欄に楽節構造を示す数字を記入するようになった。近年のブルックナー新全集の改訂新版では、譜面にこの数字が明示されているものもある。〕

大きな影響を受けている。「音楽的芸術表現の法則」（第二巻第三編第二部）を概説しながら、ハントはフォルケルによるC・P・E・バッハのヘ短調ソナタH.一七三（Wq.五七／六）の修辞学的分析に好意的にふれ、伝統的な着想Erfindung、構成Construction、推敲Ausführung（および彫琢Ausarbeitung）の三段階をかなり詳しく論じる。議論の最後は諸ジャンルの概観となっている。[23a] もしマッテゾンが、自分の基本的な考えと方法論が百年以上も後にまだ用いられていると知ったら、きっと喜んだことだろう。

有機体のメタファーと音楽形式のパラドックスの出現

弁論としての音楽作品というメタファーはその影響力を維持してはいたが、十九世紀も進むうちに、ついには姿を消すことになった。修辞学的な形式概念に関する個別的な言及はかなり後まで続いたが、[24] 修辞学と音楽形式を結びつける伝統は、およそ一八二〇年と一八五〇年のあいだの時期に、その中心的な役割を失ったのである。

形式のパラドックス——規範論的観点と生成論的観点との一見相いれない二分法——がまさにこの時期に出現したことは、けっして小さな偶然の一致ではない。修辞学が衰退したからこそ、大規模形式の概念的基盤も分裂し始めたのである。

この分裂化は少しずつ進んだのではあるが、形式に関する以後の説明に重大な影響を及ぼした。この変化の初期段階はとりわけ微妙である。すでに見たように、修辞学の基本概念は突然消えたわけではないからである。それは有機体論的・生成論的形式概念によってまずは補われ、ようやく後になって取って代わられたのである。

有機体論的・生成論的な形式概念

有機体論的・生成論的形式概念は、第一章で指摘したように、十九世紀以来の多くの分析にとって中心的なもの

であってきた。[25] この見解によれば、あらゆる芸術的名作の構成要素は、生きた有機体を構成する器官と類似したあ

(23) Gustav Schilling, *Versuch einer Philosophie des Schönen in der Musik, oder Aesthetik der Tonkunst* (Mainz: B. Schott's Söhne, 1838), pp. 359-360. 本書一二九〜一三〇および一八〇〜一八二ページも参照。［カール・フェルディナント・ベッカーによれば、シリングの本書のかなりの部分はカール・ザイデルの芸術論 Carl Seidel, *Charinomos: Beiträge zur allgemenine Theorie und Geschichte der schönen Künste*, 2 vols. (Magdeburg: Ferdinand Rubach, 1825-1828) からの剽窃であるという。Carl Ferdinand Becker, "Die zu frühe Rezension," *NZfM* 13 (14 November 1840), 158-159. シリングは他の著書でも同様の剽窃を行っている。Bonds, *Absolute Music: The History of an Idea* (Oxford: Oxford University Press, 2014), pp. 124-125, n.49.］

(23a)［Hand, *Aesthetik der Tonkunst*, II, pp. 109-288. フォルケルのバッハ分析に言及しているのは、そのあとの第四編のジャンル論でソナタを概観している部分である（p. 369）。なお、ハントの同書は日本では東京音楽学校が一八四七年の第二版を購入している。］

(24) 例えばヴァンサン・ダンディの『作曲法講義』を参照。Vincent d'Indy, *Cours de composition musicale*, 2nd ed., 2 vols. (Paris: Durand, 1902-1909). イギリスのドナルド・フランシス・トーヴィーはソナタ形式の再現部を「結論 peroration」にたとえているが、彼がこのイメージに到達したのはおそらくそれとは無関係であろう。しかし、何人かの古くからのドイツの友人たちや同僚たちからの影響だったことはあり得る。以下におけるシェーンベルクの著作に関する議論も参照。

(25) 音楽の理論と美学における有機体論的な見解の起源については以下を参照。Ruth A. Solie, "The Living Work: Organicism and Musical Analysis," *19th-Century Music*, 4 (1980), 147-156; Broyles, "Organic Form"; Thaler, *Organische Form*; Kerman, "Theories of Late Eighteenth-Century Music," esp. pp. 219-224; Meyer, *Style and Music*, pp. 189-205. 有機体論に関するもっと一般的な研究としては以下のものがある。James Benzinger, "Organic Unity: Leibniz to Coleridge," *PMLA*, 66 (1951), 24-48; Abrams, *Mirror and the Lamp*, esp. chs 7 and 8; G. S. Rousseau, ed., *Organic Form: The Life of an Idea* (London: Routledge & Kegan Paul, 1972). マリー・クリージャーは一般に芸術の有機体論的理論に対して向けられた議論の多くを論駁している。Murray Krieger, *A Reopening of Closure: Organicism Against Itself* (New York: Columbia University Press, 1989).［一般に音楽における有機体論の起源として引き合いに出されることが多いのはゲーテの「原植物 Urpflanze」論である（イタリア旅行中の一七八七年に発想され、一七九〇年の『植物変態論』で最初に結実）。Bonds 2006（邦訳二〇一五）第三章の「有機的まとまり」の節でも指摘されているように、近代において芸術作品と有機体とのアナロジーはカントの『判断力批判』（一七九〇）に始まり、ドイツ観念論やロマン主義文学論に広く行きわたるようになる。ヘーゲルが『精神現象学』（一八〇七）で有機体論を詳述しているのは有名だが、その序論で語られる有機的統一と植物の生長の比喩（蕾が花となり花が果実となる）と非常によく似た表現が、E・T・A・ホフマンによるベートーヴェン第五交響曲の批評（一八一〇）でも使われていること（真の統一と内的関連について「より深い洞察によってのみ、美しい木、蕾や葉、花や果実が、胚芽から萌え出て成長しているのがわかる」）は、あまり知られていない。本書四四ページのE・プラウトによる「オークがドングリから生長する」という比喩も参照。］

り方で結びついていなければならない。さらに、作品における成長のプロセスは、内的に動機づけられていなければならない。有機的全体の形は、しばしばその胚芽的な単位に内在していると考えられている。部分が全体にあるように、全体は部分にある。[26] この思想の系譜でよく使われるイメージで言えば、オークの木はドングリから生長するのである。

作品に外部から押しつけられた要素は、その有機的統一性を脅かすのではない。破壊するのである。アードルフ・ベルンハルト・マルクスによれば、ベートーヴェンの《ラズモフスキー》弦楽四重奏曲の最初の二曲は、ロシア民謡の主題を呼び物にしているという理由から、「統一性豊かな有機体 einheitvoller Organismus」というにはあたいしない。つまり民謡は、このセットが献呈されたラズモフスキー伯爵から作曲者に、おそらく提案されたか口述された要素だからである。[27]

しかしながら、一八二七年に匿名の記事が指摘しているように、そうした外部からの影響がない場合、「音楽作品は芸術性豊かな才能において有機的な法則に従って発展する。それは生成し、生長し、開花し、咲き誇ることよりほかは何も望まない。[28]」楽章において生長し咲き誇るのは、その中心的楽想であり、ふつうは冒頭主題である。楽章にその生成的な力を与えるのは、この胚芽的な単位である。

この意味で、有機体のメタファーはかつての弁論のメタファーの本質的な構成要素を保持している。生長のプロセスは、ある考えあるいはある部分が、次へと至るあるいは次へと生長するという点で、内的な動機付けの基本的な前提を推敲のプロセスと共有している。実際、生きた有機体としての弁論というメタファーは、少なくともはるかプラトンにまでさかのぼることができ、そしてキケロやホラティウス、それに続く多くの修辞学を扱った著述家たちによってくり返されるのである。[29]

それにもかかわらず、十九世紀中葉以降の多数の作曲教本のために主要な概念的メタファーを提供しているのは、形式の有機体のイメージなのである。一八六〇年代にアレイ・フォン・ドマーは、楽章の基本的な主題素材の性質とその形式との密接な関係を説明しているが、これは当時としては典型的なものである。

植物において花や実がすでに胚芽の中に潜んでいるように、……楽章のさらなる発展はすでにして主題に、もっと厳密に言えば主題の個々の動機にかかっている。……したがって、そこからおのずと明らかなのは、芸術作品は、その名にあたいするためには、常に自由な精神の創造、内的な衝動の所産でなければならず、理性の意図的な組み合わせの産物、あるいは「押し付けられた要求の機械的な遂行」であってはならない、ということである。さもなければ、それはせいぜい技巧的な芸当にすぎなくなるだろう。(30)

同時期でもう一人の影響力のあった理論家、ヨーハン・クリスティアン・ローベもまた、形式と胚芽的な主題楽想の展開との密接なつながりを強調している。(31) 彼の一八四四年の『作曲論』は、副題に「主題労作と現代の器楽形式に関する包括的な理論」とある。ローベの考えによれば、主題の労作は一般には作曲の、特殊には現代器楽形式

---

(26) 例えば、『総合音楽新聞』に掲載されたベートーヴェンの第二交響曲［のライプツィヒ初演］に関する匿名の批評を参照。Anonymous, "[Nachrichten] Leipzig [Beethoven, Symphonie Nr. 2]," *AMZ*, 6 (1804), col. 542. この交響曲は聴き手が「全体において細部を、そして細部において全体を」くまなく追跡できるようになるまで、くり返し何度も聴かれなければならない。

(27) Adolf Bernhard Marx, *Ludwig van Beethoven: Leben und Schaffen*, 2 vols. (Berlin: Otto Janke, 1859; rpt. Hildesheim: Olms, 1979), II, pp. 42-43. ［ベートーヴェンはイヴァン・プラーチュ編《ロシア民謡集》（サンクト・ペテルブルグ、一七九〇）の改訂増補版（一八〇六）を所有しており、そこから二つの民謡旋律を借用した。］

(28) Anonymous, "Soll man bey der Instrumental-Musik Etwas denken?" *AMZ*, 29 (1827), col. 550.

(29) プラトン「パイドロス *Phaedrus*」、264C。有機体としての弁論のイメージについては、古典古代の他のテクストからの引用も含む以下の文献を参照。Vickers, *In Defence of Rhetoric*, pp. 16, 344-345.

(30) Arrey von Dommer, *Elemente der Musik* (Leipzig: T. O. Weigel, 1862), pp. 169-170. ［ドマー（一八二八〜一九〇五）はローベやE・F・リヒターの弟子。彼はコッホの『音楽事典』の改訂増補版を一八六五年に出版しているので、コッホの仕事には通暁していたと思われる。本書『音楽初歩』と『音楽史提要』（一八六八）の初版は日本では東京音楽学校が購入している。］

の創作の基礎である。後の『作曲の手引』（一八五〇〜六七）では、ベートーヴェンのスケッチ帳からの抜粋をファクシミリで掲載しているが、それはいかに楽章全体が単一の胚芽的な楽想から生長し得るかを示そうとしてのことだった[32]。

フォルケルの修辞学観に非常に強く影響されていたフェルディナント・ハントでさえ、音楽作品の本質について記述する際、結局は有機体のイメージを選んでいる。

つまり、もし着想が芸術作品にその基本的楽想 Grundgedanke と精神的な活気 Belebung を与えるのなら、作品は以下のことを通して初めて存在することができる。すなわち、作品において個々の部分が全体へと配列され構成されることによって、そして作品がこの造形において基本的楽想を完全かつ純粋に刻印し、そのためそれを見つめている精神が完全に満足し、美の出現に喜びを感じることによってである。音楽の芸術作品も小宇宙を包括し、有機的な形成物、すなわちすべての部分が全体に調和し、全体がそれぞれの部分に反映している状態をなしていなければならない[33]。

「精神的な活力」とか「有機的な形成物」といった言い方は、十八世紀には事実上なかったものであるが、十九世紀の形式や作曲に関する記述ではごくありふれた表現となる。しかし、ハントの見解は、弁論のイメージと生物学的な有機体のイメージが、いかに密接につながっているかを物語るものでもある。いずれのメタファーも、ある存在を構成する個々の要素のあいだに機能的な統一性が必要であることを、強調しているからである[34]。

有機体と弁論のイメージは、ドマーの『音楽初歩』でも全体を通じて絡み合っている。生物学と修辞学のメタファーが相並んで提示されているのは、ドマーが次のように言うときである。

あらゆる音楽作品は、他の芸術作品と同様、内容に満ちあふれ、内的な生命の諸条件から生じた有機体である。その諸部分は相互に、また全体とのあいだで、内的な必然の関係にある。アイディアの真実性と統一性、その発展の首尾一貫性、表現と叙述の直感的なわかりやすさ Anschaulichkeit。これらは造形芸術作品や文学にとってと全く同様に、楽曲にとっても決定的な条件なのである。(35)

ドマーの有機体論的比喩は明らかであるが、彼が直感的なわかりやすさ perceptibility の特質を強調しているのは、なかなか消えない実践的、修辞学的な方向性への執着心の現れでもある。知覚可能性やわかりやすさは、おそらく生きた有機体にとって望ましい特質であるかもしれないが、その存在にとってはあまり不可欠のものではない。ドマーは弁論のイメージを明確に喚起してはいないが、有機的な全体性の特質だけでは、作品の芸術的な価値を保証するには不充分だと考えていることは明らかである。全体を構成する個々の要素は中心的な楽想《アイディア》に関係していなければならず、全体は内的な必然性に基づいていなければならないが、この中心的な楽想の推敲（労作）は、適切に

---

(31) Johann Christian Lobe, *Compositions-Lehre, oder, umfassende Theorie von der thematischen Arbeit und den modernen Instrumentalformen* (Weimar: Bernhard Friedrich Voigt, 1844).

(32) Lobe, *Lehrbuch der musikalischen Komposition*, 4 vols. (Leipzig: Breitkopf & Härtel, 1850-67).［本書はA・B・マルクスの『作曲論』やE・F・リヒターの『音楽形式』と並んで、フーゴ・リーマン以前の十九世紀ドイツ楽式論を代表する文献である。本章注22でもふれたが、リンツ時代のブルックナーがオットー・キッツラーのもとで自由作曲法の基礎を学び直したとき、主な教科書として使われたのがこれら三冊だった（マルクスはキッツラー所蔵で、管弦楽法の教材だった）。ローベ（一七九七～一八八一）は一八四六年からライプツィヒで教授、『総合音楽新聞』の編集者を務めたほか、自ら音楽雑誌を創刊している。彼の『音楽カテキズム Katechismus der Musik』（一八五一）もよく読まれた本で、W・ノイマンによる改訂版は最近まで重版されていた（邦訳は一九五八）。］

(33) Hand, *Aesthetik der Tonkunst*, II, p. 188.

(34) ハントが形式に関する有機体と修辞学のメタファーを混合させている他の例については、同書 I, pp. 180-181 を参照。

(35) Dommer, *Elemente der Musik*, p. 169.

連続しながら、わかりやすく提示されねばならない。

このように、形式記述に用いられた比喩表現の変化は、底流する連続性をある程度、覆い隠してしまう。コッホでさえ、彼の最後の論考の一つで、旧来の修辞学のイメージと並んで、「有機的な形成」とか「有機的な形式」といった言い方を使うことができたのである。[36] しかしながら、結局のところ、新しいメタファーは美学的見解における重大な転換を反映している。有機体として、音楽作品は熟考する対象であり、それ自体で独立して存在する。弁論としては、音楽作品は一時的な出来事であり、その目的は聴き手から反応を喚起することである。私たちは双方いずれの経験様式《モード》によっても心を動かされる。しかし、弁論のメタファーは必然的に作品の一時性、聴き手の役割、それに美的な説得力の要素を強調する。それに対し、生物学的有機体のモデルは、ねらった聴衆に及ぼす作品の効果を説明する必要性をもたない。実際、聴衆は有機体のモデルとは関わりがない。有機体のメタファーが含意するのは、どの作品でもそれを評価する基準が作品そのものの中にあるということである。この種の考え方は、芸術作品とその創造のプロセス双方の概念的な自律性をより強固にする。生物学的なメタファーは、生命を与える力として芸術家を見ることを、暗黙のうちに促すからである。[37] 十九世紀の「芸術宗教」は、まさに生きた創造物としての芸術作品というメタファーにおいて明らかである。

十九世紀初期に有機体論的な比喩が出現したことは、マイケル・ブロイルズが指摘するように、音楽レパートリーそのものにおける重要な変化とも一致している。[38] 二部形式の楽章で大きな部分をそのままくり返す習慣――しばしば提示部を、ときに展開部と再現部も――は、十八世紀の末頃に急激に衰退した。一八二〇年代と三〇年代までには、そのような広範囲な反復は規則というよりも、むしろ例外となった。ソナタ形式楽章はもっと弁論のように作られねばならないというグレトリの奨励は、かなり実現されていたのである。

生物科学から借用されたもう一つの言葉を使うなら、主題的「変容 metamorphosis」の技法もまた、この時期にいっそう広く行きわたるようになる。[38a] 楽章間を結びつける手法は確かに古典派様式にもあったが、それはけっして聴いてすぐわかるようなものではなかったし、シューベルトの《さすらい人幻想曲》、あるいはシューマンやブルックナーの交響曲といった後の作品におけるような、中心的な役割をはたしていたわけでもなかった。ここでも有機体のイメージは、いかなる方策なり要素なりが音楽作品に一貫性を与えることができるのか、ということに関する認識の変化を反映しているのである。

機械論的・規範論的な形式概念

有機体論的な形式概念は、それ自体で多くの実を結ぶ肥沃な土壌であるが、そのアンチテーゼをも生み出した。あるいはもっと正確に言えば、かつての修辞学的概念にすでに内在していた見方を、より先鋭的に表現する必要を呼び起こしたのである。アウグスト・ヴィルヘルム・シュレーゲルは、一八〇八年にウィーンで行われた戯曲と文学に関する講演で、有機的形式に機械的形式を対比させ、これらのイメージを芸術にまで拡張している。

形式が外的な影響によって、何らかの素材を単に偶然的な追加物として、その性質に関わりなく与えられる場

(36) Koch, *Handbuch bey dem Studium der Harmonie*, pp. 3, 6, 7.

(37) 創造者＝神としての芸術家という概念については以下を参照。Abrams, *Mirror and the Lamp*; Tzvetan Todorov, *Theories of the Symbol*, trans. Catherine Porter (Ithaca, N. Y.: Cornell University Press, 1982), pp. 153-154.

(38) Broyles, "Organic Form."

(38a) ［生物学やゲーテの植物論における形態学だと「変態」「変身」となるだろうが、音楽では「変容」あるいは「変形」の方がふさわしい。ただ、一般に「主題変容」は thematic transformation の訳語として使われている。この概念は特にベルリオーズの「固定楽想 idée fixe」やフランツ・リストの器楽作品、ヴァーグナーの「示導動機 Leitmotiv」など、標題音楽の文脈での統一的形成技法について言われることが多い。ここではもっと広い意味で使われており、器楽全般における楽章間・主題間の共通性、シェーンベルクの「発展的変奏」、メルスマンの「実質的共通性」、レティの「主題プロセス」、ダールハウスの「潜在的主題法 Subthematik」（ベートーヴェン後期）なども含めて想定されていると考えられる。］

合、その形式は機械的である。……それに対して、有機的形式は生得のものであり、内部から形成し、胚芽が完全に生長するのと同時にそれが定められたところのものに到達する。……芸術においてもまた、最高の芸術家である自然の領域においてと同様、あらゆる真の形式は有機的であり、すなわち芸術作品の内容によって決定されるのである。[39]

シュレーゲルの有機的形式に対する考えは、形式と内容の本質的な区別を否定することにとても近づいている。形式を決定するのは内容だからである。この点で、有機体論的な見方は根本的に修辞学的な見方とは異なる。後者は、「外的」形式を「内的」形式よりも美的に劣ったものとせずに、この区別を一貫して維持したからである。言い換えるなら、形式か内容かの論争が発生したのは、形式の有機体論的イメージが唯一の「真の」形式として確立されるようになってからのことである。

コッホが一七九〇年代に才能と外的慣習の対立を認めたことは、来るべき事態の先触れだった。しかし、コッホや他の十八世紀の著述家にとって、修辞学的な形式概念は、主題の推敲という生成的なプロセスばかりではなく、芸術的なわかりやすさを獲得するための手段として、慣習的なパターンを利用することも含んでいる。形式と内容の区別を認めることによって、修辞学的な形式概念はすでに暗黙のうちに、それ自体で機械論的・規範論的なアプローチを含んでいた。大規模な構造的慣習はそういうものとして存在が認められた。ただし、これらの慣習は、楽章の中心的楽想を聴衆にとってわかりやすくするための媒体と見られていた。しかしながら、十九世紀初期に形式か内容かの論争が公然と勃発するとともに、理論家たちは、これら大規模な構造的慣習の性質を再考することを余儀なくされた。彼らは結局、これらのパターンを質的に異なった（そして低い）形式カテゴリーとして、学習しなければならないが最終的には克服すべきものとして、見なすようになったのである。

修辞学的な音楽形式概念の枠内において、慣習的な大規模な和声パターンの主たる機能は、主題楽想の展開の可能性を増大させることにあった。しかし、一八二〇年代までには、これらの和声的パターンそれ自体は、形式一般、あるいは少なくとも特定のいくつかの形式のための概念的基盤として、見えてくるようになった。ハインリヒ・ビルンバッハは一八二七年に、形式の概念を直接的に作品の転調パターンと同一視した最初の著述家となった。

あらかじめ問題を提起しなければならない。いったい何によって楽曲の形式は決定されるのか。あるいは、そもそも楽曲の形式とは何なのか。……どの楽曲でも特定の調が……主調として確定され、そこからそもそも曲が始まったのであるから、また曲中の他の調への転調は、曲が良いものであるためには、曲の基礎に置かれた主調と常に何らかの関係をもたねばならなかったのであるから、楽曲内で生じる転調のいくえにも異なった配置が、ある作品がそもそもどのジャンルに属するかを、確立された転調配置の規則によって見分けるための指標となったのである。……楽曲の経過の中にある転調によってその形式は確定され、そこで基礎に置かれた主題の操作の仕方によって、曲の価値の相対的な高低が決定されるのである。(40)

ビルンバッハの取り組み方は、十八世紀の形式概念を再構築しようとしてきた近年の試みと著しく似ている。彼ははっきりと、形式を大規模な和声構造、すなわち多数の作品のあいだの最小共通項と同一視する。どの作品でも主題素材の性質は、彼が示唆するように、あまりにも可変性を帯びているので、そのような骨組みを提供することはできない。そして作品の美的価値を判断できるのは、個々の作品の個性においてでしかないと、ビルンバッハは主張する。

---

(39) August Wilhelm Schlegel, *Vorlesungen über dramatische Kunst und Literatur*, in Schlegel, *Kritische Schriften und Briefe*, vol. 6, pt. 2, ed. Edgar Lohner (Stuttgart: W. Kohlhammer, 1967), pp. 109-110. 一部の英訳は Abrams, *Mirror and the Lamp*, p. 213.

(40) Birnbach, "Über die verschiedene Form," 269.

もちろん、以前の多くの著述家もこれらの大規模な和声的慣習に注目していたが、これらの転調パターンがもっぱら形式の概念だけと同一視されたことはけっしてなかったし、主題的事象の説明と完全に切り離されたこともなかった。とりわけ、美学的に低い地位に格下げされたことはなかった。思い起こさなければならないのは、十八世紀には、今日私たちがパターン化された形式として考えているものを一言で表す言葉がなかった、ということである（ドイツの著述家のあいだで最もよく使われた語は「構想 Anlage」や「配置 Anordnung」、あるいは単に「全体 das Ganze」だった）。それに対してビルンバッハは明確に「形式 Form」という語を抽象的な概念、すなわち多くの作品に共有されている構造的慣習に適用しているのである。

機械論的・規範論的なアプローチはまた、修辞学から切り離されて、時間的というよりも空間的・梗概《シノプティック》な形式観を助長する傾向にある。構造上のステレオタイプを図式的に表すことができるという考えそのものは、慣習の基本的に時間的な性質を弱めざるを得ない。特定の形式に関する以前の説明（例えばコッホやガレアッツィによるソナタ形式の記述）は図式的な表記に変換することができるのに、実際に形式図なるものが登場したのがようやく一八二六年のことだったというのは示唆的である。アントワーヌ・レイシャの『高等作曲法 Traité de haute composition musicale』第二巻がそれである。レイシャの形式概念は、次に詳しく見るように、「クープ coupe」の概念に基づいている。これは文字通りの意味では容器や入れ物〔正しくは区切り〕のことで、この場合には楽想のための入れ物〔より適切には楽段〕ということになる。[40a] 要するに彼は形式をひな形として、時間的というよりも梗概的に表すことのできるパターンとして考えているのである。第一章で述べたレナード・ラトナーのI－V :‖: X－Iというモデルは、梗概的な見方を古典派のレパートリーに適用した近年の例である。しかし、あらゆる図式というものは形式を梗概的な観点から表さざるを得ないのである限り、図式的なものを強調することは、歴史的にこの時点で、美学的関心が時間性のプロセスと聴き手から方向転換したことを反映している。

形式の生成論的観点と規範論的観点は、かつては修辞学によって統合されていたのだが、楽式論の出現と、最小共通項に基づく外的な慣習の詳細な成文化とともに、共通の脈絡《スレッド》を失ってしまう。今日ソナタ形式として知られているものを詳細に説明した最初の書き手であるコッホが、長い理論家の系譜の中で、形式の外的な慣習と個々の作品の内側から生まれた要求との潜在的な軋轢を最初に扱った人物であるということは、とうてい偶然の一致ではない。それはまさに、彼が才能と慣習の関係を明らかにする必要を感じるほどに、特定の慣習を詳述しているからにほかならない。とても意味深いことに、コッホはまた、説得力をもって両者を調停した最後の理論家でもある。彼の説明は、修辞学的な土台にしっかりと立脚した最後の本格的な試みだからである。形式を最小共通項の集合体として見る新しい考え方の出現とともに、後の書き手は、一方を「外的」な形式として貶《おとし》めることなしに、二つの全く異なる形式概念の矛盾した共存を解決することはできなかった（あるいは多くの場合、単に認めることはなかった）のである。

わかりやすさの問題は十八世紀の多くの批判的思想にとって中心的な論点であったが、十九世紀も進むうちにますます重要性を失うようになり、アードルフ・ベルンハルト・マルクスの『作曲論』（一八三七〜一八四七）の頃までには、形式への生成論的アプローチと規範論的アプローチのあいだの亀裂は、公然と認められるようになった。マルクスはこの二つを調停しようと努力し続けた数少ない十九世紀の書き手の一人で、彼の『作曲論』は、ステレオタイプなパターンの使用を芸術的創造のプロセスと同一視しないよう、読者にくり返し求めている。それでも彼

(40a) ［「coupe」には「さかずき（盃、杯）」の意味もあるが、これとは別系統の、動詞 couper（切る、分ける）を語源とする「切ること、切られたもの、区分、句や文章の句切り方、ひいては段落、形、輪郭」などの意味の方が重要である。レイシャの用法は明らかに後者に関わっている。伝統的に詩や弁論における区切りの意味でごくふつうに使われてきており、十八世紀にはオペラのような大規模な作品の構成の文脈で出てきた例もある。したがって、レイシャはこの言葉の使用に関する限り、従来からのコノーテーションを継承しているのであって、伝統からの逸脱を意図したのではない。以下の書評を参照。Peter A. Hoyt, review of M. E. Bonds, *Wordless Rhetoric*, *JMT*, 38 (1994), 134-135. なお、後述するチェルニーのドイツ語版では「Form 形式、Rahmen 枠組み、Umriss 輪郭、Umfang かさ」などの訳例が見られる。またピーター・M・ランディによる『旋律論』の新英訳（二〇〇〇）では「form 形式」としている。］

の努力は、受容行為よりも創造行為に焦点を合わせている。すでに見たように、修辞学の概念的メタファーを通して、コッホはまだこの葛藤を調停することができた。聴き手が作曲家の考えを理解するのを容易にするために慣習的な構造がはたしている役割を、強調することによってである。他方マルクスは、聴き手と、わかりやすさを手助けすることができるプロセスにはほとんど関心がなく、つまるところ、「形式」という語のさまざまな意味を調停しようとする彼の取り組みは、うまくゆかなかった。今日の形式における美学的な二分法は、修辞学の衰退の遺産なのである。

三つの事例研究：レイシャ、マルクス、シェーンベルク

形式の有機体論的概念と機械論的概念の歴史的発展を、十九世紀を通じて、また二十世紀に至るまでたどるのは、本書の範囲を超えている。しかし、すでに言及した二人の作曲家＝理論家——アントワーヌ・レイシャとアードルフ・ベルンハルト・マルクス——は、十九世紀初期に頭をもたげてきた音楽形式の矛盾におけるある決定的な段階を例証している。三人目のシェーンベルクの著述は、どのように修辞学的概念が、修辞学とは無関係を装いながらも、二十世紀まで執拗に存続したかを証明するのに役立つ。

レイシャ

アントワーヌ・レイシャ（一七七〇～一八三六）は、形式の二分法の台頭において要となる人物である。プラハの出身で、若い頃はボン、ハンブルク、ウィーンですごし、一八〇〇年代初期にパリへ移住した。熟達した作曲家であるばかりではなく、多数の論考も著している。個人的にはハイドンと若きベートーヴェンの友人で、彼の理論的著作は一貫して、ハイドンとモーツァルトの音楽を様式的規範として称揚している。(40b) 彼の著述は全体としては作

曲のほぼすべての領域を見わたしており、和声、旋律、対位法、管弦楽法に関する論考を含んでいる。カール・チェルニーはこれらの著作をかなり広範囲にわたって独訳し、一八三〇年代の初頭にウィーンで出版しているが、これはレイシャが理論家として国際的な名声を獲得するのに貢献した。[41] レイシャの諸論考は実際、それらのほとんどが彼がパリに移ってからフランス語で書かれたという事実にもかかわらず、ウィーン古典派の代表的な作曲家の音楽に由来する理論的著述の、唯一の体系的集成となっているのである。

最初に出版された論考の一つである『旋律論』（一八一四）において、レイシャは基本的に修辞学的な姿勢をとり、音楽修辞学に関する論文を著そうとしたアルノー師の計画について、賛意とともにふれている。旋律の目的について記述する際、レイシャはよく知られた弁論家の三つの義務を引き合いに出す。すなわち、「感動させる **movere**」、「教える **docere**」、「楽しませる **delectare**」である。レイシャによれば、旋律は「聴き手の心を打ち、感動

(40b) ［レイシャは一八一八年にエティエンヌ＝ニコラ・メユールの後任としてパリ音楽院の対位法とフーガの教授に着任した。同じ頃に出版した『作曲論 Cours de composition musicale』は、一八〇二年以来同音楽院の公式教科書だったシャルル＝シモン・カテルの和声論に取って代わることになった。作曲家としても一流の人物で、ウィーン時代に出版した《ピアノ・フォルテのための三十六のフーガ、新しいシステムに基づく》（ハイドンに献呈、一八〇三？）などは伝統的なジャンルに新機軸を打ち出した興味深いセットであるし、パリ時代の一連の木管五重奏曲は特に有名である。ベートーヴェンはレイシャの作品を高く評価し、出版業者に推薦したこともあるが、一方のレイシャは自身の著作でベートーヴェンの音楽の譜例を一度も出していない。ベルリオーズの報告によれば、レイシャはベートーヴェンの作品に対してやや懐疑的で、弟子達には軽蔑的に語っていたという（J.-G. Prod'homme, "From the Unpublished Biography of Antoine Reicha," *MQ*, 22 (1936), 339)。なお、『作曲論』と『高等作曲法』の初版は日本では南葵音楽文庫が所蔵している。］

(41) Anton Reicha, *Vollständiges Lehrbuch der musikalischen Composition*, 4 vols., ed. and trans. Carl Czerny (Vienna: Anton Diabelli, preface dated 1832). ［チェルニーの翻訳はいずれも原語との対訳形式で、第一巻が『作曲論』、第二巻が『旋律論』、第三〜四巻が『高等作曲法』である。彼はこのほか、レイシャの『劇音楽作曲の技法 Art du compositeur dramatique, ou Cours complet de composition vocale』（一八三三）も対訳で出版している（一八三五）。チェルニーは原書を時代に合わせるべく、恩師ベートーヴェンや流行作曲家ロッシーニらの音楽の譜例を追加している。しかし、これほどレイシャの業績を紹介したチェルニーであるが、彼自身の『実践的作曲法教程』にはレイシャからの影響は明示されていない。］

させ、あるいは楽しませ（frapper, émouvoir, ou flatter）なければならない。」旋律は、少なくとも伝統的な意味では「教える」ことはできない。しかし、他の二つのカテゴリーが修辞学に由来しているのはまぎれもない。良い旋律を作曲するための原則は、「弁論や詩的な物語を創作するときの原則とほぼ比較し得る。したがって、旋律はリズムの理論、休息点 points de repos あるいはカダンスの理論、全体を形作るための楽想をつなぎ合わせ展開させる技術、ペリオードの知識と、それらを互いに結合させることに関する知識を必要とする。[42]」

方法論的にレイシャはマッテゾンやコッホとほぼ同じ戦略に従っている。彼は旋律の考察を、着想と音楽的才能の性質を検討することから始める。次いで旋律のペリオード的構造、各ペリオード内での個々の単位の拡張、連続するペリオードの全体への結合、と概観が進む。レイシャにとって、「旋律」という語は一般にその十八世紀的な意味を保持しており、楽章全体の範囲に当てはまる。旋律——楽章——は一つ、二つ、三つ、あるいはそれ以上のペリオードからなり、これらのペリオードを結び付ける方法は何通りもある。彼はハイドンの交響曲第四四番ホ短調からアダージョの旋律をある程度詳しく分析することにより、そうした大規模な結びつきの一例を説明している。前述したように、コッホもハイドンの中期のある交響曲（第四二番）の緩徐楽章を分析することで、ペリオーデの結合を説明していた。

しかし、マッテゾンやコッホのように大規模形式の慣習をジャンル論の中で扱う代わりに、レイシャは一歩引き下がって、形式をもっと抽象的な観念として考える。彼は「カードル（枠）、クープ、ディマンシオン（範囲）cadre, coupe, ou dimension」の概念を導入する。これらはいろいろなジャンルに共通する種々の大規模な構成体を記述するのに、互換的に使われる語である。[42a] 二つのペリオードだけからなる楽章 morceau——旋律——は「ロマンスのクープ coupe de la romance」あるいは「二部分小クープ petite coupe binaire」［小二部形式］である。旋律が三つの主要ペリオードからなり、その三番目が一番目をそのまままくり返したものである場合、それは「ロンドーのクープ coupe du rondeau」あるいは「三部分小クープ petite coupe ternaire」［小三部形式］である。旋律が二つの大きな半分に分けられ、そのそれぞれが複合的なペリオードからなる場合は「二部分大クープ la grande coupe binaire」。三つの複合ペリオード部分からなり、ダ・カーポの第三部分をもつものは「三部分大クープ la grande coupe ternaire」となる。

二部分大クープ〔大二部形式、ソナタ形式に相当〕は当時のレパートリーで重要であったことから、これらの慣習をめぐるレイシャの以下の考察では、この形式が大部分を占める。このクープの後半は、けっして前半よりも短いことはない。なぜなら「第一部分は提示 exposition にすぎず、しかるに第二部分は展開 développement だからである。」用語法はすこぶるモダンであるように見える。しかし、弁論のメタファーは、けっして表層のはるか下に隠れているわけではない。脚注でレイシャは以下のように考察しているからである。「注目すべきなのは、精神が採り入れ

(42) Reicha, *Traité de mélodie*, p. 9. 本書を通じて修辞学への言及や暗示は多数見られる（pp. iii, 1, 85, 93, 100, etc.）。アルノーについては前記一一〇ページを参照。

(42a) 〔「cadre」はチェルニー訳では「Einfassung 枠、縁取り」、ランディ訳では「plan 設計（作品の諸部分の配列）」。「coupe」は本章注40aを参照。「dimension」はチェルニー訳では「Umfang かさ、Bauart 構成様式、Verhältniss〔諸部分間の〕関係」、ランディはレイシャが常に空間的・建築的なアナロジーで使っているところから、シンメトリー、バランス、比例関係の意味合いを含んだ「dimension」としている。なお、レイシャの楽節論のシステムでは、「dessin デッサン」（チェルニー訳では「Gesangszüge 旋律的輪郭、Umriss 輪郭、スケッチ」、ランディ訳では「figure 音型、melodic figure 旋律的音型」）が一～二小節くらいの楽想の最小単位（いわば楽句）で、それが二～三集まると「rhythme リトム（リズム）」または「membre マンブル（メンバー、部分、四肢）」（チェルニー訳では「Glied 肢、節」）となり（例えば四小節の小楽節を構成）、リトムが反復されたり複数結合されると「ペリオード période」となる。二つのリトムからなるペリオードの後半（例えば四＋四のシンメトリカルな構成の後楽節）は特に「compagnon コンパニョン、仲間、伴侶、随伴部」（チェルニー訳では「Begleiter 同伴者」、ランディ訳ではそのまま「companion」）と呼ばれる。複数のペリオードから構成されるのが「クープ」である。「thème, motif 主題」はしばしば一ペリオードからなる。主題レヴェルの楽想は「idée mère 主要楽想（文字通りには母体となる楽想、大本の楽想、文学作品では根本思想）」と呼ばれる（チェルニー訳「Hauptidee」、ランディ訳「principal idea」ともに「主要楽想」）。以上の訳語に関してはランディによる『旋律論』英訳の訳者序文を参照。なお、「リズム」を楽節の下位分類をさす語としても用いているのはレイシャだけではない。リーペルの楽節論の影響下で書かれたキルンベルガーの『音楽の純粋書法』第二巻（一七七六）や、同じ頃に彼が執筆したズルツァーの事典項目（第二章注75参照）などで、すでに先例がある。〕

る法則に、ここで感情が従うということである。なぜなら、弁論においては、アイディアが提示され、それが別の部分で展開されなければならないからである。[43]」

続けてレイシャは二部分大クープにおける転調の慣習について記述しているが、その際、この枠組みが「大アリアやブラヴーラ・アリア、器楽ではソナタ、二重奏、三重奏、四重奏、序曲、交響曲、それに大規模な協奏曲の第一楽章」で使われると指摘する。[44]しかし、基本的な観点はなお修辞学的である。これらの処置を最終的に正当化するのは、ここでも聴き手だからである。例えば、次のような理由で、前半では転調しすぎてはならないとしている。

> 楽章の常に明確ですっきりしていなければならない提示をけっして妨げることがないように。さもないと、第二部分はその興趣を失ってしまう。第二部分はもはや明白な形で第一部分と結び付いていないからである。弁論の場合と同様に、提示が不成功に終わると、残りのすべてもだめになる。聴き手の注意がそらされるか失われてしまうから、あるいは残りを鑑賞するにはあまりにも弱くしか心動かされないからである。[45]

同書の後の方で、レイシャはこれら「旋律のクープ、カードル、ディマンシオン」についてさらに考察する。「クープは旋律と楽章一般のひな形 patron である。枠《カードル》に四角や丸、三角があり得るように、旋律にもそうした枠の違いがあり得る。これらの枠の学習は作曲家にとってとても重要である。にもかかわらず、まだ音楽芸術においてそれらについて語られたことはない。[46]」

レイシャはクープという語を構造的慣習との関連で使用した最初の人物ではない。すでにモミニが、ファンタジアを「作曲家が作品の通常のクープから逸脱する作品」と定義している。[47]しかし、この概念を詳細に扱ったのはレイシャを嚆矢とする。いったん導入されると、クープないしカードルの概念はレイシャの論考において重要度を増してゆく。クープはますます「ゼリー型」、つまり個々の主題の枠組みに似るようになる。レイシャは引き続きクープの概念を拡張し、二部分でも三部分でもない形式を含めている。その結果が抽象的な概念としての形式の最初の分類学である。ジャンルはもはや、慣習的な構築物を説明するための組織原理とはならない。代わって、次のような抽象的な形式類型が、特定のジャンルを表すようになる。

一　変奏小クープ petite coupe variée：単一の主題に基づき、それがさまざまな形で提示される変奏曲。
二　変奏大クープ grande coupe variée：短調と長調の二つの異なる主題に基づく変奏曲（「二重変奏」）。
三　任意クープ coupe arbitraire：「ファンタジアと前奏曲」。
四　自由あるいは不確定クープ coupe libre ou indéterminée：多くのペリオードが提示されるが、それらが二つ、三つ、あるいはもっと多くの部分に分けられることはない。とりわけさまざまな朗唱風アリア airs déclamés で用いられる。
五　回帰クープ coupe de retour：「主題がたびたびくり返されるが、毎回新しいペリオードの後でである。多くのロンドーのように。」(48)

レイシャの用語法における揺らぎは問題である。クープやカードルと、いっそうあいまいなディマンシオンとを

(43) Ibid., p. 46.
(44) Ibid., p. 48.
(45) Ibid., p. 47.
(46) Ibid., p. 58.［「patron」は二回しか出てこないが、チェルニー訳では「Skelett 骨組み、Schattenriss シルエット」、ランディ訳では「デザイン、プラン、モデル」の候補のうち「design」とされている。］
(47) Momigny, *Cours complet*, II, p. 679.
(48) Reicha, *Traité de mélodie*, pp. 58-60.［ランディ訳では「任意クープ」は「オープン形式」、「回帰クープ」は「リフレイン形式」。］

互換的に使用するのは、外的な要素《パラメータ》が特定の形式を定義するための主な判断基準となるときに生じる、もっと大きな問題にありがちなことである。もともと彼はクープを楽節性の概念に基づいて定義したのだが、その後でこの語を「ファンタジアあるいは前奏曲」にも適用しているのは、あまり満足のゆくやり方ではない。つまり「任意クープ」は名辞矛盾であるように思われる。この考え方でゆくと、そもそも「自由な形式」は実際に形式たり得るのだろうか。レイシャはさらに、フーガやカノンのような対位法的構成体が投げかける形式の概念的問題を無視している。そして、クープが音楽作品の基礎であることをはっきりと否定する一方で、それが「旋律のひな形」であるとも主張する。レイシャにとってクープは、明らかにペリオードより上位のレヴェルにおける組織化の力である。実際クープは、旋律の軌跡のための、つまり楽章の構造のための、組織化する力としての修辞学的概念に、ほとんど取って代わっている。弁論としての楽章という比喩は『旋律論』の初めの部分で最も明確だが、次第にクープの考えに道を譲ってゆくのである。

　レイシャの『高等作曲法』（一八二四～一八二六）は引

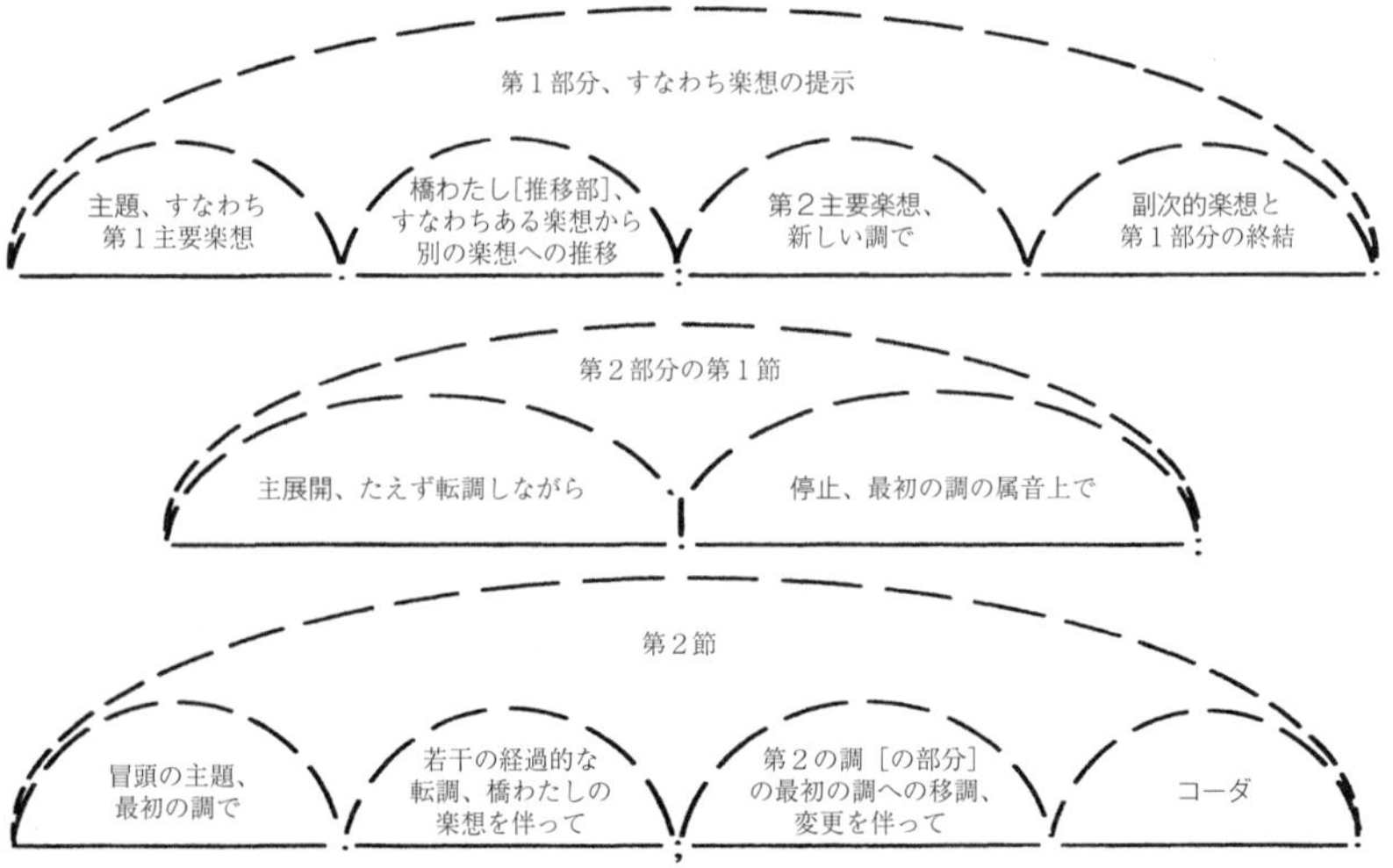

図3.1　「二部分大クープ」の図式。レイシャ『高等作曲法』（1824～1826）、第2巻、300ページより。

き続きこの方向にある。弁論のメタファーに言及されることは少なくなり、クープの概念はいっそう強調されるようになる。クープは依然として、旋律の楽想を展開するための手段と見なされている。この語は「楽想の展開に最も好都合な音楽作品のクープあるいはカードルについて」という見出しで登場するからである。二部分大クープの重要性がここでも強調されるが、それは音楽において最もふつうの構造だからであるばかりではなく、学習者がいったんこの形式を習得したら、「他のクープで作曲する際にも大きな困難を見いださなくなる」からでもある。(49)

『高等作曲法』でレイシャは新しいカテゴリーとして「メヌエットのクープ coupe du menuet」を導入するが、彼の形式の扱いに関する最も重要な追加事項は、大規模な慣習を梗概的に表した図式である(図3.1参照)。前にも指摘したように、図式は形式の知覚の仕方に微妙だが重要な影響を及ぼす。最小共通項を求めるという点で、レイシャの二部分大クープは以下のことを暗示している。楽章の調的な輪郭が可変的な事態の中での不変の要素であること、今や和声が形式の基盤であること、クープが旋律的楽想のうつわであること。レイシャはこの解釈に対して、いくつかの点で反論している。たしかに「主要楽想 idée mère」という考えは有機体論的な心象を喚起するが、すでに見たように、彼のクープの概念はよくても曖昧である。それは形式理論のために幅広い基盤を提供することよりも、特定の形式を定義するのにいっそう有用である。

レイシャの図式的説明方法はまた、梗概的な見方を助長するとともに、美学的・分析的な力点を、聴くという行

(49) Reicha, *Traité de haute composition musicale*, 2 vols. (Paris: Zetter, 1824-26), II, p. 296.〔ボンズの本書が出版された後、ナンシー・K・ベイカーとピーター・A・ホイトがレイシャの形式論に関して興味深い考察を行っている。ベイカーは、レイシャの『旋律論』における目的の一つは古典的な詩学 Art poétique に対応する旋律学 Art mélodique を創出することだったと指摘する。ホイトは、レイシャの形式論、特に展開の概念の背景には、修辞学ばかりではなく、新古典主義的な演劇理論の概念があったことを強調している。Nancy Kovaleff Baker, "An *Ars Poetica* for Music: Reicha's System of Syntax and Structure," in *Musical Humanism and its Legacy: Essays in Honor of Claude V. Palisca*, eds. Nancy Kovaleff Baker and Barbara Russano Hanning (Stuyvesant, N. Y.: Pendragon, 1992), pp. 419-449; Peter A. Hoyt, "The Concept of *développement* in the Early Nineteenth Century," in *Music Theory in the Age of Romanticism*, ed. Ian Bent (Cambridge: Cambridge University Press, 1996), pp. 141-162.〕

為から作品そのものへと移すことを強調する傾向にある。彼の図には聴き手というものが念頭にない。彼の説明文がいかに詳細で洗練されていようとも、必然的に最も簡明かつ記憶しやすく形式概念を表記するのは、視覚的な図式化である。今や視点は、外的で自律的な対象として見なされる作品そのものに、まっすぐに注がれているのである。

マルクス

この作品志向的な観点は、アードルフ・ベルンハルト・マルクス（一七九五〜一八六六）の著述に不可欠のものである。作曲家、著述家、それに『ベルリン総合音楽新聞 Berliner allgemeine musikalische Zeitung』の創刊編集者であったマルクスも、（それほど手の込んだものではないにせよ）図式的表記に依存しており、そして特定の音楽形式を先例のないほど詳細に記述した[50]。レイシャと同様、マルクスも音楽形式の説明を楽節性の原理の概説から始める。メヌエットという限られたモデルを超えるために、彼は伝統的な指針に従って、大作曲家の作品を研究することを学習者に促す。特定の形式に関する彼の詳細な説明は、生徒と教師のあいだのギャップを橋わたしするための重要な追加手段となっている。

マルクスはレイシャ以上に、形式を聴き手よりも作曲家の観点から扱う。彼はその著述で音楽形式のパラドックスが明白となっている最初の理論家である。マルクスの功績は、彼が公然とこの概念的二分法を認め、コッホがごく簡略に提起しレイシャが多かれ少なかれ避けていた問題に、立ち向かったことである。マルクスの解決策は、「形式 Form」と「芸術形式 Kunstform」を区別することである。前者は「作品の内容——作曲家の表象 Vorstellung、感情、理念《イデー》——が外的に形態《ゲシュタルト》となったそのあり方」である。この本質的に生成論的な考え方は、形式をその内容の現れ Aeusserung（文字通りには「外在化」、比喩的には「表現」）と見なす。したがって、「芸術作品の数だけ多くの形式」があり得る[51]。

他方、「芸術形式」は、マルクスの言葉で「多数の個々の芸術作品が共有している基本的特徴の総体」のことである。「芸術形式」の数は、少なくとも理屈の上では、やはり無数にある。しかし実際には、比較的少数のパターンがその他すべての共通基盤を提供する。楽式論はこれらの「芸術形式」を教えることである。[52]

機械論的＝規範論的なもの（「芸術形式」）と有機体論的＝生成論的なもの（「形式」）という用語上の区別は、今日いまだに理論的思考のかなりの部分を占めている二分法の確立を裏付ける。いくつかの点で、マルクスの「形式」の定義はコッホのそれ（「楽曲が聴き手の魂の前に提示されるあり方[53]」）ときわめて接近する。しかし、「芸術形式」の概念は、レイシャの図式と同様、作品の目的地——聴き手——を無視しており、代わって作曲家が彼の

---

(50) マルクスの図式は『作曲論』第三巻を参照（Marx, *Lehre*, III, pp. 206, 213, etc.）。第一巻の序文で、彼は旋律理論に対するレイシャの貢献をはっきりと認めている。

(51) Marx, *Lehre*, II, p. 5. マルクスは第三巻（一八四五）を出版する前に第一巻（初版一八三七）と第二巻（初版一八三八）の第二版を刊行している（それぞれ一八四一、一八四二）。第二巻第二版で彼はソナタ形式に関する元の説明を削除し、第三巻（初版一八四五）に移して、はるかに徹底的に論じている。しかし、形式概念に対する彼の全般的なアプローチは両版で本質的に変わらない。本書で第二巻からの引用はすべて第二版による。［第四巻の初版は一八四七年。］

(52) Marx, *Lehre*, II, p. 5. マルクスは楽式論の語で「形式」の単数形 Formlehre を使うか複数形 Formenlehre を使うかで揺れ動いているが、重要な意味の区別はない（例えば「形式」の研究と言ったり「諸形式」の研究と言ったりもしている）。［「Kunstform」の Kunst は本来の「技術、技芸、人為、人工」などのニュアンスも含んでいるかもしれないが、「人為形式」などとすると言い過ぎである。「共有形式」とか「規範形式」などと意訳した方が文脈にそっているだろうが、それだと原語が全く思い浮かべられないので、無難に「芸術形式」とした。マルクスはよく読まれた『音楽通論』（初版一八三九）では形式を「基本形式 Grundformen」と「芸術形式」に分け、前者をパッセージ Gang、楽句 Satz、楽節 Periode という小単位、後者をフーガ、ソナタなどのジャンル形式やソナタ形式などの楽章形式として説明している。Marx, *Allgemeine Musiklehre* (Leipzig: Breitkopf & Härtel, 1839; rev. 4/1850). また、あまり知られていないが「音楽における形式」という論文では、「基本形式」、「芸術形式あるいはジャンル形式」、「複合形式（変奏曲、ソナタ）」、「単独形式（ファンタジア、レチタティーヴォなど）」という分類になっている。Marx, "Die Form in der Musik," in *Die Wissenschaften im neunzehnten Jahrhundert, ihr Standpunkt und die Resultate ihrer Forschungen. Eine Rundschau zur Belehrung für das gebildete Publikum*, ed. Julius Andreas Romberg, II (Leipzig: Rombergs Verlag, 1856), pp. 21-48.］

(53) Koch, *Kurzgefasstes Handwörterbuch der Musik*, "Form." 本書一九二ページを参照。

「表象、感情、理念」の構造を形作る作業工程を強調する。したがって、以前の理論家たちも慣習的な構造の存在を認めていたが、ステレオタイプなパターンとより広い形式一般の概念とを用語の上で一貫して区別した点で、マルクスは最初の人物なのである。

マルクスが使用した他の言葉には、修辞学的でない語彙を装って修辞学的なカテゴリーを保持しているものもある。以前の書き手が文法と呼んでいたもの――音楽の機械的な規則――と、修辞学――小さな単位を美的に満足のゆく全体へと結合させる術――との伝統的な区別は、今やもっとニュートラルな用語で表される。マルクスは前者を「純粋作曲論」、後者を「応用作曲論」と呼んでいる。[54] 教育的伝統は技術的に正しいものと美的に心を動かすものとを区別してきたが、語彙の変化はこの伝統の継続性を覆い隠しているにすぎない。

純粋理論と応用理論、「芸術形式」と「形式」のあいだの広がりつつある溝は、才能と慣習を区別する必要性をいっそう先鋭化させた。フォルケルとコッホはすでにこの問題に多少とも取り組んでいたが、マルクスは先例のないほど精力的かつ単刀直入にそれに着手した。すでに指摘したように彼が形式を階層的に成文化したことは、学習者が教育上の必要性を真の芸術創造の行為と混同してしまわないかという彼の深い懸念によって、つり合いが取れている。彼はくり返し、「芸術形式」は内容から切り離された単なる技術上のことがらと見なしてはならないと、読者に念を押しているのである。

実際、マルクスにとって楽式論の真の目的は、学習者が何ものの奴隷となることもないように、あらゆる形式に習熟するよう教授することにある。幻想曲、つまり「無形式」の形式によってこそ、作曲の初心者は楽式論の真の目標に到達する。彼はあらゆる「固定された形式」を放棄し、「おのれ自身の法則しか知らないわれわれの精神の自由」に自らを委ねなければならない。[55] つまるところ、「芸術形式」の価値は、マルクスにとってそれが本質的に発見的方法だということにある。特定の慣習的形式に精通することの目的は、まさにそれを超えることだからである。それだけに、以来マルクス自身が「教科書的」形式概念と非常に密接に結び付けられるようになったのは、いっそう皮肉なことである。

それにもかかわらず、『作曲論』の最も長続きする遺産として残ったのは、特定の慣習的形式の分類と記述である。このことはそれ自体、マルクスへの賛辞である。そうした分類学の教育的有用性は、百年以上にもわたってくり返し証明されてきたからである。しかし、マルクスが同時に慣習的形式に対して軽蔑的な態度をとっていたことは、ほとんど認識されてこなかった。この態度もまた、今日の教育と分析に存続しているにもかかわらずである。

マルクスの論考は十九世紀を通じて何度も再版された。ほかならぬフーゴ・リーマン（一八四九～一九一九）は、自身の一九〇二年の『大作曲論』を執筆するに先立って、マルクスの最後の版を改訂している。[55a] 爾来、マルクスの論述の骨組みは、今日に至るまで、作曲に関する多数の論考の基盤となってきた。特定の形式がときにかなり詳細に至るまで記述されるが、最終的には軽視されてしまうということも含めてである。第一章で概略を示したような、慣習的な形式に対する今日の相矛盾する感情の多くは、この教育的伝統に起源をもっているのである。おそらくチェルニー——とりわけ強く衒学的な傾向を帯びていたように見える——を除いて、真摯な理論家で機械論的な観点を教育目的以外で採用した者はいない。

(54) Marx, *Lehre*, I, pp. 4-5; III, p. 4. マールプルクが修辞学を作曲の「応用的」要素と見なしていることも参照（本書一〇八ページ）［ボンズはマールプルクの「執行 Ausübung」を「応用 application」と訳している］。

(55a)(55) Marx, *Lehre*, III, p. 326.
［日本では東京音楽学校が以下の版を購入している。第一巻：第九版、一八八七（カヴァーには第一〇版、一九〇三とある）。第二巻：第七版、一八九〇。第三巻：未改訂の第五版、一八七九。第四巻：第五版、一八八八。以上のうち、第一、二、四巻はリーマンによる改訂増補版、第三巻はマルクスによるオリジナルのテクストである。出版は初版と同じライプツィヒのブライトコプフ・ウント・ヘルテル。英訳（一九一〇）の第一巻も購入されている。また南葵音楽文庫はもっと初期の版（第一巻、一八四六、第二巻、一八四七、第三巻、一八四八、第四巻、一八五一）を所蔵している。リーマンの『大作曲論』は初版が東京音楽学校によって購入された。］

シェーンベルク

作曲家としてアルノルト・シェーンベルク（一八七四〜一九五一）は、自身の音楽をハイドン、モーツァルト、ベートーヴェン、それにブラームスという歴史的伝統の中に位置づけることに、大きな誇りをもっていた[56]。理論家としては、対応する遺産に自分の場所を求めることはしなかったが、もしそうしていれば、申し分なく正当と認められたことだろう。実際、彼の著述のいくつかの側面は、十九世紀よりもはるかに密接に十八世紀とのつながりを示しているのである。

おそらく最もよく知られたエッセイ「進歩主義者ブラームス」で、シェーンベルクは「修辞学」という語を一度も使ってはいないが、彼の全体のスタンスは完全に修辞学的である。彼は音楽をそれ自体で言語と見なす。わかりやすさは形式の本質的な特質である。個々の作品は、修辞学者がふさわしさ decorum［主題に対する様式の適切さ］と呼ぶところのものを守らなければならない。つまり、作品の様式は、その内容ばかりではなく、それが向けられる聴衆と適切な関係にあらねばならないのである。

> 音楽における形式は、覚えやすさによってわかりやすくするという役割をもつ。均一性、規則性、対称性、下位区分、反復、統一性、リズムと和声における関係性、はては論理性——これらの要素のどれ一つとして美を生み出すことはなく、美に寄与することすらない。しかし、これらすべては、楽想の提示をわかりやすくする構成法には貢献するのである。楽想が音で表現される言語［音楽］は、次の点で、感情や思考を言葉で表現する言語に対応している。すなわち、その語彙がそれが語りかける知性とつり合っていなければならないということ、そして今述べたその構成法の諸要素が、詩や散文における押韻、リズム、韻律、それに節・文・段落・章などへの下位区分のように機能するということである。

これらの構成要素がもっている潜在な力を多かれ少なかれ完全に活用しているか否かが、様式の美的価値と分類を、その通俗性ないしは深さという点に関して決定する。……アントニー［アントニウス］でさえ、ローマの人々に演説したとき、「……そしてブルータス［ブルートゥス］は高潔な人物である」というセリフを、この対比が単純な市民の心に染み通るようにするためには、何度もくり返さなければならないということに気づくのである。(57)

形式の目的は、言葉の言語においても音楽の言語においても、シェーンベルクが示唆するように、わかりやすさを助長することにある。彼は続けて、ヨーハン・シュトラウスのワルツにおいてくり返されるリズム・パターンを、楽想をわかりやすくすることのできる手段として引き合いに出す。しかしシェーンベルク自身の作曲家としての目標は、もっと高度な聴衆、つまり複雑な楽想を一回聴いただけで把握できる聴き手の心に達することだった。「これこそが音楽的散文のあるべき姿である。すなわち、楽想の直接的でわかりやすい提示である。」それも通俗的なワルツの特徴である「パッチワーク」とか、「単なる埋め草的で空虚な反復」に頼らないでである。(57a)

成熟した人々は複合的に考える。彼らの知性が高ければ高いほど、精通する単位の数は多くなる。作曲家が時

(56) 特に彼の「進歩主義者ブラームス」を参照。Arnold Schoenberg, "Brahms the Progressive," in Schoenberg, *Style and Idea*, ed. Leonard Stein (Berkeley and Los Angeles: University of California Press, 1984), pp. 398-441.［この論考はブラームスの生誕百年の一九三三年に行われたラジオ講演を、一九四七年にブラームスの没後五十年を記念して論文用に改訂したものである。］

(57) Ibid., p. 399. シェーンベルクはシェイクスピアの『ジュリアス・シーザー』におけるアントニーの有名な演説を、同じ論文集のエッセイ「作曲に関する論考のために」でも引用している。Schoenberg, "For a Treatise on Composition," in *Style and Idea*, p. 265.［この短い文章は一九三一年のものである。］

(57a)［Schoenberg, "Brahms the Progressive," p. 414.］

代遅れの様式で、内容にそぐわない冗長さで書いたもの——すぐに理解できるものを三回から七回もくり返して——を、自分で「まじめな音楽《シリアス》」と呼ぶとは考えられない。音楽において、前の時代にあっては労作される前にわずかな変奏を伴いながらまず何回か言われなければならなかったことを、凝縮された形のまるごとの複合体で言うことが、できないわけはないのである。[58]

シェーンベルクの不満は、百五十年以上も前のグレトリの批判（「私は今朝あなたの家にいました。はい、私は今朝あなたの家にいました……」）の二十世紀的エコーである。本質的にはどちらの作曲家も、音楽の修辞学に賛意を示している。グレトリの言葉を使えば「弁論」、シェーンベルクの言い方では「音楽的散文」によってである。

私は楽想に楽想を結びつけたい。集合体におけるある楽想の目的や意味が何であろうとも、またその機能が導入、確立、変奏、準備、労作、逸脱、展開、終結、下位区分、従属、基礎のいずれであろうとも、またたとえそれがこの目的、意味、機能のために役立つのではないとしても、それはこの場を占めるべくして占めている楽想でなければならない。そしてこの楽想は、構成においても主題的内容においても、あたかも構造上の役目をはたすためにそこにあるのではないというように、［自然に］見えなければならない。言い換えれば、推移、コデッタ、労作等々は、それ自体が目的と見なされてはならない。もしそれらの部分が曲の楽想を展開し、変形し、強化し、明確化し、あるいはそれに光や色を投げかけるのでなければ、それらはそもそも登場すべきではないのである。[59]

「修辞学」は、その貶《おとし》められた意味では、おそらくシェーンベルクがこの文脈で最も使いたくなかった言葉であろう。実際、まさに彼が避けようとした「空虚な反復」や「埋め草」のイメージを匂わせるからである。しかし、シェーンベルクがここで喚起しているのは、伝統的でより高尚な意味での修辞学にほかならない。というのも、彼は諸楽想の提示を結びつける「論理」を求めているからである。[60] 前記の最後の引用における言い方は、マッテゾンの弁論としての楽章というイメージとの対応がとりわけ著しい。楽想のさまざまな機能を列挙しながら、シェーンベルクは伝統的な修辞学のカテゴリーをほとんどそのまま組み入れているのである（「導入」＝序論 exordium、「確立」＝叙述 narratio と提議 propositio、「変奏」「労作」「展開」＝確証 confirmatio、「逸脱」＝論駁 confutatio、「終結」＝結論 peroratio）。たとえシェーンベルクが、昔のマッテゾンやフォルケルがこれらの言葉を当てはめていたことを特に知っていたわけではないとしても、これらのカテゴリーが修辞学に由来することには気づいていたに違いない。

「音楽的散文」の考えに密接に関連しているのは、シェーンベルクの有名な——しかしかなり漠然としか記述されていない——「発展的変奏 entwickelnde Variation, developing variation」の概念である。[61] その目的は、作品の中心的楽想すなわち「基本形態 Grundgestalt」を展開させること、労作することである。発展的変奏は本質的に修辞学

(58) Ibid., p. 408.

(59) Ibid., p. 407.「音楽的散文」という言葉はシェーンベルクのオリジナルではないが、彼はそれを特有の流儀で使っている。以下を参照。Hermann Danuser, *Musikalische Prosa* (Regensburg: G. Bosse, 1975).

(60) 例えばヨーハン・ヨーアヒム・エシェンブルクは彼の修辞学論で、修辞学を「アイディアの連続的で一貫した提示」のための基礎と定義し、音楽、詩、弁論をまとめて「音の tonische」技芸として分類している。Johann Joachim Eschenburg, *Entwurf einer Theorie und Literatur der schönen Redekünste*, 3rd ed. (Berlin: F. Nicolai, 1805), pp. 319, 4.

(61) シェーンベルクは「基本形態」をさまざまな文脈で使っており、この語は翻訳者に格別やっかいな問題を投げかけるものとなっている。以下を参照。David Epstein, *Beyond Orpheus* (Cambridge, Mass.: MIT Press, 1979), pp. 17-21. シェーンベルクの著述のあちこちで使われているこの語の用例を概観した便利な文献としては以下を参照。Reinhold Brinkmann, appendix to "Anhand von Reprisen," in *Brahms-Analysen: Referate der Kieler Tagung, 1983*, eds. Friedhelm Krummacher and Wolfram Steinbeck (Kassel: Bärenreiter, 1984), pp. 116-118. 以下も参照。Patricia Carpenter, "*Grundgestalt* as Tonal Function," *Music Theory Spectrum*, 5 (1983), 15-38; Carl Dahlhaus, "What Is 'Developing Variation'?" in Dahlhaus, *Schoenberg and the New Music*, trans. Derrick Puffett and Alfred Clayton (Cambridge: Cambridge University Press, 1987), pp. 128-133.

的な概念として見ることもできる。なぜなら、弁論としての音楽作品というメタファーは、小規模な単位の拡張や労作ばかりではなく、もっと広く全体の一貫性、楽想が継起するあり方をも包括しているからである。[62] 中心的な楽想――十八世紀の理論家だったら主要楽節と呼んだであろうもの――の労作を重要視することによって、シェーンベルクはもしかすると彼が感じていたよりもはるかに伝統的な形式概念を取り入れている。フォーグラーは主題と変奏を「一種の音楽的修辞学」として説明していたが、これはシェーンベルクの記述を直接先取りするものである。シェーンベルクの音楽的散文という考えと、一八一三年の『総合音楽新聞』に掲載されたエルンスト・ルートヴィヒ・ゲルバーの交響曲に関する論考のあいだには、実際、意味深い対応関係がある。ゲルバーは、楽章全体が単一の主要楽節に基づいているという点で、ハイドンが新しい種類の交響曲様式を確立した功績を認める。[63] しかし、ゲルバーが言うには、その明らかな卓越性にもかかわらず、この作曲の方法は作曲家、オーケストラ、聴き手に、ある種の困難さをもたらす。ゲルバーによれば、問題の核心はわかりやすさをめぐる事柄にある。

そして三つ目の難しさは、聴衆がそうした複雑で高度な技術の音楽を聴いて受け入れることができるかという点にある。とりわけ今日よくある非常に速い演奏の場合、多くの訓練と偉大な芸術作品をくり返し賞味することで鍛えられた耳をもち、啓発された芸術感覚をもった人だけが、そのような美しさと見事な作品を理解し味わうことができるからである。もしこれに昨今はやっている転調熱と不安定さが加わると、それによってどの楽想も本来の労作をはたせなくなり、耳も心もしばしば関与を妨げられそこから引き離されてしまう。したがって、［本誌の］特派員によればパリの聴衆もそうであるように、人はそうした芸術作品を聴くと賛嘆とともに疲れを感じてしまうとしても、少しも不思議ではないだろう。[64]

聴衆がハイドンの密度の高い表現を理解する能力は、ゲルバーが示唆するように限られている。この語法に馴染んでいる聴き手でさえも、単一の楽想に基づいている一方で、その楽想を濃縮された要求度の高いやり方で労作し展開させている作品から、挑戦状を突きつけられることになる。同時代の人々の観点から見ると、ハイドンの音楽は、詩よりも音楽的散文にいっそう近いと思われる方法で、楽想を労作している。そう言えば、十九世紀の初頭においてハイドンは、決まった韻律と押韻構造で作詩する詩人とではなく、考えを散文で表現する弁論家と比べられるのが常であった。言い換えれば、「空虚な埋め草」というものは、世代とともに捉え方も変わってゆくのである。

こうして見ると、シェーンベルクの「基本形態」の概念は、しばしば言われるほどには革新的ではないように思われる。実際、この概念はA・B・マルクスとの直接的な結びつきを示している。マルクスはこう語る。「芸術作品においては、芸術家が（多かれ少なかれはっきりと意識しながら）自らのうちに抱いている理念《イデー》の感性的な表現をこそ見なければならない。……したがって、芸術作品の感性的形態のあらゆる部分も芸術家の内に備わっている理念に出来し、［その作品の全体を通じて］識別することができ、跡づけできなければならない。[65]」

シェーンベルクと同様にマルクスは、――明確に述べてはいないのだが――あらゆる作品（ひいてはあらゆる「芸術形式」）は、彼が「基本楽想 **Grundgedanke**」と呼ぶところのより深いレヴェルの根本的楽想に基づいている、という理論をほのめかしている。『作曲論』第二巻の初めの方で、マルクスはこう述べる。「この基本楽想は、すでに今日まで存在するあらゆる形式、そしてもしかすると将来出現するかもしれないあらゆる形式を担うものであるが、今はそれとなく示唆することしかできず、楽式論が全体として完結したときに初めて説明し証明することがで

(62) 「主題的・動機的操作」と発展的変奏の区別については以下を参照。Carl Dahlhaus, *Die Musiktheorie im 18. und 19. Jahrhundert, erster Teil: Grundzüge einer Systematik* (Darmstadt: Wissenschaftliche Buchgesellschaft, 1984), pp. 135-136.

(63) Ernst Ludwig Gerber, "Eine freundliche Vorstellung über gearbeitete Instrumentalmusik, besonders über Symphonien," *AMZ*, 15 (1813), cols. 457-463.

(64) Ibid., col. 459.

(65) Marx, *Die Kunst des Gesanges, theoretisch-praktisch* (Berlin: A. M. Schlesinger, 1826), pp. 240-241.

きるのである。[66]」残念なことに、マルクスはこの言葉で何を言わんとしていたのかを、実際にはっきりと説明することはなかった。しかし、他の著述の文脈からして、この語が楽章ないし作品を統一する中心的な楽想のことをさしているのは明らかである。後年のベートーヴェン伝で、マルクスは同じ語を、第七交響曲第一楽章の有機的な生長を記述するのに使っている。「主要楽節の核から生命が花開いた。それはまずは軽く、快活に、愛らしく牧歌風に始まり、次いで精力的かつ闘争的にそびえ立ち、好戦的に憤激にまでかき立てられ、その基本楽想に戻るときには、それさえも戦闘的な激しさで燃やし尽くしてしまうのである。[67]」

フェルディナント・ハントは「基本楽想」の語を同様の文脈で、ほとんど同時期に使っている。そのさまざまな楽想が生成的、胚芽的な楽想によって統一されていない音楽作品は無定形 gestaltlos だ、という意味でである。[68] ハント、マルクス、それにシェーンベルクは皆、非修辞学的な語彙を使って本質的に修辞学的な概念——すなわち、聴き手にとってわかりやすいようなやり方で、中心となる楽想を労作すること——を言い表している。

したがって、シェーンベルクの発展的変奏の概念は生物学的な有機体のメタファーに基づいているというカール・ダールハウスの主張は、[69] 部分的にのみ正しい。発展的変奏は実際、生長のプロセスに基づいているが、その生長の性質を記述するとき、シェーンベルクは常にメタファーを混合している。『作曲の基礎』のほかならぬ冒頭で、彼はこう述べる。「形式」は「美的な意味では……楽曲が組織化されているということ、すなわち楽曲が生きた有機体のように機能する諸要素からなり立っているということである。」しかし、続けて次のように考察する。「組織化を伴わないと音楽は、句読点のない文章のように理解できず、無目的に一つの話題から別の話題にとんでしまう会話のように、まとまりのない、無定形のかたまりとなってしまうだろう。[70]」シェーンベルクが有機体と修辞学のメタファーを並列しているのは、これら二つのイメージが本質的に両立可能で、歴史的に連続していることの現れである。十九世紀初め以来の多くの作曲家と同様、シェーンベルクは自らを神のような芸術家と見、自身の作品を生きた創造物と見なしていた。しかし、十八世紀で彼に相当する人たちと同様、彼は最終的には論理とか一貫性、そしてとりわけわかりやすさといったカテゴリーに訴えかけたのである。別のある論考で、彼はこう書いている。「楽想の提示は音楽的一貫性 Zusammenhang の法則に基づいている。」そして提示の技《わざ》は「わかりやすさ Fasslichkeit」［の法則］を前提とする。(71) それは有機的な生命に不可欠の条件ではほとんどないのである。

「基本形態」、主題変容、メタモルフォシスなど、どのような名前で知られていようとも、主題的労作の概念は、とりわけベートーヴェンの時代以降の音楽にとっては、今日のたいていの分析の基本的な要素である。しかし、これまで長い間、この種の考え方のための理論的基盤はいささかあいまいなままで、特に古典派の音楽に関してはそうだった。漠然としていながらほとんど暗黙の了解となっているのは、主題変容という考えは典型的に十九世紀の概念であり、それより前のレパートリーではせいぜい偶然的な役割しかはたしていないという認識である。(72) たしかに十九世紀は形式を主題的プロセスとして見たのは事実であるが、これは十八世紀から受け継がれた考えなのであ

(66) Marx, *Lehre*, II, 2nd ed. (1842), p. 6. この一節は初版にはない。

(67) Marx, *Beethoven*, II, p. 198.

(68) Hand, *Aesthetik der Tonkunst*, II, p. 188. Dommer, *Elemente*, p. 170 も参照。［ハントはここでは「無定形性 Gestaltlosigkeit」という名詞を使っており、ボンズはかなり意訳している。］

(69) Dahlhaus, "Entwicklung und Abstraktion," *AfMw*, 43 (1986), 91-108.

(70) Schoenberg, *Fundamentals of Musical Composition*, eds. Gerald Strang and Leonard Stein (London: Faber and Faber, 1970), p. 1. ［シェーンベルクの弟子の一人であるウィーンの音楽学者エルヴィン・ラッツは、師の精神を反映させた（しかし独自の）音楽形式論を展開したが、そこでも「有機体」としての音楽作品はキー・ワードとなっている。Erwin Ratz, *Einführung in die musikalische Formenlehre* (Wien: Universal Edition, 1951, 3/1973). 同書の初版はシェーンベルクの没年に恩師を偲んで刊行されている。］

(71) Jonathan Dunsby and Arnold Whittall, *Music Analysis in Theory and Practice* (New Haven: Yale University Press, 1988), p. 75 で引用されている。［出典はシェーンベルクの未出版の草稿で、「楽想とその表現の論理、技術、技 Der musikalische Gedanke und die Logik, Technik und Kunst seiner Darstellung」という表題で整理されているメモ風の論考である。引用部分は「わかりやすさの法則 Die Gesetze der Faßlichkeit」という見出しの部分（p.55）と、草稿タイトルと同じ見出しの部分（p.77）からで、いずれも一九三四年六月十一日の日付がある。本書の出版時にはロサンゼルスのシェーンベルク研究所のアーカイヴにあったが、現在はウィーンのアルノルト・シェーンベルク・センターに所蔵されており、インターネットでファクシミリと翻刻を読むことができる。整理番号 T65.03。］

る。リヒャルト・ヴァーグナーは旋律を形式と同一視したが、それは百年以上も前にさかのぼる、はるかに長い伝統の一部である。[73] 同様に、シェーンベルクの思考の基本的な要素のいくつかも、修辞学の由緒ある伝統にさかのぼることができる。修辞学はつまるところ、形式の諸概念における媒介の環を、世紀を越えて提供しているのである。

(72) 一つの注目すべき例外はカール・H・ヴェルナーの『音楽史における主題プロセスの時代』だが、同書は今日までそれにふさわしい学術的な注目を受けていない。Karl H. Wörner, *Das Zeitalter der thematischen Prozesse in der Geschichte der Musik* (Regensburg: Gustav Bosse, 1969).

(73) グレイは十九世紀中葉の理論家たちが形式を本質的に旋律的な構成体として見ていたことを、説得力をもって論証している。Grey, "Richard Wagner and the Aesthetics of Musical Form." しかし、グレイ(pp. 77-79)や他の学者たちが主張しているのとは違って、こうした見方は十九世紀にオリジナルなものではない。

第四章　修辞学と器楽の自律性

一八〇〇年以前においては、器楽は声楽に対して美的に劣っている、というのが通念であった。この姿勢は、ヨーハン・ゲオルク・ズルツァーの百科事典的な『芸術総論』（一七七一〜一七七四）でも全体を通して反映されている。ズルツァー［筆者はキルンベルガー］によれば、器楽は喜びを与えることができるし、ときに心を動かすこともできるが、その「意味」は相対的にあいまいである。歌詞をもたない音楽は、それが表現し聴き手の内に呼び起こす情念のそもそもの性質を特定することができない。しかるに声楽は、歌詞という媒体を通して、その情動の動機づけを明らかにすることができる。それゆえ、音楽は「詩と結びついているときにのみ、その完全なる効果を達成するのである。(1)」これと同じ態度は、コッホやフォルケルの著述においてさえも明らかである。彼らはズルツァーの見解をほんの少し修正しただけで採用している。器楽とは異なり、声楽は精神と心の両方に作用することができるのである。(2)

十八世紀の著述家の多くは、ズルツァー、フォルケル、コッホを含めて、実際には器楽のもつ力を大いに賞賛している。しかし、器楽が声楽と美的に同等かあるいはそれを凌駕すると広く認識されるようになったのは、ようやく十九世紀もかなり入ってからのことだった。もっとも、あるサークルでは、この変化は早くも一七九〇年代に予感されていた。初期のドイツ・ロマン主義文学者たちの見解では、器楽は実際に声楽よりまさっていた。一例としてノヴァーリスは、十八世紀の終わりにこう述べることができた。「舞曲も歌曲も本来は真の音楽ではない。その変種にすぎない。ソナタ、交響曲、フーガ、変奏曲。これこそ本来の音楽である。(3)」

こうした認識の変化は、音楽そのものの変化によるところも少なくない。特定のジャンルからほんの一例をあげるならば、ハイドンやモーツァルトの後期の交響曲群は、ジョヴァンニ・バッティスタ・サンマルティーニやヨーハン・シュターミッツといった以前の作曲家や、それこそハイドンやモーツァルト自身の過去の作品よりも、はるかに野心的な広がりがある。にもかかわらず、これらの作品はすべて言葉のテクストをもたない。そして、新しいロマン主義的な考え方の核心にあるのは、かつては器楽の意味のあいまいさと見なされていたものに対する態度の転換である。長いこと器楽の厄介の種とされてきた特定のイメージの不在は、今やその最も大きなとりえと考えられるようになった。まさに器楽が言葉のもつ表現上の限界を超越するという理由から、多くの影響力のある批評家が、器楽を芸術表現の最も要求度が高く神秘的な、したがって最も高度で最も価値のある媒体と見なすようになったのである。[4]

この新しい態度は、ヴァッケンローダー、ティーク、ノヴァーリス、シュレーゲル兄弟、それにE・T・A・ホフマンといった批評家の著述に共通の要素である。それぞれの書き手個々人の違いは小さくないが、器楽とりわけ交響曲がより高次の超越的な言語を体現しているという点では、初期のロマン主義者の見解は著しく一致している。

ドイツ・ロマン主義者のあいだでのこうした美学的地位の逆転は、それが生じた見かけ上の速さに照らしてみると、なおいっそう際だっている。この変化を説明するために、「パラダイム・シフト」の概念が援用されている。[5]

---

(1) Sulzer, *Allgemeine Theorie*, "Musik" and "Instrumentalmusik."

(2) Koch, *Musikalisches Lexikon*, "Instrumentalmusik." 以下も参照。Koch, *Versuch*, II, p. 33; Johann Nikolaus Forkel, "Genauere Bestimmung einiger musicalischen Begriffe," in C. F. Cramer's *Magazin der Musik*, 1 (1783), 1067-1068.

(3) Novalis, *Schriften*, 4 vols., ed. Paul Kluckhohn (Leipzig: Bibliographisches Institut, n. d.), III, p. 349.

(4) 初期ロマン主義者たちの著述における美学観の転換については、ここではごく大まかに概観することしかできない。この現象に関するもっと詳細な論述は以下を参照。Carl Dahlhaus, *Die Idee der absoluten Musik* (Kassel: Bärenreiter, 1978), trans. by Roger Lustig as *The Idea of Absolute Music* (Chicago: University of Chicago Press, 1989); Hosler, *Changing Aesthetic Views*; Neubauer, *The Emancipation of Music from Language*.〔現在だったらボンズによる以下の文献も加えるべきであろう。Bonds, *Music as Thought: Listening to the Symphony in the Age of Beethoven* (Princeton, N. J.: Princeton University Press, 2006; 邦訳二〇一五); idem, *Absolute Music: The History of an Idea* (Oxford: Oxford University Press, 2014).〕

しかし、そうした説明は、ロマン主義者たちと先行する世代のあいだで連続する重要な要素を見えなくしてしまう。ロマン主義的な器楽観を解釈しようとしてきた従来のほとんどの試みは、この運動の革新的な面ばかりを強調してしまい、そのいっそう伝統的な側面を無視してしまうきらいがあった。さらに、初期ロマン主義の音楽関係の著述が、十八世紀後期の音楽理論におけるより技術的な概念の観点から検討されたことは、ほとんどなかった。

ロマン主義の美学はたしかに革命である。ただし、古い意味での革命、すなわち理念の変化によって実現された一八〇度の転換であって、突然の大変動なのではない。実際、初期ロマン主義の器楽理論は、言語としての音楽、弁論としての音楽作品という伝統的な比喩に深く根ざしている。器楽の「意味」についてのロマン主義的な理解は、器楽の内容ではないにしてもその構造は言葉の演説のそれに相似している、という昔ながらの前提から発展したものである。そして修辞学は、これから見るように、台頭しつつある自律的な器楽の美学において、重要な継続的要素だった。「楽想」という概念は十八世紀の後半に初めて登場したのだが、これは修辞学的な思考から直接出てきたものである。同じ頃から見られるようになった絶対音楽の標題音楽的解釈も同様である。どちらも、器楽に対する十八世紀初期の非常に見下した態度から、十九世紀初期のほとんど敬虔なまでの態度に至る途上の、過渡期の段階を示している。

修辞学と「楽想」

言語としての音楽というイメージは、第二章で見たように、十八世紀のうちに、とりわけ器楽に関連して格別の重要性を帯びるようになった。マッテゾンによるマルチェッロのアリアの「音による弁論」としての分析は、意味深いことに、歌詞を掲載していないばかりか、アリアの劇的文脈を示すものは何も提供していなかった。言葉のテクストに付き添う音楽は、そのテクストの敷衍と見なされた。他方、いかなるテクストも伴わない音楽は、それ自身で言語を体現する、言葉のない弁論と見なされたのである。

この種の比喩は、器楽を有意味な自律的芸術とする、後の解釈の基盤形成を促進した。この「意味」が表象的なものか、それとも非表象的なものなのかは基本的な論点で、今日でさえ議論の的となっている。しかし、歴史的に見るならば、ほかならぬテクストのない音楽が何らかの意味をもち得るという考えそのものは、まずは十八世紀のあいだに広く受け入れられるようになっていたのである。

十八世紀の前半において、器楽が表現力をもつという信念は、音楽は悲しみや喜び、怒りといった、やや曖昧ではあるけれども表象的な観念《アイディア》の言語であるという考えに、主として基づいていた。しかし、十八世紀の終わりまでには、バロック的な「情緒 Affekt」の概念は大きく失墜していた。情緒論《アフェクテンレーレ》は古典派もかなり後まで続きはしたが、十九世紀の初めの頃までには、もはやほとんど生きた美学的概念ではなくなっていた。他方、楽章の主題を本来的に音楽的な、非表象的なアイディア〔楽想〕と同一視することは、十八世紀の後半にわたってますます普及するようになった。主題 Thema がアイディア Gedanke として認識されたのは、テクストをもたない音楽作品の中に固有の自己言及的な意味があるということが、以前にも増して信じられるようになったからである。

本来的に音楽的なアイディアという概念は、第二章であげた理論家の事実上全員が暗に示していたものである。シャイベ、C・P・E・バッハ、クヴァンツ、リーペル、テュルクらは皆、くり返し「楽想」について言及している。[6] 弁論としての音楽作品という概念的メタファーの中では、器楽作品の主題は、完全なそれ自体で充足した考えの単位と見なされた。一七六九年のヒラーの『音楽週報』に連載された、匿名だが鋭敏な著者による音楽辞典では、

---

(5) 以下を参照。Dahlhaus, *Die Idee der absoluten Musik*, pp. 12-13.

(6) Scheibe, *Critischer Musikus*; C. P. E. Bach, *Versuch über die wahre Art das Clavier zu spielen*, I (Berlin: Author, 1753), pp. 117, 132-133, etc.; Quantz, *Versuch*, pp. 13, 17, 102, 104-105, 115-116, 304（「楽想のよい配列 gute Ordnung der Gedanken」）, etc.; Riepel, *Anfangsgründe*; Türk, *Klavierschule*, pp. 340-341. 他の同様の例は以下で列挙されている。Ulrich Leisinger, "Was sind musikalische Gedanken?" *AfMw*, 47 (1990), 103-119.

この特質がとりわけ楽章の主要楽節に関して強調されている。

楽想 Gedanken, musikalische とは、小さいにもかかわらず［それ自身の］意味をもっていなければならない、旋律の部分のことである。これは、主要楽想、副次的楽想、つなぎの楽想に分けられる。……楽想は、その推敲のために定められた設計に従って書き下ろされる最初のものである。ここでは人はまず想像力の炎に身を委ね、その後で、取り組んでいる楽曲をしかるべき完全なものにするのである。楽想は、その前後のものがそれほど活気がなく、美しくなく、仕上げられていなければ、そのぶん引き立てられる。それでもこれらの副次的楽想は、主要楽想を目立たせその真価を発揮させることに、それなりに貢献しなければならない。したがって、副次的楽想がおろそかにされてしまうということにはならない。いずれにしても作曲家は、主要楽想が優先的に聴かれ、聴き手の耳と心に最も強い印象を与えるように、主要楽想を引き立てるすべを心得ていなければならない(7)。

主要楽想 Hauptgedanken。……主要楽想は旋律の中で最も重要なものである。したがって、それは旋律のあらゆるペリオーデ［形式的部分］で提示されていなければならない。なぜなら、まさにそうすることで、諸ペリオーデが互いに緊密な関係にあることがわかり、旋律［すなわち楽章］の統一性がそれによって決定されるからである(8)。

ヨーハン・ネーポムク・ライヒェンベルガーは『音楽芸術のすべて』（一七八〇）の第三巻で、やはり作品の主題をその主導的な楽想として見ている。

主題 Thema という言葉は、……少数の音からなる短い音楽的モットー Musikspruch、あるいはよく言うように、いくつかの音によって示される楽想 Musikgedanke として理解される。よく説教の内容や要点を一言か二言で知らせるようなものである。楽想は、弁論の場合の主題と同じように、ここでは音楽作品の以後の継続的対象であり、常に登場する素材であり、目標である。(9)

これらの説明において、主題の表象的、情緒的特質は、もはや中心な位置を占めていない。楽想にとって不可欠なのは、続く労作のための潜在的可能性であり、楽章全体のために本来的に音楽的な焦点を提供する能力である。器楽に関するフリードリヒ・シュレーゲルの有名なアフォリズムは、この広い伝統に照らしてこそ、最もよく理解される。

音楽家たちが自分の作品の中の考え Gedanken〔楽想すなわち主題〕について語ると、多くの人にとって奇妙でばかげていると感じられるのが常である。音楽家が自分の音楽についてよりも、その音楽の中により多くの考えをもっているという事態に、人々が気づくことがたびたびあるとしても、同じことである。しかし、あらゆる芸術と学問の驚嘆すべき親近性を解する感受性をもっている人は、この事柄を少なくともいわゆる自然らしさという平凡な観点――それだと音楽は単に感情の言語にすぎないことになる――から考察することはないだろうし、あらゆる純粋器楽が哲学そのものに向かおうとするある種の傾向を、不可能と考えることもないだろう。純粋器楽は自らそれ自身のテクストを創り出してはいけないのだろうか。そうした器楽の主題は、哲学的な一

(7) Anonymous, "Beytrag zu einem musikalischen Wörterbuch," in Johann Adam Hiller, *Wöchentliche Nachrichten*, no. 39 (27 March 1769), 303.
(8) Ibid., no. 40 (3 April 1769), 313.
(9) Reichenberger, *Die ganze Musikkunst*, III, p. 175.

連の考えIdeenreiheにおける熟考Meditationの対象と同じように、展開され、確証され、変奏され、対比されることはないだろうか[10]。

シュレーゲルのアフォリズムは「一閃する予感」にすぎず、さらに半世紀のあいだ実現されることはなかったという指摘もあるが[11]、シュレーゲルの見解はそもそもそうした予感とはほど遠く、確立された伝統の延長線上にある。シュレーゲル自身は、音楽家がすでに「楽想」によって話し始めていたことを、はっきりと認めている。ダールハウスはこの一節を、「十九世紀において音楽形式の典型を表す」「一連の楽想」としての主題プロセスという概念の基盤として解釈したが[12]、たしかにそれはそうである。しかし、これは十八世紀的な形式理解の基礎でもある。「一連の楽想Ideenreihe」の概念は、早くも一七三〇年代にマッテゾンによって提起され、後にフォルケルやコッホら多くの十八世紀の書き手によって拡張された。シュレーゲル自身、ゲッティンゲンでフォルケルの講義を聴いており、その『音楽通史』をよく知っていたのである[13]。

さらに、シュレーゲルの「メディタツィオーン」は、一種の超越的な自己交流としてではなく、一つの対象をできるだけあらゆる観点から熟考するという、もっと伝統的な意味で理解しなければならない。メディタツィオmeditatioは、修辞学に関するあまたの書き手が指摘するように、実際にはメディタツィオのためのひな形を提供するにすぎないもっと機械的な結合術やロチ・トピチとは違って、着想の真の源泉なのである[14]。器楽作品の内容は楽想とその労作からなる。「哲学的な一連の考え」の内容は、その考えが音楽ではなく言葉によるという点で違うだけである。

けれども、シュレーゲルの言い方における美学的な方向性がもはや実際的ではない、と認識することも重要である。音楽的弁論は聴き手に向けて行われる公的な催しだったが、今や哲学的な論説、つまり聴衆を必要としない、それどころかおそらく聴衆がいない方がよりよく機能する、私的な行為となった。一貫性はまだ重要である。しかし、聴衆の心を動かすための必須条件というよりは、何よりも作品の自律的な統一性を正当化するものとしてである。説得力は、美学的な方程式におけるその中心的な役割を放棄した。つまり、作曲家はもはや音楽的弁論家ではなくて音楽的哲学者なのであり、彼の考えはそれ自身の言葉で解釈されることになる。音楽の言語は、仮に指示的であったとしても、今や自己言及的である。

十八世紀後期における修辞学の衰退は、ロマン主義者たちが音楽を含むあらゆる芸術作品を非指示的と見る傾向が台頭してきたことと、軌を一にしている。この見方からすると、芸術作品は寓意的というよりは象徴的であり、「自動詞的な意味作用 intransitive signification」の媒体である。つまり、シニフィアン（記号表現）はシニフィエ（記号内容）でもある。[15] 言語そのものでさえ、この観点から見られるようになった。ノヴァーリスはこう嘆く。「言語の状況が数学の公式のそれと同様であることを、人々にわかってもらえさえすればよいのだが。——数学の公式

---

(10) Friedrich Schlegel, "Athenäums-Fragment 444," in *Kritische Friedrich-Schlegel-Ausgabe*, II, ed. Hans Eichner (Munich: Ferdinand Schöningh, 1967), p. 254.［フリードリヒ・シュレーゲルの「アテネーウム断片」は、シュレーゲル兄弟が創刊した雑誌『アテネーウム』の初年度号（一七九八）に掲載されたのが初出である。］

(11) Dahlhaus, *Die Idee der absoluten Musik*, p. 110: "flüchtig aufblitzende Antizipation" (Lustig trans., p. 108). ダールハウスはほかならぬこの一節を引用しながら、これが和声を音楽の「論理」として考えるフォルケルの立場と対立するものとしている。しかし、この解釈は、フォルケルのもっと広い音楽修辞学的な考え方、とりわけ彼が主題楽想とその労作に割り当てた中心的な役割を無視している。ほんの数年後にカール・シュパツィーアは、グレトリの『回想録』の注釈付き独訳版の中で、シュレーゲルの言葉の大半を引用しているが、出典は遠回しに「最近の著述家」とだけ記している（Spazier, *Gretrys Versuche*, pp. 183-184）。

(12) Dahlhaus, *Die Idee der absoluten Musik*, p. 112 (Lustig trans., p. 111). 以下も参照。Dahlhaus, *Between Romanticism and Modernism*, trans. Mary Whittall (Berkeley: University of California Press, 1980), pp. 43-44.

(13) 以下を参照。Edelhoff, *Johann Nikolaus Forkel*, pp. 31-33, 120-121. ただしこれは、シュレーゲルの考えが必然的にフォルケルの音楽修辞学の概念に基づいている、ということではない。彼が先輩の理論家について語るとき、たいていは軽蔑的な口調である（「彼はカストラートが愛について知っているのと同じくらい音楽を理解している」）。しかし、彼がフォルケルの考えに接していたことはかなり立証されている。

(14) 例えば以下を参照。Hallbauer, *Anweisung*, pp. 212-216, 403.

(15) 以下を参照。Todorov, *Theories of the Symbol*, p. 162.

はそれ自身で世界を構成する。——それはそれ自身とだけ戯れ、ただそれ自身のすばらしい性質だけを表現し、まさにそれゆえに非常に表現力に富む。——まさにそれゆえにこそ、そこには物事のあいだの不思議な関係作用が反映されているのだ。[16]」

しかしながら、ダールハウスが指摘しているように、「絶対詩」の試みはその後ほとんど一世紀ものあいだ実現されないままだった。[17] 他方、器楽はその統辞法的な構造の点で詩と比較することができるが、同時に言葉の言語の指示的な限界を超越してもいる。一八〇一年にトリーストは、C・P・E・バッハを「もう一人のクロプシュトック、ただし言葉の代わりに音を使った者」と呼びながら、以下のように論じている。「［バッハが示したのはこういうことだ。］純粋な音楽［器楽］は応用音楽［声楽］のための単なる外皮ではなく、それから抽象されたものでもない。……純粋な音楽は……自らを詩《ポエジー》の次元まで高めることができる。もし言葉（それは常に副次的な概念を含む）によってありふれた意味の領域に引きずりおろされることが少なければ少ないほど、いっそう純粋になる、そういう詩にである。[18]」数年後にミヒャエーリスは同じように論じている。「音楽における喜びは、必ずしも旋律や音進行《モドゥラツィオーネン》のしばしば漠然とした意味にあるのではない。……私たちは……たいていの場合、音楽の音を象徴として見なすことは全くせず、むしろ音の多様性の調和した戯れからじかに喜びを見いだすのである。[19]」これは、ヨーハン・ゴットフリート・ヘルダーが一八〇〇年の『カリゴーネ』で表明していた信念と、本質的には同じである。「したがって、この芸術［音楽］のあらゆる刹那は儚《はかな》く、またそうでなければならない。なぜなら、まさに長かったり短かったり、強かったり弱かったり、高かったり低かったり、多かったり少なかったりが、その刹那の意味、その印象だからである。来ることと去ること、成ることとかつてそうであったことに、音と感情の勝利の力は存在する。[20]」

これらの見方を強調する当時の一般的傾向は、以前のミメーシス的な情緒《アフェクト》の概念とはほとんど関係がない。今や注目のまととなっているのは、芸術的推敲そのもののプロセスである。ヘルダーの関心は、音楽作品の支配的な楽想を具象的な連想に結びつけることではなくて、その楽想の扱い方にある。

ノヴァーリスは芸術一般に関してとても似かよった議論を展開している。芸術作品における真の関心は主要な考えそのものではなく、その推敲にある。彼は修辞学の概念を明示的に使ってはいないが、彼の語彙は明らかに修辞学的である。

> 考え《ゲダンケン》が私たちの関心を惹きつけるのは、その内容、その新しく際だった正しい機能、さもなくばそのなり立ち、その歴史、その状況、そのさまざまな位置、そのさまざまな適用、その有用性、そのさまざまな構成のゆえである。このようにして、ごくありふれた考えでも非常に興味深いやり方で処理することができるのである。……ここでは、私たちの関心を惹き好ましく思われるのは、方法であり、事のなり行きであり、プロセスなのである。……新しいものは私たちの関心をあまり惹かない。古いものから非常に多くのことがなし得るとわかっているからである。つまり、個別のものの無限性を感じれば感じるほど、多様性への欲求は失われる。人は、他者が何百もの手段を必要とするものを、たった一つの手段でもってなしとげることを学ぶ。そして概して、着想することよりも推敲することに、いっそうの関心をもつのである。[21]

シュレーゲル、ヘルダー、トリースト、それにノヴァーリス各人の言い方はさまざまであるが、いずれも次の点

(16) Novalis, "Monolog" (1798) in *Schriften*, ed. Kluckhohn, II, pp. 430-431; in *Werke*, ed. Gerhard Schulz (Munich: C. H. Beck, 2001), p. 426.
(17) 特に以下を参照。Dahlhaus, *Die Idee der absoluten Musik* の最終章 "Absolute Musik und poésie absolue."
(18) 第二章の注46を参照。Triest, "Bemerkungen," *AMZ*, 3 (1801), col. 301.
(19) C. F. Michaelis, "Ein Versuch, das innere Wesen der Tonkunst zu entwickeln," *AMZ*, 8 (1806), col. 677.
(20) Johann Gottfried Herder, *Kalligone. Von Kunst und Kunstrichterei* (1800), in Herder, *Sämtliche Werke*, vol. 22, ed. Bernhard Suphan (Berlin: Weidmann, 1880; rpt. Hildesheim: Olms, 1967), p. 187.
(21) Novalis, *Gesammelte Werke*, eds. Hildburg and Werner Kohlschmidt (Gütersloh: S. Mohn, 1967), p. 427. 強調は筆者による。

で一致している。器楽の本質的要素はその内容ではなくその形式であること、とりわけその十八世紀的な意味、すなわち中心的な楽想の推敲という意味での形式であること。以下で見るように、ハンスリックは後に音楽を「音によって動かされた形式 tönend bewegte Formen」と言い表したが、これはかなりの程度、表象のプロセスよりも労作のプロセスを強調する伝統の延長線上に位置しているのである。

修辞学と十八世紀後期・十九世紀初期の分析

主題的労作のプロセスに関する伝統的な考えの変化は、十八世紀後期に登場し始め増加しつつあった器楽の分析にも、同様に見てとることができる。それらの文献には二つの基本的なアプローチが認められる。一つは、当時はるかによく行われた方法で、何らかのプログラムを通して器楽を解釈する技術である。二つ目は、今日では「主流」の分析方法としてより典型とされているもので、作品の諸要素を技法的な観点から記述し、音楽的全体におけるそれら要素の機能的な協調関係を説明するものである。表面上、これら二つのアプローチには共通するものがほとんど、あるいは全くないように見えるかもしれない。しかし、深い次元では、これらは主題的労作という考えによって結ばれているのである。

非標題音楽の標題音楽的分析

標題音楽――音楽外的な対象や出来事を描写しあるいは物語ろうとする器楽――の理念は、十八世紀の初めまでには確立された伝統となっていた。一方、絶対音楽の標題音楽的解釈が実質的に登場し始めるのは、およそ一七八〇年頃のことだった。それはかなりの程度、器楽の「意味」を解釈しようとする取り組みが増大しつつあったことの現れだった。それらの作品の形式はというと、やはり主要楽想の労作に基づいているのである。

カール・フリードリヒ・クラーマーは、そうした記述の最初期のものの一つで、次のように書いている。「器楽について何か具体的なことを言うのは……難しい。にもかかわらず、自分の感情について多少なりとも釈明するために、すばらしい曲に対応し得る何らかの性格を想像することを試みてみたい。」彼は続けてC・P・E・バッハの《識者と愛好家のためのクラヴィーア曲集》第四巻（一七八三）から、第一ロンドH.二七六（Wq.五八／一）の主題とその推敲について、「とても可愛らしい少女」が「あることを思いつき、それを気まぐれながらもいんぎんに言い張ることで、すっかりなしとげようとする」という喩えで表現している。同じ曲集の次のソナタH.二七三（Wq.五八／二）は、「夏の晩に小川のほとりに座っている無垢な乙女の朗らかで穏やかな喜び」として解釈される。[22] クラーマーの説明の細部は、ここではさほど重要ではない。肝心なのは、彼が以下のように考えていたことである。すなわち、目の前の音楽は何らかの意味を伝達するということ、そして本来的に音楽的な出来事は、作品の中心的楽想の労作（例えばロンド主要主題のくり返される回帰）を含めて、音楽外的な筋書きと関連付けられ得るということである。

器楽を解釈しようとする後続の試みの多くは、クラーマーのどちらかと言うと漠然とした比喩表現をはるかに超えてゆく。この時期の標題音楽的、擬似標題音楽的な分析について、体系的あるいは詳細な説明を行うことは本書の範囲を超えているが、以下のような例はそうした解釈の種類と性質について、多少とも実感させてくれるだろう。[23] これらは、詩的なテクストを特定の作品に関連づけるもの（アウグスト・アーペル、ヨーハン・フリードリヒ・ライヒャルト）から、物語的なプロットを適用するもの（モミニ、A・B・マルクス）、音楽に特定の文学的テクストをあてがうもの（ハルデンベルク［ノヴァーリス］、モミニ）にまで及んでいる。

(22) Carl Friedrich Cramer, review of C. P. E. Bach's *Sonaten ... für Kenner und Liebhaber*, 4th book, in Cramer, *Magazin der Musik*, 1 (1783), 1243-1245. クラーマーは、ロンドが主要楽想と副次楽想などからなっているとしたフォルケルの以前の記述を、賛同とともに引用している。

詩的テクストとの関連づけ

詩人のアウグスト・アーペルは一八〇六年の論考で、音楽と詩は「考えの表現 Darstellung einer Idee」という点で共通していると指摘する。「交響曲を詩に置き換える」ためには、考えとその性格付け Charakterisirung をその〔音楽の〕本来の表現手段から切り離すことが求められる。アーペルは続けて、モーツァルトの交響曲変ホ長調（第三九番）K.五四三を詩的に解釈することによって、彼の要点を説明する。例えば第一楽章序奏のラルゴ・マエストーソは、以下のように解釈される。

賞賛、栄光、ほまれを不滅のものに、
古《いにしえ》の混沌の夜の最初の子供たちに！
とこしえに産み出され産み続ける、出産と産みの親、
けっして切り離されることなく、互いに呼びあいながら。
賞賛を汝に、エロース、汝アンテロースに賞賛を！

汝らは神々のたまものを
人間たちに下賜せよ。
等々

Preis, Ehr und Ruhm den Unsterblichen,
ersten Kindern der alten chaotischen Nacht!
Ewig erzeugt und zeugend, Geburt und Gebärer,
nimmer getrennt, Eins rufend das Andre hervor;
Preis dir, Eros, und dir Anteros Preis!

Ihr führt der Götter Gaben
zu den Menschen herab;
etc.[24]

アレグロ・モデラートとともに雰囲気と拍子が変わる（「心配ごとにも煩わされず、楽しげに、少年は人生の朝を易々と過ごす。…Spielend durchschwärmt, unbekümmert von Sorgen, / fröhlich der Knabe des Lebens Morgen…」）。同様に、以下の楽章にも対応する詩節が提供される。

ヨーハン・フリードリヒ・ライヒャルトは一七八二年に、詩的テクストを自分の作品の創作と結び付けようとしている。彼が打ち明けるところによれば、文芸作品の「すばらしく、美しい」一節を読むと、作曲をする気になることがあるという。「私はそのような箇所に心が満たされて、書物を脇に置き、クラヴィーアの所にたどり着き、即興的に弾き、一定の情動に留まり、その後で心にしっかりと残ったものを書きつけるのである。(25)」次に彼は特定の例を示す。ペトラルカのあるソネットを原語イタリア語とドイツ語訳で提示し、そこから霊感を受けて作曲した鍵盤作品を添えているのである。ライヒャルトの説明は分析そのものよりも作曲のプロセスに直接関わるものであるが、作品の詩的インスピレーションが必然的に作品の分析において重要な役割をはたすことが、暗示されている。

---

(23) ロビン・ウォーレスはこうした分析傾向を的確に概観し、十九世紀に台頭しつつあった標題音楽の美学におけるその歴史的な意義について、説得力のある論を展開している。Wallace, *Beethoven's Critics: Aesthetic Dilemmas and Resolutions During the Composer's Lifetime.* アルノルト・シェーリングは、彼の非常に問題のある『ベートーヴェンと文芸』の第一章で、十九世紀初期におけるそうした解釈のもっと詳細な概要を提供している。Arnold Schering, *Beethoven und die Dichtung* (Berlin: Junker und Dünnhaupt, 1936). 以下も参照。Krones, "Rhetorik und rhetorische Symbolik." [十九世紀に行われたさまざまな傾向の分析の英訳アンソロジーとして以下のものがある。Ian Bent, ed., *Music Analysis in the Nineteenth Century (Vol. 1: Fugue, Form and Style; Vol. 2: Hermeneutic Approaches)*, 2 vols. (Cambridge: Cambridge University Press, 1994).]

(24) August Apel, "Musik und Poesie," *AMZ*, 8 (1806), cols. 449-457, 465-470. アーペルの分析に関するもっと詳細な議論は以下を参照。Gernot Gruber, "Johann August Apel und eine Diskussion um die Ästhetik der Sinfonie im frühen 19. Jahrhundert," in *Studien zur Instrumentalmusik: Lothar Hoffmann-Erbrecht zum 60. Geburtstag*, eds. Anke Bingmann, Klaus Hortschansky, Winfried Kirsch (Tutzing: Hans Schneider, 1988), pp. 267-281. [エロースは言うまでもなくギリシア神話の愛の神（ローマ神話ではクピードーまたはアモル）だが、ある説では大地とともにカオスより生まれた原初の力とされる。また一般にアプロディーテー（愛、美、豊饒の女神）の子と見なされているが、一説によれば誕生とお産の女神エイレイテュイアの子とされることもある。アンテロースは軍神アレースとアプロディーテーの子であるが、愛に対して愛を返さない者を罰する神、愛に対して反対する神とされ、あるいは愛に対してそれに報いる愛ともされる。高津春繁『ギリシア・ローマ神話辞典』、岩波書店、一九六〇。]

(25) Johann Friedrich Reichardt, "Instrumentalmusik," in Reichardt, *Musikalisches Kunstmagazin*, 1 (1782), 64. ライヒャルトの作曲の手続き（書物を脇に置いた後の）が、グリージンガーの報告するハイドンのそれ（本書一七七ページ参照）と似ていることに注目されたい。

物語との関連づけ

モミニは、第三章で論じたハイドンの交響曲第一〇三番の修辞学的分析に加えて、同じ楽章の「絵画的で詩的な分析 analyse pittoresque et poétique」も行っている。(26) その冒頭を少し抜粋するだけでも、それがどのような方法であるか、充分に感触がつかめるだろう。

> 場面は田舎である。
> 恐ろしい嵐が荒れ狂う予感がずっと前からしたので、村人たちは教会に集まっていた。ティンパニによって表現される雷鳴に続いて、祈りが始まるのが聞こえる。
> ……第五、六小節で、フルートと二オーボエによって叫び声が描かれる。誰か若い娘たちの心の奥底から発せられたように聞こえる。たった二言、「おやまあ！ grand Dieu!」と。(27)

A・B・マルクスによるベートーヴェンの《エロイカ》交響曲の解釈には、この作品がもつナポレオン的な連想を驚くほど逐語的にたどろうとする試みが含まれている。冒頭の和音連打は注目を促すものである（「聴け！聴け！ Hört! Hört!」）。第七小節における主和音からの和声的逸脱は「まだだ！」の叫び。「激しい戦闘のさなか、彼の将軍たちがあまりにも早く増援部隊を呼ぼうとした時、いくたびナポレオンはこう言いわたしたことだろう！」第七交響曲の第一楽章は、今度は谷間とブドウ畑におおわれた丘陵に住む田舎の人たちのイメージを想起させる。「そうした民にとって戦闘や戦争は遊戯である。(28)」マルクスはこの種の解釈からいくぶん距離を置くようになってゆくが、その妥当性をすっかり否定することはしていないので、彼の美学的見解には、そうした姿勢を限定的にではあれ、少なくとも受け入れる余地があったことは明らかである。

テクストの添付

一七六七年に、詩人で劇作家のハインリヒ・ヴィルヘルム・ゲルステンベルクは、C・P・E・バッハの『正しいクラヴィーア奏法の試論』のためのハ短調ファンタジアに、一つではなく二つのテクストをあてがっている。ハムレットの独白「生きてゆくべきか死ぬべきか」と、ソクラテスの最後の言葉に基づく独自のテクストである。(29) モミニも一八〇三～一八〇六年の『和声と作曲法の完全なる講義』で同様の試みを行っており、モーツァルトの弦楽四重奏曲ニ短調K.四二一の第一楽章に、ディードーとアイネイアースの伝説の一場面に基づくテクストを付けている。(30)

---

(26) この分析についての詳細は以下を参照。Cole, "Momigny's Analysis of Haydn's Symphony No. 103."［英訳はIan Bent, ed., *Music Analysis in the Nineteenth*, 2, pp. 137-140.］

(27) Momigny, *Cours complet*, II, pp. 600-601.

(28) Marx, *Beethoven*, I, pp. 258-259; II, p. 197.

(29) 以下を参照。Eugene Helm, "The 'Hamlet' Fantasy and the Literary Element in C. P. E. Bach's Music," *MQ*, 58 (1972), 277-296; Peter Schleuning, *Die freie Fantasie: Ein Beitrag zur Erforschung der klassischen Klaviermusik* (Göppingen: Alfred Kümmerle, 1973), pp. 153-226.［このファンタジアはエマーヌエルが『試論』第一巻（一七五三）のために別冊で出版した譜例集（六曲のソナタ、全十八楽章）の最後のヘ短調ソナタ（H.七五［Wq.六三／六］）の第三楽章である。ゲルステンベルク Heinrich Wilhelm von Gerstenberg（一七三七～一八二三）は「疾風怒濤」運動にも関わったドイツの詩人、法律家で、音楽的才能もあり、ベルリン時代以降にエマーヌエル・バッハと親交をもった。この試みは一七八七年にカール・フリードリヒ・クラーマー編の曲集『フローラ』に掲載された。Carl Friedrich Cramer, ed., *Flora: Erste Sammlung. Enthaltend: Compositionen für Gesang und Klavier* (Kiel and Hamburg, 1787), pp. xii-xiv, 19-27. 成立については一七六二年という説もある。Annette Richards, *The Free Fantasia and the Musical Picturesque* (Cambridge: Cambridge University Press, 2001), p. 95.］もっと最近では、ヴォルフガング・ヴィーマーが、このファンタジアは父ヨーハン・ゼバスティアン・バッハの死を追悼するラメントだったのではないかと推測している。Wolfgang Wiemer, "Carl Philipp Emanuel Bachs Fantasie in c-Moll—ein Lamento auf den Tod des Vaters?" *Bach-Jahrbuch 1988*, 163-177.

(30) 以下を参照。Albert Palm, "Mozarts Streichquartett d-moll, KV 421, in der Interpretation Momignys," *Mozart-Jahrbuch 1962/63*, 256-279. モミニによるこの分析の譜例の冒頭が以下に掲載されている。Bent, "Analysis," in the *New Grove*.

今日から見ると、これらの取り組みはいずれも——器楽作品にテクストをあてがう方法は特に——かなり素朴で単純に見えるし、ある点で、何も明確でない所に意味を押し付けようとする試みである。しかし、当時のたいていの批評家は、音楽分析とそれに対応する言葉への「翻訳」とのあいだに、本質的な矛盾を感じていなかった。例えば、モミニによるハイドンの交響曲第一〇三番第一楽章の「絵画的で詩的な分析」は、以前の同じ楽章を扱ったもっと技法的な「音楽的分析 analyse musicale」への補足として提示されているのである。『講義』でモミニは幅広い読者に向けて書こうとしており（副題によればまさに「全世界」に向けて）、彼の標題音楽的な分析は明らかに音楽的素養のない人たちにはいっそう訴えかけたことだろう。二つのアプローチは互いに補い合っており、相反するものではなかった。両者はともに、「音楽は言語であり、それぞれの音楽作品は大なり小なりの規模の弁論である」という考えと一致する。[31] これらの解釈の一つは、単にこの喩えから帰結するところを、いっそう文字通りに遂行したにすぎないのである。

さらに、これらの取り組みはいずれも、作曲家自身によって正当化されることが全くなかったわけではない。ベートーヴェンは時々、自分の作品における音楽外的な観念にはっきりと言及している。例えば、ピアノ・ソナタ変ホ長調作品八一a《告別》や《田園交響曲》、あるいは弦楽四重奏曲ヘ長調作品一三五における「そうでなければならぬのか？　そうでなければならぬ！ Muss es sein? Es muss sein!」のように。アントーン・シンドラーによると、一八一六年にベートーヴェンが、各方面からの要請で自らのピアノ・ソナタ全集版の刊行を決心するはめになったのも、一つには、彼の多くの作品の「根底」にある「詩的な観念《イデー》」を明示したいという作曲者の願望が、きっかけだったという。聴き手による「それらの作品の理解を容易にする」ためにである。[32] この証言や他の同時代人による同様の言及があったからこそ、アルノルト・シェーリングは一九三〇年代に、ベートーヴェンの器楽作品の文学的な引喩的解釈を追求することになった。それはしばしば不幸なまでに極端に走ったのではあるけれども。近年ではオーエン・ジャンダーが、もっと説得力のある証拠に基づいて、同様の連想的結び付きを探究している。[33] 作曲家によるヒントのほとんどすべては謎めいたままである。ベートーヴェンは、あまりに文字通りにすぎる解釈に対しては、たしかに用心深かった。しかし、彼の器楽のいくつかにとって、文学的なプログラムが単なる可能性以上のものであったことを示す形跡は、充分にある。

ハイドンも絶対音楽と標題音楽の区別を一度ならず曖昧にしていた。《十字架上の救い主の最後の七語》や、《天地創造》冒頭での器楽によるカオスの描写、交響曲第六〜八番の三部作（《朝》《昼》《晩》）などはその例である。作曲家は時に、文学的テクストを楽章全体にあてがうという、もっと極端な考えを認可してさえいた。ハイドンはヨーゼフ・フリーベルトによる《十字架上の救い主の最後の七語》の声楽編曲を是認し、手を加えて改善している。ベートーヴェンは、フランツ・ヴェーゲラーがヘ短調ピアノ・ソナタ作品二の一のアダージョに詩（題は「嘆き Die Klage」）をあてがったのを、どうやら認めていた。ヴェーゲラーの報告によれば、後にベートーヴェンはヴ

(31) Momigny, *Cours complet*, II, p. 405.

(32) Anton Schindler, *Biographie von Ludwig van Beethoven* (Münster: Aschendorff, 1840), p. 195.

(33) Schering, *Beethoven und die Dichtung*; Owen Jander, "Beethoven's 'Orpheus in Hades': The *Andante con moto* of the Fourth Piano Concerto," *19th-Century Music*, 8 (1985), 195-212. 以下も参照。Myron Schwager, "Beethoven's Programs: What is Provable?" *Beethoven Newsletter*, 4 (1989), 49-55. [かつてのシェーリングのような標題音楽的分析は、一般に音楽解釈学的分析と呼ばれていたが、これは誤解を招きかねない言い方である。音楽解釈学は彼の師クレッチュマーが概念的に基礎づけたもので、ハンスリック的な形式主義に対抗して、音楽史を広く精神史や文化史の中に位置づけようとしたものである。音楽作品に意味を求める点では標題音楽的解釈はたしかに解釈学的ではあるが、シェーリングの素朴な方法は本来の聖書釈義学や哲学的解釈学 Hermeneutik とはほとんど関係がなかった。二十世紀の後半、実証主義が全盛を迎えた直後に、ドイツではダールハウスらを中心に、ハンス＝ゲオルク・ガダマーやテーオドール・ヴィーゼングルント・アドルノの影響下で、音楽解釈学の再考が始まった。その後、史料的実証性と構造分析の精度を高めた解釈学的作品研究は、コンスタンティーン・フローロスやペーター・シュロイニング、マルティーン・ゲックなど、枚挙にいとまがない。英語圏でも、特に一九八〇年代以降のニュー・ミュージコロジーの世代は、ポスト・モダンのありとあらゆる観点や方法を駆使しながら作品批評や文化批評を問い直し、音楽の意味論を展開している点で、新解釈学とでも言うべき側面がある。今日では、本章で取り上げられている古典派期以降の分析も（次節のE・T・A・ホフマンによるベートーヴェンの第五交響曲の非常に詳細な構造的分析も含めて）、解釈学的分析の初期の例に含めて考えられている。]

譜例 4.1a　ハイドン、交響曲第 104 番、第１楽章、第 17 ～ 24 小節

エーゲラーに、ピアノ・ソナタ変イ長調作品二六の変奏主題にテクストをあてがうよう依頼したという。[34]

十八世紀後期に、グレトリはハイドンの交響曲について同様の企てを提案した。「音楽を愛好する人で、ハイドンの美しい交響曲を聴いて賞賛の念にとらわれなかった人はいるだろうか。いく度となく、私はそれらの音楽にそれらが要求していると思える言葉を与えてきた。そうしてはならないことがあるだろうか。[35]」カール・シュパツィーアはグレトリの『回想録』の注釈付き独訳の中で、グレトリが言っているのは、特定の歌詞を「逐語的、音節的な意味で」器楽にあてがうことではなかったと主張した。しかし全体としては、彼はグレトリの言い分の核心には同意していた。シュパツィーアの見るところでは、交響曲が文学的テクストとの連合を維持できるのは器楽の「誉れ」であった。[36]

ある点で、純粋な器楽に言葉を付与するというグレトリの考えは、すべてのドイツのロマン主義者たちが支持していたものとは正反対である。シュレーゲル、ヴァッケンローダー、ティーク、ホフマンは一貫して、器楽の本質はその超越的な特質、言葉ではできない方法で情緒を動かすその能力にほかならないと、強調している。純粋な器楽に文学的な言葉を付け加えることは、この観点からすると、音楽の真の本質と、捉えがたさと移ろいやすさを受け入れることのできるその能力を、否定するものである。それにもかかわらず、絶対音楽を標題音楽的、擬似標題音楽的に解釈するこれらの試みは、器楽の地位を声楽のそれよりも高めるうえで、それなりに重要な中間段階なのである。

これらの標題音楽的分析はどれも主題的労作の考えを重視している。一八二六年にある書き手が指摘しているように、器楽作品の「物語」は「一つの同じ楽想の物語」である。[37]標題音楽的分析ともっと厳密に音楽的な分析とのあいだの溝は、けっして今日そう見えるほどには広くはない。解釈の違いは、内容よりもむしろ形式の問題である。個々の作品の形式は、作品の中心的楽想の展開と見なされ

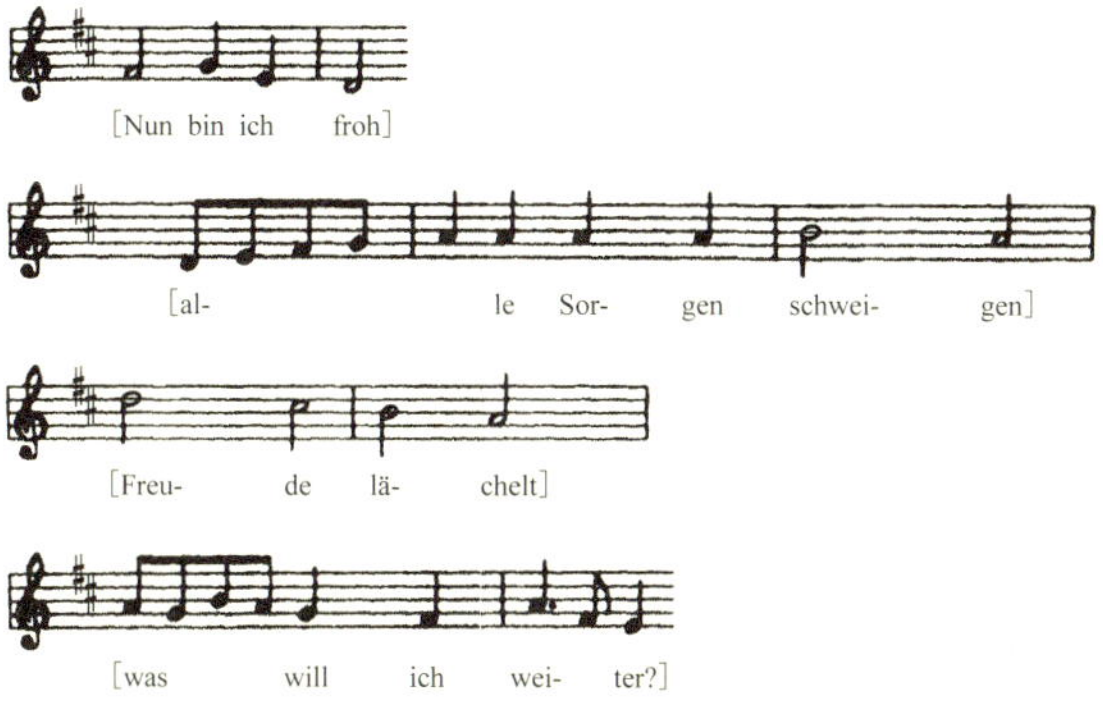

譜例4.1b　前記主題のゲルバーによる分割

続けたからである。

前に引用したゲルバーの交響曲に関する一八一三年のエッセイは、これら二つのアプローチの密接な関係を例証するものである。ゲルバーはほかでもないハイドンの交響曲第一〇四番ニ長調を分析している。まず第一楽章主部の冒頭主題をその構成単位に分割しながら、ハイドンが楽章全体の基盤を事実上、比較的少数の一見単純な素材に置いている方法について論じる（譜例4.1 a参照）。「この楽節は四つの楽句に分けられる」（譜例4.1 b）。ゲルバーが指摘するように、これらの単位はどれも、第一楽章を通じてさまざまな箇所で労作される。大きな単位を小さな単位に切り分けるこの動機分析の技法は、今日ではおなじみのものであるし、実際、多くの技法的分析の基本要素である。ところが、ほとんど間をおかず、ゲルバーは交響曲の擬似標題音楽的な説明に滑り込んでしまう。交響曲をさまざまな状況における個々人の喜びの感情と比較し、フィナーレの「真の歓喜の舞踏」で終わるとする。第一楽章の主要主題は一連の文として解釈されるが（「さてもうれしい／すべての心配は去り／喜びがほほえむ／これ以上何を欲っ

(34) Franz Wegeler and Ferdinand Ries, *Biographische Notizen über Ludwig van Beethoven* (Koblenz: K. Bädeker, 1838), pp. 47-48, 69.

(35) Grétry, *Mémoires*, I, p. 348.

(36) Spazier, *Gretrys Versuche*, p. 187. グレトリの元の発言が巻き起こした批判的な議論を要約したものとしては、以下を参照。Wallace, *Beethoven's Critics*, pp. 79-81. ウォーレスはやや異なった観点から、この時期の「象徴的」（表象的）分析と「記述的」（分析的）分析の密接な関係を論証している。

(37) Franck, "Ueber das Verhältnis der Form zum Inhalte in der neueren Musik," *BAMZ*, 3 (1826), 326.

せんとするや？」）、これは元のドイツ語だと主題の四つの単位に簡単にあてはめることができる（譜例4.1b参照）。楽章の進行とともに、これらの「楽しげな楽想」は時に「やや暗い」装いで提示されることもあるが、いずれの場合も「すぐに再び朗らかになる[38]。」ゲルバーによる標題音楽的解釈とより技法的な動機本位の説明との融合は、二つのアプローチが実は密接に関連し合っているという前提に基づいているのである。

同様にルートヴィヒ・ティークは、声楽と器楽をはっきりと区別しながらも、両者が手法的には共通の基盤にあることを認めている。

> 純粋な声楽は、いかなる楽器を伴うことがなくとも、それ自身の力において展開し、それ自身に固有の要素の中で息づくものである。同様に、器楽はそれ自身の道を行き、いかなる歌詞、いかなるポエジーをあてがうことも気にかけることなく、それ自身のために詩作し、それ自身を詩的に注釈する。いずれの種類［の音楽］も、純粋かつ別々に、それ自体で存在することができる[39]。

このように、純粋な器楽作品にテクストを加えるという考えは初期ドイツ・ロマン主義者の美学には無縁だが、言語芸術のプロセスと音楽のそれとのあいだには、中心的なアイディアが推敲の対象として機能するという点で、深い並行関係がある。楽章の進行は「それ自身の詩的注釈」となる。外的な典拠に依存しない自律的な楽想という概念は、修辞学的な思考と比喩表現から生まれたものではあるが、初期ロマン主義者たちの音楽観にとって本質的な要素である。ヴァッケンローダーは、テクストなしの作品ことごとくにプログラムを与えようとする者をたしなめながら、器楽の自己言及的な特質を強調している。

> 臆病で疑い深い屁理屈屋は、いく百もの楽曲がすべて言葉で説明されることを要求し、それらのすべてが絵画

のように名指しすることのできる意味をもつわけではないことに順応できないでいるが、彼らはどうしたいのだろうか？　より豊かな言語をより貧しい言語によって評定し、言葉をさげすむものを言葉で解明しようというのだろうか？　それとも、彼らは言葉なしにはけっして感じなかったのだろうか？　自らのうつろな心を、単に感情を記述することで埋めたのだろうか？　目に見えない精霊たちの無言の歌と仮装の踊りを、心の内に一度も感じたことがないのだろうか？　あるいは、おとぎ話を信じないのだろうか？(40)

この観点からすれば、芸術作品はそもそもそれを生み出したのと同じ情動《エモーション》を通してのみ理解することができ、情動は情動によってのみ理解することができる。諸感情《フィーリングズ》はそれ自身によってのみ表現することができる。ふつうの、言葉の言語は、器楽によって引き起こされた情動を記述するには全く不適切である。(41)

もちろんこのことは、ロマン主義者たちがまさにそれを行うことを妨げはしなかった。彼らの熱のこもった《ラプソディック》思索が促してきたのは、初期ロマン主義の音楽美学に特徴的な新しい要素は情動を強調することだった、という広くゆきわたった誤解である。これはダールハウスが指摘しているように、「精神史におけるしぶとい偏見」の一つである。(42)初期ロマン主義の美学にとってもっと重要だったのは、器楽を音楽外的な連想によって正当化する必要があるという根本的な信念を放棄したことと、それに伴って、何らかのアイディアが純粋に音楽的なやり方で表現でき、労作できるという考えを受け入れたことである。ヴァッケンローダー、ティーク、ノヴァーリス、ヘルダー、フリ

(38) Gerber, "Eine freundliche Vorstellung," *AMZ*, 15 (1813), cols. 461-462.
(39) Ludwig Tieck, "Symphonien," in Wilhelm Heinrich Wackenroder, *Phantasien über die Kunst, für Freunde der Kunst* (1799; in Wackenroder, *Werke und Briefe*, ed. Gerda Heinrich (Munich: Carl Hanser, 1984), p. 352.
(40) Wilhelm Heinrich Wackenroder, "Das eigentümliche innere Wesen der Tonkunst und die Seelenlehre der heutigen Instrumentalmusik," in idem, *Phantasien über die Kunst, für Freunde der Kunst* (1799); in idem, *Werke und Briefe*, p. 326.
(41) Ibid., p. 325.

ードリヒ・シュレーゲルは皆、この新しい見解を一般的な言葉で表現した。Ｅ・Ｔ・Ａ・ホフマンは、次に見るように、それを音楽分析というもっと技法的な語彙に翻訳した最初の人物だったのである。

器楽の技法的な分析

世紀の変わり目頃の修辞学に対する低い評価を考えるならば、初期ロマン主義者たちがこの言葉そのものをめったに使わなかったのは少しも意外なことではない。にもかかわらず、彼らはその正規の教育に完全なる修辞学的基礎が含まれていた世代に属していたのであり、彼らの著述は、のちのマルクスやシェーンベルクのそれと同様に、公然たる修辞学的枠組みの外側で、あるいは非修辞学的な言葉づかいを装いながら、たびたび修辞学的概念を導入していたのである。

暗黙のうちに潜んでいる修辞学的枠組みがとりわけ明らかなのは、Ｅ・Ｔ・Ａ・ホフマンの音楽批評においてである。彼が『総合音楽新聞』で公表した批評文は、当時としてはまれなほど音楽技法面での分析を含んでいる。これらのエッセイはすでに詳細に検証されてきているので[43]、ここでは主として彼の著述に見られる修辞学的伝統の考察に焦点を置くこととし、それらの著述が提起している他の多くの新しく刺激的な問題には、あえてふれないでおく。

ホフマンの音楽批評における基本的な前提の一つは、音楽における理性的な要素と非理性的な要素の区別である。それぞれを彼は「思慮深さ Besonnenheit」と「才能 Genie」という特質に結び付けている。ロマン主義はひたすら非理性的な才能にのみ基づいているわけではない。才能とともに、思慮深さということの本質であるもっと理性的で計算された観点があり、その両者の調和的な関係にこそ基づいているのである。才能は思慮深さと密接に結び付いている一方で、それ自体は教えることができない。それに対して、思慮深い反省のより冷静で理性的な特質は、「芸術のたゆまぬ研鑽によって育てられる」のである[44]。

これらのカテゴリーは、おそらくホフマンがジャン・パウルの『美学入門』から取り入れたものだが、[45] 事実上は、一方は着想 inventio、他方は配置 dispositio と彫琢・表現 elocutio という修辞学的概念の新しい言い方にすぎない。伝統的な配置や推敲よりも思慮深さという語の使用を好むというのは、ロマン主義者に典型的なことであり、同じようにあからさまに修辞学的な言葉づかいを避けたシェーンベルクを予感させるものである。しかし、シェーンベルクの場合もそうだが、そうしたカテゴリーの修辞学的な起源はけっして奥深くに秘匿されているわけではない。

ホフマンの伝統主義は、彼がわかりやすさという特質をとりわけ重要視したことにより、いっそう強められている。彼は以前の批評家と同様、作品は聴き手の理解を容易にするように構成されねばならないということに、依然としてこだわっている。[46] 思慮深さは芸術の客観的な側面、すなわち創作者が自身の創作物から距離を置き、それに

(42) Dahlhaus, *Die Idee der absoluten Musik*, p. 74.［ダールハウスはここで、本章注10のシュレーゲルの言説に関して次のように書いている。「シュレーゲルが合理主義への非難——「平凡な」とか「いわゆる自然らしさ」という言葉がはっきりとそれを物語っている——を感情美学への異議と結びつけているのは、意外な印象を与えるかもしれない。というのも、まさに反対に、ロマン主義美学は感情美学であり、合理主義美学は構造美学であった（あるいはそうでなければならない）という考えが、精神史におけるしぶとい偏見の一部となっており、それがあまりにも深く根づいているので、歴史家はそれを根絶する機会をほとんどもてないでいるからである。」］

(43) 特にペーター・シュナウスは、さまざまな問題に関するホフマンの見解の有益な概観を提供している。Peter Schnaus, *E. T. A. Hoffmann als Beethoven-Rezensent der Allgemeinen musikalischen Zeitung* (Munich: Emil Katzbichler, 1977). 以下も参照。Wallace, *Beethoven's Critics*.

(44) Ernst Theodor Amadeus Hoffmann, review of Beethoven's Symphony No. 5, *AMZ*, 12 (1810), cols. 630-642, 652-659; in Hoffmann, *Schriften zur Musik*, ed. Friedrich Schnapp (Munich: Winkler, 1963), pp. 36-37.

(45) Jean Paul [Johann Paul Friedrich Richter], *Vorschule der Aesthetik* (Hamburg: Friedrich Perthes, 1804). 以下を参照。Schnaus, *E. T. A. Hoffmann*, pp. 81-82.［ダールハウスはホフマンのこうした思想の背景として、ジャン・パウルのほか、フリードリヒ・ゴットリープ・クロプシュトックやヨーハン・クリスティアン・フリードリヒ・ヘルダリーンによる頌歌観をあげている。十八世紀後半のドイツ詩学では古代のピンダロスの頌歌が模範とされていた。J・A・P・シュルツがズルツァーの事典の「交響曲」の項目で、交響曲を古代のピンダロスの頌歌に喩えて、想像力と技術・技芸の共存を指摘しているのも、同じ文脈にあると思われる。Dahlhaus, *Ludwig van Beethoven und seine Zeit* (Laaber: Laaber Verlag, 1987), etc.; 土田英三郎「構造としての交響曲」、「同時代の批評：交響曲演奏の頂点」（土田編・解説、寺本まり子訳）、土田編『ベートーヴェン全集　第五巻　理想と現実　一八〇七〜一八〇九年』、講談社、一九九八、一五〜三二、一四二〜一四七ページ。］

批判的に対峙するプロセスを強調する。ホフマンにとって、この客観的プロセスの観点は作曲者が想定した聴衆の観点である。

ベートーヴェンの第五交響曲に関するホフマンの有名な作品評は、彼の批評における修辞学的な要素の好例を提供する。ホフマンは展開 entfalten という有機体論的なメタファーに深く依存しているが、そうしながらも、後の多くの批評家と同様に、有機体論的比喩と修辞学的比喩のあいだを行き来する。(47) ベートーヴェンの第五交響曲は、全四楽章を通じて循環する楽想を有するという点で、今日では主題的有機体論の最初の現れの一つと認められており、(47a) ホフマンはその種の説明をとりわけ音楽的な観点から詳細に提示した最初の人物であった。第一楽章の分析の中で、彼は以下のように考察している。

> この楽匠がアレグロ全体の基礎としたところのものほど単純な楽想はない。［冒頭二小節の譜例］人は、彼がどれほど以下のようなやり方を心得ていたかに、感服するとともに気づくのである。すなわち、すべての副次楽想とすべての推移楽節をあの単純な主題とのリズム的関係によって並べること、それも主題が暗示することしかできなかった全体の性格をいっそう展開することに、それらの楽想や楽節がただ奉仕するような形でである。すべての楽節は短く、ほんの二ないし三小節からなり、その上弦楽器と管楽器の絶えざる交替によって分割されるのである。そのような要素からはほんの断片的なもの、理解するのが難しいものしか生じ得ないと思われるかもしれない。しかしそうではなくて、言葉では言い表せないあこがれの中で心をしっかりととらえるのは、まさにそのような全体の配置と、短い楽節や個々の和音の絶え間なく連続する反復なのである。(48)

ここには修辞学の伝統的なカテゴリーの多くが残されている。すなわち、中心的楽想 Gedanke、そこから派生した副次的楽想 Nebengedanken と推移楽節（挿入文）Zwischensätze、これらの楽想を「全体の配置 Einrichtung des

Ganzen」の中で並べる anreihen こと、そして音楽的議論の道筋を把握する聴き手の能力への注目。「あこがれ Sehnsucht」は新しい、典型的にロマン主義的なカテゴリーである。しかし、構造的プロセスはシュレーゲルの「熟考」と同じである。中心的な考え（楽想）は多くのさまざまな観点から熟慮され、統一された全体へと展開するからである。ホフマンは、この作品は「独創的に［天賦の才によって］着想され、深い思慮深さによって推敲され genial *erfunden* und mit tiefer Besonnenheit *ausgeführt*」ているとも言う（強調筆者）[49]。ここでは修辞学の語彙すら保持されている。着想は才能の領域であり、他方、配置と推敲は思慮深さの所産である。したがって、ホフマンによる作曲プロセスのカテゴリー化は、彼の先輩や同時代人たちのそれと根本的には少しも異なるところはない。それはマッテゾンの「着想は炎と生気《ガイスト》を、配置は秩序と尺度を、彫琢は冷たい血と慎重さ Bedachtsamkeit を要求する」という見方[50]——十八世紀を通じてさまざまな言い方でくり返されてきた——と、ぴったりと一致するのである。

ほぼ百五十年後のシェーンベルクと同様、ホフマンは広いカテゴリーとしての「修辞学」という言葉を使うのを慎重に避けている。おそらくシェーンベルクもホフマンも、もっともな理由から、この大いに貶められた学問を引き合いに出すのは、問題を混乱させるだけだと判断したのだろう[51]。欺きの術、空虚な埋め草としての修辞学は、二

(46) ホフマンの音楽批評における聴き手の重要性については Schnaus, pp. 63-67 を参照。
(47) ホフマンの有機体論的比喩については ibid., pp. 72-80 を参照。［本書第三章注25も参照。］
(47a) ［楽章間の有機的な関連付けがすでにハイドンの交響曲をはじめとする器楽作品に見られることは、ジェイムズ・ウェブスターが雄弁に論証している。Webster, *Haydn's "Farewell" Symphony and the Idea of Classical Style: Through-Composition and Cyclic Integration in His Instrumental Music*.］
(48) Hoffmann, review of Beethoven's Symphony No. 5; in idem, *Schriften zur Musik*, p. 43.［初出は『総合音楽新聞』第一二巻（一八一〇）の cols. 640-641。］
(49) Ibid., p. 50. また p. 43 も参照：「いかに楽匠が全体を……精神において把握しただけではなく、とことん考え尽くしたか wie der Meister das Ganze...nicht allein im Geist *auffasste*, sondern auch *durchdachte*」（強調筆者）。
(50) Mattheson, *Kern*, p. 139. 本書一三五ページを参照。

人の著述家が意図したのとは正反対のものである。しかし、考えをわかりやすくする（したがって説得力のあるものにする）技術としては、修辞学はホフマンにとってもシェーンベルクにとっても重要な文脈を提供したのである。

わかりやすさの重要性とその主題的労作との関係は、ホフマンによるベートーヴェンのピアノ三重奏曲作品七〇の作品評でいっそう明らかである。作曲者の器楽作品全般にふれながら、彼はこう考察する。「単純だが生産的で、さまざまな対位法的な語法や簡略化等に向いたカンタービレな主題が、どの楽章でも基盤となっている。その他のすべての副次主題や音形は主要楽想と密接に関連しているので、すべてが最高度の統一性へと全楽器を通じて絡み合い、配列されている。このように全体の構造はなっている。[52]」ホフマンは強調する。主要楽想が聴き手の心に充分に印象付けられるようそれを明確に提示することによって、作品の統一性を分節するのは、作曲者の責任であると。彼は作品七〇の一の冒頭九小節を総譜で引用しながら、以下のように論評する。

最初の四小節は主要主題を含み、チェロの第七、八小節は副次主題を含む。これら二つの楽節からアレグロ全体は織り上げられているが、ただしこれとは別に、少数の副次的な音形がこれら主要楽想の労作のあいまに投入される。楽章全体を支配する楽想を四［正しくは三］オクターヴにわたるユニゾンで演奏させるのは、それだけにいっそう適切だった。この楽想は聴き手の心にしっかりと明確に刻まれる。聴き手は、非常に風変わりな曲折と変転の中でも、ちょうど銀色に輝く流れのようなその楽想を、もはや見失うことはない。[53]

技法的な音楽分析が「銀色に輝く流れ」のような典型的にロマンティックな視覚イメージと共存するというのは、ホフマンの時代にはよくあることだった。同様に典型的なのは、これらいずれの要素も、つまるところは伝統的な修辞学の枠組みの範囲内で機能しているということである。ホフマンの美学的カテゴリーと語彙がよい例であるし、楽想が聴き手に及ぼす効果についての彼のこだわり、わかりやすさということの最重要視、それに中心的楽想の展開によって統一される一連の出来事として形式を理解することもそうである。

このように修辞学的観念が次第に変質していった過程は、以前の表象的、模倣論的な情緒論に基づく理論と、後の自律的、自己言及的な芸術としての音楽という典型的にロマン主義の考えとのあいだの、重要なつなぎ目となっている。E・T・A・ホフマンは、この変わりつつある観点における中心的な人物なのである。

ホフマンの——そして同様にマッテゾンの——考え方が、十九世紀中葉における究極の絶対音楽宣言であるハンスリックの『音楽美論』にどれほど残っているかは、注目にあたいする。ハンスリックは、音楽は一つの言語であるという伝統的な前提を受け入れる。もちろん、その意味論的な諸前提は、言葉の言語のそれと直接に比べることはできないにしてもである。彼はまた、本来的に音楽的な考え（楽想）の重要性を認める。「音楽は私たちが話し理解する言語であるが、しかし翻訳することはできないものである」という彼の格言はよく引用されるが、その直後にくる文の明らかに修辞学的な喩えは見過ごされてはならない。

［言葉による作品と同様、］音楽作品においても「考えGedanke」［楽想］について言うことには深い洞察が潜んでおり、弁論の場合と同じく、練達した判断は真性の考えを単なる決まり文句と容易に区別する。全く同様にして、私たちは一群の音を「楽節Satz」と呼ぶことによって、その思慮深く完結したまとまりを認識する。論理的な文Periodeの場合と同様、私たちはその意味がどこで終わるかを正確に感じ取る。たとえ、この二つの文の真

(51) 例えばホフマンが寄稿した『総合音楽新聞』のもっと前の号には、この語の軽蔑的な用法も見られる。フェルディナント・リースの《協奏的三重奏曲》に対するある匿名の作品評は、修辞学を弁論の過度のあやと見なしている。もちろんこれは言葉の悪い意味での修辞学である。Anonymous, review of Ferdinand Ries's *Grand Trio Concertante*, Op. 2, *AMZ*, 10 (1808), col. 304.

(52) Hoffmann, review of Beethoven's Piano Trios, Op. 70, *AMZ*, 15 (1813); in *Schriften zur Musik*, p. 121.

(53) Ibid., p. 122.

実性は全く同一尺度では比較できないにしてもである。[54]

十八世紀と初期十九世紀の音楽修辞学論に照らして見ると、ここでのハンスリックの見解はすこぶる伝統的である。彼は音楽の情緒的内容よりも形式を重要視する。彼の最も有名な宣言では、「鳴り響く音によって動かされた形式 tönend bewegte Formen がひとえに音楽の内容と対象である」[54a]。楽音によって構成される形式は連想的な内容とは無縁である。形式の「意味」は本来的に統語論的なものだからである。その精気はそれ自身のうちから形成される（sich von innen heraus gestaltender Geist）。この意味で、ハンスリックは形式の有機体論に与している。しかし、ハンスリックにとって自律的音楽の本質、すなわち形式の本質は、楽想のわかりやすい労作なのである。

(54) Eduard Hanslick, *Vom Musikalisch-Schönen: Ein Beitrag zur Revision der Ästhetik der Tonkunst* (Leipzig: Rudolph Weigel, 1854; rpt. Darmstadt: Wissenschaftliche Buchgesellschaft, 1981), p. 35.

(54a) [Ibid., p. 32. この初版の定義「Tönend bewegte Formen sind einzig und allein Inhalt und Gegenstand der Musik」は、後の版で「鳴り響く音によって動かされた形式が音楽の内容である Der Inhalt der Musik sind tönend bewegte Formen」とやや簡略化されている。後続の改訂版に基づく田村寛貞の訳では「音楽の内容は音響的に運動する形式である」、渡辺護訳では「音楽の内容は響きつつ動く形式である」だが、ここではボンズの解釈に従った（"forms set in motion by sound"）。Bonds, *Absolute Music*, p. 147 も参照（「音によって生命を吹き込まれた形式 tonally animated forms」、"forms" are "set in motion" by "sounding tones"）。

ハンスリックの音楽思想におけるこの論点に影響を与えた人物を列挙するとなると長いリストが必要になるが、特にヨーハン・フリードリヒ・ヘルバルト（彼とその学派は日本における近代教育学の確立に大きく貢献した）、ベルンハルト・ボルツァーノ（エトムント・フッサールに影響）、ローベルト・ツィンマーマン（ヘルバルト学派の形式主義美学者、のちにハンスリックとはヴィーン大学で同僚となる）といった独墺の哲学者、ハンス・ゲオルク・ネーゲリ、クリスティアン・ヘルマン・ヴァイセ、フェルディナント・ハントといった（音楽）美学者の名があげられる（ibid., pp. 157-169）。音楽の内容はその形式であるというテーゼ自体はけっして新しいものではなく、内容と形式の同一視は十九世紀前半の芸術論ですでに決まり文句になりつつあったということも指摘されている（ibid., pp. 98-102, 170-172）。ボンズの同書は絶対音楽の問題に関して現時点で最も包括的な文献だが、器楽の自律性について、十八世紀フランスのミシェル＝ポール＝ギ・ド・シャバノンや、十九世紀のハンスリックと同時代もしくは次世代では、スイス出身のマティス・リュシー、イギリスのエドマンド・ガーニーに言及がないのは残念である。

なお、ハンスリックとその形式論を日本に紹介したのは、訳者が知る限り、森鷗外のエッセイ「西楽と幸田氏と」（『めさまし草』、一八九六（明治二九）年三月）が最初である（同エッセイは「交響曲」「交響楽」などの訳語を初めて提案したことでも知られる）。]

第五章　修辞学と大規模形式の分析における聴き手の役割

弁論としての音楽作品と、修辞学の機能としての音楽形式という十八世紀的なメタファーは、近年の批判的思考におけるいくつかの重要な傾向を先取りしている。聴き手の役割に焦点を合わせる修辞学的な観点は、形式に対する今日の聴き手志向的アプローチの歴史的先駆けである。さらに、少数のステレオタイプな構成体における楽想の機能的、統語論的な役割を強調するという点で、修辞学的な形式概念は、プロット論を音楽形式に関連付けようとする近年の試みに先んじるものでもある。

ここでこれら今日の取り組みを充分に評価する余裕はない。その代わりに、これらの観点のためにいくつか歴史的根拠を指摘し、今後の研究のための道筋を示唆するにとどめたい。最後に、ハイドンの交響曲第四六番ロ長調の第一楽章を簡単に分析するつもりである。

聴き手志向の形式理論

十九世紀前半における「内的」形式と「外的」形式という二分法の登場は、すでに見たように、美学的に異なった二つの形式カテゴリーを確立させることになった。ソナタ形式やロンドといった慣習的なパターンについて記述したまさに同じ理論家が、規範論的な形式観について、生成論的な形式観よりはっきりと下位にあるものとして、いつも悪しざまに書いていたのである。そうした姿勢は今日の分析にも残っている。

大規模な形式的慣習に対するこうした姿勢の変化の背後にある最も重要な理由の一つは、分析における聴き手の役割に対する姿勢の変化である。およそ一八五〇年以降、ほとんどの本格的な形式分析は作品そのものに焦点を合わせる傾向にあった。それとは対照的に、十八世紀の修辞学的形式概念は、作品の技法的構造を、作品そのものからというよりは、作品が聴き手に及ぼす影響の観点から見ていた。楽節性や大規模和声の慣習は、作品の中心的楽想のわかりやすい展開——要するにその形式——のための手段と見なされていたのである。

この聴き手志向のアプローチは、それ自身の問題がなくはないとはいえ、作品志向の観点に代わるもう一つの有効な方法を提供している。近年の文学批評における読者志向の理論は、次のことを保証する一助となり得る。すなわち、音楽分析に対する聴き手志向のアプローチは、十八世紀と十九世紀初期の多くの分析を特徴付けていた印象批評的な主観主義（第四章参照）に戻る必要はない、ということである。

聴き手志向のアプローチの主な意義はその発見的過程にある。なぜなら、それはテクストばかりではなく、そのテクストへの私たち分析者としての反応にも、注意を向ける手助けとなるからである。[(1)] スタンリー・フィッシュが指摘するように、テクスト記述のプロセスとテクストを分析するプロセスを分ける方法はない。言い換えれば、分析される作品と作品に対する私たち自身の反応とは区別できない。記述のプロセスはそれ自体、解釈者による「すでに存在する関心の場の拡張」に基づいているからである。分析のために選び出されるポイントそのものは、読者なり聴き手なりの以前からの経験によって形作られる。あらかじめ何の指針もないと「何が重要であるかを決めら

（1） そうした理論について詳しい書誌解題付きで概観しているものとしては以下を参照。Susan Suleiman and Inge Crosman, eds., *The Reader in the Text: Essays on Audience and Interpretation* (Princeton: Princeton University Press, 1980); Jane P. Tompkins, ed., *Reader-Response Criticism: From Formalism to Post-Structuralism* (Baltimore: Johns Hopkins University Press, 1980). クラウディオ・ギジェンが「ジェネリック・プロセス」と呼んだものにおける同様の問題については以下を参照。Claudio Guillén, "On the Uses of Literary Genre," in idem, *Literature as System* (Princeton: Princeton University Press, 1971), pp. 107-134. ピーター・J・ラビノヴィッツは読者という文学的概念を音楽の領域に適用することに関していくつかの問題を検討しているが、そのようなアプローチの潜在的な利点についてはあまり情報がない。Peter J. Rabinowitz, "Circumstantial Evidence: Musical Analysis and Theories of Reading," *Mosaic: A Journal for the Interdisciplinary Study of Literature*, 13 (1985), 159-173.

れないので」、記述を「どこで始め、どこで終えるかを決定するすべはない。」例えば、作品中の反復のパターンは、それ自体では意味をもたない。もっと重要なのは、「読者［あるいは聴き手］がそうした……パターンに出会った時、何をしているか、どのようなことを想定しているか、どのような結論に達しているか、どのような期待をはぐくんでいるか、どのような態度を受け入れているのか、どのような行動をする気にさせられているか」である[2]。

長いあいだ多くの分析が、公然とであるにせよひそかにであるにせよ基盤においてきたのは、想定される潜在的な聴き手が作品の展開につれて作品に反応するプロセスというものである。とりわけレナード・B・マイヤーは、「形式の理解は学ばれるのであって生得のものではない」と常に強調してきた[3]。マイヤーが指摘するように、小規模な出来事と大規模な全体との関係を知覚することは、特定の音楽語法《イディオム》の範囲内での聴き手の能力と、聴き手が前からもっていたかあるいは進めつつある形式理解に、かなりの程度依存している。例えば反復は、「フーガであると思われる楽章において一つの意味をもち、主題と変奏と思われる楽章では別の意味を、ソナタ形式と思われる楽章ではさらに別の意味をもつ」のである[4]。

このように、聴き手が音楽的出来事を理解するということの大部分は、「一連の慣習的な記号と図式」と、どの瞬間でも次に何が起こるかということに関する「内面化された蓋然性のシステム」を、聴き手が知っていることに基づいている[5]。拡大解釈すれば、楽章規模の形式を理解することは、比較的少数のベーシックな慣習的構成物にくり返し接することから得られる、聴き手の内面化された期待のパターンに拠っている。マイヤーは概して小中規模の出来事に議論を限定しているが、彼のアプローチの基本的な要素は、しかるべき手を加えれば、大規模形式の問題に対しても有効である。

それでもほとんどの分析家たちは、これらの原理を楽章規模の形式の問題にまで拡張することには二の足を踏んできた。ユージーン・ナームアの「暗意―実現モデル implication-realization model」は、聴き手の様式に関する知識とそれに伴う期待に基づいており、様式一般に関する聴き手の期待のたえず変化する地平について多くの語るべきものをもっているが、大規模形式という特定の問題に関してはほとんどふれていない。フレッド・ラーダールとレイ・ジャッケンドフは『調性音楽の生成理論』の冒頭で、「音楽理論の目的」は「音楽語法について経験をつんだ聴き手の音楽的直観を形式的に記述すること」としている。[6] しかし彼らにしても、小規模な事象に論を集中させる傾向があり、それは近年のロバート・O・ヤーディンゲンによる古典派の楽節構造に関するすぐれた研究でも同様である。[7]

楽章規模の構造について同様の研究がないということは、数百小節にもわたる一つの楽章全体を視野に入れながら慣習と期待を扱うことの難しさを反映している。その結果として、聴き手の観点から大規模形式に取り組んだ比較的少数の書き手たちは、やや概略的な議論にとどまる傾向があった。一九三〇年代にクルト・ヴェストファール

---

(2) Stanley Fish, "What Is Stylistics and Why Are They Saying Such Terrible Things about It?" in idem, *Is There a Text in This Class? The Authority of Interpretative Communities* (Cambridge, Mass.: Harvard University Press, 1980), pp. 94, 92.

(3) Leonard B. Meyer, *Emotion and Meaning in Music* (Chicago: University of Chicago Press, 1956), p. 57.

(4) Ibid., p. 153.

(5) Meyer, *Music, the Arts, and Ideas*, p. 8.『情動と意味』を出版して以来、マイヤーは「期待 expectations」という概念から離れ、代わりに、与えられた音楽的事象によって生み出される「暗意 implications」という言葉で、自らの問題意識を枠付けることを好むようになった（ibid., p. 8n）。言葉を変えたのは、マイヤーによれば、単純な意味での「期待」が誤解されるおそれがあることを避けるためである。というのも、一つの音楽的事象でも、複雑で矛盾さえはらむさまざまな期待を引き起こすことがあるからである。しかし、聴き手自身はこれら暗意の源泉であり続ける。用語が変わっても、マイヤーの聴き手志向のアプローチは本質的に同じままである。［マイヤーは米プラグマティズム、情報理論、ゲシュタルト心理学などの思想や方法を音楽の様式研究に導入したことで知られるが、彼が「期待―逸脱 deviation モデル」から発展させた「暗意―実現モデル」（後出）は、弟子のナームアによってさらに展開されることになった。］

(6) Fred Lerdahl and Ray Jackendoff, *Generative Theory of Tonal Music* (Cambridge, Mass.: MIT Press, 1983), p. 1.

(7) Robert O. Gjerdingen, *A Classic Turn of Phrase: Music and the Psychology of Convention* (Philadelphia: University of Pennsylvania Press, 1988).［ヤーディンゲンはマイヤー＝ナームア学派の後継者の一人であるが、古典派音楽の主題法や楽節法におけるまさに慣習的な表現パターンを扱っており、近年のトピック理論とも関心を共有している。以下も参照。Idem, *Music in the Galant Style* (Oxford: Oxford Univ. Press, 2007); idem, "Gebrauchs-Formulas," *Music Theory Spectrum*, 33/2 (2011), 191-199.］

は、師のエルンスト・クルトの影響で、形式を「経過曲線 Verlaufskurve」と見なすことを提案した。すなわち、形式が単に作品の個々の部分の総計としてではなく、それらの部分相互の機能的関係として知覚される、そのようなプロセス的な作用のことである。さらに、形式は聴取のプロセスのあいだにおいてのみ実現されることになる現象であるとし（「聴取過程において生成する現象 ein im Hörvorgang werdendes Phänomen」）、その際、形式の梗概的な「建築性」よりも時間的な要素を強調する。形式はあらかじめ与えられたのものでもなければ、実体そのものでもなく、聴き手が自ら創り出さなければならないプロセスである。[8] 残念ながら、ヴェストファールはこれらの考えをこれ以上追究することはなかったし、聴き手の期待が設定される方法を示唆することもなかった。

　もっと近年では、カール・ダールハウスも、聴き手の期待に基づく大規模形式の理論をほのめかしている。「予想される全体は目に見えるように与えられる全体と類似したものである。そして予想される全体は、タイトルによって、ソナタ形式やロンドといったタイプを担うものとしていっそう子細に規定され得るので、関係の準拠枠があらかじめ示され、それを聴き手の期待は当てにすることができるのである。」ダールハウスによれば、もし作品が単なる楽想のメドレー（ポプリ）としてではなく芸術作品それ自体として理解されるべきであるなら、知覚された細部はどれもそれ自体としてあるのではなく、意識的に予想される全体の中の要素《モメント》として存在しなければならない。[9]

　大規模な形式の分析を大規模な期待のプロセスに基づいて行うという考えは、すでに指摘したように、それほど新しいものではない。[10] ハイドンの弦楽四重奏曲作品三三の二（《冗談》）のフィナーレを分析するとしよう。その分析のほとんどが、古典派作品のフィナーレがどのように鳴り響くかについての聴き手のア・プリオリな理解に、ほんのそれとなくではあれ、少なくともいくらかは言及するに違いない。たとえこの時代の形式感についてほんの少ししか馴染んでいない人でも、まさにこの終わり方がふつうではないことに気づくだろう。同様に、私たちがハイドンの交響曲第九四番（《驚愕》）緩徐楽章の最初の方に登場するティンパニの一打を、まさに驚きとして認識するのも、私たちが様式を知っているからにすぎない。なぜなら、これは主題と変奏のセット（あるいはさらに言えば交響曲の緩徐楽章）の常套的な始まり方ではないからである。これらの手法が直ちに明らかとなるのも、終わり方や始まり方のための明白な慣習を破っているからにほかならない。

しかし、聴き手志向のアプローチを楽章規模の構造のもっと微妙な問題に適用するとなると、もっぱら確立された規範と比較し得る逸脱のことに限られ、ごく直感的で非体系的なものにとどまってきた。チャールズ・ローゼンが古典派のレパートリーの分析に成功したのは、ある程度、聴き手の期待を特定の作品内での音楽的事象の展開に関連付ける、彼の手腕に拠っている。しかし、これら作品外的な期待の基盤を確立しようとする彼の努力は、せいぜいのところ非公式のものである。[11] 他の分析家たちも同様に、規範から逸脱した作品の独創性を際立たせるための引き立て役として、形式的原型《アーキタイプ》を使うことに甘んじてきた。規範からの逸脱としてよく引き合いに出されるのは、例えばベートーヴェンのピアノ・ソナタ作品五三《ヴァルトシュタイン》の第一楽章における三度調《メディアント》への転調や、ハイドンの交響曲第一〇三番《太鼓連打》の冒頭楽章主部における緩徐な序奏の回帰である。いずれにしても、楽章全体の広がりに及ぶ形式タイプの比較し得る母型を確立するよりも、四〜八小節の範囲ですむ楽節構造の分類学を打ち立てる方が簡単である（それ自体けっして容易なことではないけれども）。

しかしながら、限定された楽章規模のレパートリーを分類学的に概観するだけでも、大規模形式のための歴史的

(8) Kurt Westphal, *Der Begriff der musikalischen Form in der Wiener Klassik* (Leipzig: Kistner & Siegel, 1935), p. 53：「形式は与えられるものではなく、課されるものである。Sie [Form] ist nicht ein Gegebenes, sondern ein Aufgegebenes.」

(9) Dahlhaus, *Musikästhetik* (Cologne: Hans Gerig, 1967); *Esthetics of Music*, trans. William W. Austin (Cambridge: Cambridge University Press, 1982), p. 78.［この一節は「音楽現象学について」の章で登場する。］

(10) この方法論を考察した近年の三つの研究では、この問題に関するかなりの量の先行文献が論評されている。Thomas Clifton, *Music as Heard: A Study in Applied Phenomenology* (New Haven: Yale University Press, 1983); David Lewin, "Music Theory, Phenomenology, and Modes of Perception," *Music Perception*, 3 (1986), 327-392; Nicholas Cook, *Musical Analysis and the Listener* (New York: Garland, 1989).

(11) 本書四七〜四八ページを参照。

に正確な期待の理論を確立することに向けて、歓迎すべき第一歩となろう。ヤン・ラルーは二十年〔五十年〕以上も前に、古典派の音楽をまさにそのように調査すること、そして「ソナタ楽章で生じる統計的に顕著な形式タイプもしくはそのヴァリアントを一箇所で一覧化する」ことの必要性を訴えた。しかし今日では、そのような一覧化の見通しは遠ざかったように思われる。ラルーですら、そうした調査の有用性について言を翻したように見えるのである[12]。

それでもなお、もし私たちの期待が一定の様式内における「統語論的な関係のさまざまな統計学的再発率 recurrences」を思い起こすことから生まれてくるのなら、これらの統計学的な再発率とは実際にはどういうことなのかについてもっと正確な概念を得ることは、私たちにとって有益であろう[13]。研究者たちは従来、この種の分類学からしりごみする傾向にあった。あまりにも形式に対する「教科書的」アプローチの臭いがしすぎるというのが、その理由である。しかし、もし注意深く適用されるならば、こうした分類は大規模な形式的慣習への理解を促進するのに大いに有用なものとなり得るだろう。そのような調査を欠いたまま「事情に通じた《インフォームド》聴き手」の期待を想定することがいかに困難であるかは、ルードルフ・ケルターボルンによる近年の研究が教訓的な例を提供している。これはモーツァルトの音楽に期待の母型《マトリックス》を当てはめようとしたものであるが、主にピアノ・ソナタに限定して、聴き手がソナタ形式の「構成的輪郭」に対してもつ期待と個々の作品そのものとを暗に比較しながら、一連の分析を提示している。しかし、技法に関する有効な統計調査を欠いているので、ケルターボルンは「鏡像」再現（楽想のおおよその順番が再現部で逆転されること）のような工夫を「全く慣習的ではない」と見なすはめになった。実際には、この手法は一七七〇年代になっても、モーツァルト（あるいは他の作曲家たち）にとってとりわけ珍しいものではなかったのに[14]。

この種の調査のまとめにおいて最も難しい概念的作業は、どの形式要素《パラメータ》に期待が基づき得るかを確定することであろう。ナームアも指摘するように、聴き手の期待の基盤はたえず変動している。時代的にどこまでさかのぼるべきか。地理的にどの範囲が適切か。作品のジャンルにおいて暗示される相関的な境界線はどのように扱われるべきか。大家とされる作曲家（例えばハイドン）による作品は、よりマイナーな作曲家の匹敵する作品よりも重きを置かれるべきか。

これらは簡単に答えられる問題ではない。しかし、まさにソナタ形式楽章の各部分、すなわち提示部、展開部、再現部という広い範囲を輪郭付けるプロセスにおいて、大いに直感的にではあるにせよ、分析家がすでに日常的に答えている問いである。いずれにしても重要なのは、楽章の「単なる」記述——転調設計の概略を示し、再現の瞬間を突きとめる等々——と「真の」（すなわち生成論的な）分析——その楽章のいっそう個性的な要素に焦点を当てた分析——とを区別する方法論から訣別することである。二つのプロセスを結び付け、記述の行為そのものを解釈の行為と認めることによって、私たちは構造的慣習を単に二次的な意味以上の問題として再考し、形式の美学的二分法の解消に取りかかることができるのである。

---

(12) LaRue, review of *The Sonata in the Classic Era* by William S. Newman, *MQ*, 50 (1964), 405; idem, review of *Sonata Forms* by Charles Rosen, *JAMS*, 34 (1981), 560. 本書四二～四三、八一ページを参照。［統計学的というわけではないが、ソナタ形式の様々なパターンの理論化を試みた近年のすぐれた研究として以下のものがある。James Hepokoski and Warren Darcy, *Elements of Sonata Theory: Norms, Types, and Deformations in the Late-Eighteenth-Century Sonata* (Oxford: Oxford University Press, 2006).］

(13) Eugene Narmour, *Beyond Schenkerism: The Need for Alternatives in Musical Analysis* (Chicago: University of Chicago Press, 1977), p. 127.

(14) Rudolf Kelterborn, *Zum Beispiel Mozart: Ein Beitrag zur musikalischen Analyse*, 2 vols. (Basel: Bärenreiter, 1981), I, p. 11. 以下の書評を参照。Juliane Brand, review of *Zum Beispiel Mozart*, *JMT*, 27 (1983), 306-313. ダールハウスによる書評はもっと好意的な評価である。Dahlhaus, review of *Zum Beispiel Mozart*, *Mozart-Jahrbuch 1984/85*, 232-233.［本章注21の訳注も参照。］

プロットを聴く：形式的原型の修辞学

大規模な形式の分析の基盤を事情に通じた《インフォームド》聴き手の期待に置くという考え方は、さらに近年の文学理論、とりわけプロット論に関するものとの対応関係を示唆している。ピーター・ブルックスが論じているように、文学のプロットは「ある種の言説、それもその陳述を時間的な連続と進行を通してのみ展開させる言説の、論理あるいはもしかすると統語法」のことである。プロットは「相互に結び付いていること……の原理であり、物語の個別的な要素——出来事、挿話、筋——を進める際になくてはならないものである。[15]」これまで見てきたように、十八〜十九世紀初期の理論家にとって、形式はほぼ同じ機能をはたしているのである。

しかしながら、ドラマあるいは小説としての音楽作品というイメージが流行し始めたのは、ようやく十九世紀中葉のことだった。カール・チェルニーは一八四〇年代にソナタ形式を説明する際、有機体の比喩と「ロマンス、小節、劇詩」としての音楽作品というメタファーとを混ぜ合わせている。

私たちは以下のことに気づく。この最初の楽章は確立された形式をもち、有機的な全体をなしていること。そのさまざまな構成部分は一定の秩序で継起しており、その上互いに絡み合っていなければならないこと。そして全体構造は一つの音楽的イメージ picture を提示するが、そこでは明確な楽想《アイディア》を表現でき、一貫した性格《キャラクター》を発展させることができるということ。

ちょうど物語詩《ロマンス》や小説、あるいは劇詩の場合と同様に、もし作品全体が成功しその統一性を保つなら、欠くことのできない構成要素は、第一に主要な考え《アイディア》とさまざまな登場人物《キャラクター》の提示、次いで出来事の引き延ばされた紛糾、最後に驚かせるような破局《カタストロフィ》と満足のゆく結末である。まさにその通りに、ソナタ楽章の最初の部分は提示 exposition を、第二の部分は紛糾を形成し、最後に最初の部分の主調への回帰は、まさしくあらゆる芸術作品に期待されるあの完全な満足を生み出すのである[16]。

小説やドラマのメタファーは、弁論のメタファーにとって基本的な要素を少なくともいくらかは残している。聴き手の役割と音楽作品の時間的な性質を重要視しているからである。有機体のメタファーと同様に、それは作品を擬人化する傾向がある。諸主題は「登場人物たち」となる。楽章あるいは作品の中心楽想は一種の主人公として機能する。この楽想の展開はその主人公の運命である。シェーンベルクの比喩を使うなら、「音楽作品はいくつかの点で写真アルバムに似ている。変わりゆく状況のもとで、その基本楽想——その基本動機——の生涯を展示するからである[17]。」しかし有機体のイメージとは異なり、プロットとしての音楽形式という考えは、内容をわかりやすいものにならしめるまさにそのプロセスに形式を位置づけることによって、「構造」と「表現」の二分法を回避しているのである。

もし形式が出来事や楽想の展開であるなら、ステレオタイプな諸形式は原型的なプロットと相似している。チェルニーが示唆するところでは、聴き手がソナタ形式の「一定の秩序」をよく知っていることによって、さまざまな登場人物の提示、「出来事の紛糾」、「驚かせるような破局」、それに「満足のゆく結末」はいっそうわかりやすくなる。ソナタ形式やロンド、主題と変奏等々のような範型的な「プロット」の慣習を固守することは、聴き手が出来

(15) Peter Brooks, *Reading for the Plot: Design and Intention in Narrative* (New York: Knopf, 1984), pp. xi, 5.

(16) Czerny, *School of Practical Composition*, I, p. 34. ここでいう「picture」はおそらく絵画のことではなく（もしそうならさらに別の混合メタファーということになろう）、最もありそうなのは、失われた元のドイツ語テクスト（第一章注39を参照）では「Bild」（絵のほかにイメージ、表象、心象の意）だったものを直訳したということである。

(17) Schoenberg, *Fundamentals of Musical Composition*, p. 58.

事を理解するのを容易にする。慣習からの逸脱は、出来事の例外的な転換に対する聴き手の意識を高める。ソナタ形式やロンド、主題と変奏といった、広く使われる比較的少数の形式的原型は、プロット原型の音楽版として機能する。教養小説から殺人ミステリーに至るまで、特定の文学ジャンルにおいて私たちが一定の諸要素と出来事の一般的な連続を期待するのとまさに同じように、私たちは特定の音楽ジャンルのさまざまな楽章において、一定の主題タイプと出来事の連続を期待する。これらの期待はもちろんかなり流動的である。しかし、それらは聴き手が大規模な音楽構造を統覚する際に、重要な参照点を提供するのである。

近年、何人かの研究者たちが、主に十九世紀のレパートリーに関して、音楽形式をプロットと見なすことが分析にどう関わるかについて考察してきた。[18] この考え方は古典派の音楽にも同様に当てはまる。ラトナーによるソナタ形式の和声的輪郭のような大まかな図式でさえ、ある程度プロット的な含意をほのめかしている。I－V：‖：X－Iというパターンは、とりわけ楽章の後半のある時点で主調に戻ることを規定している。この再現の瞬間は、交響曲や弦楽四重奏曲のような重要なジャンルの冒頭アレグロ楽章で、特に主調から属調（あるいは平行調）への転調が行われた後では、事情に通じた十八世紀後期の聴き手ならだれでも、期待する理由をもっていたであろう出来事である。ところが、この原型的な構造の意味するところは、今までほとんど検証されてこなかった。ソナタ形式を定義し、その最小共通項をつきとめることに没頭するあまり、ほかならぬこの構造体は実は形式では全くないのだとか、十八世紀の聴衆は、この非常に広い枠組みの中で生じる計り知れないほど多様な手法に直面して、どのような作品にせよその楽章の形式について何か実質的な予断をもつことはできなかっただろう、といった思いが広まってきた。しかし、再現の瞬間に関する限り、ハイドンやモーツァルトのような作曲家の器楽をざっと見渡しただけでも、冒頭主題と主調の同時回帰はごくごくふつうのことであり、特に一七七〇年以降に書かれた作品ではそうであることがわかる。[19]

たしかにこの習慣に対する例外はある。そして前に論じたように、同時的な二重回帰を形式を規定する要素として見なすことができないのも、この理由による。しかし、まさになぜ再現の瞬間がその主題素材によっては規定され得ないのか、その例として最もよく引き合いに出される作品の一つをもっと綿密に考えてみると、期待と定義は二つの全く異なる基盤に立脚しているのだということが、ここでもまた明らかとなるだろう。

モーツァルトのハ長調ピアノ・ソナタK.五四五の第一楽章では、冒頭主題は下属調で回帰する（第四二小節）。ようやく第五八～五九小節で主調が再登場するが、素材は提示部の第一三～一四小節が初出のものである。言い換えれば、主題の再現は第四二小節で始まるが、和声的な回帰は第五八～五九小節まで延期されている。しかし、この「二重焦点的再現」の手法が、実際どれほど珍しいものであるかを認識することが重要である。モーツァルトは彼の全作品中、他のどの楽章でもこの方策を使ってはいないし、ハイドンはそもそも全く使用しなかった。これをいくらかでも正規に培ったと思われる作曲家は、フローリアーン・レーオポルト・ガスマン（一七六〇年代の交響曲）とムーツィオ・クレメンティ（一七八〇年代のピアノ・ソナタ）の二人くらいである。(20) この手法が存在したということは否定できない。しかし、それが実際に使われたのは非常にまれなので、聴き手がソナタ形式楽章の経過

(18) Anthony Newcomb, "Sound and Feeling," *Critical Inquiry*, 10 (1984), 614-643; idem, "Once More 'Between Absolute and Program Music': Schumann's Second Symphony," *19th-Century Music*, 7 (1984), 233-250; idem, "Schumann and Late Eighteenth-Century Narrative Strategies," *19th-Century Music*, 11 (1987), 164-174; Siegfried Schmalzriedt, "Charakter und Drama: Zur historischen Analyse von Haydnschen und Beethovenschen Sonatensätzen," *AfMw*, 42 (1985), 37-66; Fred Everett Maus, "Music as Drama," *Music Theory Spectrum*, 10 (1988), 56-73.［よく言われるように、ベートーヴェンの交響曲第五番や第九番、それにこれらの影響（あるいはハロルド・ブルーム風に言えば「誤読」）が歴然としているブラームスの交響曲第一番のような作品に、ラテン語の箴言「per aspera ad astra 苦難を経て栄光の星へ」のような物語性を読み取るというのも、一種のプロット論である（訳者の知る限り、ベートーヴェンの第五番にこの箴言を当てはめたのはクレッチュマー一八八六が最初である）。また、純音楽技法的な観点から、ソナタ型作品におけるフィナーレ志向の歴史を論じたK・H・ヴェルナーの前掲書（第一章「終局志向的性格 Finalcharakter」）も参照。Wörner, *Das Zeitalter der thematischen Prozesse*. 交響曲をはじめとする十八世紀のソナタ型作品では、第一楽章に重点がおかれ、フィナーレは舞曲風の軽い様式であることがふつうだった。その伝統を覆して、フィナーレを到達点として、その頂点に向けて音楽を造形するという転換は、ハイドンやモーツァルトの後期交響曲に萌芽が見られるが、決定的になったのはベートーヴェンである。］

(19) ハイドン作品における再現部の分節法についての詳細は Bonds, "Haydn's False Recapitulations" を参照。

中の出来事に対して抱く期待の性質——すなわち聴き手のプロット原型に対する理解——を変えるほどではなかった。

同様に、冒頭主題が再現部ですっかり省略される「二部形式的再現 binary recapitulation」も、およそ一七七〇年以降の急速な冒頭楽章においては、ますますまれになる。けっして二重焦点の手法ほど珍しくはないが、この独特の処置は実際には主として緩徐楽章に限られる（それゆえときに「緩徐楽章ソナタ形式」と呼ばれることもある）[21]。このやり方が存在することで、ここでも私たちのソナタ形式の定義は変更を余儀なくされる。しかしだからといって、特に急速楽章における私たちの形式への期待において、この手法が必ずしも根本的な役割をはたすとは限らない。

最も重要なのは、範型的プロットの概念は、所与の作品において慣習的な要素と非慣習的な要素を統合するための理論的根拠を提供してくれるということである。この場合もまた、文学理論が方法論的に有効な対応概念をいくつか示してくれる。言葉による言説を扱う批評家たちは、形式的慣習の諸問題、大規模なパターンにおける出来事への読者による予期、それにこれらの規範への固執とそこからの逸脱の双方が含意するものについて、長いあいだ関心を寄せてきた。フランク・カーモードは、アリストテレス流の逆転 peripeteia［物語の筋が正反対の方向に急転すること］の概念を解釈する中で、プロットの展開が、特定の構造的慣習に聴き手がどれほど精通しているかにかかっていることを強調している。

逆転は……最小限の構造的精度をもったあらゆる物語に存在する。それは私たちが終わりを確信していることに依存している。それは調和に先立つ反証である。私たちの期待が裏切られるということの面白さは、思いがけない啓発的な道筋によって発見や再認に到達したいという私たちの望みに、明らかに関係している。……大胆な逆転であればあるほど、作品が私たちの現実感覚を尊重しているように感じられるだろう。……期待の裏切りは……明らかに……私たちの期待の心構え《セット》になにがしかの厳格さがなければ、発動することはできないだろう。どの程度の厳格さであるかは、文学的フィクションの研究における重大関心事である。(22)

十八世紀後期の諸芸術における形式へのそうしたアプローチは、受け手が構造的な原型を認識し予期することに基づいているわけだが、歴史的にも充分な妥当性をもっている。例えばズルツァーは、あらゆる芸術作品の全体設計について基本的に考慮すべきこととして、以下の三点をあげている。作品の「すべての部分の正確な結び付き、継起する諸部分における充分な変化と多様性、それにアイディアの紛糾 Verwi[c]klung der Vorstellungen」である。その際に芸術家が留意しなければならないのは、「主要なことがらの展開は、好奇心をいっそう刺激するためにしかるべく遅らせられて、最後にすべてが再び一つの主要アイディアに統合される」ということである。(23) アイディアの解決は予期されているが、それへの到達は意図的に遅らせられる。このようにズルツァーの「紛糾」――アリストテレスの逆転――の効果は、作品の終わりに向けての解決を聴き手が予期していることに、大いに依存している

(20) George R. Hill, "Bifocal Recapitulations in 18th-century Sonata Forms" (paper read at the annual meeting of the American Musicological Society, Denver, 1980). 筆者は研究成果を分かち合ってくれたヒル博士に感謝する。［ヒルはガスマンの交響曲に関する博士論文でこの概念を導入している。Hill, "The Concert Symphonies of Florian Leopold Gassmann" (Ph.D. diss., New York University, 1975).］

(21) Bonds, "Haydn's False Recapitulations," pp. 270-286 を参照。［英語では二部形式A：|：A'を binary form、ソナタ形式のような回帰的二部形式A：|：A'（またはB）A を rounded binary form という。再現部で冒頭主題が完全に省略されるのではなく、副主題の後で最後に再現されるパターン（つまり主題の再現の順番が入れ替わり、楽章全体で対称的な構成となる）は、一七五〇年前後のヨーハン・シュターミツの交響曲で第一楽章にしばしば見受けられる。］

(22) Frank Kermode, *The Sense of an Ending* (New York: Oxford University Press, 1967), pp. 18-19. 強調は筆者。Kenneth Burke, *Counter-Statement*, 2nd ed. (Berkeley: University of California Press, 1968), p. 124 も参照：「文学における形式は願望を呼び起こし成就させることである。作品は、そのある部分が読者に別の部分を予期させ、結果によって読者に満足するように仕向ける限りにおいて、形式をもつ。」

(23) Sulzer, *Allgemeine Theorie*, "Anordnung."

のである。すこぶる意味深いことに、ズルツァーの言は「配置 Anordnung」の議論の中に登場する。すなわち、大規模形式を構築するための創作プロセスで最も重要な段階においてである。[24]

カーモードによる逆転の解釈は、筆者が第一章で披露した二つの分析と直接関係してくる。ハイドンの交響曲第四一番における擬似再現は「調和に先立つ反証」の非常に顕著な例である。多少なりとも逆説的に、これは聴き手が慣習的なパターンを理解していることを、ほかならぬそれらの規範にそむくことによって尊重している。その「期待の裏切り」は、作曲家がソナタ形式に関して、聴き手の側の期待になにがしかの厳格さを想定できるからこそ、発動するのである。

ベートーヴェンの弦楽四重奏曲作品五九の一の場合、同じことがソナタ形式のもう一つの重要な結節点に当てはまる。すなわち提示部と展開部のあいだの分節である。自筆総譜から確認されたように、ベートーヴェンは楽章の後半の大部分（展開部と再現部）のくり返しを考えたことさえあるのに、その前半（提示部）はくり返さないとすでに決めていた。十九世紀の最初の十年間にあっては、弦楽四重奏曲の冒頭楽章で前半をくり返すことは、もはや以前の数十年間ほどには標準的な要素ではなくなっていたものの、依然としてその「範型的なプロット」の一部だった。[25] このような前例のない規模の作品において、作曲者はあるジレンマに直面していた。つまり、大規模なくり返しは、聴き手がそのような異常に大量の素材を消化するには大いに助けとなったかもしれないが、ほかでもないこの提示部をくり返すということは、もっと大きく長い議論を引き起こしかねず、そうなったら別の形ではあれ、聴き手に過大の注意力を要求することになっただろう。《エロイカ》交響曲の場合、その第一楽章の規模の大きさにもかかわらず、ベートーヴェンは提示部をそっくり反復することを選んでいた。しかしこの《ラズモフスキー》四重奏曲第一番では、ベートーヴェンの解決策は、まさにくり返しの不履行に注意を促すことによって、くり返しを避けることだった。聴き手が大規模な構造的慣習をわかっていることを利用して、提示部のくり返しを早々に切り上げ［展開部の初めは冒頭と同じなので、一瞬くり返しかと思わされる］、直接展開部の不安定さに進むことによって、彼は長さと形式――楽章の中心的な楽想の展開――の両方の問題に巧妙な解決策を見いだしたのだった。
範型的なプロットとしての原型的パターンという概念は、とどのつまり音楽構造を弁論の概略的構成になぞらえようとしたマッテゾンにさかのぼる。マッテゾンが強調しようとしたのは、楽章全体を通して示される主題素材の同一性ではなく、導入、提示、展開、反駁、終結のいずれにしろ、各特定の結節点におけるその機能だった。十八世紀の続く理論家たちはマッテゾンの修辞学的アナロジーをそのまま踏襲することは避けたのだが、しばしばあからさまに修辞学的ではない語彙を使いながら、彼の考えのエッセンスを広めた。形式を何よりもまず、慣習的なパターンが実用的な目的のための手段として機能している主題的労作のプロセスとして考えるならば、この伝統の連続性は明らかになるのである。

音楽的弁論の分析：ハイドンの交響曲第四六番ロ長調の第一楽章

これまで考察してきたように、ステレオタイプな形式の理論に関わるいっそうやっかいな問題の一つは、「内的」形式と「外的」形式、個々の作曲家の才能と同時代の慣習を、いかに調停するかということだった。しかし第二章で見たように、十八世紀の理論家たちは実際にはそのような調停を必要としていなかった。彼らは形式を、作曲家やそれどころか作品そのものの観点からというよりも、聴き手の観点から見ていたからである。慣習的な形式は目的のための手段と見なされた。その目的とは、楽章の中心的な楽想をわかりやすく労作《エラボレーション》するということだった。

同時に、十八世紀の理論家たちは、今日では技法的分析と見なされているものにはめったに手を出さなかった。

(24) 本書一二四～一二五ページを参照。
(25) Broyles, "Organic Form" を参照。

それでは、古典派時代の理論的観点はどのように現代の分析に生かせるだろうか。以下の議論は、ハイドンの二オーボエ、二ホルン、弦楽器のための交響曲第四六番ロ長調（一七七二年成立）の第一楽章を対象に、本書で検討してきた形式に関するさまざまな説明に立脚したもので、特に形式理解における聴き手の役割に重点を置いている。これは仮想上の十八世紀の分析としてではなく、十八世紀的観点に精通した上での分析として提示されるものである（譜例5.1［二九九～二九六ページ参照］）。

主要楽節（主題Hauptsatz）は表面上は比較的すっきりしたものだが、第一楽章で以下に続く事実上すべてのものへの起動力を提供している。ハイドンは四小節の先行―後続のフレーズで始めるが、これは慣習的なリズム構造のためにごくわかりやすいものとなっている（譜例5.2［三〇〇ページ参照］）。

楽章内でやがて展開されることになるこの楽想の構成要素は、この提示の先行部（a）と後続部（b）に内在する対比に基づいている。

一　音高：跳躍進行（a）に対して順次進行（b）。先行部は短六度の下行（ロ―嬰ニ）と長三度上行（ホ―嬰ト）、そのあいだをつなぐ半音進行（嬰ニ―ホ）からなる（第一～二小節）。後続部はほぼ順次進行で五度下行する（嬰ヘ―ロ、第三～四小節）。

二　リズム：緩やかで均等（a）に対して速くて不均等（b）。先行部は二つのリズム単位からなり、そのそれぞれは同じ音価の二音からなる（𝅗𝅥 𝅗𝅥と♩ ♩）。いずれの単位も下拍で始まる。後続部の二つの単位はどちらも上拍で始まり、最初の単位はシンコペーション（♪♩♪）、二つ目の単位は付点リズム（♪. 𝅘𝅥𝅯♩）を特徴とする。

三　強弱法：強（a）に対して弱（b）。

四　テクスチュア：ユニゾン（a）に対してポリフォニー（b）。

これらの要素がいっしょになって、この音楽的弁論の主題、その主要楽節を構成する。ハイドンは早くも第六小節で「楽想に楽想をつなげる」（シェーンベルクの言い方）ことを始めている。彼は主要楽想の冒頭半分を和声付けすることによって変奏し、しかも新たに全楽器による総奏としている。しかし、第五〜六小節が第一〜二小節の変奏された言い直しである一方で、この本来の先行部の楽想に続くのは、新しい全く異なる後続部である。おそらくコッホだったら、同じ動きの中で本質的に同一の主語に異なる述語をつなげることのできる例として、この冒頭の小節群を使ったことだろう。

新しい述語（第六〜八小節、譜例5.2の（c））は実は完全に新しくはなく、冒頭の主語の要素から引き出されたものである。そのリズム（）は新しい上拍《アナクルーシス》の役割をはたし、元の先行部における二つの二分音符のリズムに取って代わるので、がになる。その際、元のデタシェに代わってレガートのアーティキュレーションになっている。さらにの音形の音高（嬰ト―ホ）は、冒頭の特徴的な短六度の反行形である［第二小節および直前のホ―嬰トの転回かつ逆行でもある］。しかし、この楽章の前進的な勢いにとって最も重要なのは、ハイドンがここで対位法的工夫を導入しているということである。新しい述語の音形（c）は、それ自身への対位法的応答を連続して四回提供する（第七〜一〇小節）。その後で、オーケストラの総奏によるユニゾンが戻る（第一〇〜一一小節）。

テクスチュアの対比は、実はその前から行われていることである。わずか一〇小節のスペースに、ハイドンは三つの異なったテクスチュアを次第に複雑になるような順番で導入するが、すべては結局は同じ源泉に由来する素材に結び付いている。すなわち、まずユニゾン（第一〜二小節）、続いてポリフォニー（第三〜六小節）、次いで模倣対位法（第六〜一〇小節）、最後にユニゾンへの回帰（第一〇〜一一小節）というように。冒頭の四小節で暗示さ

譜例 5.1　続き（譜例冒頭は 299 ページ）

れたこの注目すべきテクスチュアの多様性は、楽章全体を通じてさらに拡張されることになる。

　第一三小節で登場する楽想（d）は、上行する輪郭線、バスにおける新しいドラム風の音形、それに旋律の新しいリズム（♩.♬♩―♩）の点で、それ以前とは非常に対照的である。しかし、この瞬間の背後に横たわる連続性――全体を構成する諸要素の「連関性 Zusammenhang」――は、このフレーズの管楽器による後続部（第一四小節）から来ており、それは決定的なロ―嬰ニの短六度下行を再登場させている。リズムの点では、この後続部は最初の後続部（b）の変奏である。この関係は第一九小節でいっそう明らかになる（譜例5.3［三〇〇ページ参照］）。

　（c）と（d）をつなぐ第一二小節の結合組織でさえも、冒頭主題に由来している。嬰ヘ―嬰イ―ロという音程――こ

譜例 5.1　続き

譜例 5.1　続き

譜例 5.1　ハイドン、交響曲第 46 番、第 1 楽章、第 1 ～ 77 小節

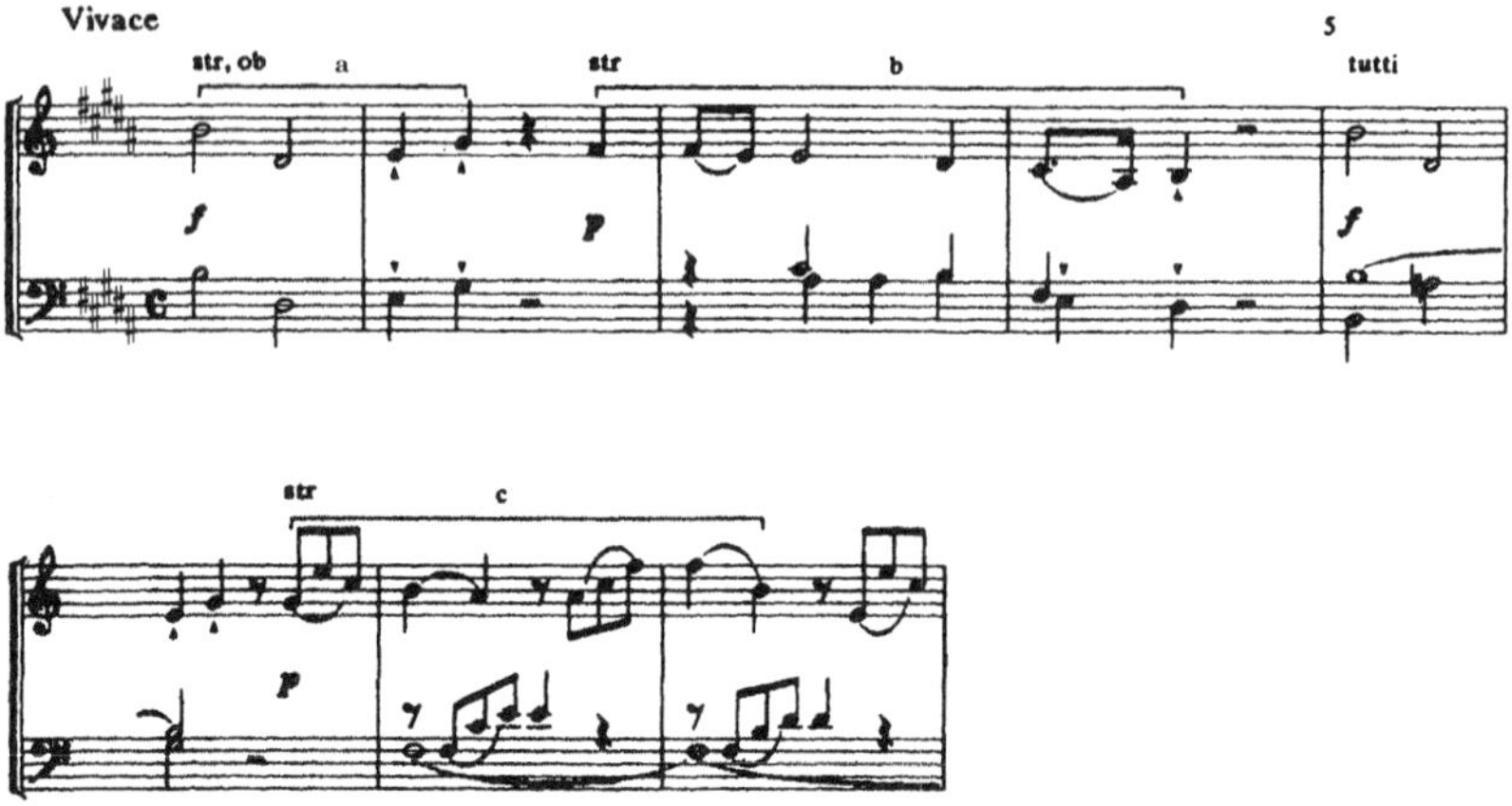

譜例 5.2　ハイドン、交響曲第 46 番、第 1 楽章、第 1 ～ 8 小節

譜例 5.3　ハイドン、交響曲第 46 番、第 1 楽章、第 13 ～ 21 小節

れも下行短六度に半音上行が続く――は、第二二小節で聴かれることになる（a）主題の移高形と正確に一致する（譜例5.4 a、5.4 bを参照）。さらに重要なのは、第一～四小節における最初の主語と述語のあいだのより広範な関係が、ここで明らかにされるということである。第一二小節の嬰ヘ―嬰イ―ロ―嬰ニには先行する音程ホ―嬰トがあり、全体として楽章冒頭の四小節にいっそう近い姿が描き出

譜例 5.4a　ハイドン、交響曲第 46 番、第 1 楽章、第 10 ～ 17 小節

譜例 5.4b　ハイドン、交響曲第 46 番、第 1 楽章、第 22 ～ 25 小節

されている。二つのパッセージの輪郭は互いに対応するものとして浮かび上がってくるのである（譜例5.5を参照）。

　この対応関係は最初の（b）フレーズに含まれる短六度下行と半音上行の存在「同じ嬰ヘ―嬰イ―ロ」にも注目を促し、ひいてはそれを（a）と結び付ける。冒頭で先行と後続の対比と見えていたものが、今や労作の原理に基づいていたのだということが明らかにされる。こうして、三小節（第一一～一三小節）という短いスペースの中で、ハイドンは以前の素材を再解釈することによって二つの対照的な（しかし関連した）主要主題をフレーズ交差的に繋いでいるばかりではなく、元の主題の二つの主要な要素（第一～二小節と第三～四小節）の関係を明示してもいるのである。

　こうした種類の結びつきは楽章の残りを通じて追求することができる。それゆえここでは、修辞学の機能としての形式という

譜例 5.5　ハイドン、交響曲第 46 番、第 1 楽章、第 2 ～ 4 小節と第 11 ～ 13 小節

いっそう広い十八世紀的概念に関わる限りで、若干のより顕著な事象に注目を促すにとどめたい。第二二小節における属調への転調は、ソナタ形式の原型的な「プロット」の一部である。そして、冒頭主題がまさにこの重要な時点で再登場するのは必ずしもふつうではない一方で、それは全く驚くべきことでもない〔ハイドンの単一主題型ソナタ形式にはよく見られる〕。さらに、ここでの冒頭主題は、マッテゾンだったら主張したであろうように（「似ているは同じとは違う」）、実は少しも同じではない。なぜなら、新しいテクスチュア（対位法的で対位句を伴う）、新しい調（属調の嬰ヘ長調）で提示されるからである。主題対比は一七七二年まではまだ、ソナタ形式の原型における必須条件として確立されていたわけではなかった。期待されていたのは、主題を労作するプロセスである。それは変奏かあるいは対比のいずれかの形を取ることもできたが、最も多いのは、ここで見られるように両者の融合である。

　第二二～二五小節における対比は、調、薄められたテクスチュア（二ヴァイオリンのみ）、それに第二ヴァイオリンの対位句によって与えられている。しかしここでも、多様性が労作のプロセスと連続性を覆い隠している。第二二小節（　）と第二三小節（　）における対位句の二つのリズムは前に聴かれており（第六、一三小節）、第二六～二七小節のリズム（　）も以前の素材に関係している。第三一小節の疾走する八分音符の音形は短六度にわたっている。その輪郭は第二三小節の対位句を思い起こさせ、リズムは第一三、二三、二九小節でなじみのものであるが、スタッカートにスラーを交え、小節の中ほどの導音に明確なアクセントが付けられたアーティキュレーションによって、外見上は新しさを獲得している。再び（c）のリズムが、一種の後続句として第三三小節で戻る。

　第三六小節における突然の短調への変化は、さらにもう一つの多様性の要素――旋法の変化――を導入するが、なじみの素材の文脈内であり、(d)の再解釈となっている。この部分の連続性は同様に以前の素材に基づいている。つまり、(c)のリズムが第四二小節で戻り、しかもそれが第七~一〇小節で最初に導入された際にそもそも行われていたのと同じ種類の模倣によっている。第四五〜四八小節では、この動機は冒頭の(a)のリズムに重ねられる。この短調部分の突然の入りは、短調部分が前に遮ったのとまさに同じ素材が第五二小節でこれもまた不意に再開されることによって、鏡をおいたような効果となっている。この種の突然の入りと逸脱は、ソナタ形式の原型的な「プロット」の一部ではない。むしろそれはこの楽章に特有のものであり、その形式の本質的な要素なのである。

第五二小節で疾走する八分音符の楽想が回帰するが、これによって思いがけず、楽想のある単位全体がそのまま変更なしで再現される。管弦楽法でさえ、第三一~三二小節と同じである。まるで、第三六~五一小節の全く対照的な短調部分の挿入なぞなかったかのようだ。これもまた、これから起こる出来事の前兆である。第五六小節の「本当の」続きがまさに短調の挿入句と同じ楽想へと――ただし今度は長調で――私たちを連れ戻すことに気づいたとたん、対比的要素の配置はいっそう目覚ましいものとなる。こうして提示部は、すでに聴かれるのが三度目となる楽想(d)で終わる。これはそのつど非常に異なる機能をはたしてきた。まず冒頭楽想の続きでいわば大規模な後続部として(第一三小節)、次に短調による対比として(第三六小節)、そして結尾主題として(第五七小節)である。

展開部の冒頭は典型的なやり方でソナタ形式のプロット原型に従っている。実際、楽章内のこの時点で期待される種類の諸技法を、縮約的に、ほとんど誇張せんばかりに示していると言えるくらいにである。冒頭主題は断片化されるばかりではなく、ストレット風の模倣楽句となる。当時の語法の範囲内では、和声的にほとんどこれ以上ないくらいに不安定で、いくつかの調にふれながら、どの調にも落ち着くことはない。しかし音楽は予告もなしに、第六八小節で六度調の属和音(V/vi)で停止する。テクスチュアは薄くなって二ヴァイオリンの単独線だけが残り、

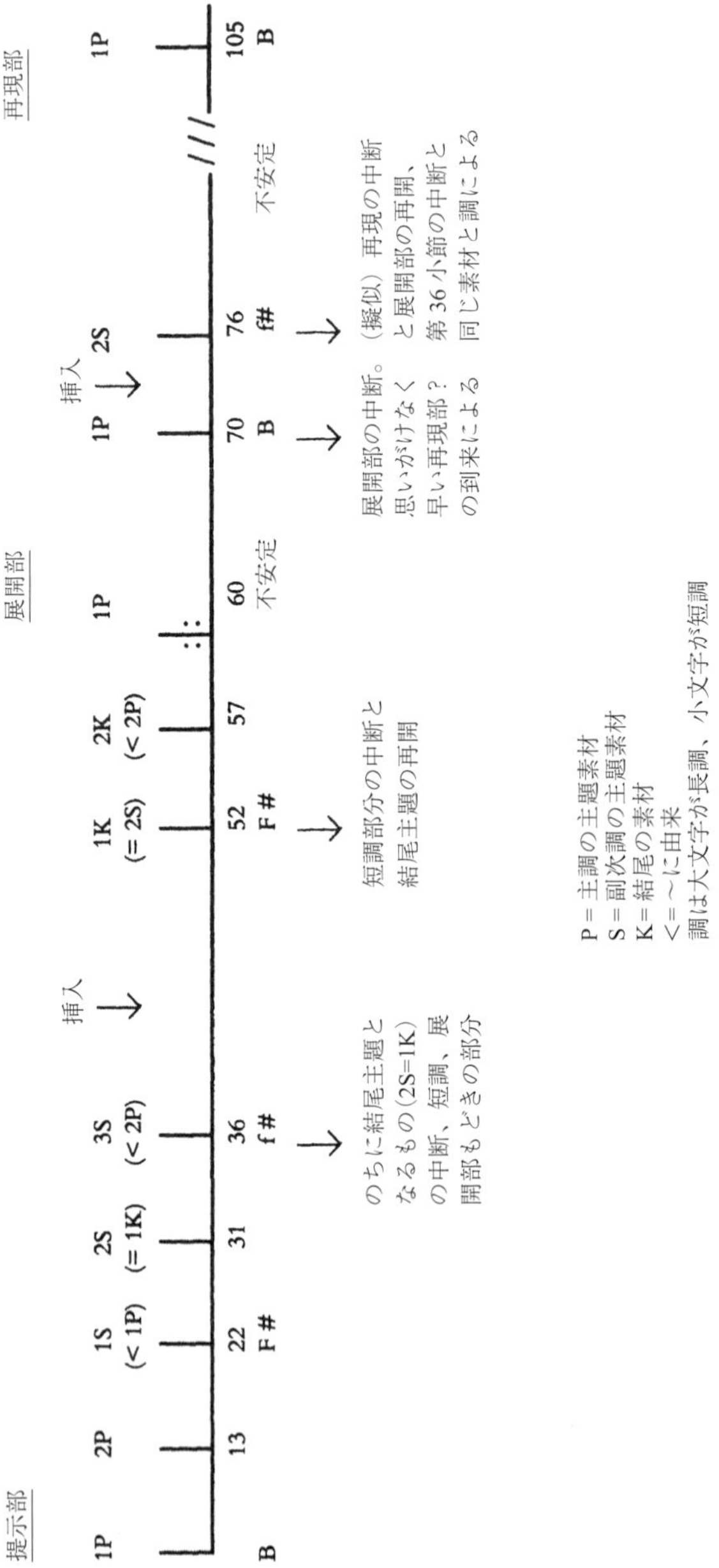

図5.1　ハイドン、交響曲第46番：第1楽章における中断と挿入の戦略

第七〇小節で突然、再現部のように聞こえるものが始まる。まさに提示部が早すぎる結尾に突き進むと思われたように（第三五小節）、今度は展開部はいっそう要約的なやり方で終わろうとしているように見える。しかし、第七四小節における短調への転換と不安定化に向かう展開部的な技法の再開は、第七〇小節で確立されたかに見える再帰の感覚を根こそぎにする（譜例5.1［二九九〜二九六ページ］を参照）(26)。この時点までに、中断がこの楽章の基本的戦略の一つであることが明らかとなる（図5.1を参照）。第七〇〜七四小節は挿入であり、それ自体が中断される中断である。予期せざる短調へのいきなりの転換は、事実上、前に第三六小節で聴かれた手順の再度の表明である。私たちの期待に対する反証は、今や単に局所的な仕掛け以上のものとなった。それはこの楽章における労作というまさにその考えにとって基本的な要素なのである(27)。

いくぶん逆説的なことに、この楽章の残りの部分は、これに匹敵する構造上の驚きの要素をもってはいない。これ以上不安定化の手法を使うと、聴き手の期待が立脚しているところの土台そのものを崩してしまうことになった

---

(26) このパッセージが「擬似再現 false recapitulation」であるかどうかは、この問題をはらんだ言葉をどう定義するかによる。いずれにしてもこのパッセージは、コッホが記述したような、展開部冒頭で主要主題が通り一遍に属調で再提示されたのち一時的に主調に戻る、というのとは違う（Koch, *Versuch*, II, p. 224 and III, pp. 115, 396-397）。少なくともハイドンの作品では、このようなパッセージはほぼ例外なく紋切り型の特徴をもっている。すなわち、まず属調で四小節があり、続いて音階の五度音から一度音に下行する低音線によって主調へ回帰する移行部が来た後、主調で主題がこれも四小節で一度だけ再提示され、最後にI^7—IVあるいはI^7—iiの進行で主調が放棄される（Bonds, "Haydn's False Recapitulations," pp. 303-310を参照）。交響曲第四六番第一楽章における展開部の始まりは、少しも紋切り型ではない。冒頭主題と主調への回帰が再現部として聴かれるにはあまりに早すぎるという事実は、この第一楽章を通じて見られる挿入という戦略と軌を一にしている。

(27) この交響曲の姉妹作品、交響曲第四五番嬰ヘ短調（《告別》）には、この仕掛けとよく似たものがある。この曲もまた一七七二年に作曲され、やはり非常にまれな（そして近親の）調によっている［十八世紀の交響曲ではロ長調は五曲、嬰ヘ短調にいたっては事実上ハイドンのこの曲しか知られていない］。その第一楽章展開部の第一〇八小節でいきなり登場する新しく一見対比的なニ長調の主題は、やはり突然に第一四〇小節で消えてなくなる。これはフィナーレの奇妙な出来事［楽員が少しずつ退場し最後は二人だけになること、メヌエットと同じ嬰ヘ長調！で終わること］を予期させるものである。ジェイムズ・ウェブスターは《告別》交響曲に関する近刊書で、第四五番と第四六番（特に最後の二楽章）の双方を論じている。Webster, *Haydn's "Farewell" Symphony*, 1991.

だろう。さらに言えば、すでに提示された構造上の驚きの要素はある種の緊張感を生み出し、それが多かれ少なかれ慣習的な続きの出来事に引き継がれているのである。そう言えば、《驚愕》交響曲（第九四番）の緩徐楽章における関心の少なくとも一部は、早々に聴かれたティンパニの一撃が後のどこかの時点で再登場するかもしれないという、私たちの予測にある。それは結果として実現されないのではあるけれども。

このハイドンの交響曲第四六番の第一楽章がソナタ形式であると言うことは、ほとんど何も言っていないに等しい。この楽章は‖:I－V:‖:X－I:‖という構造上の和声的輪郭を、他の非常に多くの楽章と共有している。しかし、十八世紀の理論家の観点からすると、その形式はその主要楽節が労作される方法である。この例においては、労作はソナタ形式の大規模な和声的輪郭を取り込んでいるが、それを超えて、主題操作の技法と楽想の「美的配置」（フォルケルの言葉）を含むまでになっている。ことによると、この楽章で最も重要な（そしてふつうではない）労作上の戦略は、中断のプロセスと、それに伴って、前に別の文脈で聴かれた楽想の挿入であろう。ほかならぬ中断の効果は、聴き手が慣習を知っていることに依存しており、それにはソナタ形式の慣習も含まれる。もし形式が主題的労作のプロセスと同一視されるなら、楽章の「外的」形式とこの楽章独特の「内的」形式とを区別する必要も理由もなくなる。聴き手がソナタ形式の慣習に精通していることは、この楽章のもっと非慣習的な側面とも容易に調停され得るし、実際その非慣習的な側面を理解するためには不可欠でもある。

中断と前に別の文脈で聴かれた素材の挿入という戦略は、この作品のフィナーレでさらにいっそう明らかとなる。この最終楽章の冒頭は、第一楽章にとってごく基本的だった嬰ヘ―嬰イ―ロの同じ音形に基づいており（譜例5.6参照）、この楽想が二回目に言い直されるときの二番目の後続句（第七～八小節）は、♩𝅗𝅥♫というシンコペーションのリズム［第一楽章の（b）や（d）を参照］を再び使っている。提示部、展開部、再現部は、突然の予期せざる沈黙［オーケストラの全休止］によってたびたび中断される（第二九、七〇～七一、七七～七八、一五二小節）。前の楽

譜例 5.6　ハイドン、交響曲第 46 番、第 3 楽章、第 15 ～ 20 小節；第 1 楽章、第 1 ～ 4 小節；第 4 楽章、第 1 ～ 4 小節

想の挿入は、再現部が多かれ少なかれそれ自身の経過をたどってからようやく始まるが、それだけにいったん行われるとなると、その効果はいっそう力強い。第一五三小節で突然メヌエットの拍子とテンポが戻り、メヌエット楽章の第一五～二六小節「メヌエット主部の後半の途中から最後まで」がほとんどそのまま再現される。続いて改めてメヌエット主部の後半全体がそっくりくり返される。さらにもう一度の休止（第一八七小節）の後、フィナーレの本来の主題と拍子が戻って、楽章は終わる。ただし、さらに一連の沈黙による中断（第一九五～一九六、一九八～二〇〇小節）を経た上でである。

　しかしなぜ、フィナーレにおけるメヌエットの挿入がメヌエットの途中からの主題であって、冒頭の楽想からではないのだろうか。メヌエットの第一五～二〇小節は楽章冒頭の楽想の逆行形に近いものである。そしてこの見かけにおいてこそ、この楽想はフィナーレ冒頭とばかりではなく、第一楽章の冒頭とも非常に類似してくるのである。

　これらの類似性を最初に指摘したのはチャールズ・ローゼンだが、彼はフィナーレにおけるこの挿入の「主題的ロジック」を「孤立」した例と呼んでいる。しかし、それが「孤立」しているのは、作品の主題的素材だけを孤立化して考える限りにおいてである。もっと広く、中断と挿入の戦略と絡めて見るならば、フィナーレにおけるメヌエットの回帰（とその突然の棄却）は、単に類似の主題を再生利用《リサイクル》することを超えた、楽章間の一貫性を生み出そうとする試みの頂点を示している。この技法は、とりわけ交響曲や協奏曲のジャンルにおいて、さらにソナタや弦楽四重奏曲において、多くの十九世紀音楽の基本的な要素となるのである。

楽章間の循環的な統合が明らかであるという点で、交響曲第四六番――ベートーヴェンの第五交響曲の三十年以上も前の作品――は当時としてはたしかにまれな例である。けれども、労作の特定の原理を一つの楽章の中ばかりではなく、多楽章のあいだで適用しようという試みは、けっして孤立した現象ではない(28)。特にこの交響曲の全体を通じて、胚芽的な楽想がさまざまな方法で労作されており、この楽想の労作のために用いられた慣習的なプロセスと非慣習的なプロセスは、どちらもそれ自体、作品の一貫性における基本要素となっているのである。

この交響曲の「意味」は必然的に聴き手によって違ってくる。そして、ここで提示された、つまるところ形式主義的な分析は、分析のほんの一例を示唆しているにすぎず、けっして他の分析を排除するものではない。例えば、特にこの作品には音楽外的な連想の契機があると主張することもできよう。同時に、この音楽的弁論の「論理」を、音楽外的な観念や情緒との関連だけから判断する必要はないし、楽想の原型的な進行からの逸脱という観点からのみ判定する必要もないのである。ハイドンの作品は、十八〜初期十九世紀の理論家たちが修辞学を音楽形式のメタファーとして使ったときに想定していたような特質を、まさに発揮してみせているのである。

(28)　特にウェブスターの前掲書を参照。同書は、交響曲第四六番を含め、ハイドンの多くの器楽作品における循環的な統合の問題を詳細に扱っている。

訳者による付論「本書の理解のために」

もしあなたが「この曲のここがいいね」と思ったら、それはすでに形式の理解へ向けて第一歩を踏み出しているのである。もし誰かが「あの綺麗なメロディーがまたここでくり返されるね」と言ったら、それはすでに形式分析を行っているのである。音楽において、形式の問題は実はとても身近にある。何も難しいことを言わなくても、音楽を楽しみながら、人は形式を感得しているはずである。音楽形式を語ることは、音楽の死んだ図式ではなく、リアリティーをもった生きた充実相を語ることなのである。

形式感が演奏にとっていかに大事かを考えてみよう。演奏家が「曲の初めは抑えて、あの辺に山場をもっていって、最後は一気に」などと工夫をしているとすれば、これも立派な演奏上の形式設計である。名指揮者ヴィルヘルム・フルトヴェングラーは即興的な演奏様式で知られるが、単に出たとこ勝負で感興にまかせているのではない。実は綿密な形式分析に立脚した演奏設計に基づいているのである。例えばベートーヴェンの第九交響曲の多数ある録音を聴き比べてみれば、だいたいいつも同じところでテンポを速め、同じところで遅めているのがわかるはずである。即興的にふるまってよいところは思い切り自由に、厳密にやるべきところは厳格に。フルトヴェングラーはハインリヒ・シェンカーに学び、その理論を高く評価していたことで知られているが、彼の演奏の自在さは、シェンカーばりに曲全体を大きな枠組みで捉え、さまざまな構造層のあり方を手中にしているからこそなのである（シェンカーの理論は、エマーヌエル・バッハの演奏論と音楽に着想の一部を負っていることからも想像されるように、演奏の問題を重要視しており、演奏家に向けられたものでもあった）。

シェンカー理論の完成された姿では音楽のディテールはあまり問題にされなくなるが、演奏の実際においてはそれこそが喫緊の課題となる。筆者が音楽作品の演奏解釈にとってますます重要だと思うようになったことに、曲の全体を大きく捉えるのは当然として、細部に関してはフレーズ構造の正しい把握という観点がある。一つの主題あるいは旋律が、どのような楽節構造からなり立っているかということである。演奏上のスラー（作曲者はいい加減に付けていたり不統一であることが意外に多い）による区切りのことではなく、音楽のもっと奥深い構造が示しているまとまりのことである。これは楽式論で最初に説明されることが多いが、それは単に形式論の基礎であるからばかりではなく、この小規模な構造の中にすでに形式原理のミクロコスモスが宿っているからである。ある四＋四小節の主題がa–a'なのか、それともa–bなのか、八（四＋四）＋八（四＋四）がa–a' a–a'なのかa–a' b–aなのか、奇数の三や五が混じったり、あるいはもっと不規則な構造になっているのはなぜなのか。こうした細部が理解されているのといないのとでは、演奏は全く違ってくる。

筆者の勤務先の元同僚で指揮者の湯浅卓雄氏は、ウィーン音楽演劇アカデミー（いわゆるウィーン音楽院）で名教師ハンス・スヴァロフスキー教授（一八九九〜一九七五）の最後の弟子のお一人だが、スヴァロフスキーの授業について話して下さったことがある。棒の振り方なんぞを教わったことはなく、ひたすら彼が規範と考える独墺の古典的作品の分析だった、というのである。それも、もっぱらフレーズ構造の分析。そう言えば、クラウディオ・アッバードをはじめ、スヴァロフスキーの弟子たちはフレーズ感がしっかりしている人が多い。アッバードはとりわけ小節数を数えるのが得意だったそうである。どの音楽でも発揮される彼の優等生的な様式感、とりわけロッシーニやヴェルディの旋律の歌い方は、先輩のカルロ・マリーア・ジュリーニと同様、洗練されたイタリア人のカンタービレ感覚ということもあるのだろうが、案外こうした教育にも根っ子があるのかもしれない。

そこで思い出されるのが、同じウィーンの音楽学者エルヴィン・ラッツの形式論である。ラッツの『楽式論入門』（Ratz 1951）は、ベートーヴェンのピアノ・ソナタの源流をバッハのインヴェンツィオーンやフーガ労作に見る独特な切り口のもので、その最初の部分はひたすらベートーヴェンのソナタの主題法の分析と分類である。ラッツはシェーンベルクとヴェーベルンに学んだ。そして同書の初版はシェーンベルクの没年の一九五一年に、恩師を偲んで刊行されたものである。実はスヴァロフスキーも、音楽理論をこの新ウィーン楽派の二人に学んでいる。こうして見ると、このような楽節構造の分析にこだわる姿勢は、シェーンベルク以来のウィーン楽派の伝統であったのかもしれない（そもそもはドイツのフーゴ・リーマンが近代的な体系を確立していたのではあるけれども）。

ちなみに、イタリア・オペラのフレーズは基本的に古典派以来の偶数構造である。「音楽的散文」を志向したヴァーグナーが、「方形法 Quadratur」（四角四面とも訳される）という言葉で揶揄した伝統的な旋律法でもある（すでに十九世紀前半のアントワーヌ・レイシャは「四角四面のリズム rythme carrée」と言い、世紀末のリーマンは「四小節フレーズの普遍性 Vierhebigkeit」ということを主張しているが、否定的な意味ではない）。古典派音楽で規範化されたこの旋律法には、もちろん例外も多数存在する。特にハイドンやモーツァルト、やがてはベートーヴェンも、しばしばそこから逸脱している。しかし、それは規範があってこその逸脱であり、作曲家は意識的に、意外性の効果を得るためにそうしているのである。ハイドンの数々のユーモアあふれる表現はその好例である。音楽の読者は、演奏家も聴き手も、そうした仕掛けを理論的に知っているにこしたことはない。

特に指揮者はいつも数を数えている。ドイツ啓蒙主義哲学の祖ゴットフリート・ヴィルヘルム・フォン・ライプニッツは、音楽を「自分で数えていることを知らない精神の無意識的な算術の練習」と形容した。ここで言う算術は音程比のような古代以来の音楽と数の不可分の関係を念頭においたものなので、意味は違うのだが、音楽家は小節数を少なくとも無意識のうちに数えている。理論家は言葉で原理を説明するが、すぐれた音楽家は感覚的に数える技を体得している。日本の聴衆とオーケストラにフレーズ構造の重要性を気づかせてくれたのは、筆者の世代ではフランツ・コンヴィチュニー（ただし放送ではあるが）やヨーゼフ・カイルベルト、オトマル・スウィトナーといった独墺系の、ポスト新即物主義世代の指揮者たちだった。セルジュ・チェリビダッケの晩年に至るより前の演奏は、まるで楽譜を視覚化するがごとき精密さをもっていて、例えば旋律の男性終止（強拍での終止）と女性終止（弱拍での終止）をくっきりと描き分け、フレーズ構造の理論を聴かされているようだった。分析臭のする演奏は興ざめとなるのがふつうだが、ここまで徹底されると言わば立派な音楽的実験である。ピアニストでは、シューベルトのあの旋律を自然に歌うことができるのを教えてくれたのは、マウリツィオ・ポッリーニやラドゥ・ルプといった人たちだった。シューベルトの旋律をただ思い入れたっぷりに弾いても、むやみにテンポを変えたりしても、野暮ったくなるだけである。楽節構造（一見古典派の規則的な偶数でも実はきわめて複雑な構成であることが多い）とその判別に必然的に伴う和声構造（管弦楽の場合はオーケストレーションも）を理解していれば、どこに区切れが、強勢が、反復が、発展が、頂点があり、全体をどのような呼吸のカーヴでどのようにアーティキュレートすればよいかは、自ずと決まってくるものである。リズムやフレーズのこうした階層構造は、ドイツ語では近年ハイパーメトリク Metrik［本来は韻律法の意味］とか大規模リズム Rhythmus im Großen［A・ローレンツ］、英語ではメータ hypermetre［ラーダール＆ジャッケンドフら］などとも呼ばれている。

このように、マクロな枠組みから小規模な構成単位まで、形式的要素は遍在している。こうした形式感覚は演奏の現場ではいつ頃から意識されるようになったのだろうか。というのも、古いSP時代の録音を聴いていると、アウフタクトの深い呼吸や、フレーズの分節・構造にまだ無頓着な演奏がかなり多かったことに気づくからである。ということは、かなり近年のことなのだろうか。フレーズ構造の理論は、本書でくり返し指摘されているように、十八世紀中葉からの長い歴史をもっており、十九世紀のモミニ、レイシャ、マティス・リュシー、リーマンらによって近代的な体系化がなされてきた。ハンス・フォン・ビューローは構造的なルフトパウゼを強調したというから、すでに楽節性を意識していたのだろう。フェーリクス・フォン・ヴァインガルトナーは、その演奏でも著書でも、はっきりとフレーズ感覚を打ち出している。ハンス・クナッパーツブッシュは、若い頃の録音ではかなりぞんざいなこともあるが、第二次大戦後とりわけ最晩年の一九六〇年代の演奏は、基本的に遅いテンポと、聴き手を驚かせるような意外性にあふれたものだった。しかし、一見自由闊達で即興的であっても、細部も全体も知り尽くした、きわめて形式理解の深いものに聞こえる（細部はオーケストラ任せであるが、楽員の方でも何をすればよいかをわきまえていたのがすごいところである)。もっとのちの世代だと、ヘルベルト・フォン・カラヤンは、若い頃からすでに模範的な構造把握を示していた(スマートすぎるという批判もあったが)。現在のすぐれた演奏家はおおむね、こうした構造を踏まえて解釈しているように思える。これは音楽教育の場で楽式論的な意識がより徹底されてきたためだろうか。この問題は、演奏史研究の一つの着眼点となり得るだろう。

音楽形式というと、まずはソナタ形式とかロンド形式といった教科書的な楽式論の概念が思い出されるかもしれない。たしかにそれも出発点としては大事である。楽式論は、最初は作曲の教授の一環として、後には分析のツールとしても、十九世紀に成文化が始まったものである。ただし、この傾向はハンスリックの形式主義とは必ずしも軌を一にしない。楽式論を確立した一人であるアードルフ・ベルンハルト・マルクスは音楽の表出性に重きを置いていたし、慣習的な構造の説明は教育上必要であるが、真の芸術創造の行為とは異なることを強調していた。やはり楽式論で影響力のあったヨーハン・クリスティアン・ローベも、音楽の感情表出の能力を認めないハンスリックを批判している。

楽式論はまずは教育的な目的があったため、慣習的な構造を分類・整理して、わかりやすく提示する必要があった。しかし、他方では音楽造形の「外的」な側面ばかりが強調され、音楽の「内的」な形成原理を理解するには役不足であるという批判が、常についてまわることにもなった。音楽のもっと内的な造形原理を追求する姿勢が高まったのは、二十世紀の二〇~三〇年代における独壇である。とりわけ、音楽のもつエネルギーや運動性の性質に着目したアウグスト・ハルム、シェンカー、エルンスト・クルト、ハンス・メルスマンといったいわゆる「エネルギー主義者」(ルードルフ・シェフケの命名)が有名である。ヴァーグナーの楽劇における多層的な形式を扱ったアルフレート・ローレンツや、クルトの弟子で音楽の生成プロセスを論じようとしたクルト・ヴェストファールも同時期である。戦後に著作が出たヴィクトール・ツッカーカンドルやルードルフ・レティも、ここに含めてよいだろう。ツッカーカンドルはあまり国際的には話題にならないが、日米では比較的よく読まれており、その「力動的質」の概念はエネルギー主義と同根である。レティは明らかにシェーンベルクからの影響を窺わせるが、音列的な「原細胞」の発展的変奏による「主題プロセス」として、音楽の有機的形式を説明している。

この時期になぜ形式論が盛んになったかについては複合的な理由が考えられる。ドイツ・オーストリア音楽を中心に構築されてきた音楽史像とハンスリックの形式論のパラダイムを背景に、ドイツの「偉大なる」音楽作品に潜む秘密を有機的な統一性に求め、それをいかに説明するかという問題意識の高まり、新古典主義的な創作美学（ある意味でハンスリック主義の作曲面での遅れてきた現れ）の展開、他の諸学問分野に匹敵する科学性と客観性を求めるようになった音楽学の要請、現象学やゲシュタルト心理学からの影響などである。ドイツ語圏におけるナショナリズムの高まりも当然あるが、例えばワグネリアンのローレンツのようにナチズムのシンパであった人物もいれば（シェンカーもユダヤ系なのにナチに共感していたというが、早くも一九三五年には没している）、ハンスリックと同様ユダヤ系であっても独墺音楽とその形式の至上性を認めてきた人々も少なくなかった。

これらの形式論は音楽作品の統一性をどう論じるかということと、結局のところ音楽のプロセス性を問題にしている。「多様における統一」という十八世紀以来の支配的な美学に対しては、これは近代という特定の時代の幻想にすぎないという否定的な見方が今日ではむしろ自明視されつつあるが、プロセス性についてはいまだに主要な論点であり続けている。多くの形式論が、音楽の形ではなく形成、建築的な静態ではなく生成的な動態をいかに捉え、いかに説明するかにこだわってきた。十九世紀の言語学者ヴィルヘルム・フォン・フンボルトの言葉を借りれば、エルゴン（作品、作られたもの）ではなく、エネルゲイア（作用、働き）をこそ論じようとしてきたのである。その意味では、今日の形式理論もまだ同じ課題に取り組んでいると言えよう。近年の注目すべき研究としては、ジャネット・シュマルフェルドによる『生成のプロセスの中で：初期十九世紀音楽における形式の分析的・哲学的展望』（Schmalfeldt 2011）がある。

こうした形式理論と並行して忘れてならないのは、分析の方法論と様式研究の発展を通して過去の音楽作品の形式に関する有意な知見が膨大に蓄積され、実際の作品から音楽形式を論じる視野が格段に広がったこと、過去の理論書や言説から同時代人の形式理解を捉えるようになったことである。いずれもヒストリカリー・インフォームドな形式論を促した。前者は音楽史学における様式研究の伝統に属する。後者は音楽理論史的研究に含まれるが、ソナタ形式については一九四〇年代のアメリカのレナード・ラトナーに始まり、本書でも主軸となっている方法論である。

　第二次大戦後では、以上の傾向の延長に加えて、北米におけるシェンカー理論の応用と発展が目立つが、その流れから派生した数学的モデルを適用する傾向は、現在に至るまでさまざまに分岐しながら、音楽理論における一大勢力となっている。中でも集合論を適用して無調音楽の構造を捉えようとするアレン・フォートの理論は、すでにこの分野の古典である。その他、言語学（フレッド・ラーダールとレイ・ジャッケンドフ）や記号論（ジャン＝ジャック・ナティエ、コフィ・アガウ、エーロ・タラスティ）の応用、心理学的観点の導入（レナード・B・マイヤー、ユージーン・ナームア）、ジェンダー論や文化論を採り入れた作品批評を促進するいわゆるニュー・ミュージコロジー（スーザン・マクレアリやローレンス・クレイマー）、それと関連する新《ネオ》解釈学とも言うべき諸傾向、ひいては物語論やプロット論、トピック論、トロープス論、ジェスチャー論、さらにテクスト論や間テクスト性、宛名性 addressivity（バフチン）といった文学理論の援用など、必ずしも音楽形式の問題を正面から扱っているとは限らないが、広い意味での形式論を展開している。

　新しい傾向として重要なのは、認知科学や一九七〇年代以降の音楽受容論の発展とともに、従来のように作曲家の意図や作品の内在的な論理にばかり目を向けるのではなく、聴き手の側の受けとめ方にも同等の（ときにはそれ以上の）注意が向けられるようになったことと、音楽外的な意味を認めないハンスリック主義から脱し、音楽の意味論を発展させることによって、厳密な構造分析と解釈学とを両立させようという流れである。現代の音楽解釈学は、第二次大戦前のアルノルト・シェーリングに代表される素朴な標題音楽的解釈に対する反省から、ハンス・ゲオルク・ガダマーらの解釈学の影響のもと、そもそも音楽解釈とはなにかという原理的な問いかけをしながら、実証的、分析的、歴史的、その他有効と思われるありとあらゆる方法を駆使しながら、音楽の意味を問うものである。音楽史研究の側からは、ジェイムズ・ウェブスターのように、一つの方法論に拘泥するのではなく、作品が要求するところに応じた多元的な分析を主張している例もある。

こうした時代にあって、私たちは音楽形式をどのように考えたらよいのだろうか。

これまで述べてきたような形式論は、教科書的な「楽式論」とは区別して、「音楽形式の理論」と呼ばれることが多い。ただし、和声学や対位法と違って、純粋に音楽技法的な問題というよりも、音楽の様式史的な問題や、美的価値判断、音楽観が関わり、美学や哲学、近年では文学理論など他の学問と交差する部分が多い領域であるため、どちらかというと作曲家よりも音楽学者が取り組んできた分野である。さらに、形式は楽節などの旋律的要素ばかりではなく、音楽のあらゆる要素が複雑に絡み合って成立するものである。したがって、形式分析はマニュアル化が非常に難しく、分析者一人一人の洞察力や経験に多くを依存している点で、解釈行為そのもの、新しい意味の発見であると言うことができる。

「フォルム」およびその訳語である「形式」という言葉は実はかなりやっかいである。フォルムは「かたち」であると同時にその関係性である。時間芸術であるはずの音楽で形を問題にすること自体、すでに一種の比喩である。そもそも音楽を表記する楽譜というものが空間表象的である。ある曲の形式を説明するときにチャート式に図示することがあるが（筆者もしばしば楽曲解説でやっている）、これは説明をとてもわかりやすくし、曲の全体像と全体と個の関係を捉えやすくする反面、音楽的時間の本来的に非建築的な性質を歪めてしまう危険もはらんでいる。それでもこうした空間的表象は私たちの形式理解で不可欠のものとなっていて、それは不確定性の音楽や、創作美学として刹那的な聴取を要求するような音楽でも、結局は同様である。

「形式」も誤解を招きやすい言葉である。単なる形と混同されやすく、一定の定型的なパターンのこととされがちだからである。もちろんそうした意味も形式には含まれるが、近年の音楽形式論でいっそう重要なのは関係性、形成の方である。だから、本当はフォルムとか形式とかよりも、コンステレイション（布置）やコンフィギュレイション（構成配置）という語を使う方がよいのかもしれない。ただ、con（共に）―figuration（形をなすこと）は音楽形式の性質をよく表してはいるが、いかんせん日本語にしにくい言葉である。

私たちの時代では、音楽における形式とは音を通した意味連関の網の目の総体である、と言うことができよう。重要なのは、ここで言う意味とは、純粋に音楽的な（ハンスリックの言う特殊音楽的な）、つまり和声や対位法、音楽的文法、その他楽譜から読み取れる技法的な意味ばかりではなく、聴き手や分析者が音や音の関係性に見いだす音楽外的意味も含むということである。

形式は形の表象であるばかりではなく、関係性でもある。音が二つ（どちらかが休符、すなわち意図された沈黙であっても構わない）あればすでに形式は成立する。主音と属音の関係は純音楽的な意味をもっている。もっと大きな単位となると、例えば前楽節と後楽節のあいだに先行―後続という意味が生ずる。さらに大きな相互関係となってゆくと、純音楽的な意味だけでも無限に広がってゆく。力動性など、音楽の自律的な論理に添った意味も含めてである。従来の音楽形式論は原則として、こうした側面を考察の対象としてきた。

しかし同時に、音と音楽には音だけの関係性を超えた意味が込められている（あるいはそうしたものが見いだされる）。バロックの修辞学的音楽論ですでにそうだったように、音や音楽はさまざまなものを象徴している。それらは文化圏や時代ごとに、ある共同体で共有される。《ラ・マルセイエーズ》やアジアにおける《君が代》が、ポジティヴにもネガティヴにも、ぬぐい去りがたい意味を背負っているように、音楽には歴史的・文化的な意味の沈殿がある。曲中によく引用される《ラ・マルセイエーズ》は、もちろんフランスという国を表象し、ある時は革命、ひいては自由・平等・博愛の、しかしある時は侵略の象徴でもあった。こうした政治的・社会的な含意を含む歌や一般的な声楽曲ばかりではなく、音楽解釈学的な視点から純粋器楽でもさまざまな意味や連想が求められてきたことは、本書で概観されているとおりである。近年では、例えばトピック論という方法で音楽の意味論semanticが展開されている（ラトナーRatner 1980に始まり、記号論を援用したアガウ、ワイ・アランブルック、最近ではロバート・ハッテン、レイモンド・モネレなど。本書序論の注13訳注を参照）。音楽の形式や構造を論じるとなると、すぐさま「形式主義」のレッテルを貼られることがあるが、十八世紀の音楽観における修辞学的背景を扱った本書は、音楽の歴史的、社会的、文化的存在としての側面を無視する傾向のあるハンスリック的な形式主義と、ある意味で対極に位置することは明らかである。そもそもバロックの情緒論や音楽修辞学の音楽史的研究は、ハンスリックの論敵アウグスト・ヴィルヘルム・アンブロースやヘルマン・クレッチュマー、その弟子のシェーリングの系譜で始まったものであり、音楽解釈学の発展と並行していたのである。

網の目のように関連しあう意味は固定的なものではない。カール・ダールハウスはヴァーグナーの楽劇において示導動機が作り出す形式について、次のように表現している。「ローレンツ的な音楽のいわば『建築物』というイメージでは、ヴァーグナーの『織物』としての形式思考とは相いれない。楽劇における音楽形式とは、ほとんど限りなく分枝してゆく示導動機の変奏と対比の組織的な連関システムである。それはベートーヴェンのような未来志向の目的論的な展開ではなく、たえず増大する過去をかかえ、ドラマの筋と連合しながら、『可塑的』な原動機と関連の糸を結び直してゆく、という事態なのである」（ダールハウス二〇〇三）。「ドラマの筋」を音楽と音楽外的なものが結びついた意味やアソシエーションと言い直し、示導動機と原動機を主要楽想と言い換えれば、言葉と明示的な筋をもたない純粋器楽でも、ほぼ同じことが言えるだろう。違うのは、ここでの意味連関は具象的とは限らずたいていは漠然としており、また固定的でもない、そのつど成立することを無限に続けるものだということである。

音楽の聴き方に「正しい」方法があるわけではないのと同様、音楽形式の捉え方には一つの正解があるわけではない。聴き手（分析者）の属する時代や社会、文化、世代、政治的立場によって違ってくるだろう。同じ曲、同じ聴き手でも、知識や音楽聴取の経験の蓄積によって、あるいはどのようなコンテクストで聴くかによっても変化する。シリアスな音楽でもＢＧＭ的に聴くことはあるし、ウィンナ・ワルツのようにかつてはポピュラー音楽だったものが芸術音楽として真剣に聴かれることもある。極論すれば、音楽作品の形式は音楽を聴くたびごとに、あるいは頭の中ででも音楽を表象するごとに、そのつど成立をくり返すものである。もしそうなら、音楽形式を聴くことは、そのつど新しい音楽そのものを体験しあるいはイメージすることとほとんど同義である。

さらに、音楽形式の存立はジャンルや技法を問わないということも確認しておかなければならない。本書ではワルツのようなポプリ音楽を低く見なすシェーンベルクの言説が引用されているが（彼自身はシュトラウスのワルツを好んで編曲し演奏していたのではあるが）、メドレーや反復も立派な形式である。シューベルトの形式をベートーヴェンのそれよりも劣っているなどとは、今日だれも言わないだろう。近現代音楽では、テクスチュアの際限ない複雑化、ほとんど聴き取れないまでの抽象的構造化（後期ベートーヴェンからすでにその予兆があった）を良しとする傾向があったのは事実で、音楽分析でもそうした価値観がいやおうなしに尊重されてきた歴史がある（それに対する批判も必然的にくり返されてきた）。十二音技法を使っていることが、その作品の重要な価値であるかのような頓珍漢な議論がまかり通っていた時代もある。歴史的現象として、特定の時代の創作美学としてはそれもありであろう。しかし、そういう考え方にはどこか勘違いが含まれているように思えてならない。セリー主義の音楽のように、作曲者の意図したものや構造が感覚的に把握できないことが問題なのではない。もともと形式は作曲者の意図とは別の次元にあって、かなりの部分（すべてとは言わないまでも）が解釈者の側の特権に属する。音楽の充実度や音楽的感興の豊かさと構造的複雑さとは必ずしも一致しない。形式的充実は音符の操作の密度に比例するのではない。一定の様式の中での音やフレーズや部分の相互の関係性の豊かさ、そしてそこからくみ取れる意味の豊かさこそが、形式にとって重要である。

同様にポピュラー音楽や西洋以外のあらゆる民族の音楽でも形式は存在する。本書で主に扱われている西洋古典派の音楽のように、形式的要素の把握が第一義的となる音楽ばかりではないだろうが、どの音楽でも楽式論は書けるはずである。くり返すが、構成の複雑さや単純さが形式の価値を決定するのではない。楽譜や定型パターンの存在が不可欠というわけでもない。たとえ口頭伝承でも即興でも、形式は成立するのである。

本書でも避けられている問題に、声楽の形式がある。声楽曲では事が一気に複雑になる。よく誤解されていることだが、歌詞の形式、韻律構造、意味と、音楽の諸要素の構造を、それぞれ別個に分析し、両者を合成すれば済むという単純な話しではない。使われている詩の出来不出来が歌曲としての美的価値に直結するわけでもない。詩は音楽と融合することでまったく別次元の存在となる。つまり、あくまでも歌曲としての分析が行われなければならないのであって、詩の形式と音楽の形式ではなく、歌曲としての形式が問われなければならないのである。個々の分析例には優れたものもあるが、器楽のようにある程度方法が確立されているわけではなく、分析のマニュアルのようなものはいまだに存在しない。オペラとなると、さらにドラマ的要素、舞台上演のための諸要素（演出、美術など）、オーケストラの用法など、考察すべき対象がふくれ上がるので、これも一定の方法はないのである。

最後に、音楽形式論および分析に演奏や演奏分析、演奏史の観点をいかに取り込むかということが、今後の課題の一つとしてあげられよう。演奏家が音楽学的な分析を行い、それを演奏実践に生かしているケースは増えつつあるが（チャールズ・ローゼンもピアニストだった）、問題はもっと根本的なところにある。パフォーマティヴィティは音楽の本質的な在り方の一つであるはずであり、音楽作品は演奏される場でこそ成立するという見方からすれば（そうでない音楽の存在論もあり得るが）、形式とパフォーマンスも本来的に不可分である。ニュー・クリティシズムの「意図の誤謬」や、ロラン・バルトの「テクストの快楽」とか「作者の死」が言われる前から、音楽作品は実は作曲者だけのものではなく、無数の楽譜テクスト、研究、読解、演奏、言説、イメージ、誤解などを通して蓄積された何かの総体であってきた。そのことを、かつての音楽学者はけっして公言しなかったが、彼らを含め音楽人は音楽でこそ、そうした事態にひそかに気づいていたはずである。現実に、私たちが音楽作品を分析したり鑑賞したりするとき、その背景には分析者や聴き手によるそれまでのいろいろな演奏の聴取体験と知識や思考の蓄積があるからこそ、一人一人が違う答えを出すことになる。ということは、ある意味ですでに演奏の契機が知らず知らずのうちに形式分析に忍び込んでいたわけである。それを自覚的にどのように方法化するかが問われよう。

形式観や形式論も、たとえどれだけ優れた著作があっても、音楽する一人一人が自ら内面化してゆかなければならないし、時代とともに変わってゆかざるを得ない。したがって音楽形式論は、そのときどきの美学や期待の地平に即して、いつまでも書かれ続けることになるだろう。

音楽の聴き方は自由である。本書で当然のごとく論じられているようなことを知っていなければ、古典派の音楽を理解できないというわけではない。ただ、読者に注目してほしいのは、遅くともすでに十八世紀から、こんなにもさまざまな分野の人たちが、音楽の形式をめぐって、こんなにも熟考をめぐらし、議論を戦わせてきた歴史があるということである。音楽について考える、音楽を通して世界を考察する、思想や哲学として音楽に向き合う。古代以来、それも音楽のうちである。

訳者後書き

本書は、十九世紀に「ソナタ形式」と呼ばれるようになった西洋近代で最も重要な音楽形式について、十八〜十九世紀の理論や美学的記述を再読することによって、当時の基本的教養であった修辞学の観点から再考し、それが現代における古典派音楽の理解にどう寄与するかを問うたものである。

著者のマーク・エヴァン・ボンズ氏はアメリカ合衆国ノース・カロライナ大学チャペル・ヒル校の「ケアリー・C・ボッシマー Boshamer 卓越教授」である。同大学はアメリカ南部で最古の大学で、州立大学としては最も規模の大きい組織の一つだという。ボンズ氏は同州デューク大学で音楽とドイツ語を学んだ後、一九七七年にドイツのキール大学で音楽学の修士号を、一九八八年にハーヴァード大学で、ベートーヴェン研究で有名なルーイス・ロックウッド教授の下で音楽学の哲学博士号を取得。ボストン大学で教えた後、一九九二年よりノース・カロライナ大学教授。専門は一七五〇〜一九一〇年の西洋音楽史、それも音楽とりわけ器楽の性質に対する認識の変遷の問題である。

主要著作は、博士論文以外に現在まで四点、その他に多数の論文、大学生向けの教科書や教育的な啓蒙書がある。博士論文「ハイドンの擬似再現と十八世紀におけるソナタ形式の理解」(Bonds 1988。音楽学博士論文のオン・デマンド版 UMI で入手可能)のタイトルから推測されるように、ボンズ氏の研究者としてのスタートは古典派の作曲家の様式的研究だった。そこで古典派においてソナタ形式とは何だったのかという問題意識をはぐくみ、それが発展して本書に結実したわけである。その後、ハロルド・ブルームの「影響の不安」を援用してベートーヴェンの受容史・作用史を論じた『アフター・ベートーヴェン』(Bonds 1996)、ベートーヴェンの時代に純粋器楽、とくに交響曲の聴き方がいかに大きく変化し、哲学的な思考の媒体となったかを論じた『思想としての音楽』(Bonds

2006; 邦訳二〇一五）が上梓され、いずれも日本で多くの読者を獲得している。最近著『絶対音楽：ある理念の歴史』（Bonds 2014）は古代から現代までのこの理念の展開を詳細に論じたもので、ダールハウスの有名な『絶対音楽の理念』を西洋音楽思想史全体のもっと大きな脈絡から補完する内容となっている。現在は「自叙伝としての音楽」というタイトルで、十八世紀以降に創作者の自己表現としての音楽、すなわち言葉のない自伝としての音楽という考えが、いかに登場し変遷してきたかを考察しているとのことである。既刊の四著は、訳者が勤務先の大学院と学部のゼミナールで取りあげ、学生諸君と共に大きな刺激を受けたものである。ボンズ氏は二〇一七年三月に、国際音楽学会東京大会（会場は東京藝術大学）にパネリストの一人として参加されたので、その機会に訳者は面識を得ることができた。付記：さらに同年十二月に東京藝術大学楽理科の主催で「ベートーヴェン・シンポジウム」が開かれた際に、訳者の拙い司会のもとではあったが、ボンズ氏、指揮者のフランツ・ヴェルザー＝メスト氏、ボンズ二〇〇六年の著書を見事に邦訳された作曲家の近藤譲氏によって、ベートーヴェンとその音楽についてさまざまな観点から有意義な議論が展開された。

訳者は長年、音楽形式の原理的な問題を扱った文献を渉猟しながら、日本の音楽関係者に読んでもらうにふさわしい良い本はないか探してきた。いわゆる教科書的な楽式論はいくらでもあるが、付論で概観したような音楽形式の理論の全体像を正面から扱ったものは、意外と少ない。形式の問題は作曲家研究や音楽の様式論、作品論、楽曲解説等で必ず言及されるし、今はそうでもないが音楽美学の最重要な論点の一つでもあったので、関連する文献は無数にある。個々の論文では優れたものが多数あるが、論文なので特定のテーマに絞られている。歴史的に重要な形式論も枚挙にいとまがないが、個人の理論や美学説の提示がほとんどであるので、さまざまな見解や方法を客観的に見わたしたものではない。日本語で読めるものとなると、さらに少ない。フーゴ・ライヒテントリットやドナルド・フランシス・トーヴィーはもう古すぎる。チャールズ・ローゼンは音楽そのものに対する鋭い洞察力にあふれた名著だが、様式論が主であり、古典派当時の文献の検討については不充分である。そうした中で本書は、主に古典派のソナタ形式の問題に限定されてはいるものの、音楽形式とは何かを考えるうえでも有益な材料を提供している。

本書のテーマは訳者が学生時代に挑戦した問題とほぼ重なっており、基本的な一次史料は馴染みのものなので、その点では扱いやすかったが、定訳がない概念が多く、最後まで訳語に迷うことが多々あった。もっと適切な日本語を指摘いただければ幸いである。訳者の昔の研究は、せいぜい一九八〇年くらいまでの先行研究の成果をまとめ、若干の考察を加えた程度の稚拙な論考で、何か新しい見方を提示するようなものではなかった。一方、本書は音楽関係の文献にとどまらず、広く十八世紀の諸分野と修辞学の先行研究にも目を配った学際的な研究であるばかりではなく、以下の二点で従来のソナタ形式論を大きく見直すものとなっている。

第一に、修辞学的観点をかつてないほど強調したこと。従来マッテゾンはバロック以来の音楽修辞学の伝統の到達点と見なされ、それ以後の古典派時代における修辞学への言及は、その伝統の名残にすぎないと考えられてきた。しかし、大規模な音楽形式の理論に関する限り、マッテゾンはむしろ出発点であり、コッホやフォルケルらにとって、修辞学的形式論はいまだ生きた伝統であった。

第二に、ソナタ形式における主題の役割を再評価したこと。この問題で十八世紀の文献を初めて本格的に検証したのは一九四〇年代のレナード・ラトナーである。彼の結論は、当時の人々にとって形式は何よりもまず調配置や和声的な原理に基づいており、十九世紀以降の楽式論的な主題重視の考え方はまだなかった、というものである。ラトナー以降、少なくともソナタ形式論の歴史の研究者にとって、このテーゼは基本的な前提となっていた。しかし、修辞学的観点から当時の記述を再読してみると、弁論において主題とその展開が不可欠であるように、音楽形式でもやはり主題が最重要の要素であることが確認された。

これらの指摘は研究史の上では画期的なものである。修辞学的観点からの古典派形式研究は本書より前からあるが、どれもどちらかというとやや及び腰で、主題の復権を含めて、ここまで徹底した主張ではなかった。ところが、訳者が知る限り、本書への書評四点のうち（Buelow 1993、Whittall 1993、Korsyn 1994、Hoyt 1994）、これらの重要な指摘にふれたものはない。マッテゾンと音楽修辞学の専門家であるジョージ・ビューローは全体に好意的に評価していて、特に批判点をあげていない。その他の若い世代（当時）の評者たちはかなり攻撃的で、いくつもの疑問点をあげ反論しているが、本書の最大の貢献と思われる右の二点にはなぜか言及していない（欧米の研究誌における書評は容赦ない批判が当たり前で、ことに若い研究者は自説の開陳に熱心である）。訳者も本書の主張に全面的に賛同しているわけではない。細部ではいくらでも他の解釈の可能性を指摘できるところがある。全体に、論旨を明確にするために議論をかなり単純化する傾向があるのは否定できない。例えば、マッテゾン以前の音楽修辞学（ムジカ・ポエティカ）の伝統については一言で済まされている。たしかにソナタ形式のような大規模形式の理論という観点からすると直接には関わらないかもしれないが、弁論構造と音楽形式の関連づけはガルス・ドレスラー（一五六〇二）からすでに始まっているし、音楽の「分析」を定義し、初の本格的な作品分析を行ったヨーアヒム・ブルマイスター（一五九九、一六〇一、一六〇六）らのフィグール論などについては、最低限の概観があってもよかったはずである。また、十九世紀に修辞学的巧言令色への反感がいきなり高まったかのような印象を受ける記述があるが、すでに十八世紀でも、ダランベールが『百科全書』で修辞学批判をしていた例がある。修辞学という広大で歴史の長い領域が十八世紀にどのように生きていたのかについては、まだ検証が必要であろう。その分野の専門家の意見も聞きたいところである。他方で、音楽形式論において修辞学だけがこれほど大きな影響を及ぼしたわけでもないはずである。さらに、本書で試みられている分析は、それなりに洞察力のあるものだが、近年の気の利いた分析で行われていることと比べて方法の上で格別に独創的であるわけでもなく、あえて修辞学的観点からの分析と謳わなくとも済むものである。

それでも、本書は先の二点だけでも充分に存在意義があり、その主張に賛成するにしろ反対するにしろ、ソナタ形式をめぐる今後の議論の土台として、必読の文献と言えるだろう。本書以降で古典派ソナタ形式の問題については、ジェイムズ・ヘポコフスキとウォーレン・ダーシーによるすぐれた研究があるが（Hepokoski and Darcy 2006)、当時の言説と修辞学の観点からのこれほど詳細な検証はその後出ていない。音楽学の研究者ばかりではなく、演奏家や作曲家、音楽愛好家、さらには音楽に関心をもつ他分野の専門家にも、読んで考えてもらいたい本である。

本書はボンズ氏による最初の著書である。かなり前の一九九一年に刊行されたものだが、流行とはあまり関わりがないテーマなので、少しも古くはなっていない。出版時点では訳者は別の問題に関心をもっていたため、本書を一瞥しただけで、当時流行っていたプロット論や物語論の一つくらいにしか思わなかった。ようやく二〇一四年になって、勤務先の大学院のゼミナールで音楽形式の問題を再び取りあげたとき、学生諸君と本書を精読し始めて、すぐに翻訳にあたいする文献であると気づいた次第である。著者の文体そのものはとても読みやすく明快なので、短期間で仕上げられると思っていたが、翻訳作業に集中できるのは夏期しかなく、また引用原文を一次史料からいちいち確認したり、訳語の統一に悩んだりしたため、結局ずいぶん時間がかかってしまった。訳者としては、いずれ機会があれば独自の形式論をまとめたいという気持ちをもっているが、体調がおもわしくなく体力面での懸念があるのと、昨今の出版事情を鑑みるにいつ実現するかわからない。そこで、本訳書に付論として、本書の研究史における位置づけを理解していただくために、訳者が形式について日頃考えていることの一部を書かせていただいた。

最後になったが、このような地味な本の出版を快く引き受けて下さった音楽之友社の代表取締役社長堀内久美雄さん、誠実かつ的確に編集をして下さった上田友梨さん、そして訳者といっしょに本書と関連文献を読んで下さった東京藝術大学大学院音楽学のゼミ生諸君に、心から感謝申し上げたい。

土田英三郎

二〇一七年八月

文 献 表

略号

AfMw *Archiv für Musikwissenschaft*

AMZ *Allgemeine musikalische Zeitung* (Leipzig: Breitkopf und Härtel, 1798-1848*; rpt. Amsterdam: N. Israel-Frits A. M. Knuf, 1964); https://de.wikisource.org/wiki/Allgemeine_musikalische_Zeitung

BAMZ *Berliner Allgemeine musikalische Zeitung* (Berlin: Schlesinger, 1824-30*); https://de.wikisource.org/wiki/Berliner_allgemeine_musikalische_Zeitung

DVjs *Deutsche Vierteljahrsschrift für Literaturwissenschaft und Geistesgeschichte*

JAMS *Journal of the American Musicological Society*

JMT *Journal of Music Theory*

MQ *Musical Quarterly*

New Grove *The New Grove Dictionary of Music and Musicians*, 20 vols., ed. Stanley Sadie (London: Macmillan, 1980);『ニューグローヴ世界音楽大事典』、23 巻、講談社、1993-1995；2nd ed., 29 vols., eds. Stanley Sadie and John Tyrrell (London: Macmillan, 2001); *Grove Music Online* (London: Oxford University Press, 2007-*).

* 歴史的文献のうち、IMSLP や Gallica、各国主要図書館をはじめインターネットで閲覧、あるいはダウンロードすることができるもの（2017 年現在）。
現代の雑誌掲載の欧語論文も、かなりのものは J-STORE に加盟すれば閲覧、ダウンロードすることができる。

rpt. reprint 復刻版

Ph.D. diss. 博士論文（哲学）

邦語文献：『　』内は書名、定期刊行物名、「　」内は論文名。
一次史（資）料（歴史的文献）と二次資料（現代の研究文献）とのあいだに明確な境界線は引きにくいので、この文献表では区別していない。

Abraham, Lars Ulrich, and Carl Dahlhaus, *Melodielehre* (Cologne: Hans Gerig, 1972); カール・ダールハウス、ラルス・ウルリヒ・アーブラハム『メロディーの理論と実際』、杉橋陽一、滝井敬子訳、シンフォニア、1985。

Abrams, Meyer Howard, *The Mirror and the Lamp: Romantic Theory and the Critical Tradition* (New York: Oxford University Press, 1953); M. H. エイブラムズ『鏡とランプ：ロマン主義理論と批評の伝統』、水之

江有一訳、研究社出版、1976。

Académie française, ed., *Dictionnaire de l'Académie française*, 5th ed., 2 vols. (Paris: J. J. Smits, 1798-1799*).

Adelung, Johann Christoph, *Über den deutschen Styl*, 3 vols. (Berlin: C. F. Voss und Sohn, 1785*; rpt. Hildesheim: Olms, 1974).

Allanbrook, Wye Jamison, *Rhythmic Gesture in Mozart* (Chicago: University of Chicago Press, 1983).

Andersch, Johann Daniel, *Musikalisches Wörterbuch* (Berlin: W. Natorff, 1829*).

Anonymous, "Beytrag zu einem musikalischen Wörterbuch," in Johann Adam Hiller, *Wöchentliche Nachrichten und Anmerkungen die Musik betreffend* (Leipzig, 1766-1770*; rpt. Hildesheim: Olms, 1970), no. 39 (27 March 1769), 301-304; no. 40 (3 April 1769), 307-313.

Anonymous, *Musikalisches Handwörterbuch* (Weimar: Carl Ludolf Hoffmanns seel. Wittwe und Erben, 1786*).

Anonymous, review of Christian Kalkbrenner, *Theorie der Tonkunst* (Berlin: J. J. Hummel, 1789), *Musikalische Real-Zeitung* (9 June 1790), col. 178.

Anonymous, review of *Quatre Simphonies pour l'Orchestre* by Wolfgang Amadeus Mozart, *AMZ*, 1 (1799), cols. 494-496*.

Anonymous, "Nachrichten. Gegenwärtiger Zustand der Musik in Paris. A. d. Französischen," *AmZ*, 2 (1800), cols. 745-751*.

Anonymous, "Musique. Etat actuel de la Musique à Paris," *Journal générale de la litérature de France*, 3 (1800), 189-191.

Anonymous, "[Nachrichten] Leipzig [Beethoven, Symphonie Nr. 2]," *AMZ*, 6 (1804), cols. 541-543*; 土田英三郎編・解説、寺本まり子訳「同時代の批評：交響曲への反響」、『ベートーヴェン全集　第3巻　人生と芸術　1800～1803年』、講談社、1997、142～143ページ。

Anonymous, review of *Grand Trio Concertante*, Op. 2 by Ferdinand Ries, *AMZ*, 10 (1808), cols. 303-304*.

Anonymous [N. G.], review of Piano Sonata, Op. 109 by Beethoven, *BAMZ*, 1 (1824), 37-38*.

Anonymous [K.], review of *Vokalizzo per tre voci di soprano* by Ferdinand Orlandi "... Eine dreistimmige Solfeggie in Sonatenform ...," *BAMZ*, 2 (1825), 206*.

Anonymous, "Soll man bey der Instrumental-Musik Etwas denken?" *AMZ*, 29 (1827), cols. 529-538, 545-554*.

Anonymous, "Form," *The New Harvard Dictionary of Music* (Cambridge, Mass.: Harvard University Press, 1986).

Apel, August, "Musik und Poesie," *AMZ*, 8 (1806), cols. 449-457, 465-470*.

Aristotle, *The "Art" of Rhetoric*, trans. John Henry Freese (Cambridge, Mass.: Harvard University Press, 1947); アリストテレス『弁論術』、山本光雄訳、『アリストテレス全集』第16巻、岩波書店、1968；戸塚七郎訳、岩波文庫、1992。

——— *Metaphysics*, trans. Hugh Tredennick (Cambridge, Mass.: Harvard University Press, 1933); アリストテレス『形而上学』上下、出隆訳、岩波文庫、1959～61；同、『アリストテレス全集』第12巻、岩波書店、1968。

Arlt, Wulf, "Zur Handhabung der 'inventio' in der deutschen Musiklehre des frühen achtzehnten Jahrhunderts," in *New Mattheson Studies*, eds. George J. Buelow and Hans Joachim Marx (Cambridge: Cambridge University Press,

1983), pp. 371-391.

Arnaud, François, "Lettre sur la Musique, à M. le Comte de Caylus" (1754), in Jean Benjamin de Laborde, *Essai sur la musique ancienne et moderne*, 4 vols. (Paris: Onfroy, 1780*; rpt. New York: AMS Press, 1978), III, pp. 551-567.

Arnold, Ignaz Theodor Ferdinand, *Joseph Haydn. Seine kurze Biographie und ästhetische Darstellung seiner Werke* (Erfurt: J. K. Müller, 1810*).

——— "Wolfgang Amadeus Mozart. und Joseph Haydn. Versuch einer Parallele," in Arnold, *Gallerie der berühmtesten Tonkünstler des achtzehnten und neunzehnten Jahrhunderts. Ihre kurzen Biografieen, karakterisirende Anekdoten und ästhetische Darstellung ihrer Werke*, 2 vols. (Erfurt: J. K. Müller, 1810*), I, pp. 1-118.

Arteaga, Stefano [Esteban de], *Le rivoluzioni del teatro musicale italiano*, II (Bologna: Carlo Trenti, 1785*).

Bach, Carl Philipp Emanuel, "Vorbericht" to *Zwey Trio* (Nuremberg, 1751), ed. Klaus Hofmann (Neuhausen- Stuttgart: Hänssler, 1980).

——— *Versuch über die wahre Art das Clavier zu spielen*, 2 vols. (Berlin: Author, 1753, Berlin: Winter, 1762; rpt. Leipzig: Breitkopf & Härtel, 1957); *Essay on the True Art of Playing Keyboard Instruments*, trans. William J. Mitchell (New York: Norton, 1949; London: Eulenburg Books, 1974); C. P. E. バッハ『正しいピアノ奏法』、東川清一訳、全音楽譜出版社、1963；『正しいクラヴィーア奏法』、東川清一訳、全音楽譜出版社、2000、2003。

Baker, Nancy Kovaleff, "Heinrich Koch and the Theory of Melody," *JMT*, 20 (1976), 1-48.

——— "From *Teil* to *Tonstück*: The Significance of the *Versuch einer Anleitung zur Composition* by Heinrich Christoph Koch" (Ph.D. diss., Yale University, 1978).

——— "An *Ars Poetica* for Music: Reicha's System of Syntax and Structure," in *Musical Humanism and its Legacy: Essays in Honor of Claude V. Palisca*, eds. Nancy Kovaleff Baker and Barbara Russano Hanning (Stuyvesant, N. Y.: Pendragon, 1992), pp. 419-449.

Baron, Ernst Gottlieb, *Abriss einer Abhandlung von der Melodie: Eine Materie der Zeit* (Berlin: A. Haude & J. C. Spener, 1756).

Barthes, Roland, *The Semiotic Challenge*, trans. Richard Howard (New York: Hill and Wang, 1988); ロラン・バルト『記号学の冒険』、花輪光訳、みすず書房、1988。

Batteux, Charles, *Les beaux-arts réduits à un même principe* (Paris: Durand, 1746*, 2/1773; rpt. Genève: Slatkine, 1969); *Auszug aus des Herrn Batteux Schönen Künsten, aus dem einzigen Grundsatze der Nachahmung*, trans. Johann Christoph Gottsched (Leipzig: Bernhard Christoph Breitkopf, 1754*); シャルル・バトゥー『芸術論』、山縣熙訳、玉川大学出版部、1984。

Baumgarten, Alexander Gottlieb, *Aesthetica*, 2 vols. (Frankfurt/Oder: I. C. Kleyb, 1750-1758*; rpt. Hildesheim: Olms, 1970); バウムガルテン『美学』、松尾大訳、玉川大学出版部、1987；講談社学術文庫、2016。

Becker, Carl Ferdinand, "Die zu frühe Rezension," *Neue Zeitschrift für Musik*, 13 (14 November 1840), 158-159.

Beer, Johann, *Musicalische Discurse* (Nuremberg: Peter Conrad Monath, 1719*; rpt. Leipzig: VEB Deutscher Verlag für Musik, 1982).

Beethoven, Ludwig van, *String Quartet Opus 59 No. 1: (First 'Razumovsky' Quartet, in F Major)*, facsimile ed., intr. Alan Tyson (London: Scolar Press, 1980).

Beghin, Tom, "Recognizing Musical Topics versus Executing Rhetorical Figures," in *The Oxford Handbook of Topic Theory*, ed. Danuta Mirka (Oxford: Oxford University Press, 2014), pp. 551-576.

Benary, Peter, *Die deutsche Kompositionslehre des 18. Jahrhunderts* (Leipzig: Breitkopf & Härtel, 1961).

Bender, Wolfgang, "Rhetorische Tradition und Ästhetik im 18. Jahrhundert," *Zeitschrift für deutsche Philologie*, 99 (1980), 481-506.

Bent, Ian, "Analytical Thinking in the First Half of the Nineteenth Century," in *Modern Musical Scholarship*, ed. Edward Olleson (Stocksfield, Northumberland: Oriel Press, 1978), pp. 151-166.

——— "The 'Compositional Process' in Music Theory, 1713-1850," *Music Analysis*, 3 (1984), 29-55.

——— *Analysis* (New York: Norton, 1987);「分析」、角倉一朗訳、『ニューグローヴ世界音楽大事典』第 16 巻、講談社、1994。

——— ed., *Music Analysis in the Nineteenth Century (Vol. 1: Fugue, Form and Style; Vol. 2: Hermeneutic Approaches)*, 2 vols. (Cambridge: Cambridge University Press, 1994).

Benzinger, James, "Organic Unity: Leibniz to Coleridge," *Publications of the Modern Language Association of America*, 66 (1951), 24-48.

Bertezen, Salvatore, *Principj di musica teorico-prattica* (Rome: Salomoni, 1780*).

Birnbach, (Joseph Benjamin) Heinrich, "Über die verschiedene Form grösserer Instrumentaltonstücke aller Art und deren Bearbeitung," *BAMZ*, 4 (1827), 269-272, 277-281, 285-287, 293-295, 361-363, 369-373*.

——— "Ueber die Form des ersten Tonstücks einer Sonate, Symphonie, eines Quartetts, Quintetts u. s. w. in der weichen Tonart," *BAMZ*, 5 (1828), 105-108, 113-117*.

——— "Zu der Formenlehre einer Sonate u. s. w.," *BAMZ*, 5 (1828), 423-426*.

Birnbaum, Johann Abraham, "M. Johann Abraham Birnbaums Vertheidigung seiner unparteyischen Anmerkungen über eine bedenkliche Stelle in dem sechsten Stücke des critischen Musikus, wider Johann Adolph Scheibens Beantwortung derselben," in Scheibe, *Critischer Musikus* (1737, 1739, 2/1745), 899-1031*; 抄訳：『バッハ叢書 10　バッハ資料集』、角倉一朗、酒田健一訳、白水社、1983、226 ～ 237 ページ。

Black, Max, "More on Metaphor," in *Metaphor and Thought*, ed. Andrew Ortony (Cambridge: Cambridge University Press, 1979).

Blackall, Eric A., *The Emergence of German as a Literary Language, 1700-1775* (Cambridge: Cambridge University Press, 1959).

Blainville, Charles-Henri, *L'esprit de l'art musical ou réflexions sur la musique* (Geneva: n. p., 1754*; rpt. Geneva: Minkoff, 1974).

Blume, Friedrich, "Die musikalische Form und die musikalischen Gattungen," in idem, *Syntagma musicologicum: Gesammelte Reden und Schriften*, ed. Martin Ruhnke (Kassel: Bärenreiter, 1963), pp. 480-504.

Bonds, Mark Evan, "Haydn's False Recapitulations and the Perception of Sonata Form in the Eighteenth Century" (Ph. D. diss., Harvard University, 1988).

——— *After Beethoven: Imperatives of Originality in the Symphony* (Cambridge, Mass.: Harvard University Press, 1996).

——— "Ästhetische Prämissen der musikalischen Analyse im ersten Viertel des 19. Jahrhunderts, anhand von Friedrich August Kannes 'Versuch einer Analyse der Mozart'schen Clavierwerke' (1821)," in *Mozartanalyse im 19. und frühen 20. Jahrhundert: Bericht über die Tagung Salzburg 1996*, ed. Gernot Gruber (Laaber: Laaber Verlag, 1999), pp. 63-80.

——— *Music as Thought: Listening to the Symphony in the Age of Beethoven* (Princeton, N. J.: Princeton University Press, 2006); マーク・エヴァン・ボンズ『「聴くこと」の革命：ベートーヴェン時代の耳は「交響曲」をどう聴いたか』、近藤譲、井上登喜子訳、アルテスパブリッシング、2015。

——— *Absolute Music: The History of an Idea* (Oxford: Oxford University Press, 2014).

Bonta, Stephen, "The Uses of th Sonata da Chiesa," *JAMS*, 22 (1969), 54-84.

Booth, Wayne C., *The Rhetoric of Fiction*, 2nd ed. (Chicago: University of Chicago Press, 1983).

Bosse, Heinrich, "Dichter kann man nicht bilden: Zur Veränderung der Schulrhetorik nach 1770," *Jahrbuch für internationale Germanistik*, 10 (1978), 80-125.

Brand, Juliane, review of *Zum Beispiel Mozart* by Rudolf Kelterborn, *JMT*, 27 (1983), 306-313.

Breuer, Dieter, "Schulrhetorik im 19. Jahrhundert," in *Rhetorik: Beiträge zu ihrer Geschichte in Deutschland vom 16.-20. Jahrhundert*, ed. Helmut Schanze (Frankfurt/Main: Fischer, 1974), pp. 145-179.

Brinkmann, Reinhold, "Anhand von Reprisen," in *Brahms-Analysen: Referate der Kieler Tagung, 1983*, eds. Friedhelm Krummacher and Wolfram Steinbeck (Kassel: Bärenreiter, 1984), pp. 107-120.

Brooks, Peter, *Reading for the Plot: Design and Intention in Narrative* (New York: Knopf, 1984).

Brown, A. Peter, *Joseph Haydn's Keyboard Music: Sources and Style* (Bloomington: Indiana University Press, 1986).

Broyles, Michael, "Organic Form and the Binary Repeat," *MQ*, 66 (1980), 339-360.

Bryant, Donald C., *Rhetorical Dimensions in Criticism* (Baton Rouge: Louisiana State University Press, 1973).

Budday, Wolfgang, *Grundlagen musikalischer Formen der Wiener Klassik* (Kassel: Bärenreiter, 1983).

Buelow, George J., "The Concept of 'Melodielehre': A Key to Classic Style," *Mozart-Jahrbuch 1978/79*, 182-195.

——— "Rhetoric and Music", *New Grove*;「修辞学と音楽」、礒山雅訳、『ニューグローヴ世界音楽大事典』第 8 巻、講談社、1993。

——— review of *Wordless Rhetoric* by M. E. Bonds, *Notes*, 49 (1993), 986-987.

Burke, Kenneth, *Counter-Statement*, 2nd ed. (Berkeley: University of California Press, 1968).

Burney, Charles, *A General History of Music, from the Earliest Ages to the Present Period*, 4 vols. (London: Author, 1776-1789*; rpt. Cambridge: Cambridge University Press, 2010*; vol. 1 in 2 vols., ed. Frank Mercer, New York: Harcourt, Brace, n.d. [1935]*).

Burnham, Scott, "Aesthetics, Theory, and History in the Works of A. B. Marx" (Ph.D. diss., Brandeis University, 1988).

——— "The Role of Sonata Form in A. B. Marx's Theory of Form," *JMT*, 33/2 (1989), 241-247.

——— *Beethoven Hero* (Princeton: Princeton University Press, 1995).

——— "A. B. Marx and the Gendering of Sonata Form," in *Music Theory in the Age of Romanticism*, ed. Ian Bent (Cambridge: Cambridge University Press, 1996), pp. 163-186.

Cahn, Peter, "Carl Czernys erste Beschreibung der Sonatenform (1832)," *Musiktheorie*, 1 (1986), 277-279.

Carpani, Giuseppe, *Le Haydine, ovvero lettere su la vita e le opere del celebre maestro Giuseppe Haydn* (Milan: C. Buccinelli, 1812*; 2/1823*; rpt. Bologna: Forni, 1969).

Carpenter, Patricia, "*Grundgestalt* as Tonal Function," *Music Theory Spectrum*, 5 (1983), 15-38.

Chatman, Seymour, "On Defining 'Form'," *New Literary History*, 2 (1971), 217-228.

Choron, Alexandre, *Principes de composition des écoles d'Italie*, 3 vols. (Paris: LeDuc, 1808*).

Choron, Alexandre, and Juste-Adrien de La Fage, *Nouveau manuel complet de musique vocale et instrumentale, ou Encyclopédie musicale [Manuel complet…]*, 3 vols. (Paris: Roret, 1836-1839*).

Churgin, Bathia, "Francesco Galeazzi's Description (1796) of Sonata Form," *JAMS*, 21 (1968), 181-199.

Clifton, Thomas, *Music as Heard: A Study in Applied Phenomenology* (New Haven: Yale University Press, 1983).

Cole, Malcolm S., "The Vogue of the Instrumental Rondo in the Late 18th Century," *JAMS*, 22 (1969), 427-432.

——— "Momigny's Analysis of Haydn's Symphony No. 103," *Music Review*, 30 (1969), 261-284.

Cook, Nicholas, *Musical Analysis and the Listener* (New York: Garland, 1989).

Cooke, Deryck, *The Language of Music* (London: Oxford University Press, 1959).

Cramer, Carl Friedrich, review of *Sonaten … für Kenner und Liebhaber*, 4th book by C. P. E. Bach, in Cramer, *Magazin der Musik* (Hamburg, 1783-1786*; rpt. Hildesheim: Olms, 1971), 1 (1783), 1238-1255*.

——— ed., *Flora: Erste Sammlung. Enthaltend: Compositionen für Gesang und Klavier* (Kiel: Author, and Hamburg: Hofmann, 1787*).

Culler, Jonathan, *The Pursuit of Signs: Semiotics, Literature, Deconstruction* (Ithaca, N. Y.: Cornell University Press, 1981).

Curtius, Ernst Robert, *Europäische Literatur und lateinisches Mittelalter* (Bern: Francke, 1948; 11/1993); E. R. クルツィウス『ヨーロッパ文学とラテン中世』、南大路振一、岸本通夫、中村善也訳、みすず書房、1971。

Czerny, Carl, *School of Practical Composition*, op. 600, trans. John Bishop, 3 vols. (London: Robert Cocks, ca. 1848*; rpt. New York: Da Capo Press, 1979).

Dahlhaus, Carl, "Musica poetica und musikalische Poesie," *AfMw*, 23 (1966), 110-124.

——— *Musikästhetik* (Cologne: Hans Gerig, 1967); *Esthetics of Music*, trans. William W. Austin (Cambridge: Cambridge University Press, 1982); カール・ダールハウス『音楽美学』、杉橋陽一訳、シンフォニア、1989;『ダールハウスの音楽美学』、森芳子訳、音楽之友社、1989。

——— "Gefühlsästhetik und musikalische Formenlehre," *DVjs*, 41 (1967), 505-516.

——— "Romantische Musikästhetik und Wiener Klassik," *AfMw*, 29 (1972), 167-181.

——— "Some Models of Unity in Musical Form," *JMT*, 19 (1975), 2-30.

——— "Zur Theorie der musikalischen Form," *AfMw*, 34 (1977), 20-37.

——— *Die Idee der absoluten Musik* (Kassel: Bärenreiter, 1978); *The Idea of Absolute Music*, trans. Roger Lustig

(Chicago: University of Chicago Press, 1989); カール・ダールハウス『絶対音楽の理念』、杉橋陽一訳、シンフォニア、1986。

——— "Der rhetorische Formbegriff H. Chr. Kochs und die Theorie der Sonatenform," *AfMw*, 35 (1978), 155-177.

——— "Satz und Periode: Zur Theorie der musikalischen Syntax," *Zeitschrift für Musiktheorie*, 9/2 (1978), 16-26.

——— *Between Romanticism and Modernism*, trans. Mary Whittall (Berkeley: University of California Press, 1980).

——— "Ästhetische Prämissen der 'Sonatenform' bei Adolf Bernhard Marx," *AfMw*, 41 (1984), 73-85.

——— *Die Musiktheorie im 18. und 19. Jahrhundert, erster Teil: Grundzüge einer Systematik* (Darmstadt: Wissenschaftliche Buchgesellschaft, 1984).

——— review of *Zum Beispiel Mozart* by Rudolf Kelterborn, *Mozart-Jahrbuch 1984/85*, 232-233.

——— "Unité de Mélodie," in *Aufklärungen: Studien zur deutsch-französischen Musikgeschichte im 18. Jahrhundert*, II, eds. Wolfgang Birtel and Christoph-Hellmut Mahling (Heidelberg: Carl Winter Universitätsverlag, 1986), pp. 23-29.

——— "Entwicklung und Abstraktion," *AfMw*, 43 (1986), 91-108.

——— "Was heißt 'entwickelnde Variation'?" in *Bericht über den 2. Kongreß der Internationalen Schönberg-Gesellschaft: "Die Wiener Schule in der Geschichte des 20. Jahrhunderts*, eds. Rudolf Stephan and Sigrid Wiesmann (Vienna: Elisabeth Lafite, 1986), pp. 280-284; "What Is 'Developing Variation'?" in Dahlhaus, *Schoenberg and the New Music*, trans. Derrick Puffett and Alfred Clayton (Cambridge: Cambridge University Press, 1987), pp. 128-133.

——— "Die Musik," in *Richard-Wagner-Handbuch*, eds. Ulrich Müller and Peter Wapnewski (Stuttgart: Alfred Kröner Verlag, 1986), pp. 197-221: ダールハウス「ワーグナーの音楽」上下、土田英三郎解説・訳、『年刊ワーグナー・フォーラム』、東海大学出版会、2003、40 〜 56 ページ、2004、43 〜 61 ページ。

——— *Ludwig van Beethoven und seine Zeit* (Laaber: Laaber Verlag, 1987);『ベートーヴェンとその時代』、杉橋陽一訳、西村書店、1997。

——— *Klassische und romantische Musikästhetik* (Laaber: Laaber-Verlag, 1988).

d'Alembert, Jean Lerond, "Fragment sur la musique en general et sur la notre en particulier" (ca. 1752), in idem, *Oeuvres et correspondences inédites*, ed. Charles Henry (Paris: Garnier frères, 1887*; rpt. Geneva: Slatkine, 1967), pp. 182-184.

——— "Fragment sur l'opéra" (undated, probably from the late 1750s), in idem, *Oeuvres et correspondences inédites**, pp. 157-158.

Dammann, Rolf, *Der Musikbegriff im deutschen Barock* (Cologne: Arno Volk, 1967).

Danuser, Hermann, *Musikalische Prosa* (Regensburg: G. Bosse, 1975).

Daube, Johann Friedrich, *Der musikalische Dilettant: Eine Wochenschrift* (Vienna: J. Kurtzböcken, 1770-1771).

——— *Der musikalische Dilettant: Eine Abhandlung der Komposition* (Vienna: Trattner, 1773*); *J. F. Daube's "Der musikalische Dilettant, eine Abhandlung der Komposition" (1773): A Translation and Commentary*, trans. Susan Pauline Snook (Ann Arbor, Mich.: University Microfilms International, 1978); *The Musical Dilettante: A Treatise*

on Composition / by J. F. Daube, trans. & ed. Susan P. Snook-Luther (Cambridge: Cambridge University Press, 1992).

——— *Anleitung zur Erfindung der Melodie und ihrer Fortsetzung*, 2 vols. (Vienna: C. G. Täubel, 1797-1798*).

Dehn, Siegfried, *Theoretisch-praktische Harmonielehre* (Berlin: W. Thome, 1840*).

Diderot, Denis, "Lettre sur les sourds et muets," (orig. pub. Anon.: 1751*); in idem, *Oeuvres complètes*, 20 vols., ed. J. Assézat (Paris: Garnier frères, 1875-1877*), I, p. 358.

Dies, Albert Christoph, *Biographische Nachrichten von Joseph Haydn* (Wien: Camesinaische Buchhandlung, 1810*); ed. Horst Seeger (Berlin: Henschel, 1962; Kassel: Bärenreiter, 1964); *Joseph Haydn: Eighteenth-Century Gentleman and Genius*, ed. and trans. Vernon Gotwals (Madison: University of Wisconsin Press, 1963); アルベルト・クリストフ・ディース『ハイドン：伝記的報告』、武川寛海訳、音楽之友社、1978。

d'Indy, Vincent, *Cours de composition musicale* (1903-1950), 2nd ed., 2 vols. (Paris: Durand, 1902-1909; 1912-1948*)；『作曲法講義』、池内友次郎訳、古賀書店、1941 ～ 1943（5 冊）；教育出版、1953 ～ 1956（3 冊）；全音楽譜出版社、1994（第 1 巻）。

Dockhorn, Klaus, "Die Rhetorik als Quelle des vorromantischen Irrationalismus in der Literatur-und Geistesgeschichte," in idem, *Macht und Wirkung der Rhetorik* (Bad Homburg: Gehlen, 1968).

Dommer, Arrey von, *Elemente der Musik* (Leipzig: T. O. Weigel, 1862*).

——— *Handbuch der Musik-Geschichte von den ersten Anfängen bis zum Tode Beethovens: In gemeinfasslicher Darstellung* (Leipzig: F. W. Grunow, 1868*).

Dubos, (Abbé) Jean-Baptiste, *Réflexions critiques sur la poësie et sur la peinture* (Paris: Jean Mariette, 1719*; 7/1770; rep. Genève: Slatkine, 1982); *Critical Reflections on Poetry, Painting, and Music: With an Inquiry into the Rise and Progress of the Theatrical Entertainments of the Ancients…From the Fifth Edition…*, trans. Thomas Nugent (London: J. Nourse, 1748*; rep. New York: AMS Press, 1978); J. - B. デュボス『詩画論』、木幡瑞枝訳、玉川大学出版部、1985。

Dunsby, Jonathan, and Arnold Whittall, *Music Analysis in Theory and Practice* (New Haven: Yale University Press, 1988*).

Edelhoff, Heinrich, *Johann Nikolaus Forkel: Ein Beitrag zur Geschichte der Musikwissenschaft* (Göttingen: Vandenhoeck & Ruprecht, 1935).

Eggebrecht, Hans Heinrich, "Das Ausdrucks-Prinzip im musikalischen Strum und Drang," *DVjs*, 29 (1955), 323-349.

Eicke, Kurt-Erich, *Der Streit zwischen Adolph Bernhard Marx und Gottfried Wilhelm Fink um die Kompositionslehre* (Regensburg: Gustav Bosse, 1966).

Engell, James, *Forming the Critical Mind: Dryden to Coleridge* (Cambridge, Mass.: Harvard University Press, 1989).

Epstein, David, *Beyond Orpheus* (Cambridge, Mass.: MIT Press, 1979).

Eschenburg, Johann Joachim, *Entwurf einer Theorie und Literatur der schönen Wissenschaften: Zur Grundlage bei Vorlesungen* (Berlin and Stettin: Nicolai, 1783; rpt. Hildesheim: Olms, 1976; rev. 2/1789*); *Entwurf einer Theorie und Literatur der schönen Redekünste* (rev. 3/1805*).

Eximeno (y Pujades), Antonio, *Dell'origine e delle regole della musica* (Rome: M. Barbiellini, 1774*; rpt.

Hildesheim: Olms, 1983); eng. trans. L. J. Saylor (Ph.D. diss., Boston University, 1992).

Feil, Arnold, "Satztechnische Fragen in den Kompositionslehren von F. E. Niedt, J. Riepel und H. Chr. Koch" (Ph.D. diss., Heidelberg University, 1955).

Finscher, Ludwig, "Das Originalgenie und die Tradition: Zur Rolle der Tradition in der Entstehungsgeschichte des Wiener klassischen Stils," in *Studien zur Tradition in der Musik: Kurt von Fischer zum 60. Geburtstag*, eds. Hans Heinrich Eggebrecht and Max Lütolf (Munich: Katzbichler, 1973), pp. 165-175.

——— *Studien zur Geschichte des Streichquartetts* (Kassel: Bärenreiter, 1974).

Fish, Stanley, "What Is Stylistics and Why Are They Saying Such Terrible Things about It?" in idem, *Is There a Text in This Class? The Authority of Interpretative Communities* (Cambridge, Mass.: Harvard University Press, 1980); スタンリー・フィッシュ『このクラスにテクストはありますか』、小林昌夫訳、みすず書房、1992。

Fleischmann, F., "Wie muss ein Tonstück beschaffen seyn, um gut genannt werden zu können?" *AMZ*, 1 (1799), cols. 209-213, 225-228.

Forchert, Arno, "Bach und die Tradition der Rhetorik," in *Alte Musik als ästhetische Gegenwart: Bericht über den internationalen musikwissenschaftlichen Kongress, Stuttgart, 1985*, 2 vols. (Kassel: Bärenreiter, 1987), I, pp. 169-178.

Forkel, Johann Nikolaus, *Ueber die Theorie der Musik, insofern sie Liebhabern und Kennern nothwendig und nützlich ist* (Göttingen: Wittwe Vandenhöck, 1777*; rpt. in Carl Friedrich Cramer, *Magazin der Musik*, 1 (1783*), 855-912).

——— *Musikalisch-kritische Bibliothek*, 3 vols. (Gotha: C. W. Ettinger, 1778-1779*; rpt. Hildesheim: Olms, 1964).

——— "Genauere Bestimmung einiger musicalischen Begriffe," in C. F. Cramer, *Magazin der Musik* (Hamburg, 1783-1786*; rpt. Hildesheim: Olms, 1971), 1 (1783), 1067-1068.

——— "Ueber eine Sonate aus Carl Phil. Emanuel Bachs dritter Sonatensammlung für Kenner und Liebhaber, in F moll, S. 30. Ein Sendschreiben an Hrn. von **," in Forkel, *Musikalischer Almanach für Deutschland* (Leipzig: Schwickert, 1782-1789*; Hildesheim: Olms, 1974) *auf das Jahr 1784*, 22-38.

——— *Allgemeine Geschichte der Musik*, 2 vols. (Leipzig: Schwickert, 1788-1801*; rpt. Graz: Akademische Druck- u. Verlagsanstalt, 1967).

——— *Ueber Johann Sebastian Bachs Leben, Kunst und Kunstwerke* (Leipzig: Hoffmeister und Kühnel, 1802; rpt. Kassel: Bärenreiter, 1968); フォルケル「バッハの生涯、芸術および芸術作品について」、角倉一朗訳、『バッハ叢書 10　バッハ資料集』、白水社、1983、297 ～ 377 ページ。

Forschner, Hermann, *Instrumentalmusik Joseph Haydns aus der Sicht Heinrich Christoph Kochs* (Munich: Emil Katzbichler, 1984).

Fowler, Alastair, *Kinds of Literature: An Introduction to the Theory of Genres and Modes* (Cambridge, Mass.: Harvard University Press, 1982).

F[ranck], "Ueber das Verhältnis der Form zum Inhalte in der neueren Musik," *BAMZ*, 3 (1826), 317-318, 325-326, 333-334*.

Fröhlich, Joseph, *Joseph Haydn*, ed. Adolf Sandberger (Regensburg: Gustav Bosse, 1936); orig. pub. in the *Allgemeine Encyklopädie der Wissenschaften und Künste*, eds. Johann Samuel Ersch and Johann Gottfried Gruber, II: H-N, 3 (Leipzig: Johann Friedrich Gleditsch, 1828*), pp. 239-256.

Fuhrmann, Manfred, *Rhetorik und öffentliche Rede: Über die Ursachen des Verfalls der Rhetorik im ausgehenden 18. Jahrhundert* (Konstanz: Universitätsverlag, 1983).

Galeazzi, Francesco, *Elementi teorico-pratici di musica*, 2 vols. (Rome: Pilucchi Cracas, 1791, M. Puccinelli, 1796*); *Theoretical-practical Elements of Music, Parts III and IV*, trans. Deborah Burton and Gregory W. Harwood (Urbana: University of Illinois Press, 2012).

Gathy, August, *Musikalisches Conversations-Lexikon* (Leipzig, 1835; 2nd ed., Leipzig: Schuberth & Neumeyer, 1840).

Gerber, Ernst Ludwig, "Eine freundliche Vorstellung über gearbeitete Instrumentalmusik, besonders über Symphonien," *AMZ*, 15 (1813), cols. 457-463*.

Gervasoni, Carlo, *La scuola della musica*, 2 vols. (Piacenza: Nicolò Orcesi, 1800*; rpt. Bologna: Forni, n.d.).

Gessele, Cynthia Marie, "The Institutionalization of Music Theory in France: 1764-1802" (Ph.D. diss., Princeton University, 1989).

Gjerdingen, Robert O., *A Classic Turn of Phrase: Music and the Psychology of Convention* (Philadelphia: University of Pennsylvania Press, 1988).

——— *Music in the Galant Style*, (Oxford: Oxford University Press, 2007).

——— "Gebrauchs-Formulas," *Music Theory Spectrum*, 33/2 (2011), 191-199.

Goethe, Johann Wolfgang von, *Briefwechsel zwischen Goethe und Zelter in den Jahren 1799 bis 1832*, eds. Edith Zehm and Sabine Schäfer, et al. (Munich: C. Hanser, 1998).

Gottsched, Johann Christoph, *Versuch einer critischen Dichtkunst* (Leipzig: B. C. Breitkopf, 1730*; 4/1751; rpt. Darmstadt: Wissenschaftliche Buchgesellschaft, 1982).

——— *Ausführliche Redekunst* (Leipzig: B. C. Breitkopf, 1736).

——— *Vorübung der Beredsamkeit* (Leipzig: B. C. Breitkopf, 1754).

——— trans., *Auszug aus des Herrn Batteux Schönen Künsten* (Leipzig: B. C. Breitkopf, 1754*).

Grassineau, James, *Musical Dictionary* (London: J. Wilcox, 1740; rpt. New York: Broude, 1966; Bristol: Thoemmes, 2003).

Grave, Floyd, and Margaret G. Grave, *In Praise of Harmony: The Teachings of Abbé Georg Joseph Vogler* (Lincoln: University of Nebraska Press, 1987).

Grétry, André Ernest Modeste, *Mémoires, ou essays sur la musique*, 3 vols. (Paris: Author, 1789*; enlarged ed. Paris: Imprimerie de la République, 1797*; rpt. New York: Da Capo, 1971); *Grétry's Versuche über die Musik*, trans. Karl Spazier (Leipzig: Breitkopf & Härtel, 1800*).

Grey, Thomas S., "Richard Wagner and the Aesthetics of Musical Form in the Mid-19th Century (1840-1860)" (Ph.D. diss., University of California, Berkeley, 1987).

Griesinger, Georg August, *Biographische Notizen über Joseph Haydn* (Leipzig: Breitkopf & Härtel, 1810*; rpt. Hildesheim: Gerstenberg, 1981); ed. Karl-Heinz Köhler (Leipzig: Philipp Reclam, 1975); *Joseph Haydn:*

Eighteenth-Century Gentleman and Genius, ed. and trans. Vernon Gotwals (Madison: University of Wisconsin Press, 1963).

Groth, Renate, *Die französische Kompositionslehre des 19. Jahrhunderts* (Wiesbaden: Franz Steiner, 1983).

Gruber, Gernot, "Musikalische Rhetorik und barocke Bildlichkeit in Kompositionen des jungen Haydn," in *Der junge Haydn*, ed. Vera Schwarz (Graz: Akademische Druck- und Verlagsanstalt, 1972), pp. 168-191.

——— "Johann August Apel und eine Diskussion um die Ästhetik der Sinfonie im frühen 19. Jahrhundert," in *Studien zur Instrumentalmusik: Lothar Hoffmann-Erbrecht zum 60. Geburtstag*, eds. Anke Bingmann, Klaus Hortschansky, and Winfried Kirsch (Tutzing: Hans Schneider, 1988), pp. 267-281.

Guillén, Claudio, "On the Uses of Literary Genre," in idem, *Literature as System: Essays toward the Theory of Literary History* (Princeton: Princeton University Press, 1971), pp. 107-134.

Gurlitt, Wilibald, "Hugo Riemann und die Musikgeschichte," *Zeitschrift für Musikwissenschaft*, 1 (1918/1919), 574-578.

——— "Musik und Rhetorik: Hinweise auf ihre geschichtliche Grundlageneinheit," in idem, *Musikgeschichte und Gegenwart: Eine Aufsatzfolge*, ed. Hans Heinrich Eggebrecht, 2 vols. (Wiesbaden: Franz Steiner, 1966).

Hallbauer, Friedrich Andreas, *Anweisung zur verbesserten teutschen Oratorie* (Jena: J. B. Hartung, 1725*; rpt. Kronberg: Scriptor, 1974).

Hand, Ferdinand Gotthelf, *Aesthetik der Tonkunst*, 2 vols. (Leipzig: Hochhausen und Fournes, 1837*; Jena: Carl Hochhausen, 1841*).

Hanslick, Eduard, *Vom Musikalisch-Schönen: Ein Beitrag zur Revision der Ästhetik der Tonkunst* (Leipzig: Rudolph Weigel, 1854; rpt. Darmstadt: Wissenschaftliche Buchgesellschaft, 1981); *Historisch-kritische Ausgabe*, ed. Dietmar Strauß, 2 vols. (Mainz: Schott, 1990); *On the Musically Beautiful: A Contribution towards the Revision of Aesthetics of Music*, trans. Geoffrey Payzant (Indianapolis: Hackett, 1986);『ハンスリックの音樂美論：小傳、緒論及び全譯』、田村寛貞訳著、岩波書店、1924［1902年の第10版に基づく］；同、岩波文庫、1939；『ハンスリックの音楽美論』、田村寛貞訳著、牛山充訳補、音楽之友社、1956；『音楽美論』、渡辺護訳、岩波文庫、1960。

Harrison, Daniel, "Rhetoric and Fugue: An Analytical Application," *Music Theory Spectrum*, 12 (1990), 1-42.

Hatten, Robert, *Interpreting Musical Gestures, Topics, and Tropes: Mozart, Beethoven, Schubert* (Bloomington: Indiana University Press, 2004).

服部幸三「フィグーレンレーレについて」、『美学』12/3（1961）、56～59ページ。

Heinichen, Johann David, *Generalbass in der Composition* (Dresden: Author, 1728*; rpt. Hildesheim: Olms, 1969).

Helm, Eugene, "The 'Hamlet' Fantasy and the Literary Element in C. P. E. Bach's Music," *MQ*, 58 (1972), 277-296.

Henneberg, Gudrun, *Idee und Begriff des musikalischen Kunstwerks im Spiegel des deutschsprachigen Schrifttums der ersten Hälfte des 19. Jahrhunderts* (Tutzing: Hans Schneider, 1983).

Hepokoski, James, and Warren Darcy, *Elements of Sonata Theory: Norms, Types, and Deformations in the Late-Eighteenth-Century Sonata* (Oxford: Oxford University Press, 2006).

Herbst, Johann Andreas, *Musica poëtica* (Nuremberg: Jeremias Dümler, 1643*).

Herder, Johann Gottfried, *Kalligone: Von Kunst und Kunstrichterei* (1800), in idem, *Sämtliche Werke*, vol. 22, ed. Bernhard Suphan (Berlin: Weidmann, 1880; rpt. Hildesheim: Olms, 1967).

Heusinger, Johann Heinrich Gottlieb, *Handbuch der Aesthetik*, 2 vols. (Gotha: Justus Perthes, 1797*).

Hill, George R., "The Concert Symphonies of Florian Leopold Gassmann" (Ph.D. diss., New York University, 1975).

——— "Bifocal Recapitulations in 18th-century Sonata Forms" (paper read at the annual meeting of the American Musicological Society, Denver, 1980).

Hiller, Johann Adam, "Vorrede," in Georg Friedrich Lingke, *Kurze Musiklehre* (Leipzig: J. G. I. Breitkopf, 1779*), pp. iii-viii.

Hinton, Stephen, "'Natürliche Übergänge': Heinrich Schenkers Begriff von der Sonatenform," *Musiktheorie*, 5 (1990), 101-116.

Hoffmann, Ernst Theodor Amadeus, review of Beethoven's Symphony No. 5, *AMZ*, 12 (1810), cols. 630-642, 652-659*; in idem, *Schriften zur Musik*, ed. Friedrich Schnapp (Munich: Winkler, 1963); engl. trans. in *Music Analysis in the Nineteenth Century*, ed. Ian Bent (Cambridge: Cambridge University Press, 1994), II, pp. 141-160; E. T. A. ホフマン「ベートーヴェン交響曲第五番」、渡辺健訳、篠田一士他編『世界批評大系 1　近代批評の成立』、筑摩書房、1974；深田甫訳、『音楽の手帖：ベートーヴェン』、青土社、1979；エリオット・フォーブス編『ベートーヴェンの交響曲第五番ハ短調』、福田達夫、福田房子訳、東海大学出版会、1981；鈴木潔訳、薗田宗人、深見茂編『ドイツ・ロマン派全集 9　無限への憧憬：ドイツ・ロマン派の思想と芸術』、国書刊行会、1984；抄訳：土田英三郎編・解説、寺本まり子訳「同時代の批評：交響曲演奏の頂点」、土田英三郎編『ベートーヴェン全集　第 5 巻　理想と現実　1807 ～ 1809 年』、講談社、1998、142 ～ 147 ページ。

——— review of Beethoven's Piano Trios, Op. 70, *AMZ*, 15 (1813), cols. 141-154*; in idem, *Schriften zur Musik*, p. 121.

Hörwarthner, Maria, "Joseph Haydns Bibliothek: Versuch einer literarhistorischen Rekonstruktion," in *Joseph Haydn und die Literatur seiner Zeit*, ed. Herbert Zeman (Eisenstadt: Institut für österreichische Kulturgeschichte, 1976; *Jahrbuch für Österreichische Kulturgeschichte*, 6), pp. 157-207.

Hosler, Bellamy, *Changing Aesthetic Views of Instrumental Music in 18th-Century Germany* (Ann Arbor: UMI Research Press, 1981).

Hoyt, Peter A., review of *Wordless Rhetoric* by M. E. Bonds, *JMT*, 38 (1994), 123-143.

——— "The Concept of *développement* in the Early Nineteenth Century," in *Music Theory in the Age of Romanticism*, ed. Ian Bent (Cambridge: Cambridge University Press, 1996), pp. 141-162.

Jacobson, Leona, "Musical Rhetoric in Buxtehude's Free Organ Works," *Organ Yearbook*, 13 (1982), 60-79.

Jander, Owen, "Beethoven's 'Orpheus in Hades': The *Andante con moto* of the Fourth Piano Concerto," *19th-Century Music*, 8 (1985), 195-212.

Jean Paul [Johann Paul Friedrich Richter], *Vorschule der Aesthetik* (Hamburg: Friedrich Perthes, 1804*, 2/1813*); idem, *Sämtliche Werke*, I/5 (Frankfurt/Main: Zweitausendeins, 1996); ジャン・パウル『美学入門：ならびに当代の両党派に関するライプツィヒでの二、三の講演』、古見日嘉訳、白水社、1965;

2010。

Jones, William, *A Treatise on the Art of Music* (Colchester: Author, 1784*, 2/1827).

Junker, Carl Ludwig, *Tonkunst* (Bern: Typographische Gesellschaft, 1777*).

——— *Betrachtungen über Mahlerey, Ton- und Bildhauerkunst* (Basel: K. A. Serini, 1778).

Kähler, Guido, "Studien zur Entstehung der Formenlehre in der Musiktheorie des 18. und 19. Jahrhunderts (von W. C. Printz bis A. B. Marx)" (Ph.D. diss., Heidelberg University, 1958).

Kallberg, Jeffrey, "The Rhetoric of Genre: Chopin's Nocturne in G Minor," *19th-Century Music*, 11 (1988), 238-261.

Kanne, Friedrich August, "Versuch einer Analyse der Mozartischen Clavierwerke mit einigen Bemerkungen über den Vortrag derselben…," *[Wiener] allgemeine musikalische Zeitung mit besonderer Rücksicht auf den österreichischen Kaiserstaat*, 5 (1821), many cols.

Kelterborn, Rudolf, *Zum Beispiel Mozart: Ein Beitrag zur musikalischen Analyse*, 2 vols. (Basel: Bärenreiter, 1981); ルードルフ・ケルターボルン『音楽分析の方法：モーツァルト作品を例として』、竹内ふみ子訳、シンフォニア、1985。

Kerman, Joseph, review of *Sonata Forms* by Charles Rosen, *New York Review of Books*, 23 (October 1980), p. 51.

——— "The State of Academic Music Criticism," in *On Criticizing Music: Five Philosophical Perspectives*, ed. Kingsley Price (Baltimore: Johns Hopkins University Press, 1981), pp. 38-54.

——— "Theories of Late Eighteenth-Century Music," in *Studies in Eighteenth-Century British Art and Aesthetics*, ed. Ralph Cohen (Berkeley and Los Angeles: University of California Press, 1985), pp. 217-244.

——— *Contemplating Music: Challenges to Musicology* (Cambridge, Mass: Harvard University Press, 1985); *Musicology* (London: Fontana Press & William Collins, 1985).

Kermode, Frank, *The Sense of an Ending: Studies in the Theory of Fiction* (New York: Oxford University Press, 1967); フランク・カーモード『終りの意識：虚構理論の研究』、岡本靖正訳、国文社、1991。

Kirkendale, Ursula, "The Source of Bach's Musical Offering: The *Institutio oratoria* of Quintilian," *JAMS*, 23 (1980), 99-141.

Kirnberger, Johann Philipp, *Die Kunst des reinen Satzes in der Musik*, 2 vols. (Berlin and Königsberg: G. J. Decker and G. L. Hartung, 1771-1779*; rpt. Hildesheim: Olms, 1968); *The Art of Strict Musical Composition*, trans. David Beach and Jurgen Thym (New Haven: Yale university Press, 1982); ヨハン・フィリップ・キルンベルガー『純正作曲の技法』、東川清一訳、春秋社、2007。

——— *Grundsätze des Generalbasses als erste Linien zur Composition* (Berlin: J. J. Hummel, 1781; rpt. Hildesheim: Olms, 1974, 2/1997).

Kittay, Eva Feder, *Metaphor: Its Cognitive Force and Linguistic Structure* (Oxford: Clarendon Press, 1987).

Kivy, Peter, *Music Alone: Philosophical Reflections on the Purely Musical Experience* (Ithaca, N. Y.: Cornell University Press, 1990).

Klein, Johann Joseph, *Versuch eines Lehrbuchs der praktischen Musik in systematischer Ordnung* (Gera: C. F. Bekmann, 1783*).

——— *Lehrbuch der theoretischen Musik in systematischen Ordnung* (Offenbach/Main: Johann André, 1800*).

Knabe, Peter Eckhard, *Schlüsselbegriffe des kunsttheoretischen Denkens in Frankreich* (Düsseldorf: Schwann, 1972).

Koch, Heinrich Christoph, *Versuch einer Anleitung zur Composition*, 3 vols. (Leipzig: A. F. Böhme, 1782, 1787, 1793*; rpt. Hildesheim: Olms, 1969; Studienausgabe, ed. Jo Wilhelm Siebert, Hannover: Siebert, 2007); *Introductory Essay on Composition: The Mechanical Rules of Melody, Section 3 and 4*, trans. Nancy K. Baker (New Haven: Yale University Press, 1983); "Introductory Essay on Composition: vol. II, pt. 1 (1787)," in *Aesthetics and the Art of Musical Composition in the German Enlightenment: Selected Writings of Johann Georg Sulzer and Heinrich Christoph Koch*, ed. Nancy K. Baker (Cambridge: Cambridge University Press, 1995).

——— *Musikalisches Lexikon* (Frankfurt/Main: A. Hermann d.j., 1802*; rpt. Hildesheim: Olms, 1964; Kassel: Bärenreiter, 2001); 2/1817; *H. Ch. Koch's Musikalisches Lexicon*, rev. Arrey von Dommer (Heidelberg: J. C. B. Mohr, 1865)*.

——— *Kurzgefasstes Handwörterbuch der Musik* (Leipzig: J. F. Hartknoch, 1807*; rpt. Hildesheim: Olms, 1981).

——— *Handbuch bey dem Studium der Harmonie* (Leipzig: J. F. Hartknoch, 1811*).

Kollmann, August F. C., *An Essay on Practical Musical Composition, According to the Nature of that Science and the Principles of the Greatest Musical Authors* (London: Author, 1799*; rev.2/1812; rpt. New York: Da Capo, 1973).

——— *A New Theory of Musical Harmony, According to a Complete and Natural System of that Science* (London: Author, 1806; rev.2/1823).

Korsyn, Kevin, review of *Wordless Rhetoric* by M. E. Bonds, *Music Theory Spectrum*, 16 (1994), 124-133.

高津春繁『ギリシア・ローマ神話辞典』、岩波書店、1960。

Kramer, Richard, "Notes to Beethoven's Education," *JAMS*, 28 (1975), 72-101.

Kretzschmar, Hermann, "Anregungen zur Förderung musikalischer Hermeneutik," *Jahrbuch der Musikbibliothek Peters für 1902*, 45-66; in idem, *Gesammelte Aufsätze aus den Jahrbüchern der Musikbibliothek Peters (Gesammelte Aufsätze über Musik. II)*, ed. Alfred Heuss (Leipzig: Peters, 1911; rpt. Leipzig: Peters, 1973), pp. 168-192.

Krieger, Murray, *A Reopening of Closure: Organicism Against Itself* (New York: Columbia University Press, 1989).

Krones, Hartmut, "Rhetorik und rhetorische Symbolik in der Musik um 1800," *Musiktheorie*, 3 (1988), 117-140.

——— "'denn jedes gute Tonstück ist ein Gedicht': 'Rhetorische Musikanalyse' von Johann Mattheson bis Friedrich August Kanne," in *Zur Geschichte der musikalischen Analyse*, ed. Gernot Gruber (Laaber: Laaber Verlag, 1996), pp. 45-61.

Kross, Siegfried, "Mattheson und Gottsched," in *New Mattheson Studies*, eds. George J. Buelow and Hans Joachim Marx (Cambridge: Cambridge University Press, 1983), pp. 327-344.

Kurth, Ernst, *Bruckner*, 2 vols. (Berlin: Max Hesse, 1925; rpt. Hildesheim: Olms, 1971).

Kürzinger, Ignaz Franz Xaver, *Getreuer Unterricht zum Singen mit Manieren, und die Violin zu spielen* (Augsburg: J. J. Lotter, 1763*).

Laborde, Jean Benjamin de, *Essai sur la musique ancienne et moderne*, 4 vols. (Paris: Onfroy, 1780*; rpt. New York: AMS Press, 1978).

La Cepède, Bernard Germain, Comte de, *La poëtique de la musique*, 2 vols. (Paris: Imprimerie de Monsieur, 1785*;

3/1797).

Lacour, Françoise, *Les quatuors de Mozart dédiés à Haydn: Etude analytique et ésthétique* (Paris: Maîtrise, 1985).

Lakoff, George, and Mark Johnson, *Metaphors We Live By* (Chicago: University of Chicago Press, 1980); G. レイコフ、M. ジョンソン『レトリックと人生』、渡部昇一、楠瀬淳三、下谷和幸訳、大修館書店、1986。

Landon, H. C. Robbins, *Haydn: Chronicle and Works*, 5 vols. (Bloomington: Indiana University Press, 1976-1980).

Larsen, Jens Peter, "Sonatenform-Probleme," in *Festschrift Friedrich Blume zum 70. Geburtstag*, eds. Anna Amalie Abert and Wilhelm Pfannkuch (Kassel: Bärenreiter, 1963), pp. 221-230.

Larsen, Jens Peter, work-list by Georg Feder, *The New Grove Haydn* (New York: Norton, 1983);「ハイドン、ヨーゼフ」、中野博詞、西川尚生訳、『ニューグローヴ世界音楽大事典』第 12 巻、講談社、1994。

LaRue, Jan, review of *The Sonata in the Classic Era* by William S. Newman, *MQ*, 50 (1964), 398-405.

——— review of *Sonata Forms* by Charles Rosen, *JAMS*, 34 (1981), 557-566.

Layer, Adolf, *Eine Jugend in Augsburg: Leopold Mozart 1719-1737* (Augsburg: Die Brigg, [1975]).

Leikin, Anatoly, "The Dissolution of Sonata Structure in Romantic Piano Music (1820-1850)" (Ph.D. diss., U.C.L.A., 1986).

Leisinger, Ulrich, "Was sind musikalische Gedanken?" *AfMw*, 47 (1990), 103-119.

Lerdahl, Fred, and Ray Jackendoff, *Generative Theory of Tonal Music* (Cambridge, Mass.: MIT Press, 1983).

Leventhal, Robert S., "Semiotic Interpretation and Rhetoric in the German Enlightenment, 1740-1760," *DVjs*, 60 (1986), 223-248.

Levin, Samuel R., *Metaphoric Worlds: Conceptions of a Romantic Nature* (New Haven: Yale University Press, 1988).

Levy, Janet M., "Covert and Casual Values in Recent Writings about Music," *Journal of Musicology*, 5 (1987), 3-27.

Lewin, David, "Music Theory, Phenomenology, and Modes of Perception," *Music Perception*, 3 (1986), 327-392.

Lindner, Johann Gotthelf, *Kurzer Inbegriff der Aesthetik, Redekunst und Dichtkunst*, 2 vols. (Königsberg and Leipzig, 1771; rpt. Frankfurt/Main: Athenäum, 1971).

Lobe, Johann Christian, *Compositions-Lehre, oder, umfassende Theorie von der thematischen Arbeit und den modernen Instrumentalformen* (Weimar: Bernhard Friedrich Voigt, 1844; rpt. Hildesheim: Olms, 1988).

——— *Lehrbuch der musikalischen Komposition*, 4 vols. (Leipzig: Breitkopf & Härtel, 1850-67*).

——— *Katechismus der Musik* (Leipzig, 1851; rev. R. Hofmann, 28/1904; ed. W. Neumann, 1949, 12/1981); ローベ、ノイマン『音楽通論：問答形式による』、橋本清司訳、音楽之友社、1958。

Lowinsky, Edward E., "Musical Genius: Evolution and Origins of a Concept," *MQ*, 50 (1964), 321-340, 476-495.

MacCormac, Earl R., *A Cognitive Theory of Metaphor* (Cambridge, Mass.: MIT Press, 1985).

Manfredini, Vincenzo, *Regole armoniche* (Venice: G. Zerletti, 1775; rpt. New York: Broude, 1966; 2nd ed. Venice: Adolfo Cesare, 1797*).

Maniates, Maria Rika, "'Sonate, que me veux-tu?': The Enigma of French Musical Aesthetics in the 18th Century," *Current Musicology*, 9 (1969), 117-140.

Marpurg, Friedrich Wilhelm, *Anfangsgründe der theoretischen Musik* (Leipzig: J. G. I. Breitkopf, 1757*; rpt. New

York: Broude, 1966).

——— *Kritische Briefe über die Tonkunst* (Berlin: F. W. Birnstiel, 1760-1764*; Hildesheim: Olms, 1974).

Marx, Adolf Bernhard, "I. Andeutung des Standpunktes der Zeitung (Als Epilog.)," *BAMZ*, 1 (1824), 444-448*.

——— *Die Kunst des Gesanges, theoretisch-praktisch* (Berlin: A. M. Schlesinger, 1826*).

——— *Die Lehre von der musikalischen Komposition, praktisch-theoretisch*, 4 vols. (Leipzig: Breitkopf & Härtel, 1837-1847*); J. Mendelsohn, *A Complete Method of Musical Composition According to the System of A. B. Marx* (New York: C. Fischer, 1910); selected excerpts in *Musical Form in the Age of Beethoven. Selected Writings on Theory and Method. A. B. Marx*, ed. and trans. Scott Burnham (Cambridge: Cambridge University Press, 1997), pp. 35-52, 91-154.

——— *Allgemeine Musiklehre. Ein Hülfsbuch für Lehrer und Lernende in jedem Zweige musikalischer Unterweisung* (Leipzig: Breitkopf & Härtel, 1839; rev. 4/1850*).

——— "Die Form in der Musik," in *Die Wissenschaften im neunzehnten Jahrhundert, ihr Standpunkt und die Resultate ihrer Forschungen. Eine Rundschau zur Belehrung für das gebildete Publikum*, ed. Julius Andreas Romberg, II (Leipzig: Rombergs Verlag, 1856), pp. 21-48; "Form in Music," in *Musical Form in the Age of Beethoven. Selected Writings on Theory and Method. A. B. Marx*, ed. and trans. Scott Burnham (Cambridge: Cambridge University Press, 1997), pp. 55-90.

——— *Ludwig van Beethoven: Leben und Schaffen*, 2 vols. (Berlin: Otto Janke, 1859*; rev. 2/1863*; rpt. Hildesheim: Olms, 1979); selected excerpts in *Musical Form in the Age of Beethoven. Selected Writings on Theory and Method. A. B. Marx*, ed. and trans. Scott Burnham (Cambridge: Cambridge University Press, 1997), pp. 157-188.

松尾大「バウムガルテンの『美学』の基本構造の淵源としてのレトリック」、科学研究費補助金基礎研究（c）研究成果報告書（研究代表者：渡辺浩司）『弁論術から美学へ：美学成立における古典弁論術の影響』、大阪大学、2014、81 ～ 91 ページ*（http://hdl.handle.net/11094/54559）。

Mattheson, Johann, *Das neu-eröffnete Orchestre* (Hamburg: Schillers Wittwe, 1713*; rpt. Hildesheim: Olms, 1993; Laaber: Laaber Verlag, 2004).

——— *Kern melodischer Wissenschaft* (Hamburg: Herold, 1737*; rpt. Hildesheim: Olms, 1976).

——— *Der vollkommene Capellmeister* (Hamburg: Herold, 1739*; rpt. Kassel: Bärenreiter, 1954); *Johann Mattheson's "Der vollkommene Capellmeister": A Revised Translation with Critical Commentary*, trans. Ernest C. Harriss (Ann Arbor: UMI Research Press, 1981).

Maus, Fred Everett, "Music as Drama," *Music Theory Spectrum*, 10 (1988), 56-73.

McCarthy, John A., *Crossing Boundaries: A Theory and History of Essay Writing in German, 1680-1815* (Philadelphia: University of Pennsylvania Press, 1989).

McCreless, Patrick, "Music and Rhetoric," in *The Cambridge History of Western Music Theory*, ed. Thomas Christensen (Cambridge: Cambridge University Press, 2002), pp. 847-879.

McKay, Nicholas, "On Topics Today," *Zeitschrift der Gesellschaft für Musiktheorie*, 4/1-2 (2007), 159-183.

McKenzie, Gordon, *Critical Responsiveness: A Study of the Psychological Current in Later Eighteenth-Century*

Criticism (Berkeley and Los Angeles: University of California Press, 1949).

Meier, Georg Friedrich, *Anfangsgründe aller schönen Wissenschaften*, 3 vols. (Halle: C. H. Hemmerde, 1748-1750*; rpt. Hildesheim: Olms, 1976).

Mercadier de Belesta, Jean Baptiste, *Nouveau système de musique théorique et pratique* (Paris: Valade, 1776*).

Mersenne, Marin, *Traité de l'harmonie universelle* (Paris: Guillaume Baudry, 1627; rpt. Paris: Fayard, 2003); "Traité de l'harmonie universelle: Critical Translation of the Second Book," trans. John Bernard Egan (Ph.D. diss. Indiana University, 1962).

Mersmann, Hans, "Beethovens Skizzen vom Standpunkt phänomenologischer Musikbetrachtung," in *Bericht über den Musikwissenschaftlichen Kongreß in Basel: Veranstaltet anläßlich der Feier des 25 jährigen Bestehens der Ortsgruppe Basel der Neuen Schweizerischen Musikgesellschaft* (Leipzig: Breitkopf & Härtel, 1925; rpt. Wiesbaden: M. Sändig, 1969), pp. 244-258.

——— *Angewandte Musikästhetik* (Berlin: Max Hesse, 1926).

Messiaen, Olivier, *Technique de mon langage musicale* (Paris: Leduc, 1944); オリヴィエ・メシアン『わが音楽語法』、平尾貴四男訳、教育出版、1954。

Meude-Monpas, J. J. O. de, *Dictionnaire de musique* (Paris: Knapen, 1787*; rpt. New York: AMS Press, 1978; Geneva: Minkoff, 1981).

Meyer, Leonard B., *Emotion and Meaning in Music* (Chicago: University of Chicago Press, 1956).

——— *Music, the Arts, and Ideas: Patterns and Predictions in Twentieth-Century Culture* (Chicago: University of Chicago Press, 1967).

——— *Style and Music: Theory, History, Ideology* (Philadelphia: University of Pennsylvania Press, 1989).

Michaelis, [Christian Friedrich,] "Ein Versuch, das innere Wesen der Tonkunst zu entwickeln," *AMZ*, 8 (1806), cols. 673-683, 691-696*.

Mirka, Danuta, ed., *The Oxford Handbook of Topic Theory* (Oxford: Oxford University Press, 2014).

Mitchell, Donald, *The Language of Modern Music* (London: Faber, 1963; 2/1966); ドナルド・ミッチェル『現代音楽の言葉』、工藤政司訳、音楽之友社、1976。

Mizler, Lorenz Christoph, *Neu eröffnete musikalische Bibliothek* (Leipzig: Author, 1736-1754*; rpt. Hilversum: Knuf, 1966).

——— "Kern Melodischer Wissenschaft…, ausgearbeitet von Mattheson," in Mizler, *Neu eröffnete musikalische Bibliothek*, 1 (1738), pt. 6, 16-44*.

——— "Von Joh. Matthesons vollkommenen Capellmeister," in Mizler, *Neu eröffnete musikalische Bibliothek*, 2 (1742), pt. 3, 96-118*.

Möller, Uwe, *Rhetorische Überlieferung und Dichtungstheorie im frühen 18. Jahrhundert: Studien zu Gottsched, Breitinger und G. Fr. Meier* (Munich: W. Fink, 1983).

Momigny, Jérome-Joseph de, *Cours complet d'harmonie et de composition*, 3 vols. (Paris: Author, orig. pubd. in installments, 1803-1805, 3 vols. set, 1806*).

Morgan, Jerry L., "Observations on the Pragmatics of Metaphor," in *Metaphor and Thought*, ed. Andrew Ortony

(Cambridge: Cambridge University Press, 1979).

森鷗外「西楽と幸田氏と」、『めさまし草』、1896（明治29）年3月*；『鷗外全集』第23巻、岩波書店、1973。

Moyer, Birgitte, "Concepts of Musical Form in the Nineteenth Century, with Special Reference to A. B. Marx and Sonata Form" (Ph.D. diss., Stanford University, 1969).

Mozart, Leopold, *Versuch einer gründrichen Violinschule* (Augsburg: J. J. Lotter, 1756; 2/1770*; 3/1787*; rpt. Frankfurt/Main: H. L. Grahl, 1956; Kassel: Bärenreiter, 1995); レオポルト・モーツァルト『バイオリン奏法』、塚原哲夫訳、全音楽譜出版社、1974；『ヴァイオリン奏法　新訳版』、久保田慶一訳、全音楽譜出版社、2017。

Mozart, Wolfgang Amadeus, *The Letters of Mozart and His Family*, ed. and trans. Emily Anderson (London, 1938; rev. 2/1966; rev. 3rd ed. New York: Norton, 1985);『モーツァルト書簡全集 IV』、海老沢敏、高橋英郎編訳、白水社、1990；『モーツァルト書簡全集 V』、海老沢敏、高橋英郎編訳、白水社、1995。

Narmour, Eugene, *Beyond Schenkerism: The Need for Alternatives in Musical Analysis* (Chicago: University of Chicago Press, 1977).

Neubacher, Jürgen, "'Idee' und 'Ausführung': Zum Kompositionsprozess bei Joseph Haydn," *AfMw*, 41 (1984), 187-207.

——— *Finis coronat opus: Untersuchungen zur Technik der Schlussgestaltung in der Instrumentalmusik Joseph Haydns* (Tutzing: Hans Schneider, 1986).

Neubauer, John, *The Emancipation of Music from Language: Departure from Mimesis in Eighteenth-Century Aesthetics* (New Haven: Yale University Press, 1986).

Newcomb, Anthony, "Those Images That Yet Fresh Images Beget," *Journal of Musicology*, 2 (1983), 227-245.

——— "Sound and Feeling," *Critical Inquiry*, 10 (1984), 614-643.

——— "Once More 'Between Absolute and Program Music': Schumann's Second Symphony," *19th-Century Music*, 7 (1984), 233-250.

——— "Schumann and Late Eighteenth-Century Narrative Strategies," *19th-Century Music*, 11 (1987), 164-174.

Newman, William S., "Musical Form as a Generative Process," *Journal of Aesthetics and Art Criticism*, 12 (1954), 301-309.

——— "About Carl Czerny's Op. 600 and the 'First' Description of 'Sonata Form'," *JAMS*, 20 (1967), 513-515.

——— *The Sonata in the Baroque Era* (Chapel Hill, NC: University of North Carolina Press, 1959; 3rd ed. New York: Norton, 1972).

——— *The Sonata in the Classic Era* (Chapel Hill, NC: University of North Carolina Press, 1963; 3rd ed. New York: Norton, 1983).

Novalis [Georg Friedrich Philipp Freiherr von Hardenberg], *Gesammelte Werke*, eds. Hildburg and Werner Kohlschmidt (Gütersloh: S. Mohn, 1967).

——— *Schriften*, 4 vols., ed. Paul Kluckhohn (Leipzig: Bibliographisches Institut, n. d.; 3rd ed. Stuttgart: W. Kohlhammer, 1977ff.).

Palisca, Claude, "Ut oratoria musica: The Rhetorical Basis of Musical Mannerism," in *The Meaning of Mannerism*, eds. F. W. Robinson and S. G. Nichols (Hanover, N. H.: University of New England, 1973), pp. 37-65.

Palm, Albert, "Mozarts Streichquartett d-moll, KV 421, in der Interpretation Momignys," *Mozart-Jahrbuch 1962/63*, 256-279.

Pastille, William A., "Heinrich Schenker, Anti-Organicist," *19th-Century Music*, 8 (1984), 29-36.

Petri, Johann Samuel, *Anleitung zur praktischen Musik* (Lauban, 1767; 2nd ed. Leipzig: J. G. I. Breitkopf, 1782*; rpt. Giebing: Emil Katzbichler, 1969; München: Brend Katzbichler, 1999); "Performance Practice According to Johann Samuel Petri's 'Anleitung zur praktischen Musik'," trans. Lynn Jaye Hizer (Ph.D. diss., Washington University, 1991).

Plato, *Phaedrus*; プラトン「パイドロス」、藤沢令夫訳、『プラトン全集』第 5 巻、岩波書店、1974。

Portmann, Johann Gottlieb, *Leichtes Lehrbuch der Harmonie, Composition und des Generalbasses* (Darmstadt: J. J. Will, 1789*).

Powers, Harold S., "Language Models and Musical Analysis," *Ethnomusicology*, 24 (1980), 1-60.

——— "'La solita forma' and 'The Uses of Convention'," *Acta musicologica*, 59 (1987), 65-90.

Prod'homme, Jacques-Gabriel, "From the Unpublished Biography of Antoine Reicha," *MQ*, 22 (1936), 339-353.

Prout, Ebenezer, *Applied Forms: A Sequel to 'Musical Form'* (London: Augener, 1895; 2/1896).

Quantz, Johann Joachim, *Versuch einer Anweisung, die Flöte traversiere zu spielen* (Berlin: J. F. Voss, 1752*; rpt. Kassel: Bärenreiter, 1953); J. J. クヴァンツ『フルート奏法』、荒川恒子訳、全音楽譜出版社、1976；改訂版、2017。

Quintilian, *Institutio oratoria*; クインティリアヌス『弁論家の教育』、森谷宇一、戸高和弘、渡辺浩司、伊達立晶訳、京都大学学術出版会、2005 〜。

Rabinowitz, Peter J., "Circumstantial Evidence: Musical Analysis and Theories of Reading," *Mosaic: A Journal for the Interdisciplinary Study of Literature*, 13 (1985), 159-173.

Rameau, Jean-Philippe, *Traité de l'harmonie* (Paris: Ballard, 1722*; rpt. New York: Broude, 1965); *Treatise on Harmony*, trans. Philip Gossett (New York: Dover, 1971).

Ratner, Leonard, "Harmonic Aspects of Classic Form" (Ph.D. diss., University of California, 1947).

——— "Harmonic Aspects of Classic Form," *JAMS*, 2 (1949), 159-168.

——— "Eighteenth-Century Theories of Musical Period Structure," *MQ*, 42 (1956), 439-454.

——— "Key Definition: A Structural Issue in Beethoven's Music," *JAMS*, 23 (1970), 472-483.

——— "*Ars Combinatoria*: Chance and Choice in Eighteenth-Century Music," in *Studies in Eighteenth-Century Music*, eds. Roger Chapman and H. C. Robbins Landon (London: George Allen & Unwin, 1970), pp. 343-363.

——— *Classic Music: Expression, Form, and Style* (New York: Schirmer, 1980).

——— "Theories of Form: Some Changing Perspectives," in *Haydn Studies: Proceedings of the International Haydn Conference, Washington, D.C., 1975*, eds. Jens Peter Larsen, Howard Serwer, and James Webster (New York: Norton, 1981), pp. 347-352.

Ratz, Erwin, *Einführung in die musikalische Formenlehre: Über Formprinzipien in den Inventionen und Fugen J. S.*

Bachs und ihre Bedeutung für die Kompositionstechnik Beethovens (Vienna: Universal Edition, 1951, 3/1973).

Reckow, Fritz, "'Sprachähnlichkeit' der Musik als terminologisches Problem: Zur Geschichte des Topos Tonsprache" (Habilitationsschrift, Freiburg i.B., 1977).

——— "Tonsprache," in *Handwörterbuch der musikalischen Terminologie*, ed. Hans Heinrich Eggebrecht (Wiesbaden: Steiner, 1979).

Reicha, Anton [Antoine], *Traité de mélodie* (Paris: Author, 1814*); *Vollständiges Lehrbuch*, II, ed. and trans. Carl Czerny, ca. 1832*; *Treatise on Melody*, trans. E. S. Metcalf (Chicago: E. S. Metcalf, 1893); *Treatise on Melody*, trans. Peter M. Landey (Stuyvesant, N. Y.: Pendragon, 2000*).

——— *Cours de composition musicale, ou Traité complet et raisonné h'harmonie pratique* (Paris: Gambaro, Au magasin de Musique et d'Instrumens, ?1816-18*); *Course of Musical Composition; or, Complete & Methodical Treatise of Practical Harmony*, trans. Arnold Merrick and ed. John Bishop (London: Robert Cocks, 1854; rep. 1977); *Corso di composizione musicale, ossia Trattato completo e ragionato d'armonia pratica*, trans. Luigi Felice Rossi [1805-63] (Milan: F. Lucca, [18--]; Milan: Ricoldi, [189-]*); *Vollständiges Lehrbuch*, I, ed. and trans. Carl Czerny, ca. 1832*.

——— *Traité de haute composition musicale*, 2 vols. (Paris: Zetter, 1824-26*); *Vollständiges Lehrbuch*, III, IV, ed. and trans. Carl Czerny, ca. 1832*.

——— *Vollständiges Lehrbuch der musikalischen Composition*, 4 vols., ed. and trans. Carl Czerny (Vienna: Anton Diabelli, ca. 1832*).

——— *Art du compositeur dramatique, ou Cours complet de composition vocale* (Paris: A. Farrenc, 1833*); *Die Kunst der dramatischen Composition*, ed. and trans. Carl Czerny (Wien: Anton Diabelli, 1835*).

Reichardt, Johann Friedrich, *Vermischte Musicalien* (Riga: Johann Friedrich Hartknoch, 1773*).

——— "Instrumentalmusik," in idem, *Musikalisches Kunstmagazin*, 1 (1782), 24-33, 64-68.

Reichenberger, Johann Nepomuk, *Die ganze Musikkunst, so, wie sie die Weltweisheit und die Mathematik leichtlich jeden lehrt, der auch zur Musik am mindesten tauglich zu seyn scheinen därfte*, 3 vols. (Regensburg: Hochfürstlich-bischöfliches Schulhaus bey St. Paul, 1777-1780*; rpt. Nabu Press, 2011).

Réti, Rudolph, *The Thematic Process in Music* (New York: Macmillan, 1951; London: Faber and Faber, 1961); ルードルフ・レティ『名曲の旋律学：クラシック音楽の主題と組み立て』、水野信男、岸本宏子訳、音楽之友社、1995。

——— *Thematic Patterns in Sonatas of Beethoven*, ed. Deryck Cooke (London: Faber, 1967; New York: Da Capo, 1992); ルードルフ・レティ『ベートーヴェンピアノ・ソナタの構築と分析』、赤澤立三、柏木敢雄訳、音楽之友社、2003。

Richards, Annette, *The Free Fantasia and the Musical Picturesque* (Cambridge: Cambridge University Press, 2001).

Richter, Ernst Friedrich, *Die Grundzüge der musikalischen Formen und ihre Analyse* (Leipzig: Georg Wigand, 1852*).

——— *Lehrbuch der Harmonie* (Leipzig: Breitkopf und Härtel, 1853*, 36/1953); Alfred Richter 増補『新訳律氏和声学』、淺田泰順補訳、淺田泰順、1913。

Riemann, Hugo, *Große Kompositionslehre*, 3 vols. (Berlin/Stuttgart: W. Spemann, 1902*-13).

——— *Grundriss der Kompositionslehre (Musikalische Formenlehre)*, 2 vols. (Berlin: M. Hesse, 3/1905*); orig. as *Katechismus der Kompositionslehre* (Leipzig: M. Hesse, 1889*).

Riepel, Joseph, *Anfangsgründe zur musikalischen Setzkunst: De rhythmopoeïa, oder von der Tactordnung* (Augsburg: J. J. Lotter, 1752*; rpt. Vienna: Böhlau, 1996).

——— *Anfangsgründe zur musikalischen Setzkunst: Grundregeln zur Tonordnung insgemein* (Ulm: C. U. Wagner, 1755*; rpt. Vienna: Böhlau, 1996).

Ritzel, Fred, *Die Entwicklung der "Sonatenform" im musiktheoretischen Schrifttum des 18. und 19. Jahrhunderts* (Wiesbaden: Breitkopf & Härtel, 1968).

Rivera, Benito, *German Music Theory in the Early 17th Century: The Treatises of Johannes Lippius* (Ann Arbor: UMI Research Press, 1980).

Rosen, Charles, *The Classical Style: Haydn, Mozart, Beethoven* (New York: Norton, 1971; rev. 1976).

——— *Sonata Forms* (New York: Norton, 1980; rev. 1988); チャールズ・ローゼン『ソナタ諸形式』、福原淳訳、アカデミア・ミュージック、1997。

Rösing, Helmut, "Musik als Klangrede. Die französische Nachahmungsästhetik und ihre Auswirkungen bis hin zur musique concrete," *Musicologica Austriaca*, 1 (1977), 108-120.

Rousseau, George Sebastian, ed., *Organic Form: The Life of an Idea* (London: Routledge & Kegan Paul, 1972).

Rousseau, Jean-Jacques, *Dictionnaire de musique* (Paris: Veuve Duchesne, 1768*; rpt. Hildesheim: Olms, 1969); *Le dictionnaire de musique de Jean-Jacques Rousseau: Une edition critique*, ed. Claude Dauphin (Bern: Peter Lang, 2008).

——— "Essai sur l'origine des langues, où il est parlé de la Mélodie, et de l'Imitation Musicale," in *Oeuvres posthumes de J. J. Rousseau*, III (Geneva: Du Peyrou, 1781*); in idem, *Écrits sur la musique* (Paris: Stock, 1979); ジャン＝ジャック・ルソー『言語起源論：旋律および音楽的模倣を論ず』、小林善彦訳、現代思潮社、1970。

Russell, Tilden, "On 'looking over a ha-ha'," *MQ*, 71 (1985), 27-37.

Saint-Lambert, Michel [Monsieur] de, *Les principes du clavecin* (Paris: Christophe Ballard, 1702; Amsterdam: Estienne Roger, n.d.*; rpt. Geneva: Minkoff, 1974); 抄訳：ミシェル・ドゥ・サンランベール『チェンバロ演奏の原則』、山田貢、横倉れい訳、シンフォニア、1979。

佐藤信夫、佐々木健一、松尾大『レトリック事典』、大修館、2006。

Schafer, Hollace, "'A Wisely Ordered *Phantasie*': Joseph Haydn's Creative Process from the Sketches and Drafts for Instrumental Music," 2 vols. (Ph.D. diss., Brandeis University, 1987).

Scheibe, Johann Adolph, "Sendschreiben an Sr. Hoch Edl. Herrn Capellmeister Mattheson, über den Kern melodischer Wissenschaft," in [Johann Mattheson,] *Gültige Zeugnisse über die jüngste Matthesonisch- Musicalische Kern-Schrifft*... (Hamburg: n.p., 1738*), pp. 6-15.

——— *Critischer Musikus* (Hamburg, 1737-1740; 2nd ed. Leipzig: B. C. Breitkopf, 1745*; rpt. Hildesheim: Olms, Wiesbaden: Breitkopf & Härtel, 1970).

Schenker, Heinrich, "Vom Organischen der Sonatenform," in idem, *Das Meisterwerk in der Musik: Ein Jahrbuch*, 2

(1926; rpt. Hildesheim: Olms, 1974), 43-54.

——— *Der freie Satz*, 2 vols. (Vienna: Universal, 1935; rev. 2/1956).

Schering, Arnold, *Beethoven und die Dichtung: Mit einer Einleitung zur Geschichte und Ästhetik der Beethovendeutung* (Berlin: Junker und Dünnhaupt, 1936; rpt. Hildesheim: Olms, 1973).

——— "Carl Philipp Emanuel Bach und das 'redende Prinzip' in der Musik," *Jahrbuch der Musikbibliothek Peters für 1938*, 13-29.

Schilling, Gustav, *Versuch einer Philosophie des Schönen in der Musik, oder Aesthetik der Tonkunst* (Mainz: B. Schott's Söhne, 1838*).

——— *Lehrbuch der allgemeinen Musikwissenschaft* (Karlsruhe: Christian Theodor Goos, 1840*).

——— ed., *Encyclopädie der gesammten musikalischen Wissenschaften: oder Universal-Lexicon der Tonkunst*, 7 vols. (Stuttgart: Köhler, 1835-1842*; rpt. Hildesheim: Olms, 1974).

Schindler, Anton Felix, *Biographie von Ludwig van Beethoven* (Münster: Aschendorff, 1840*, 3/1860*; rpt. Hildesheim: Olms, 1970); *Beethoven as I Knew Him*, ed. Donald W. MacArdle, trans. Constance S. Jolly (London: Faber, 1966); シントラア『ベートーヴェンの生涯』、柿沼太郎訳、角川書店、1954。

Schlegel, August Wilhelm, *Vorlesungen über dramatische Kunst und Literatur*, in idem, *Kritische Schriften und Briefe*, VI/2, ed. Edgar Lohner (Stuttgart: W. Kohlhammer, 1967).

Schlegel, Friedrich, "Athenäums-Fragment," in *Kritische Friedrich-Schlegel-Ausgabe*, II, ed. Hans Eichner (Munich: Ferdinand Schöningh, 1967); Fr. シュレーゲル「アテネーウム断片」、『Fr. シュレーゲル　ロマン派文学論』、山本定祐訳、冨山房、1978、35 ～ 83 ページ；『ドイツ・ロマン派全集　第 12 巻：シュレーゲル兄弟』、国書刊行会、1990。

Schleuning, Peter, *Die freie Fantasie: Ein Beitrag zur Erforschung der klassischen Klaviermusik* (Göppingen: Alfred Kümmerle, 1973).

Schmalfeldt, Janet, *In the Process of Becoming: Analytic and Philosophical Perspectives on Form in Early Nineteenth-Century Music* (Oxford: Oxford University Press, 2011).

Schmalzriedt, Siegfried, "Charakter und Drama: Zur historischen Analyse von Haydnschen und Beethovenschen Sonatensätzen," *AfMw*, 42 (1985), 37-66.

——— "Subiectum / soggetto / sujet / Subjekt," in *Terminologie der musikalischen Komposition*, ed. Hans Heinrich Eggebrecht (Stuttgart: Franz Steiner, 1996).

Schmidt, Lothar, "Einleitung zu Freidrich August Kannes Versuch einer Analyse der Mozartischen Clavierwerke, mit einigen Bemerkungen über den Vortrag derselben," *Musiktheorie*, 21/4 (2006), 318-373.

Schnaus, Peter, *E. T. A. Hoffmann als Beethoven-Rezensent der Allgemeinen musikalischen Zeitung* (Munich: Emil Katzbichler, 1977).

Schoenberg, Arnold, *Der musikalische Gedanke und die Logik, Technik und Kunst seiner Darstellung* (unpubl. manuscript, dated 05 June 1934 – October 1936, in Arnold Schönberg Center, Vienna, T65.03*).

——— "Brahms the Progressive," in idem, *Style and Idea*, ed. Dika Newlin (New York: Philosophical Library, 1950*); ed. Leonard Stein (London: Faber and Faber, 1975; Berkeley and Los Angeles: University of California

Press, 1984*), pp. 398-441; A. シェーンベルク「革新主義者ブラームス」、『音楽の様式と思想』、上田昭訳、三一書房、1973、33 ～ 89 ページ。

——— "For a Treatise on Composition," in idem, *Style and Idea*, ed. Leonard Stein (London: Faber and Faber, 1975; Berkeley and Los Angeles: University of California Press, 1984*), pp. 264-268.

——— *Fundamentals of Musical Composition*, eds. Gerald Strang and Leonard Stein (London: Faber and Faber, 1967, 2/1970); アルノルト・シェーンベルク『作曲の基礎技法』、G. ストラング、L. スタイン編、山縣茂太郎、鴫原真一訳、音楽之友社、1971。

Schubak, Jacob, *Von der musicalischen Declamation* (Göttingen: Vandenhoecks Wittwe, 1775).

Schubart, Christian Friedrich Daniel, *Ideen zu einer Ästhetik der Tonkunst* (Vienna: J. V. Degen, 1806*; rpt. Hildesheim: Olms, 1969).

Schulz, Johann Abraham Peter, "Ueber die in Sulzers Theorie der schönen Künste unter dem Artikel Verrückung angeführten zwey Beispiele von Pergolesi und Graun …," *AMZ*, 2 (1800), cols. 276-280*.

Schulze, Hans-Joachim, ed., *Bach-Dokumente III: Dokumente zum Nachwirken Johann Sebastian Bachs, 1750-1800* (Kassel: Bärenreiter, 1972).

Schwager, Myron, "Beethoven's Programs: What is Provable?" *Beethoven Newsletter*, 4 (1989), 49-55.

Schwindt-Gross, Nicole, *Drama und Diskurs: Zur Beziehung zwischen Satztechnik und motivischem Prozess am Beispiel der durchbrochenen Arbeit in den Streichquartetten Mozarts und Haydns* (Laaber: Laaber-Verlag, 1989).

Seidel, Carl, *Charinomos: Beiträge zur allgemenine Theorie und Geschichte der schönen Künste*, 2 vols. (Magdeburg: Ferdinand Rubach, 1825-1828*).

Selfridge-Field, Eleanor, *The Music of Benedetto and Alessandro Marcello: A Thematic Catalogue* (Oxford: Clarendon Press, 1990).

Simon, Herbert A., "The Architecture of Complexity," *Proceedings of the American Philosophical Society*, 106/6 (1962), 467-482.

Sisman, Elaine, "Haydn's Variations" (Ph.D. diss., Princeton University, 1978).

——— "Small and Expanded Forms: Koch's Model and Haydn's Music," *MQ*, 68 (1982), 444-475.

——— *Haydn and the Classical Variation* (Cambridge, Mass.: Harvard University Press, 1993).

Solie, Ruth A., "The Living Work: Organicism and Musical Analysis," *19th-Century Music*, 4 (1980), 147-156.

Sorge, Georg Andreas, *Vorgemach der musikalischen Komposition, oder Ausführliche, ordentliche und vor heutige Praxin hinlängliche Anweisung zum General-Bass*, 3 vols. (Lobenstein: Author, 1745-1747*); "Georg Andreas Sorge's 'Vorgemach der musikalischen Composition': A Translation and Commentary," trans. Allyn Dixon Reilly (Ph.D. diss., Northwestern University, 1980).

Spiess, Meinrad, *Tractatus musicus compositorio-practicus* (Augsburg: J. J. Lotters Erben, 1745*).

Steinbart, Gotthilf Samuel, *Grundbegriffe zur Philosophie über den Geschmack. Erstes Heft, welches die allgemeine Theorie sämtlicher schönen Künste, und die besondere Theorie der Tonkunst enthält* (Züllichau: Waysenhaus- und Frommanische Buchhandlung, 1785*).

Stevens, Jane R., "Georg Joseph Vogler and the 'Second Theme' in Sonata Form: Some 18th-Century Perceptions of

Musical Contrast," *Journal of Musicology*, 2 (1983), 278-304.

Stone, P. W. K., *The Art of Poetry, 1750-1820: Theories of Poetic Composition and Style in the Late Neo-Classic and Early Romantic Periods* (London: Routledge and Kegan Paul, 1967).

Strommer, Roswitha, "Die Rezeption der englischen Literatur im Lebensumkreis und zur Zeit Joseph Haydns," in *Joseph Haydn und die Literatur seiner Zeit*, ed. Herbert Zeman (Eisenstadt: Institut für österreichische Kulturgeschichte, 1976), pp. 125-126.

Suleiman, Susan, and Inge Crosman, eds., *The Reader in the Text: Essays on Audience and Interpretation* (Princeton: Princeton University Press, 1980).

Sulzer, Johann Georg, *Allgemeine Theorie der schönen Künste* (2 vols. Leipzig: Weidmann und Reich, 1771-1774*; 4th ed., 4 vols. Leipzig: Weidmann, 1792-1799*; rpt. Hildesheim: Olms, 1967-1970) ; "General Theory of the Fine Arts: (1771-74), Selected Articles," in *Aesthetics and the Art of Musical Composition in the German Enlightenment: Selected Writings of Johann Georg Sulzer and Heinrich Christoph Koch*, eds. Nancy Kovaleff Baker and Thomas Christensen (Cambridge: Cambridge University Press, 1995).

Thaler, Lotte, *Organische Form in der Musiktheorie des 19. und beginnenden 20. Jahrhunderts* (Munich: Emil Katzbichler, 1984).

Tieck, Ludwig, "Symphonien," in Wilhelm Heinrich Wackenroder, *Phantasien über die Kunst, für Freunde der Kunst*, ed. Ludwig Tieck (Hamburg: Friedrich Perthes, 1799*), pp. 249-269; in Wackenroder, *Werke und Briefe*, ed. Gerda Heinrich (Munich: Carl Hanser, 1984). [その他の書誌情報は Wackenroder 参照。]

Todorov, Tzvetan, *Théories du symbole* (Paris: Éditions du Seuil, 1977); *Theories of the Symbol*, trans. Catherine Porter (Ithaca, N. Y.: Cornell University Press, 1982); ツヴェタン・トドロフ『象徴の理論』、及川馥、一之瀬正興訳、法政大学出版局、1987。

Tompkins, Jane P., ed., *Reader-Response Criticism: From Formalism to Post-Structuralism* (Baltimore: Johns Hopkins University Press, 1980).

Triest, [Johann Karl Friedrich,] "Bemerkungen über die Ausbildung der Tonkunst in Deutschland im achtzehnten Jahrhundert," *AMZ*, 3 (1801), cols. 225-235, 241-249, 257-264, 273-286, 297-308, 321-332, 369-379, 389-401, 405-410, 421-432, 437-445; "Remarks on the Development of the Art of Music in Germany in the Eighteenth Century," trans. Susan Gillespie, in *Haydn and His World*, ed. Elaine Sisman (Princeton: Princeton University Press, 1997), pp. 321-394.

土田英三郎「〈主要形式〉について——〈ソナタ形式〉概念の成立をめぐって」、『音楽学』27/1（1981）、16 ～ 34 ページ。

——「音楽形式分析における実体的共通性の問題」、『東京芸術大学音楽学部年誌』、7（1981）、23 ～ 45 ページ。

——「骰子音楽と結合術の伝統」、『音楽と音楽学：服部幸三先生還暦記念論文集』、音楽之友社、1986、421 ～ 466 ページ。

——「構造としての交響曲」、『ベートーヴェン全集　第 5 巻　理想と現実　1807 ～ 1809 年』、講談社、1998、15 ～ 32 ページ。

――― 「同時代の批評：交響曲演奏の頂点」、土田編・解説、寺本まり子訳、『ベートーヴェン全集　第5巻』、講談社、1998、142 ～ 147 ページ。

Türk, Daniel Gottlob, *Klavierschule oder, Anweisung zum Klavierspielen für Lehrer und Lernende* (Leipzig: Schwickert, 1789*; rpt. Kassel: Bärenreiter, 1962/1997); ダニエル・ゴットローブ・テュルク『クラヴィーア教本』、東川清一訳、春秋社、2000。

Turner, Mark, *Death Is the Mother of Beauty: Mind, Metaphor, Criticism* (Chicago: University of Chicago Press, 1987).

Ueding, Gerd, and Bernd Steinbrink, *Grundriss der Rhetorik: Geschichte, Technik, Methode* (Stuttgart: J. B. Metzler, 1986).

植村耕三「18 世紀の音楽創作論における〈loci topici〉」、『音と思索：野村良雄先生還暦記念論文集』、音楽之友社、1969、40 ～ 49 ページ。

Unger, Hans-Heinrich, *Die Beziehungen zwischen Musik und Rhetorik im 16.-18. Jahrhundert* (Würzburg: K. Triltsch, 1941; rpt. Hildesheim: Olms, 1979).

Vertrees, Julie Ann, "Mozart's String Quartet K. 465: The History of a Controversy," *Current Musicology*, 17 (1974), 96-114.

Vickers, Brian, "Figures of Rhetoric / Figures of Music?" *Rhetorica*, 2 (1984), 1-44.

――― *In Defence of Rhetoric* (Oxford: Oxford University Press, 1988).

――― "Rhetoric and Poetics," in *The Cambridge History of Renaissance Philosophy*, ed. Charles B. Schmitt (Cambridge: Cambridge University Press, 1988), pp. 715-745.

Vogler, Georg Joseph, *Betrachtungen der Mannheimer Tonschule*, 3 vols. (Speyer: Bossler, 1778-81*; rpt. Hildesheim: Olms, 1974).

――― *Verbesserung der Forkel'schen Veränderungen über das englische Volkslied God Save the King* (Frankfurt/Main: Varentrapp und Wenner, 1793*).

――― *Zwei und dreissig Präludien für die Orgel und für das Fortepiano. Nebst einer Zergliederung in ästhetischer, rhetorischer und harmonischer Hinsicht* (Munich: Falter, 1806*).

――― *System für den Fugenbau als Einleitung zur harmonischen Gesang-Verbindungs-Lehre* (Offenbach/Main: Johann André, n. d. [1814]*).

Wackenroder, Wilhelm Heinrich, "Das eigentümliche innere Wesen der Tonkunst und die Seelenlehre der heutigen Instrumentalmusik," in idem, *Phantasien über die Kunst, für Freunde der Kunst*, ed. Ludwig Tieck (Hamburg: Friedrich Perthes, 1799*), pp. 181-204; in idem, *Werke und Briefe*, ed. Gerda Heinrich (Munich: Carl Hanser, 1984); in idem, *Sämtliche Werke und Briefe: Historisch-kritische Ausgabe*, ed. Silvio Vietta and Richard Littlejohns, 2 vols. (Heidelberg: Carl Winter Universitätsverlag, 1991), I, pp. 216-223; W. H. ヴァッケンローダー『芸術に関する幻想』、毛利真実訳、鳥影社・ロゴス企画、2009。

Wagner, Günter, "Anmerkungen zur Formtheorie Heinrich Christoph Kochs," *AfMw*, 41 (1984), 86-112.

――― *Traditionsbezug im musikhistorischen Prozess zwischen 1720 und 1740 am Beispiel von Johann Sebastian und Carl Philipp Emanuel Bach* (Neuhausen-Stuttgart: Hänssler, 1985).

Wallace, Robin, *Beethoven's Critics: Aesthetic Dilemmas and Resolutions During the Composer's Lifetime* (Cambridge: Cambridge University Press, 1986).

Weber, Gottfried, *Versuch einer geordneten Theorie der Tonsetskunst*, 3 vols. (Mainz: Schott, 1817-1821*; rev. 3rd ed., 4 vols. 1830-1832*).

Webster, James, "Sonata Form," *New Grove*;「ソナタ形式」、小林達子訳、『ニューグローヴ世界音楽大事典』第10巻、講談社、1994。

——— *Haydn's "Farewell" Symphony and the Idea of Classical Style: Through-Composition and Cyclic Integration in His Instrumental Music* (Cambridge: Cambridge University Press, 1991).

Wegeler, Franz, and Ferdinand Ries, *Biographische Notizen über Ludwig van Beethoven* (Koblenz: K. Bädeker, 1838*, suppl. 1845; rpt. Hildesheim: Olms, 1972, 2/2000).

Weissenborn, Christoph, *Gründliche Einleitung zur teutschen und lateinischen Oratorie wie auch Poesie* (Frankfurt/Main: C. Pohl, 1713*).

Westphal, Kurt, *Der Begriff der musikalischen Form in der Wiener Klassik: Versuch einer Grundlegung der Theorie der musikalischen Formung* (Leipzig: Kistner & Siegel, 1935; rpt. Giebig über Prien am Chiemsee: Katzbichler, 1971).

Whittall, Arnold, review of *Wordless Rhetoric* by M. E. Bonds, *Music & Letters*, 74 (1993), 87-90.

Wiemer, Wolfgang, "Carl Philipp Emanuel Bachs Fantasie in c-Moll — ein Lamento auf den Tod des Vaters?" *Bach-Jahrbuch 1988*, 163-177.

Will, Richard, *The Characteristic Symphony in the Age of Haydn and Beethoven* (Cambridge: Cambridge University Press, 2002).

Winkler, Klaus, *Elemente der Rede: Die Geschichte ihrer Theorie in Deutschland von 1750 bis 1850* (Halle/Salle: Max Niemeyer, 1931).

Wiora, Walter, "Die historische und systematische Betrachtung der musikalischen Gattungen," *Deutsches Jahrbuch der Musikwissenschaft für 1965* (1966), 7-30.

Wolf, Ernst Wilhelm, *Musikalischer Unterricht* (Dresden: Hilscher, 1788*).

Wolf, Eugene K., *The Symphonies of Johann Stamitz: A Study in the Formation of the Classic Style* (Utrecht: Bohn, Scheltema & Holkema, 1981).

——— "Sonata Form," *The New Harvard Dictionary of Music* (Cambridge, Mass.: Harvard University Press, 1986).

Wolff, Christoph, ed., *The String Quartets of Haydn, Mozart, and Beethoven: Studies of the Autograph Manuscripts* (Cambridge, Mass.: Harvard University Department of Music, 1980).

——— "Musikalische 'Gedankenfolge' und 'Einheit des Stoffes': Zu Mozarts Klaviersonate in F-Dur (KV 533 & 494)," in *Das musikalische Kunstwerk ... Festschrift Carl Dahlhaus zum 60. Geburtstag*, eds. Hermann Danuser et al. (Laaber: Laaber-Verlag, 1988), pp. 441-453.

Wörner, Karl Heinrich, *Das Zeitalter der thematischen Prozesse in der Geschichte der Musik* (Regensburg: Bosse, 1969).

Yudkin, Jeremy, "The *Copula* According to Johannes de Garlandia," *Musica disciplina*, 34 (1980), 67-84.

——— "The Anonymous of St. Emmeram and Anonymous IV on the *Copula*," *MQ*, 70 (1984), 1-22.

Zarlino, Gioseffo, *Le istitutioni harmoniche* (Venice: Author, 1558*; rpt. New York: Broude, 1965).

Zaslaw, Neal, "Mozart, Haydn, and the *Sinfonia da chiesa*," *Journal of Musicology*, 1 (1982), 95-124.

索　引

[索引項目は原則として原書の索引にあがっているものだけに限定した。*がついているページは脚注にある事項・人名、太字のページは主要ページ。]

［サ行］

[タ行]

［ナ行］

［ハ行］

[マ行]

［ワ行］

【著者・訳者紹介】

マーク・エヴァン・ボンズ Mark Evan Bonds

ノース・カロライナ大学チャペル・ヒル校ケアリー・C. ボッシマー卓越教授（音楽学）。専門は18、19世紀の西洋音楽、とりわけ器楽とその美学、理論。ハーヴァード大学でハイドンのソナタ形式における擬似再現の問題を扱った論文で博士号を取得。その後、本書に続いて、ベートーヴェン以後の交響曲を扱った『アフター・ベートーヴェン』（1996、未邦訳）、1800年頃の美学的転換に関する著作（邦訳『「聴くこと」の革命——ベートーヴェン時代の耳は「交響曲」をどう聴いたか』、近藤譲・井上登喜子訳、アルテスパブリッシング）を上梓。最近著に『絶対音楽——ある理念の歴史』（2014、未邦訳）がある。近年のベートーヴェン研究で重要な年刊誌『ベートーヴェン・フォーラム』（ネブラスカ大学出版）の編集主幹を務めたこともある。

土田英三郎（つちだ・えいざぶろう）

東京藝術大学音楽学部楽理科教授（音楽学）。研究課題は、西洋音楽における音楽形式と音楽形式理論の歴史、交響曲の歴史、ベートーヴェン研究など。著書に『ブルックナー』（新潮文庫）、『ベートーヴェン全集』全10巻（共著、講談社）、『ベートーヴェン事典』（共著、東京書籍）、『転換期の音楽』（共著、音楽之友社）、スコア解説『ベートーヴェン　交響曲第5番』、『同第9番』『同第3番』『同第6番』（以上、音楽之友社）、訳書にカール・ダールハウス「ワーグナーの音楽」上、下（『年刊ワーグナー・フォーラム』、東海大学出版会）、『新グローヴ　オペラ事典』（共訳、白水社）、ルイス・ロックウッド『ベートーヴェン　音楽と生涯』（共訳、春秋社）などがある。

ソナタ形式《けいしき》の修《しゅう》辞《じ》学《がく》

古典派《こてんは》の音楽形式論《おんがくけいしきろん》

2018年6月30日　第1刷発行
2019年3月31日　第2刷発行

著　者　マーク・エヴァン・ボンズ
訳　者　土《つち》田《だ》英《えい》三《ざぶ》郎《ろう》
発行者　堀内久美雄

発行所　株式会社 音楽之友社
〒162-8716
東京都新宿区神楽坂6-30
電話 03（3235）2111（代）
振替 00170-4-196250
http://www.ongakunotomo.co.jp/

Printed in Japan

装幀：井川祥子／楽譜浄書（p.165〜160）：スタイルノート
印刷：藤原印刷／製本：ブロケード

ISBN978-4-276-10163-0　C1073